21世纪公共管理系列教材

社会管理

主　编◎汪大海
副主编◎程　潮

中国人民大学出版社
·北京·

“21世纪公共管理系列教材”专家指导小组成员

（以姓氏笔画为序）

出版说明

现代意义上的公共行政与公共管理的研究和教育开始于20世纪初的西方。时至今日，随着公共管理职业化的发展，公共行政和公共管理的研究和教育事业在西方发达国家方兴未艾。从20世纪80年代开始，适应公共管理改革与发展和培养公共管理人才的需要，我国的公共行政与公共管理研究和教育，在经历了发展的挫折之后，开始了恢复和重建的工作。经过20多年的发展，特别是公共管理一级学科的设置和我国公共管理硕士（MPA）专业学位研究生教育的启动，以及高校公共管理本科专业的大量开设，公共管理已成为当代中国社会科学和管理科学领域教学与研究的一个充满生机活力和具有远大发展前景的学科。

为了适应新形势发展的需要，更好地研究、指导、管理高等学校公共管理的教学科研工作，2001年4月，教育部公共管理类学科教学指导委员会成立，并于2001年12月在广州召开了第一届全委会。参会委员就学科发展方向、课程设置问题进行了充分的讨论，很多委员认为应根据新形势下学科发展的需要，对目前公共管理类的课程设置进行调整，按计划年内拿出调整方案。目前，公共管理本科教育发展很快，编写反映本学科最新研究成果、与时俱进的、具有创新性的、高质量的本科教材迫在眉睫。

在教育部公共管理类学科教学指导委员会的指导、支持下，在对很多院校的公共管理类本科专业课程设置进行调研和对一些院校的课程设置情况、设置方向进行座谈的基础上，结合现有的教育部关于公共管理类本科四个方向（行政管理、公共事业管理、劳动与社会保障、土地资源管理）的课程设置情况，中国人民大学出版社组织全国著名专家，计划从2003年上半年开始，在2年内，陆续出版21世纪公共管理系列本科教材和教育部“十五”规划教材。

本套教材涉及公共基础课、专业基础课和选修课三部分的20多门课程。本套教材立足本科教学的需要，从本科教育的特点出发，从公共管理和公共行政教育的特点出发，在教材编写和内容安排上，强调基础知识、基本理论、基本技能；同时，也尽可能地体现创新性、前沿性的特点。

参加本套教材编写的有中国人民大学、北京大学、清华大学、复旦大学、中山大学、厦门大学、武汉大学、吉林大学、东北大学、西北大学等国内十几所著名大学的具有丰富教学和科研经验的教授专家，我们期望通过这种强强联合、优势互补、资源共享的方式，出版高质量的、权威性的精品教材。此外，为了保证教材的质量，更好地反映公共管理本科教学的特点，中国人民大学出版社邀请有关专家成立了21世纪公共管理系列教材专家指导小组。

公共管理的实践是不断变化和发展的，变革与发展是当代世界范围内公共管理的主题。随着公共管理实践的不断发展，公共管理学科研究的范围、主题和内容也在不断地发展和变化。这就要求公共管理教育以及相关的教材在方方面面都应该不断地更新。我们还会根据变化了的环境和要求，对教材的编写工作以及教材本身作适当调整。望广大读者不断反馈信息，对这套教材提出批评、建议，以便于我们不断修订、完善。

中国人民大学出版社

前　言

当今中国处于工业化、城镇化、信息化、市场化、国际化“五化”交织和全球化转型、社会自我转型、虚拟社会转型“三大转型”的战略机遇期和矛盾凸显期，经济持续发展带来的不协调、不科学、不可持续的负面效应和社会断裂，集中投射、释放于社会层面，对社会管理的压力重负不言而喻，社会管理能否及时化解社会矛盾，维护和谐稳定，决定着中国未来的发展。

在这种特殊情形下，党和政府围绕着“社会管理”和“社会管理创新”进行了一系列应对新挑战的理论探索、制度安排和政策设计。2004 年中共十六届四中全会就提出要“加强社会建设和管理，推进社会管理体制创新”。十六届六中全会明确指出“必须创新社会管理体制，整合社会管理资源，提高社会管理水平，健全党委领导、政府负责、社会协同、公众参与的社会管理格局，在服务中实施管理，在管理中体现服务”。十七大重点强调要加快推进以改善民生为重点的社会建设，“必须在经济发展的基础上，更加注重社会建设，着力保障和改善民生，推进社会体制改革，扩大公共服务，完善社会管理，促进社会公平正义”。2011 年伊始，中央专门举办省部级主要领导干部社会管理及其创新专题研讨班，胡锦涛在开班式上发表重要讲话，强调要扎扎实实提高社会管理科学化水平，建设中国特色社会主义社会管理体系。

诚然，我们在探索社会管理理论与实践时，不可回避地需要先研究一些相关的问题，例如社会管理的内涵和背景是什么？社会管理的主、客体是什么？社会管理的程式、规律、机制是什么？用什么方法来进行社会管理？所使用的方法是否可以解决问题而不是恶化问题？仅是管理方法的创新是否能达到稳定目标？等等。基于此，我们编写了《社会管理》一书，试图系统回答上述问题，积极探索社会管理及其创新的最新理论与实践。

本教材的基本框架包括：“内容结构图”、“内容提要”、“引导案例”、“正文”（含“学术背景”、“政策背景”、“案例思考”等专栏）、“本章小结”、“关键术语”、“复习思考题”、

"案例分析"、"推荐读物"等，这种编排主要是为了帮助读者将理论联系实际，学以致用。本教材共9章内容，其基本内容和理论体系包括：（1）绪论。主要介绍社会与社会系统、社会管理的含义与功能、社会管理学的研究对象、意义和方法。（2）社会管理的背景。主要介绍社会管理的经济背景、政治背景和文化背景。（3）社会管理的主体。主要介绍社会管理主体的历史变迁、结构、社会管理多元主体之间的关系。（4）社会管理的客体。主要介绍传统社会管理客体的特点、当代社会管理客体的特点、社会管理客体的内容指向。（5）社会管理的规律与程式。主要介绍社会管理的规律、社会管理的基本原则、社会管理的程式。（6）社会管理的机制。主要介绍社会管理机制的含义与功能、社会管理机制的转变、社会管理有效机制的构建。（7）社会管理的资源、途径与方法。主要介绍社会管理的条件、社会管理的途径、社会管理的方法与技术。（8）主要领域的社会管理。主要介绍社会风险管理、社会舆情管理、民生问题社会管理。（9）社会管理发展趋势及展望。主要介绍社会创新与创新型社会管理、全球社会环境的变革与复杂性社会管理、战略管理与前瞻性社会管理、社会治理与服务型社会管理、社会资本与合作型社会管理、知识管理与学习型社会管理、虚拟社会与虚拟型社会管理。

具体来说，本教材的编写体现了以下特点和优势：（1）独创性。目前，系统研究社会管理相关理论的教材还很少。本教材立足于我国社会管理的实践，系统、深刻、多视角地研究社会管理的基本理论和前沿发展趋势，力求凸显中国特色，突出重难点，形成自己的学科特色体系。（2）系统性。在教材内容和体系编排上，本教材既涵盖了社会管理的基本理论，又阐述了社会管理理论的最新发展趋势，凸显本学科的最新学术研究进展，力求内容全面系统、理论联系实际。（3）互动性。本教材打破传统教材只注重单纯理论介绍的编写体例，在编写过程中，引入了背景知识介绍、相关案例分析、经典读物推荐等，让广大读者在读与思、理论与实际的互动中，深刻掌握社会管理的相关理论。

本书是集体智慧的结晶。汪大海、程潮、果佳、辛传海、李永康、李国梁、欧阳帆、张强、刘博元、卢向东、赵冰冰、孔晓宏、罗文恩、孙牧、张建伟、刘金发、南锐、首一苇、周昕皓、杨永娇、陈一统、玛尔哈巴·肖开提参加了本书的编写。中国人民大学出版社编辑耐心催促，严格把关，细心编校，为本书的出版付出了辛勤的劳动，在此表示深深的敬意和感谢。同时，在本书的编写过程中，参考了国内外已有的研究成果和文献，谨向有关作者表示感谢！受水平所限，纰漏之处实所难免，敬请专家和读者予以指正。

目 录

第 1 章

绪　论

内容结构图

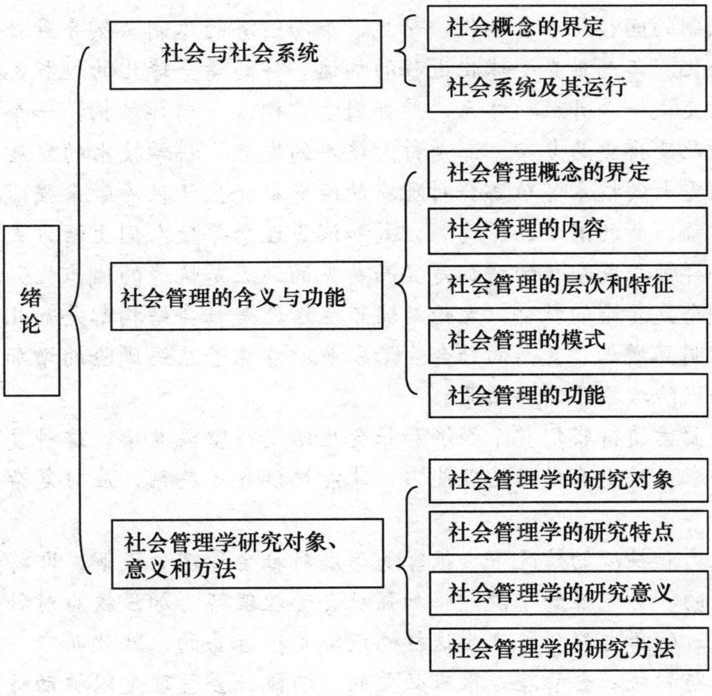

绪论
社会与社会系统
社会概念的界定
社会系统及其运行
社会管理的含义与功能
社会管理概念的界定
社会管理的内容
社会管理的层次和特征
社会管理的模式
社会管理的功能
社会管理学研究对象、意义和方法
社会管理学的研究对象
社会管理学的研究特点
社会管理学的研究意义
社会管理学的研究方法

内容提要

本章主要介绍了社会、社会管理及社会管理学的基本知识。社会是人类生活的共同体，它最基本的特征就是系统性。社会是一个极其复杂的开放系统，社会管理就是对社会这个复杂的有机系统实施指导、规划、组织、协调、控制等活动，以保证社会沿着和谐稳定的方向发展。社会管理有广义和狭义两种含义。广义的社会管理，是指包括政治子系统、经济子系统、思想文化子系统和社会生活子系统在内的整个社会大系统的管理。狭义的社会管理，主要指与政治、经济、思想文化各子系统并列的社会子系统或者社会生活子系统的管理。本书是从狭义上来界定社会管理的含义。社会管理学是一门系统地研究社会管理活动的基本规律和一般方法的科学。我国目前正处于经济转轨和社会转型的关键时期，加强社会管理学的研究，对于建设和谐社会具有重要的现实意义。

引导案例　　走向积极的社会管理

现在对社会管理的刻意强调，还有一层更为深刻的背景，这就是当代经济社会生活复杂化以及伴随而来的社会风险的挑战。事实上，与传统社会相比，我们现在身处其中的是一个更为复杂、更具风险的世界，是一个充满了不确定性的世界。

就中国目前的情况而言，经济社会生活的复杂化趋势主要源自这样几个方面的原因：一是市场经济体制的建立。与再分配体制相比，市场经济带来的不仅是资源配置的多元化，以及由此带来的调控机制的间接化和复杂化，而且，市场经济的体制必然导致社会结构的多元化和利益群体的分化。二是世界全球化进程的加速。伴随着全球化的过程，民族国家由一个相对封闭的体系变成一个开放的体系，外部因素“楔入”内部结构，一个国家的政治、经济和社会生活由此变得更为复杂。三是科学技术的发展。科学技术的发展改变着人类生活的轨迹。每一次重大的技术突破都会对现有的经济社会生活秩序带来强烈的冲击。四是大众消费社会的来临。新的消费品、消费方式和消费理念导致人们生活方式和价值观念的变化与分化，其多样性与复杂性的增加是显而易见的。五是快速的城市化。与简单的乡村社会比，城市是一个更复杂的社会，无论是城市生活还是社会结构都是如此。与此同时，社会生活的风险在明显增加。复杂的社会生活本身就意味着系统风险的增加，而社会的转型，无疑又为社会风险增添了新的因素。

简而言之，上述几方面因素使得我们整个经济和社会生活变得空前复杂。这种复杂化的经济社会生活，客观上要求一种更有效的治理能力，才能协调各方关系，应对复杂的局面，整合社会生活的秩序。

实际上，在面临诸多压力和挑战的情况下，很容易形成对社会管理的误解，即将社会管理片面地理解为一种消极的、防范性的手段，将加强社会管理理解为加强权力对社会的全面控制。鉴于我们曾经有过的历史经历，产生这样的误解是很容易的。就此而言，将社会管理区分为消极社会管理与积极社会管理是很有必要的。消极社会管理是以被动防范为手段，以维护现状为目标。而积极社会管理则以主动的建设和变革为手段，以改善社会的状况、建设一个更好的社会为目标。虽然在积极社会管理中也要努力应对和化解现实中的某些消极因素，但它的目标更具有进取性。从长远来说，积极社会管理无疑有着更为根本性的意义，也是我们应当着力倡导的。这里之所以提出消极社会管理与积极社会管理的概念，是为了避免一个误区，即在种种问题和矛盾的压力之下，片面地从消极社会管理的意义上来理解社会管理，并在实践中将社会管理变成片面的社会控制。

资料来源：孙立平：《走向积极的社会管理》，载《社会学研究》，2011（4）。

1.1 社会与社会系统

社会作为人类生活的共同体，最基本的特征就是系统性。事实上，社会是一个极其复杂的开放系统。

1.1.1 社会概念的界定

在社会管理学中，“社会”不仅是一个分析单位，更是一个研究对象。“社会”一般是指属于同一社会的每一个成员都有共同遵循的规范，并由此来构成能够相互区别的具体地域性单位。人们对“社会”的理解，大致有以下几种：

一是指与“自然”相对应的“社会”，“自然”就是那个自在地存在的自然界和各种自然物；“社会”则指的是人类事务，是指通过人与人之间的关系所建构起来的事物。

二是指与作为“个体”的人相对应的那个“社会”，它指的是作为整体的社会。

三是指与“经济”相对应的“社会”，即与“经济”并列使用，且专指“经济”以外的社会生活部分。

四是指与“国家”或“政府”相对应的“社会”，即“市民社会”。[1]

前两种，可以说是广义的“社会”概念，包括整个经济、政治、文化及社会生活在内；后两种可以说是狭义的“社会”概念，是指特定范围内的社会。关于广义和狭义社会概念，学者们有不同的表述，如表1—1所示。

表1—1　广义与狭义的社会概念比较

学者	广义的社会	狭义的社会
富勇健一	人的有意识的行为创造出来的事物的总和，与自然相对应。包括经济、政治、法律、宗教、道德、家庭、企业、学校、国家、村落、城市、国民社会等	因人与人之间持续的相互行动的积累，形成了一种社会关系体系，彼此存在着内外区别的共属情感。包括家庭、企业、学校、国家、村落、城市、国民社会
李君如	与自然界相区别的包括经济、政治、文化诸要素在内的物质世界	与个人和国家相区别的社区、社团、社会事业等
向春玲	包括政治、经济、文化和社会生活的有机系统	社会生活系统

① 参见邓伟志主编：《创新社会管理体制》，9～10页，上海，上海社会科学院出版社，2008。

续前表

学者	广义的社会	狭义的社会
常建华	社会性质、社会形态为主	民俗习惯等大众生活
杨彬	包含经济、政治、文化等领域在内的概念	与经济、政治、文化等领域平行并列、相对独立的子概念
冯务中	人类活动的一切领域及其过程，包括经济、政治、文化、生态以及日常生活等	一般不包括经济领域
王寿林	以物质生产为基础的人类生活共同体，是经济、政治、文化诸多方面的统一体	以商品经济为基础，以契约关系为纽带，以人格独立为特征的私人利益关系的总和，是与国家相对应的私人自治领域
青连斌	国家	指的是与政治活动、经济活动相区别的，以人的生活为中心的广泛领域

资料来源：邓伟志主编：《创新社会管理体制》，上海，上海社会科学院出版社，2008。

总体而言，对“社会”的理解有广义与狭义之分。从广义上说，社会是指人们生活的共同体。从狭义上说，社会是指政治领域、经济领域之外的社会事务、社会生活，包含有教育、公共卫生、社会福利、社会保障、社会救济、社会服务、社会安全等内容。

1.1.2 社会系统及其运行

1. 社会系统的含义

系统一般指自成体系的组织或相同、相类的事物按一定秩序和内部联系组合而成的整体。

人类对系统的研究和认识，可以说自古代即已开始。现代一般系统的基本思想，是20世纪20年代初由奥地利裔美国学者贝塔朗菲提出的。他把系统的定义确定为“处于一定的相互关系中的与环境发生关系的各组成部分（要素）的总体”①，认为系统概念有其客观性，它广泛地存在于自然和社会各个领域之中。

任何一个整体系统，都不是孤立、自在的，而是存在于周围环境中的。系统与环境的不同质的联系，影响甚至决定系统的存在和发展。对于狭义的社会系统即社会主体来说，自然因素是它的环境；但从社会的存在和发展角度看，自然因素是决定社会存在和发展的前提或基础，是社会存在的第一源泉。因为，为了自身的生存和发展，社会每时每刻都处在同自然环境的动态相互作用之中，从自然界中同化物质和能量，把自然的东西转变为社会的东西。没有维持社会存在的外部环境，就不可能有社会。因此，社会系统作为活的有机体，按照自己的需要和目的，对自然环境的有关因素加以改造、利用、更新和同化，转化为自身的组成成分。同时，由于人与自然的关系，又形成了人们之间的各种社会关系，构成了多层次的复杂的社会结构系统。它们相互影响、相互作用的方式，构成了一定形态、一定性质的社会总体（网络系统）。

可见，社会系统是指由人与人、人与自然等基本要素相互作用而形成的各种社会关系、社会现象和社会过程按照一定作用方式构成的综合统一的有机整体。

---

① ［奥］贝塔朗菲：《普通系统论的历史和现状》，载《国外社会科学》，1978（2）。

2. 社会系统的特征

从社会系统的组成、结构来分析，它的特征可以概括为以下几个主要方面：

(1) 社会系统是由社会基本要素构成的相互联系的整体。

社会系统是由离散的个人结成的社会实体和作为社会物质序列的自然实体相互联系、相互作用而构成的整体。作为相对独立的整体，社会实体表现为由人们在共同劳动生产过程中形成的各种社会关系体系。而自然实体则与社会实体不可分割地联系着，是社会实体存在和发展的物质条件或社会系统得以运行的前提。因此，社会系统是社会实体与自然实体的统一。这体现着社会系统的整体性特征。

(2) 社会系统是一种有机结构。

社会系统是一个由多种成分、因素或子系统组成的复杂结构；各个成分、因素或子系统之间的联系都是有机的，而不是机械的。社会系统内部各组成部分之间的相互关联和相互作用，总是按照一定的方式共同构成系统整体。各要素在系统中不仅都是独立的子系统，而且还是组成母系统的成员，共同处于有机联系之中。例如，社会实体作为一个系统，是由生产力、生产关系，经济基础、上层建筑等基本因素（子系统）构成的，它们相互关联、彼此适应着，从而构成社会系统一定的经济结构、政治结构和思想文化结构等。其中，一种因素的变化，必然地引起其他因素的变化，人们不能根据自己的主观愿望去随便地改变它。又如，自然实体作为一个系统，也可分为非生物因素、生物因素、宇宙因素等，它们之间同样相互关联着。当然，社会实体与自然实体之间，由于人与自然的不可分割的联系，总是相互制约、彼此影响着。正是这些成分、因素或子系统的相互作用，构成了社会总体，同时体现着社会系统的有机关联性特征。

(3) 社会系统是一个动态系统。

社会系统的要素、结构、现象和过程，都不是静态的，而是动态的，是随着时间的变化而变化的。动态性与有机关联性是密切联系的。有机关联性强调的是各个要素之间的空间分布，而动态性强调的则是时间上的变化。对社会实体及其各个因素来说，只有依靠同外界（或各因素之间）连续不断地进行物质、能量和信息的交换，才能维持自身的存在和发展。而物质、能量和信息的存在状态，也不是静态的，而是随时变化的；它们的变化，又必然地引起社会系统各要素、结构、现象和过程的变化。这体现着社会系统的动态性特征。

(4) 社会系统是一个有序的系统。

社会系统中各要素之间相互关联所表现出的结构（要素的相互结合）与社会系统动态性所表现出的运动及其方向，都是有序的。这种有序性，是通过社会组织和社会制度体系体现出来的。即使是在革命和战争时期，社会生活仍然呈现出有组织、有秩序的状态。只是在不同的时代和不同的社会制度下，这种有组织、有秩序的性质和表现并不一样。而社会要素、社会成分通过组织化和制度化形成有序结构，却是不容否认的事实。这体现着社会系统的有序性特征。

(5) 社会系统的层次性。

在社会系统中，各种不同的子系统及其结构之间，总表现出纵向或垂直的有序关系。按照系统、子系统或系统套的关系，由低到高，社会系统可以划分为如下的层次序列：个人、家庭、群体、社区、地区、国家、人类社会。其中，人是最基本的要素。每一层次都表现出有序的关系，从而体现着社会系统的层次性特征。

3. 社会系统的运行

一般来说，社会是一个准稳态的开放系统。它在同外部环境（如其他社会系统）不断地交换物质、能量和信息的过程中，维持自己结构的基本稳定，并基于它的组成部分之间以及它同环境之间的动态相互作用，能动地趋向更高级的组织状态。现代社会的变迁，从某种意义上讲都是一种“有计划”的变迁，是人们有意选择的结果。如大多数发展中国家都以实现现代化为发展目标，并为此而不懈努力，从而引发社会各个方面的变化。当然计划不一定都能如期实现。

显然，社会系统在对准目标、趋向稳态的过程中并不会一帆风顺，它常常会受到各种因素的干扰，即碰到种种“扰动”。这些扰动可分为两类：一类是由社会系统内部诸要素的相互作用引起的，称为“内扰动”；一类是由外部环境的变化和刺激引起的，称为“外扰动”。社会系统无疑要对这两类扰动作出反应。社会系统能否实现既定目标，达到稳态，在很大程度上就取决于它对扰动的反应方式。社会系统受到内外扰动后会偏离目标，失去平衡，而当社会系统作出有效反应之后，又会重新指向目标，趋于平衡。由于扰动是延绵不绝的，因而上述过程也是持续不断的，并使得社会系统的运行呈现出某种周期性的特征。

考察社会系统运行的状态，有两个重要的评价尺度，即稳定和发展。稳定指社会系统抵抗扰动、保持平衡的能力；发展指社会系统由无序向有序、由低组织程度向高组织程度的演变能力。同时依据稳定和发展这两个尺度，可将社会系统的运行状态大体划分为良性、恶性和中性三种类型。

（1）良性运行。

这是一种既稳定又发展的社会系统运行状态，即古人说的“太平盛世”。处于良性运行中的社会，由社会系统内部引起的扰动的频率和振幅都趋于减小，即社会系统诸要素相互配合、相互促动。即使出现扰动，特别是外部环境变化引起较大的偶发性扰动，社会系统也能及时作出反应，排除干扰，迅速恢复良好的运行状态。此时，社会系统不仅稳定性好，而且其整体和各个子系统都保持不断发展。

（2）恶性运行。

这是一种既不稳定又非发展的社会系统运行状态，人们常说的“乱世”即属此类。处于恶性运行中的社会，由社会系统内部引起的扰动的频率和振幅都日益加大，即社会系统诸要素相互排斥、激烈冲突；对扰动的反应不是过度就是迟钝；一旦碰到较大的外部扰动，就会内外交困，导致原有社会系统结构的崩溃，给全社会带来巨大的损失。

（3）中性运行。

社会系统运行过程中更多出现的是良性运行和恶性运行的组合交叉，即中性运行。它又分为两种子类型：一是稳定而非发展，一是发展而不稳定。其间又存在许多量上的差异。当出现稳定而非发展的情况时，社会需要的首先是发展，为了发展，可以适当地从某些方面打破阻碍发展的稳定性。当面临发展而不稳定的情况时，社会需要的首先是稳定，必要时可以暂时放慢发展的步伐，通过内外调整，为发展创造更好的稳定条件。如果社会对中性运行反应得当、调控得法，就可以增加良性成分，使中性运行逐渐转变为良性运行；反之，则会增加恶性成分，甚至陷入恶性运行的泥沼。

4. 社会系统的层次

早在20世纪80年代，就有学者对社会系统的层次提出了比较系统的构想①，如图1—1所示。

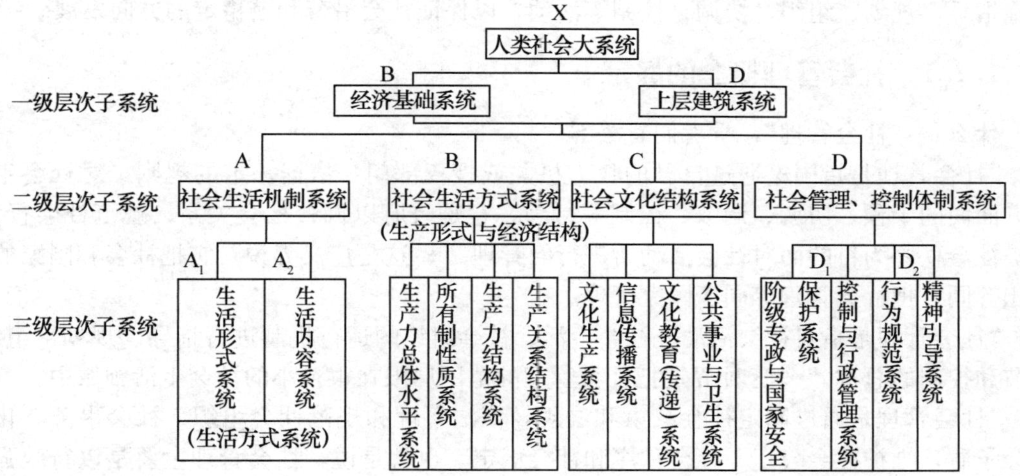

图 1—1

近年来，有学者将人类社会大系统分为三个层次的子系统，即宏观社会、中观社会和微观社会②，见表1—2所示。

表 1—2　　社会大系统的三个层次

社会大系统		
宏观社会 （第一层次）	中观社会 （第二层次）	微观社会 （第三层次）
整体视角的“大社会”概念。是与自然界相对的，包括国家范围内人类生活的各个领域。	二分法的“中社会”概念。是与经济领域相对的其他领域，如“国民经济和社会发展计划”、“经济社会协调发展”中的“社会”概念即属此类。	专属意义的“小社会”概念。是多分法下与经济、政治、文化等并列的概念。

资料来源：邓伟志主编：《创新社会管理体制》，上海，上海社会科学院出版社，2008。

从我国经济社会发展新阶段的要求出发，对于中国特色社会主义事业“五位一体”总体布局中的“社会管理”的“社会”的理解，应当更多地基于“小社会”的特别指称，这更有利于我们准确把握社会管理的时代意义。

---

① 参见谭卫和、袁旦、李宁生：《关于社会系统层次性的初步设想》，载《北京工商大学学报》（自然科学版），1985（2）。

② 参见陆学艺主编：《北京社会建设60年》，4页，北京，科学出版社，2008。

1.2 社会管理的含义与功能

社会是由家庭、群体、社区等组织起来的具有多种功能的复杂系统，它有着经济、政治、文化等多方面的活动形式和多层次的关系。社会管理就是对社会这个复杂的有机系统实施指导、规划、组织、协调、控制等活动，以保证社会沿着和谐稳定的方向发展。

1.2.1 社会管理概念的界定

什么是“社会管理”，学者们看法不一。

“社会管理是指国家通过自己的权力机关或授权部门，依据一定的规则，对社会生活方方面面的干预、协调、调节、控制等行为，它是政府以调整社会关系、规范社会行为、维护社会秩序为目的而对社会活动所进行的管理。”① 这是广义界说。它把社会和国家的范围相等同，把社会管理等同于国家管理。

“社会管理是指对社会活动、社会生活、社会组织的运行机制进行指导、规划、组织、调节和控制的总称。”② 这种界定把社会管理的范围局限在很狭小的社会生活领域中。

“社会管理是通过制定社会政策和法规，依法管理和规范社会组织、社会事务，化解社会矛盾，维护社会公正、社会秩序和社会稳定。也就是说，社会管理主要是以行政强制为基础，以法律为保障，对社会关系进行调整和约束，政府在其中起创新社会管理体制主导作用。”③ 这里突出国家力量，而忽略了社会力量的参与协作。

“社会管理是指政府通过制定专门的、系统的、规范的社会政策和法规，管理和规范社会组织，培育合理的现代社会结构，调整社会利益关系，回应社会诉求、化解社会矛盾，维护社会公正、社会秩序和社会稳定，孕育理性、宽容、和谐、文明的社会氛围，建设经济、社会和自然协调发展的社会环境的过程。”④ 这里一是突出政府作为单纯的社会管理主体，二是过于突出价值诉求和管理目标却没有指出明确的社会管理的内容。

“社会管理是对家庭、社会团体与社会自治所不能解决的社会事务的管理，这些社会事务涉及社会整体的公共利益，需要依靠国家权力与政府权威加以解决。……社会政策是政府干预社会的主要手段和基本措施，它决定了政府的其他社会管理手段。社会政策的核心是福利国家或福利社会政策。”⑤ 这种提法比较强调社会管理中的社会政策与福利方面，并没有将社会管理职能和政府职能很好地区分开来。

社会学家郑杭生认为社会管理有广义与狭义之分。广义的社会管理，指整个社会的管理，即包括政治子系统、经济子系统、思想文化子系统和社会生活子系统在内的整个社会大系统的管理。狭义的社会管理，则着重指与政治、经济、思想文化各子系统并列的社会

---

① 潘丽霞：《论第三部门与社会管理职能》，载《四川行政学院学报》，2004 (5)。

② 吴志建：《理论逻辑推导保险社会管理功能》，载《上海保险》，2004 (11)。

③ 李真：《完善社会管理与构建和谐社会》，载《中共成都市委党校学报》，2005 (5)。

④ 胡盛仪：《完善我国政府社会管理的思考》，载《学习与实践》，2006 (10)。

⑤ 李军鹏：《政府社会管理的国际经验研究》，载《中国行政管理》，2004 (12)。

子系统的管理。狭义的社会，社会学常用“社会生活”或“社会生活子系统”来表示。这种区分只具有相对的意义。广义的社会管理要靠各个子系统的管理来支撑，包括了狭义社会管理的内容；狭义的社会管理需要有整个社会的管理作为自己的大环境，需要其他各子系统的配合才能实行有效的管理。①

要充分理解“社会管理”的内涵，必须首先弄清楚“谁来管理”、“管理什么”、“如何管理”三个基本问题。

第一，从管理的主体来看（即谁来管理），社会管理的主体不仅仅局限于政府部门，而且还包括许多非政府部门的参与。

从历史上来看，在以工业化与城市化为基础的社会里，社会管理的主体是政府，政府通过各种管理手段来弥补市场失灵所带来的各种社会问题，以维护社会的公平与稳定。但随着信息化、全球化时代的到来，社会管理的主体越来越趋向多元化，社会组织等各种非政府部门必将成为社会管理的一支重要力量。

第二，从管理的内容来看（即管理什么），社会管理的内容不等同于国家或政府管理的全部，而是国家管理中的一部分内容。

社会管理应该是相对于政治管理、经济管理、文化管理和环境管理而言的一个独立的管理系统，其内容包括对社会生活的不同领域、社会结构的各个组成部分、社会制度的各个要素、社会事业的各个方面和社会观念的形成进行组织、协调、服务、监督和控制的过程。其目标是增进社会福利与保障、促进社会公平与公正，以消除或减少社会问题的发生，维护社会长期稳定与发展。

第三，从管理的手段来看（即如何管理），社会管理的手段不仅仅局限于社会监督与控制，更在于社会工作与服务。

社会管理的“理”就是规则和制度，而“管”就是指制定规则和制度，并保证规则和制度的和谐运行。社会管理的目的就是要促使社会的良性运行和社会目标的有效完成。就社会管理的价值诉求来看，无论是调整社会利益关系、化解社会矛盾与冲突，还是维护社会公正与公平、促进社会稳定与发展，社会工作与服务作为一种非正式的社会控制方式，在社会管理中都起着非常重要的作用。而且，社会工作与服务将越来越成为社会管理的一个重要手段。②

综上所述，社会管理主要是指政府和社会组织部门为促进社会系统的和谐运行与良性发展，对社会生活、社会结构、社会制度、社会事业和社会观念等各个环节进行组织、协调、服务、监督和控制的过程；是指以维系社会秩序为核心，通过政府主导、多方参与，规范社会行为、协调社会关系、促进社会认同、秉持社会公正、解决社会问题、化解社会矛盾、维护社会治安、应对社会风险，为人类社会生存和发展创造既有秩序又有活力的基础运行条件和社会环境，促进社会和谐的活动。

1.2.2 社会管理的内容

基于人类社会发展的特点，社会管理至少应当包括社会行为管理、社会关系管理、社

① 参见郑杭生：《社会学视野中的社会建设与社会管理》，载《中国人民大学学报》，2006（2）。

② 参见邓伟志主编：《创新社会管理体制》，4～6页，上海，上海社会科学院出版社，2008。

会问题管理和社会风险管理。社会行为、社会关系、社会问题和社会风险的内在逻辑是：在个体和群体的行为中形成社会关系，社会关系失调导致社会问题，社会问题得不到解决或解决不好会孕育出社会风险，社会风险不能及时妥善处理会导致社会动荡，甚至解体。加强这几个环节的管理是社会管理的基本内容。

1. 社会行为管理

这是基于人们行为的日常社会管理活动。社会的个体或群体总是遵循着社会的规范进行生活，在人与人交往过程中表现出社会预期的行为。社会行为管理就是要通过社会规范使人们按照社会和群体的预期行为行事，通过教化、社会化等一系列的过程避免破坏社会规范、出现违反群体和社会预期的行为（或者叫做越轨行为）。“讲究卫生”、“尊重生命”、“敬老爱幼”等，是每个社会鼓励和支持的社会行为。每个社会都会建立一套规范来阻止和惩罚一些不当的社会行为。社会规范可以分为正式的社会规范和非正式的社会规范两种。正式的社会规范包括法律、法规及其他规则。非正式的社会规范可能没有文字记载，但为社会大多数人接受，通常有民德、民俗，有时将其称为乡规民约。当然，有时也会有文字表达形式，诸如国内外的一些社区中制定的乡规民约等。

社会行为管理过程中，遵守和违反行为规范是通过社会的奖惩机制来实现的，而奖惩机制反映着一个社会的价值观。在这个意义上，社会管理又触及到了价值体系建设问题。倡导价值观建设的关键是能够让价值观被共享和接受，只有这样，价值观才能构成社会生活的基石。

2. 社会关系管理

这主要是基于源头进行的社会管理，其核心是对社会不平等的管理。社会不平等指的是社会成员拥有不等量的财富、社会声望和权利。“不平等和社会反抗之间的联系确实十分紧密，它们之间的关系是双向的。当一个社会发生叛乱或反叛时，其中必然存在可觉察到的不平等感，这一点显而易见；但是意识到下面这点同样很重要，即对不平等的觉察以及对这个难以名状的概念内容的确定大大倚赖于实际反叛的可能性。”① 历史上的一些重要思想家都把对社会关注的焦点放在社会不平等上面，马克思和恩格斯研究了现实的人，即在一定的历史条件下和社会关系中从事生产劳动及其他社会实践活动的人，指出人是一切社会关系的总和。各种社会关系里面最最核心的是生产关系，包括财产关系、生产中的人与人之间的关系以及产品生产出来之后的分配关系。社会关系发展直接影响到社会秩序和社会活力。管理好社会关系是社会管理的核心和重点。

3. 社会问题管理

这主要是基于日常生活进行的社会管理。社会问题是指社会关系失调，影响社会大部分成员的共同生活、破坏社会正常活动、妨碍社会协调发展的社会现象。现实生活中有很多社会问题。社会就像人一样，也是一个有机体，要像对待个人身体一样来对待社会这个有机体，不断解决发展中出现的各种问题，保持社会有机体的健康。社会管理也是一个解决社会问题的过程。

解决好社会问题还要关注主观社会问题。主观社会问题是由于历史遗留下来的许多问

---

① ［印］阿玛蒂亚森：《论经济不平等——不平等之再考察》，3 页，北京，社会科学文献出版社，2006。

题没有处理好，或者长期得不到解决，在人们心里积淀下来形成的。在某一个客观社会问题发生时，就有可能把这种主观的情绪引发出来，成为一种主观社会问题。要把社会管理好，政府、社会、企业一定要有一种社会问题意识。既要有客观的社会问题意识，也要有主观的社会问题意识。把各种矛盾化解在没有发生之前，化解在人们的行为之前，化解在人们的心里。

4. 社会风险管理

这主要是基于突发事件条件下的社会管理。在经济社会发展中本身就隐藏着许多风险，这是经济社会发展中的正常现象。有些风险应对处理起来较容易；而有些风险一旦发生，若无防范措施，很可能会让一个组织、一个企业、一个社会，甚至一个国家瓦解。风险是指企业、政府、社会组织、国家、国际组织等发生危险的意外性和不确定性，包括损失发生与否及损失程度大小的不确定性。风险具有不同的表现形式，如地震、火灾、洪水等自然风险；人们的恶意行为、不良企图、疏忽大意、过于自信造成的组织和群体风险；供求关系变化、价格上涨造成的市场风险；此外还有技术风险、金融风险、政治风险、战争风险等。

1.2.3 社会管理的层次和特征

社会管理可分为宏观社会管理和微观社会管理两个层次，并具有各自不同的特征。社会管理也有区别于行政管理和工商管理的特征。

1. 宏观社会管理

所谓宏观社会管理，就是把社会看作一个有机整体，通过运用计划、沟通、协调、控制、指导等手段，对社会的经济、政治和文化事务进行统筹管理，使社会系统协调有序、良性运行的过程。它是对人们生活的共同体的管理。

宏观社会管理大致可分为对经济子系统、政治子系统、文化子系统和社会子系统的管理，即经济管理、政治管理、文化管理和社会事务管理“四位一体”的管理过程。

(1) 经济子系统的管理。

相对于社会管理，经济子系统管理更趋向于各种经济的专业性管理，而社会管理在涉及经济方面时，更关注的是经济基础与政治、文化等其他上层建筑之间的相互关系、相互影响。广义的社会管理重点要对经济发展过程中的各种偏向进行必要的调整，对于某些束缚生产力发展的经济关系以及阻碍社会经济发展的因素进行改革。对所有制、分配制以及国有资产管理等有关宏观经济发展方向的关键性问题进行改革和调整，正是社会管理在经济子系统运行中所起到的重要作用。

(2) 政治子系统的管理。

社会管理同样包含对于政治系统的严格管理，例如对权力的管理、政治体制的改革、政府职能的转变以及对意识形态方面的管理等。在这方面，以往比较偏重对基层和群众的管理，对于作为政治管理主体的政府研究的较少，容易出现由于管理不严格、制约不完善的社会管理粗放导致的各种弊端。

(3) 文化子系统的管理。

“文化”更倾向于社会意识形态以及与之相适应的制度和组织机构。相对于经济、政治和社会这三个构成社会三大部门的实体性系统，文化子系统更趋向于作为社会构成中的软件系统。社会管理在文化建设上可以从文化体制、文化产业组织、精神文明宣传等各方面起着引导作用。随着物质文明的不断增长与提高，文化建设的步伐也逐步加快，文化体制的改革、文化生产力的解放见证了社会管理在文化子系统中所发挥的作用。

（4）社会子系统的管理。

相对于政治系统中的政府部门与经济系统中的市场部门，社会子系统中的组织更多的指的是公共领域及第三部门的组织结构。其实质即狭义上的“社会管理”，包含了诸如教育医疗、社会保障、社会福利、社区建设、社会治安等社会生活的方方面面。加强各项社会事务的管理，是维护社会稳定、构建社会主义和谐社会的内在的必然要求。如何形成良好的社会管理网络体系以及如何有效实现政府社会管理的服务功能都成为建设社会主义和谐社会过程中的重要议题。

宏观社会管理具有系统性、人为性、灵活性、参照性、对象性等特征。

（1）系统性。社会是由自然、历史、文化、人口、经济等多种要素组成的，各种要素相互结合、相互作用形成复杂的系统，不同要素之间又可以形成子系统，由此决定了社会管理必然是系统管理。社会管理系统下面又可以划分出人口管理、文化教育管理、经济管理、卫生管理等多个子系统，每个子系统又可再分成次一级的子系统，如社会经济管理系统下可分为社会工业管理、社会商业管理、社会金融管理、社会财政管理等子系统。任何系统功能都会影响整个社会网络的正常运行。

（2）人为性。为了达到一个系统的既定目标，对管理对象施加有效的调整、监督与制约等影响力，使其按照一定的意图和明确的方向发展，是系统的目标得以实现的重要保障。社会管理的人为调控主要依据以下三方面的原则：第一，设法发现并排除影响社会发展的各种不利因素，努力创造良好的外部环境；第二，对于已经出现的不利因素，采取补救性措施加以克服和改善；第三，一定条件下可采取强制性手段以保证系统目标得以实现。

（3）灵活性。社会管理是自觉地、有目的地对社会系统、社会组织、社会结构和社会过程施加影响，以便按照社会客观规律，在宏观和微观的层次上把握其发展的方向和速度。但在管理过程中所遇到的问题往往是复杂多变的，这就要求管理者本着务实的精神和求是的态度面对现实，灵活而非僵死地解决问题。

（4）参照性。社会管理的参照性主要体现在两个方面：1）从时间的纵向坐标上看，社会管理具有历史继承性。任何社会管理者都不可避免地会借鉴历史上的管理经验以为已用，管理经验已经成为历史文化沉淀的一个重要组成部分。2）从时间的横向坐标上看，社会管理更具有可移植性。随着世界经济一体化的趋势日益加剧，各国之间政治、经济、文化相互融合，一国某些领域内的管理经验往往被其他国家采用。

（5）对象性。社会管理归根结底是对人的管理。人是社会系统的第一要素和社会管理的第一对象。虽然社会管理也包括对社会财富和社会事务的管理，但它们终归是要依附于人的，并体现和变更着人际关系。因此对人的管理才是社会管理的根本。①

① 参见周运清主编：《新编发展社会学》，278～279页，武汉，武汉理工大学出版社，2003。

2. 微观社会管理

所谓微观社会管理，是指通过制定社会政策和法规，综合运用多种资源和手段，依法对社会生活、社会组织、社会事务进行规范、协调、服务的过程。其目的是为了化解社会矛盾，调节收入分配，以满足社会成员生存和发展的基本需求，提高社会生活质量，维护社会公正、社会秩序和社会稳定。

微观社会管理是对社会事务、社会生活的管理，包含有教育、公共卫生、社会福利、社会保障、社会救济、社会服务、社会安全等内容。

微观社会管理具有整体性、科学性、公共性、合作性、指导性等特征。

(1) 整体性。社会管理必须从社会的整体角度着眼，既要分别管理好各项社会事业，又要协调各项工作之间的关系和社会成员之间的关系，这样才能使社会管理的效果在整体上达到一种最优状态。当然，并不是社会管理工作的各个方面都要达到最优的状态，而是在发展非均衡的状态下能够达到整体的均衡。

(2) 科学性。主要体现在：一是政府决策要有集体性、民主性和开放性，防止个人专断；二是注重多元主体的参与，保证各种社会组织和公众的参与渠道；三是学习和运用现代公共管理学的理论和技术；四是社会管理各领域里也有丰富的专业学科或专业知识作为指导，并添加了现代通信技术、交通技术、传媒技术等科技手段。

(3) 公共性。社会管理的直接对象很大一部分是社会事业和社会组织，这些对象多在公共领域中展开自己的活动，它们的具体职能和服务内容也不尽相同，但是它们共同的指向在于促进公共利益。这种公共性不仅体现在社会管理所指向的目标上，还体现在社会管理的实施过程中。各个社会组织和群体在协商和政府的协调下也彼此达成一致，产生一个可以满足各方利益的结果，在这个过程中公共性才得以存在。没有公共性的社会管理将是专制和压迫的，这将给部分社会成员的利益造成损害并引起公众的反抗，也难以使社会稳定。

(4) 合作性。广义上的社会管理的合作性，是指国家、市场和社会各方中的成员都能够在一个宪政框架下相互沟通，在社会事务的解决上达成一个各方可以接受的结果。狭义上的社会管理的合作性，是指社会领域中的各项事业的承担主体通过协商而达成一致性的结果，这个结果将促进各方的利益。

(5) 指导性。社会管理的指导性是指社会管理的方式可以灵活，不宜使用强制性的手段来进行社会管理，为的是使社会富有弹性和活力，这样的社会更稳定、更健康。虽然政府是社会管理的主持者，但是社会管理不能完全使用行政命令的方式进行，当代社会管理除了运用传统的政府行政力量之外，也非常注重运用协调、参与等方式来达到社会治理效果。而且，即便是运用行政命令，这些行政命令也是灵活的，所有这些都说明社会管理的指导性已经越来越强。①

中国当前的社会管理，主要指微观社会管理，它在现实中具有四个突出特点：

第一，管理主体的多元性。政府虽然在其中发挥着主导作用，但是无法替代社会组织以及公民个人的作用。

---

① 参见文军：《社会管理的特征》，载《杭州（我们）》，2011（6）。

第二，管理形式的服务性。社会管理是以服务为主要内容的，因此管理的手段更侧重于协调和参与。

第三，管理取向的公平性。社会管理是以维护和增强社会权利为价值取向的，强调公平，并不谋求效益的最大化和政府的全部包办替代。

第四，管理主题的时代性。根据时代的变化和社会问题的变化，社会管理的主题也在不断变化。

3. 社会管理不同于行政管理和工商管理的特征

（1）管理的主体不同。

政府行政管理和企业工商管理的主体分别是政府和企业，而社会管理的主体是多元的，既包括各种社会组织，也包括政府和企业。这是因为社会本身是不自足的，民间组织所掌握的资源是有限的，单独依靠个人自助和社会互助无法完全解决社会问题，因此政府和企业介入社会问题的解决和社会服务的提供就成为必要。

（2）管理的运行逻辑不同。

政府官僚系统的运行逻辑是权力的逻辑，上下级之间命令和服从的层级节制关系支配着政治交往。企业经营系统遵循的是商业的逻辑，经济交往的原则是等价交换原则，利益最大化是经济行为的主要驱动力。社会子系统的运行逻辑是平等沟通、信任互惠的交往逻辑，社会人是处于各种社会共同体中相互依存的个人，社会生活领域有别于经济生活领域和政治生活领域。

（3）社会管理是自治自律和外部干预的有机统一。

社会成员在自愿结社和自由交往的过程中会逐步形成合作互惠的行为规范和无须外力干预的自发秩序。当社会成员在个人领域能够自律、社会组织在社会共同体内部能够实现自治的时候，国家的法律法规主要是为社会自治自律提供法律保障而无须介入其内部事务，自治自律为国家权力的行使划定了边界。只有当个人或社会组织的行为侵害到他人利益或社会普遍利益时，来自国家的干预才成为必要。社会管理的首要原则是社会自治自律原则，外部干预应当是辅助性手段。

（4）管理的目的和产品性质不同。

政府行政管理的目的是为了社会整体公共利益最大化，工商企业管理的目的是为了在成本收益计算后追求企业利润最大化。社会管理的目的是为社会成员和社会团体追求各自的私人利益、特殊利益（局部公益）提供平等的机会，同时调节利益冲突，增强公民权利和社会公益。它们所提供的产品的性质不同。政府提供的产品主要是非竞争性、非排他性的纯粹意义上的公共产品或公共服务。企业生产的最终产品是具有竞争性和排他性的私人产品和服务。社会管理的产品是介于这二者之间的准公共产品或服务，即各种互益性和公益性产品或服务。

1.2.4 社会管理的模式

从社会管理主体的角度出发，在以政府为本位的政府管理和以社会为本位的社会组织自主治理的基础上，具体形成了不同的社会管理模式。有学者提出从主体间关系以及各主体所承担的角色来看，可以把社会管理分为：以政府为本位，公众和非政府组织依附于政府的三种政府管理模式，即政府管理的集权化模式、民主化模式、社会化模式；以社会为本位，政府、公众和非政府组织平等合作的两种社会治理模式，即社会治理的自主化模式、多中心模式。①

1. 政府管理的集权化模式

这是一种完全以政府为本位的社会管理，它体现了国家对社会的全面干预，实行的是全能主义的政府管理模式。由政府单向、自上而下地对社会进行统治和控制，社会管理的公共性很大程度上由政府界定。政府在社会管理中作为唯一的管理主体，单独享有社会公共权力，基本包揽了社会公共事务的管制权，而民众和非政府组织在社会管理体系中处于几乎完全缺位的状态。非政府组织数量极少，并且它们对政府具有强烈的依附性；社会中公民也较缺乏自主意识，依赖政府来获取生存与发展所必需的资源与条件。在缺乏社会制衡体制的情况下，只有寄望于一个道德政府来抑制自身的欲望和利益，谋求社会公共利益，达到对社会的有效管理。

2. 政府管理的民主化模式

这种模式下，政府开始意识到对社会管理的目的在于解决民众共同关注的社会问题，了解公众的满意度是评判政府管理的最终准则，开始重视公众对社会管理的反馈情况。因此，政府开始吸纳公众参与对社会领域中各种公共事务的管理，关注公众的反馈，期望调动公众对社会公共事务管理的积极性。与此同时，公民的自主意识有了较大觉醒，对政府的依附性有所减弱，开始对社会公共事务的管理产生一定的影响力。例如通过听证会等多种形式，公众能够有机会参与到政府管理的议程中，尤其是与政治性公共事务和社会性公共事务密切相关的各种活动中。政府主动地向社会放权，非政府组织获得一定的成长空间与参与机会，但缺乏足够的社会公共事务管理能力，难以获得自主性，地位还不突出，仍然处于培育阶段。同时，政府除履行管制职能外，还逐步渗透进更多的为公众服务的内容。在政府与公众的不断博弈中，实现两者的和谐共赢。

3. 政府管理的社会化模式

这种模式下，伴随社会发展和社会管理主体日益复杂化的趋势，政府再也无法独自承担对社会的管理职能，其能力已经不能胜任日趋复杂的社会系统发展的需要。政府要求社会各方参与到社会系统的管理中来，主动地向非政府组织、公众分权，并与它们逐渐形成制度化的、以政府为单一中心的分工协作关系。此时政府仍然占据着社会管理体系的主导地位，而公众和非政府组织则是协助政府管理的得力帮手，对政府仍有较强的依附性。三方根据各自的特点，优势互补，形成了一个以政府为主角和核心，公众、非政府组织为配角和补充的政府管理模式。同时，公众参与的广度和深度加强，通过自发的购买或契约等形式，实现对社会性公共事务的自发性管理；非政府组织也由于政府的放权，其作用开始凸显，公众和非政府组织，开始在社会事务管理中承当重要的管理职能。

4. 社会治理的自主化模式

不论是这里涉及的社会治理的自主化模式，还是后面所论及的社会治理的多中心模

---

① 参见陈庆云、鄞益奋、曾军荣、刘小康：《公共管理理论研究、概念、视角与模式》，载《中国行政管理》，2005 (3)。

式，政府对社会的治理仍然在“社会治理”中存在，因为政府也是社会的一部分。原本不对等的关系状态已经被打破，随着社会力量的日益强大，非政府组织和公民对政府本位提出挑战，要求政府真正还权于社会，其自主性不断增强，组织化程度不断提高，自治能力不断提升。公众和非政府组织在此阶段开始逐步摆脱对政府的依附，成为社会公共事务管理中完全独立的主体。值得注意的是，这个模式与政府管理的社会化模式不同，社会力量已经有了与政府进行平等对话的平台，然而，它还没有进入到多中心的模式，公众和非政府组织仍然未能形成牢固的、与政府相提并论的中心。这是一个由政府管理社会化模式向社会治理多中心模式过渡的状态。相对于此前的模式可以打个比方：社会力量与政府的关系，由父子般的协作关系走向兄弟般的合作关系，但在相当多的情况下，政府仍然起到主导性的作用。

5. 社会治理的多中心模式

包括政府对社会治理的“社会治理多中心”模式，完全实现了对政府管理的超越，非政府组织和公民成为独立的社会公共事务的管理主体，与政府共同构成多中心网络式社会治理结构。这是理想意义上的社会管理，这种模式中三类主体的能动性和积极性完全被调动起来。尽管三者在管理中承担不同职能，甚至政府仍是最重要的管理主体，但它们之间权限界定明晰，各司其职，各尽其能。各方的力量及其提供的公共物品和公共服务从量上到质上都会有所差别，但三者的关系是对等、协商的合作关系。

综合来看，如果借用上述五种管理模式及其相互关系，我们对社会管理的理解可以认为是政府逐步“放权”、“分权”、“还权”于社会的过程，同时，也是社会力量逐步强大而最终形成与政府并立，实现国家与社会合理“定权”的过程。就目前中国的社会管理来看，在相当长的一段时间内，以政府管理为本位的模式将仍然是中国社会管理的主要类型。

1.2.5 社会管理的功能

社会管理的目的在于满足人类多样化的需求，协调社会生活系统组成部分的利益，通过制定社会规则，包括法律、法规、政策，尤其是社会政策，并通过一定的手段执行，尤其是公共财政和司法，来实现建立在公平正义价值基础上的社会进步。具体来讲，社会管理的功能有以下几个方面：

1. 社会整合功能

现代政府把税收作为主要手段来整合社会资源，同时通过再分配在全社会重新调节资源的分布，防止社会资源高度集中，避免出现大的社会动荡。这里政府和个人之间实际上有种契约关系，国家权力说到底还是为人类服务的一个中介。但是政府作为民众普遍意愿的载体，只能提供比较基本的并且是普遍性的需求。然而社会需求是多样的，社会利益是多元的，社会资源是分散的，这样政府就不可能面面俱到照顾各个利益群体的需要。作为社会管理主体的社会组织的作用就凸显出来了。这类社会组织与庞大的科层制的现代政府相比，更贴近民众，更能够捕捉到民众的特殊性的需要，在整合社会资源方面具有自己的优势和灵活性，这样就能够满足一些特殊群体的特殊需求，帮助他们解决一些特殊的问题。而且相对于政府来讲，它的运作在实践中更有效率。

2. 社会参与功能

传统的社会管理理论强调政府对于民众的统治和制约，现代社会管理理论则强调广大民众的积极参与。人们通过参与到各种各样的社会组织中，学习组织的规则，在与组织其他成员的交往中，习惯一种组织生活，这使得人们从各种传统的小共同体里面逃离出来。在个人层面上，一种与现代性相适应的权利责任意识也就形成了。这实际上是真正的个人主义和集体主义的结合。所以社会管理能够为扩大民主参与做好准备工作。

3. 再分配功能

社会管理是一个对财富的再分配过程。根据政府和市场理论，在完全的民主和市场情况下，在市场领域，市民是用金钱投票的。社会成员因能力不同而导致在收入上的不平等，这又决定了他们在交换领域的不平等，也决定了他们享用产品与服务的数量和质量的不同。这样就出现了所谓市场失灵。政府通过制定规则，采取社会政策（包括税收、担保、补贴、惩罚、法律和法规、公共产品提供等）来弥补市场不足，使社会良性循环和社会目标有效率地完成，这个过程称为社会管理。另外，社会发展的内容具有公共产品、自然垄断和外部经济等特征，因而是单纯依靠市场无法有效提供的。教育和卫生最为典型，它们为全社会所需求，可以通过市场提供，但要保持基本教育和基本公共卫生的公平性，政府必须介入。掌握公共权力的政府必须承担起供给公共产品、公共服务的责任，并对这些基本公共服务进行管理。

4. 良性运行功能

社会管理是一个保持社会良性运行的过程。根据公平与效率理论，公平意味着更合理地分配财富、收入和资源。在市场经济社会中，经济聚集会导致极度的财富、收入、资源分配不平等，减少不平等就成为发展中的重要内容。通常，减少这类不平等主要靠市场、私人部门自愿的再分配，以及政府的干预。通过政府在再分配中发挥主要作用，实现财富、收入分配、资源和机会占有的更加均等。否则，有可能会引发社会动荡。必须把减少不平等放在首位，从源头上避免社会动荡，保持社会的稳定。

5. 修复人类共同体功能

重建人类共同体是几个世纪以来人类社会发展的内在追求。管理学大师彼得·德鲁克说，不同的社会和不同的国家当然会有结构十分不同的社会领域，但每个发达的国家为了提供必要的共同体服务，尤其是为了重建共同体的各种纽带和一种积极的公民身份意识，都需要一个由各种共同体组织构成的、自主的、自我治理的社会领域。这个共同体就是社区。

案例思考

西方政府社会管理的实践

1. 较为合理的组织设计

由于发达国家大多有较长的自治传统，因而在“中央—地方”和“联邦—州—地方”之间基本不存在严格统属的条块关系，而是在各自的法定职责范围内各司其职。

发达国家政府在处理社会管理职能的组织设计上充分注意因地制宜和因时制宜。美国政府的社会管理在联邦层次上是通过50多个独立的管制机构来实现的，这50多个社会管理机构的内部设置和下属分支机构的设置就充分考虑到了管理领域的实际情况和资源预算约束，几乎没有统一的组织设计模式。如美国环保局（EPA）在全国设有10个大区，一个区负责若干个州，每个区都根据本区的实际情况制定政策和标准，这种适中的管理幅度既照顾到了各个区域不同的历史文化背景，又不至于出现管理重心过低而带来的繁重管理任务。

2. 分权化的管理取向

权力下放，作为推动民主政治建设、加强经济发展的一项策略，已成为各国行政改革的主导理念和实践方向之一，也是发达国家政府社会管理的一个显著趋势。随着理论界对政府间关系研究的深入，这一步伐走得更快。在实践中，基本上以20世纪80年代为坐标，西方主要国家都开始了放权运动。澳大利亚联邦政府60年代开始曾经追求中央集权的社会管理模式，70年代惠特拉姆政府扩大了政府的社会管理职能，但是其后暴露出许多弊端，后又趋向适度分权，霍克政府时期下放了许多权力，完成“社区参与体制”，这一分权化模式在以后的基廷政府和霍华德政府一直被沿用。

3. 重视制度建设，完善政府的社会管理运作体制、建立顺畅的社会流动机制和合理的利益协调机制

经过长期的发展和完善，西方发达国家在社会管理的各个领域都建立了健全和行之有效的管理体制。如在公共卫生领域，美国建成了包括联邦—州—地方三级的完善的公共卫生管理体系，联邦政府的人类服务与卫生部（HHS）承担主要职责，设计实施了一个广泛的监视疾病爆发的网络，将所有医疗机构在互联网上联网，建立提供疾病信息的网上资料库，同时向所有医疗保健人员提供培训和信息，使他们能够识别有可能是疾病爆发的迹象和症状，另外建立了美国应急行动中心电子网络疾病检测报告预警系统、大都市症状检测系统、全国公共卫生实验室快速诊断应急网络系统等，以确保对重大公共卫生事件作出及时的反应。

4. 社会管理的市场化

20世纪80年代以后，以英国撒切尔政府为首，新西兰迅速跟进，发达国家大多进行了社会管理的市场化改革，这其中最为引人注目的就是民营化。发达国家的民营化最早开始于自然垄断行业，如邮政、电信、铁路等部门，而后扩展到一般公共服务领域。新近的民营化最终进入到了社会管理这一主要以规制为管理方式的政府活动领域，发达国家政府谨慎地将诸如监狱管理、就业指导、消防服务等职能授权给私营部门和第三部门来行使。

5. 较强的社会自主管理能力

发达国家社会管理的一个成功之处就在于运用社会力量进行自主管理。这些国家中的大多数都有很强的公民社会传统，社会自治自理能力极强，是名副其实的“大社会”。如西班牙的行业自律组织、社会中介组织、社区乃至其他形形色色的社会组织都

承担着数量可观的社会管理职能。西方国家深厚的公民社会传统为第三部门的发展壮大直至参与社会管理奠定了良好的基础。

6. 重视社会监测体系及危机预警系统的构建

发达国家建设社会指标体系及社会系统核算的经验值得我们认真借鉴。事实上，在西方发达国家，危机管理并不仅仅限于公共安全和公共卫生等特定领域，在几乎全部的政府社会管理领域，都有危机管理的机制。突发的气象或生态变化、突发的大规模人口流动等等都被定义为公共危机。发达国家处理社会危机主要有制度设计和群众动员两方面的经验。在制度设计上，着重是危机报警、危机处理启动、危机处理、善后等几个阶段的衔接，各政府部门的角色和职责也被明确界定，而群众动员方面则主要是危机信息通报和群众组织问题。

资料来源：马平：《借鉴西方社会管理经验 推动中国社会管理创新》，载《管理世界》，2011(9)。

1.3 社会管理学的研究对象、意义和方法

1.3.1 社会管理学的研究对象

对于社会管理学的研究对象，学者们的观点不一。

1. 国外学者的观点

M. 马尔科夫认为，社会管理学的研究对象“是社会领域的管理的规律性”，“是社会管理的一般理论”①。

A. 克托夫认为，“社会管理科学应该研究管理关系、管理过程、管理机制和管理行为”②。

A. M. 奥马罗夫认为，“社会活动领域发挥职能和发展的统一的规律性是社会管理科学的对象”③。

2. 国内学者的观点

童星认为，社会管理学重点研究广义的社会管理活动，同时也研究狭义的社会管理活动。④ 经济管理学、政治管理学等管理学科专注于社会某一特定领域的管理活动，不具体研究狭义的社会领域的管理问题；而社会管理学着重探讨社会整体及其各组成部分之间管理协调的规律，同时研究狭义的社会领域的管理问题。

马徒认为，社会管理学是一门社会学和管理学的交叉学科。它应以社会管理领域中管

① ［保］M. 马尔科夫：《社会管理学》，2页，上海，同济大学出版社，1988。
② ［苏］转引自A. M. 奥马罗夫：《社会管理》，28页，杭州，浙江人民出版社，1987。
③ 同上书，28页。
④ 参见童星编著：《社会管理学概论》，23～24页，南京，南京大学出版社，1991。

理主体和管理客体之间的矛盾及其发展规律为研究对象，是研究社会管理主体和管理客体之间矛盾及其发展规律的科学。①

由于社会具有不同的层次，社会管理研究也具有相应的不同领域，由此决定了社会管理学研究对象也具有层次性。宏观社会管理学的研究对象是宏观社会管理，揭示整个社会系统的运行规律和促进社会良性运行的一般方法。微观社会管理学主要是以微观社会管理的基本内容和基本方法为研究对象，而以宏观社会管理作为社会管理学研究的背景来考察。

社会管理学的研究对象是社会管理内容与社会管理形式的统一。社会管理学研究的管理内容，是指谁来管理和管理什么的问题，即管理主体和管理客体的问题。社会管理学研究的管理形式，是指如何管理，即管理手段和方法的问题。

在社会管理中，不论是管理者还是被管理者，其主体都是人。社会管理的机制、机理，就是人对社会生活、社会发展客观规律的认识和运用，也就是人这个主体的自觉能动性的发挥和发展。人们对社会生活的有意识、有目的的调节和控制能否达到预期的目标，关键在于是否正确地认识和掌握规律，是否正确地分析、判断客观形势和主客观条件，是否正确地根据自身的条件运用规律，就是说取决于主体对客体的驾驭能力和水平。而主体驾驭客体的能力和水平，又不能离开具体的历史的实践。这种发挥主体的自觉能动作用的管理活动有它自身的规律，社会管理学就是要研究、揭示这种规律性。

综合来看，社会管理学是一门系统地研究社会管理活动的基本规律和一般方法的科学。它重点研究狭义的社会管理活动、社会管理问题，研究狭义社会管理的一般过程和特点、基本原理和机制、主要手段和方法，涉及的具体内容主要有：

（1）研究社会管理的经济、政治、文化背景；

（2）研究社会管理主体的历史变迁、结构以及多元主体之间的关系；

（3）研究传统与当代社会管理客体的特点及其内容指向；

（4）研究社会管理的规律、基本原则与程式；

（5）研究社会管理机制的转变及有效机制的构建；

（6）研究社会管理的资源、途径与方法；

（7）研究主要领域的社会管理，如社会风险管理、社会舆情管理、民生问题社会管理等；

（8）研究社会管理发展趋势及对新型社会管理的展望。

1.3.2 社会管理学的特点

以社会管理为研究对象的社会管理学，具有以下一些特点：

1. 综合性

社会管理活动是极其复杂的，它渗透到社会系统的各个领域，涉及社会生活的方方面面；而影响社会管理活动有效性的因素也是多种多样、错综复杂的。因此在方法上，社会管理学需要综合运用现代社会科学、自然科学和技术科学的成果。社会管理学是一门交叉

① 参见马徒：《试论社会管理学的研究对象》，载《广西大学学报》（哲学社会科学版），1994（3）。

学科或边缘学科，而从它需要综合利用多种学科的成果才能发挥自己的作用来看，它又是一门综合性极强的学科。

2. 实用性

社会管理学又是一门应用性极强的学科。它所提出的理论、原则、方法，应能有效地指导社会管理实践，对社会管理实际工作有所帮助，提高社会管理的经济效益和社会效益。社会管理学一方面要为完善社会管理、提高管理效率提供一般的原则和方法论，另一方面又要为此提供具体的手段和方法。只有把社会管理的理论同社会管理的实践相结合，才能真正发挥这门学科的作用。

3. 科学性

社会管理学是一门科学，旨在系统地研究社会管理活动的基本规律和一般方法。社会管理的实质就是根据社会规律自觉地控制人们的社会活动。在社会管理中制定和选择对人的行为、群体活动和社会运行施加积极影响的方法，必须以认识社会规律为基础，以掌握关于管理对象的状况及其外部环境的信息为前提，这些都要求社会管理学具备科学性。

1.3.3 社会管理学的研究意义

我国正处于经济转轨和社会转型的关键时期，加强社会管理学的研究具有重要的现实意义。

1. 有助于正确运用政府以及社会组织的权力来行使社会管理的职能

社会管理是通过各类社会管理主体来实施的。社会管理主体分为政府组织和社会组织两大类，在我国当前的历史条件下，又以政府组织为核心。政府对整个社会系统实行的宏观管理，在社会管理体系中具有全局性、综合性的意义，起着关键的作用。政府组织对社会的管理要借助于权力。但是，权力仅是搞好社会管理的必要条件，而非充分条件。整个社会管理不可能不运用政府权力，可是有了政府权力，并不一定能够保证搞好社会管理。关键在于如何运用政府权力来实施社会管理。由于我们长期没有重视对社会管理特别是政府管理社会问题进行系统的科学研究，对社会管理的规律缺乏科学的认识，带有不少片面性和盲目性，加上历史上封建专制主义的沉重包袱，“有权就有一切”的“权力拜物教”流毒深远，难以避免出现滥用权力、决策失误、管理不善等问题。社会组织在运用权力、行使管理职能时也有类似的情况。实践反复证明，越是运用权力的时候和地方，越是需要科学；权力同科学相结合，就能成为推动社会发展和进步的强大力量；权力一旦同愚昧、狂热、非理性相结合，必将极大地破坏乃至摧残社会的发展和进步。因此，为了完善社会管理，推动社会进步，就必须加强社会管理学的研究，切实把握社会发展和社会管理的客观规律，建立健全科学的社会管理体系和社会管理制度，以保证各类社会管理主体正确运用权力，有效行使自己的管理职能。

2. 有助于推动社会管理的科学化进程，促进社会管理体制改革创新

先进的科学技术和先进的管理科学是推动现代社会发展的“两个车轮”，缺一不可。管理是现代社会文明发展的三大支柱之一，它和科学与技术三足鼎立。社会系统稳定、有序、高效的发展，离不开科学的社会管理。研究社会管理学，可以使人们认识和掌握社会发展和社会管理的基本规律，按科学的原则改造和组织整个社会生活，建立健全合理完善的社会管理体系和社会管理制度，使整个社会管理活动建立在科学的基础上，保证社会系统良性运行、协调发展。过去，我们忽视了对社会管理学的研究，对社会管理的规律性认识不足，社会管理活动缺乏科学的依据，带有不少片面性和盲目性，由此造成的损失是惨痛的。我国正处于经济转轨和社会转型的关键时期，过去那套社会管理体制已不能适应新的发展需要，必须进行改革。而社会管理体制的改革是一项复杂的社会系统工程，需要在科学的理论指导下稳步地进行。为建立适合中国国情的、科学的社会管理体系，就必须大力提倡社会管理学研究，为体制改革提供科学理论的指导，以确保改革的成功。

3. 有助于社会进入良性运行状态，提高社会服务质量

社会管理学强调，社会是一个复杂的有机整体，社会系统各个部分是相互关联、相互作用的，如果不注意协调好各个部分之间的关系，就可能给整个社会系统造成危害，甚至使其陷入恶性运行的状态。在稳定之中求发展，是社会系统良性运行的关键。研究社会管理学，不断完善社会管理，可以及时发现各种社会问题和社会冲突，采取正确的对策化解它们；可以预警许多的社会不安定因素，将它们消除在萌芽状态，不致滋长蔓延；可以使不同地区、不同行业、不同职别的人们协调行动，使不同方面的工作配套进行。一句话，有利于促使社会生活各个领域和整个社会进入良性运行状态，实现稳定与发展共存。同时，研究社会管理学，有利于提高人们生活的质量。随着我国现代化建设的推进和人民生活水平的提高，人们对社会服务工作的质量、范围也必然会相应提出更多的要求。社会服务工作涉及很多行业，如文教、卫生、饮食、交通等，只有从社会管理的高度对它们进行科学的管理，才能有效地提高社会服务质量，以满足人们越来越高的需要。

4. 有助于提高广大社会管理人员的素质

研究社会管理学，是提高各级社会管理人员基本素质和管理水平的一个重要的途径。在现代社会，社会管理是一项极其复杂的系统工程，对从事社会管理活动的各级管理人员提出了越来越高的要求。他们必须掌握现代管理的理论、原则、方法，像过去那样仅凭直觉和经验来从事管理工作，是绝对行不通的。虽然社会管理能力的提高有赖于经验的积累，但这个经验实际包括直接经验和间接经验。直接经验是社会管理人员在亲身的管理实践中获得的，而间接经验则是通过各种方式学习他人的经验获得的。社会管理人员要提高自己的管理能力，关键就在于把这两种经验有机地结合起来，研究社会管理学是获得他人成功经验的一个有效途径。我国正在进行的现代化建设，既需要很多各种专业技术人才，也需要大量具有良好素质的社会管理人才。要实现社会现代化，首先要实现社会管理队伍的现代化。通过研究社会管理学，掌握社会管理的基本理论和方法，在实践中因地制宜地运用这些知识来指导自己的工作，对于提高社会管理人员的基本素质和管理水平是非常有益的。

1.3.4 社会管理学的研究方法

研究社会管理学，在方法上应注意以下几点：

1. 以马克思主义哲学为指导

任何科学研究，都必须以一定的哲学思想为指导。马克思主义哲学可以为研究社会管理学提供最好的思想指导。马克思主义哲学的两个组成部分——辩证唯物主义和历史唯物主义，既为研究社会管理学确定了正确的世界观，又为这门学科提供了最根本的方法论。根据唯物辩证法，社会管理学产生于社会管理的实践活动，是社会管理实践经验的科学总结和理论概括。为此，研究社会管理学必须坚持事实求是的态度，深入社会管理实践，认真进行社会调查研究，并在实践中检验和发展社会管理的理论。在研究过程中，还要认识到一切现象都是相互联系和相互制约的，一切事物都是不断发展变化的，因此要运用全面的、动态的观点，去观察、分析各种各样的社会管理问题。另需指出的是，马克思主义哲学中的历史唯物主义，揭示了社会发展的根本动力、一般趋势和普遍规律，阐明了人的本质和人的活动规律，直接为社会管理学提供了理论指导。

2. 坚持系统观点

所谓系统，是由相互作用和相互依赖的若干组成部分结合成的、具有特定功能的有机整体。社会就是一个复杂的系统。研究社会管理学，应始终坚持系统的观点，只有对影响社会管理活动和过程的各种因素及其相互之间的关系，进行总体的、系统的分析研究，才能形成管理上可行的基本理论和合理的决策活动。从事社会管理，要把握社会系统的整体性特征，从社会全局的角度去思考问题、分析问题和解决问题，注意局部利益不能超越全局利益；要把握社会系统的层次性特征，认识到社会活动、社会组织是多层次的，通过建立合理的社会组织层次，加强它们之间的协调，提高社会系统的功效。按照系统观点，不能把各项社会管理职能工作割裂开来，而应把它们当做整个管理过程的有机组成部分来进行系统的分析和思考。此外，还要不断吸收现代系统科学的相关新成果，包括系统论、信息论、控制论、协同论、耗散结构论、突变论等学科的新成果，使系统观点更加全面、更趋完善、更加有效、更具指导意义。

3. 借鉴国外的有关理论与经验

研究社会管理学，应以科学的态度对待国外的有关社会管理方面的理论成果与实践经验，吸取合理的思想，借鉴有益的成分。西方管理理论从 19 世纪末 20 世纪初开始，经历了从科学管理理论到行为科学管理理论，再到现代管理理论的演变过程。二战后出现的所谓现代管理理论，并不是一种单一的理论，而是大量理论流派的汇集，有人形象地称之为管理理论的“丛林”。面对西方如此众多的管理理论，应从我国国情出发加以取舍和改造，有分析、有选择地学习和吸收，既要避免盲目照搬，又要克服全盘否定的思想。此外，对于世界各国在社会管理实践中形成的各自独特的体制、方法和经验，要注意分析和比较，发现它们适宜性的条件和造成差异的原因，然后再结合我国实际，有批判地借鉴、有选择地学习，从而促进我国社会管理理论与方法的发展与提高。

4. 理论联系实际

社会管理学是一门实践性极强的学科。研究社会管理学，一定要注意理论联系实际，要注意结合我国的具体国情。理论的价值在于有效地指导实践，因此在研究过程中，应重点探讨我国改革开放和现代化建设中迫切需要回答和解决的各种问题，做到有的放矢，为实践服务。同时，通过实践的检验，也可以发现理论的不足与缺陷，从而激发人们修改、完善已有理论，创造性地提出新的更合适的理论。社会管理并没有一个放之四海而皆准的现成的普适模式，只有从我国实际出发，系统地分析和总结我国新中国成立以来丰富的社会管理实践经验，批判地借鉴国外社会管理的理论成果和实践经验，才有可能建立一套比较符合我国国情特点的社会管理学体系，再在指导我国社会管理实践和社会管理体制的改革中，不断接受检验、修改更新，才能使这套体系逐步成熟和完善起来。目前这门学科体系还很不成熟，而理论联系实际是使它走向成熟的基本前提。要坚持理论联系实际，就要同时反对教条主义和经验主义。前者不管客观实际及其变化如何，一切照搬书本；后者囿于个人的经验，轻视科学的理论，也轻视前人和他人丰富的实践经验。教条主义和经验主义都是研究社会管理学的大敌，应坚决予以克服和消除。

总之，研究社会管理学，应当从我国社会发展的国情和社会管理的实际出发，借鉴和吸收世界各国社会管理实践和理论中一切有用的经验和知识，研究和探索适合我国国情的社会管理体系，建立和完善有中国特色的社会管理学的学科体系，为促进经济发展和社会进步服务。

本章小结

社会是由家庭、群体、社区等各类子系统组织起来的多功能的复杂系统；同时，它又有着多方面的活动形式和多层次的关系，而这些人类社会活动的基本领域，作为社会系统的组成部分，同样也可看成各式各样的社会子系统。所有这些子系统都不是彼此孤立、互不相干的，而是相互联系、彼此作用的。社会系统处于良性运行的关键，首先是社会各子系统本身运行良好、工作正常，但更主要的是社会各个子系统之间要相互协调。社会管理的基本任务，就是努力协调好社会子系统之间的关系，促使社会系统处于良性运行状态。社会管理学系统地研究社会管理活动的基本规律和一般方法，借鉴和吸收世界各国社会管理实践经验和理论成果，探索和建立适合我国国情的社会管理体系。

关键术语

关系　模式　功能　管理　社会管理　宏观社会管理　微观社会管理　社会管理学　社会　社会化　社会系统　社会关系　社会生活　社会活动　社会风险　社会治理

复习思考题

1. 如何理解社会管理学中的“社会”？
2. 社会系统有哪些特征？
3. 社会系统是如何运行的？
4. 如何划分社会系统的层次？
5. 社会管理的层次如何划分，各有什么内涵和特征？
6. 社会管理包含哪些内容？
7. 社会管理较之于行政管理和工商管理有何特征？
8. 社会管理有哪些模式？

9. 社会管理有什么功能?
10. 社会管理学的研究有何意义?
11. 社会管理学有哪些特点?
12. 社会管理学的研究对象有哪些?
13. 社会管理学的研究方法有哪些?

案例分析

中国需要一场罗斯福式的社会改革

在探讨如何解决目前中国的社会问题时，我们可以来回顾美国前总统罗斯福是怎么解决20世纪30年代的大萧条的。罗斯福新政可以分成前后两个阶段：第一个阶段，主要是经济层面的，体现为政府对经济的干预，即实行所谓凯恩斯主义。在金融和整个经济已经处于崩溃状态的时候，出台一系列紧急措施稳定金融、重振经济当然是当务之急。

而我们更应当关注的是新政的第二阶段，这一阶段则以社会变革为主要内容。有人将新政这个阶段实现的社会变革概括为四个方面：第一，联邦紧急救济署（FERA）和工程振兴署的成立，使联邦失业救济成为了半永久性的措施；第二，《全国劳工关系法案》为工会的集体议价提供了一个有保障的框架；第三，《社会保险法案》在美国建立了第一个全国性的社会保险体系；第四，通过《税收法案》，恢复了再分配税体系。这些措施基本都是1935年开始实施的，并且上述三个法案都是在1935年通过的。其中，社会保障制度的建立和通过工会规范劳资关系，也许是两个更重要的方面。

罗斯福认为，一个政府“如果对老者和病人不能照顾，不能为壮者提供工作，不能把青年人注入工业体系之中，听任无保障的阴影笼罩每个家庭，那就不是一个能够存在下去，或是应该存在下去的政府”。他甚至认为，社会保险应该负责“从摇篮到坟墓”整个一生，于是就有了1935年的《社会保险法案》的通过。《社会保险法案》规定，“凡年满65岁退休的工资劳动者，根据不同的工资水平，每月可得10～85美元的养老金”。罗斯福解释说：“它不仅有助于个人避免在今后被解雇时去依靠救济，而且通过维持购买力还将缓解一下经济困难的冲击。”

直到今天，许多人还有一种误解：社会保障是需要花钱的，总得是经济非常繁荣，政府财政收入的状况很好，政府手里的钱多得花不出去的时候才能搞社会保障。这种想法大错特错。20世纪30年代美国正处在大萧条当中，经济状况、政府财政收入的状况很不好，而且罗斯福执政才刚刚进入第三个年头，这时他就“急急忙忙”搞社会保障，为什么？直接的原因是为了让穷人能渡过经济危机，而更重要的则是，只有通过社会保障使人们建立起对未来的稳定预期，才能解决生产过剩和产品积压的问题，而这恰恰是当时经济危机的主要问题。

另一个重要的措施则是规范劳资关系。新政中一项重要的变革就是解决资强劳弱的问题。其措施用我们今天的话来说，就是发挥工会的作用。值得注意的是，工会问题最初提出是在1933年通过的《国家工业复兴法案》中，这个法案著名的第七条第一款规定，“联邦政府保证工会有自发组织及进行集体谈判的权利”。换言之，发挥工会的作用是作为经济振兴的措施之一提出来的。在1935年通过的《全国劳动关系法案》中明确规定，雇员享有自发组织、建立、参加工会，通过自己选出的代表进行劳资谈判和参加其他各种旨在进行集体谈判或出于相互保护而进行的协商活动的权利。

这个措施与时下的某些思路明显不同。在有些人看来，在经济危机的时候，企业本来就已经很困难了，再有工会的作用和工人的斗争，企业岂不更为艰难？而且，在经济危机时，经济状况本来就不好，社会矛盾也比较激化，再以法律的形式肯定工会的作用，社会不就乱了吗？但事实证明，美国社会不但没有乱，反而通过工会的作用和工人的斗争，使普通劳动者的收入增加了，最后形成了一个以中产阶层为主的社会。就我们这里讨论的问题而言，中产阶层是什么？中产阶层就是市场，耐用消费品的市场。

这两项变革的意义是极为重大的。一方面造就了一个中产阶级，同时构建了社会保障，不用担心将来养老的问题，也不用担心将来看病的问题。从这里我们可以看出罗斯福新政第二阶段社会变革的真正含义了，就是通过社会的变革、社会的改造和社会的进步，创造了走出大萧条的条件。

这样的社会变革不仅仅创造了走出大萧条的条件，而且从某种意义上说，是重造了一种社会制度，重造了资本主义。可以说，在这之前的资本主义是一种赤裸裸、血淋淋、人吃人的资本主义。大萧条则表明，这种资本主义已经走不下去了。由罗斯福新政开启的社会进步，等于重新塑造了一个资本主义，这个新的资本主义一直发展到今天，其潜力似乎还没有耗尽。

罗斯福新政使美国走出20世纪30年代大萧条的经验给我们一个启示，就是通过社会的变革实现利益关系的调整。它创造了一个新的社会，从而创造了一个新的市场。更具体地说，它通过调整劳资关系，解决了劳动者收入问题，最后形成了中产阶层。

今天中国面临的是同样的事情。当务之急，就是要建立市场经济条件下的利益均衡机制。

社会变革最核心的问题是利益关系的调整。和谐社会最重要的是利益关系的和谐，形成利益均衡机制，其核心问题就是社会中不同的群体、不同的阶层进行利益博弈时，要有一个平等的博弈权利。

建立市场经济条件下的利益均衡机制，关键是我们首先要承认其合法性。然后把它制度化。那种想把利益矛盾、利益冲突消灭在萌芽状态的做法是很幼稚的，消除利益冲突只能走一个制度化建设的道路。

我们思考20世纪30年代美国大萧条可以得到这样的一个启示：为什么美国当时结束了一个赤裸裸、人吃人的资本主义，开创了福利资本主义的新时代，一个很重要的原因就是建立了一个博弈机制，比如发挥了工会的作用、规范了劳资关系等。这些意味着市场经济条件下利益均衡机制的建立。

资料来源：根据孙立平教授两篇论文《我们能从罗斯福新政中借鉴什么》（载《中国老区建设》，2009（3））和《中国需要一场罗斯福新政》（载《新周刊》，2009-12-27）改编而成。

思考题

1. 罗斯福新政是从哪些社会问题着手的？为什么？
2. 罗斯福新政给中国社会问题的解决带来哪些启示？

推荐读物

1. [美] 彼得·德鲁克. 卓有成效的社会管理. 北京：东方出版社，2009
2. [美] 伊恩·罗伯逊. 社会学. 北京：商务印书馆，1990
3. 邓伟志主编. 创新社会管理体制. 上海：上海社会科学院出版社，2008
4. 费孝通. 乡土中国. 北京：三联书店，1985
5. 龚维斌. 社会管理与社会建设. 北京：国家行政学院出版社，2011
6. 何增科. 公民社会与第三部门. 北京：社会科学文献出版社，2000
7. 何增科. 中国社会管理体制改革路线图. 北京：国家行政学院出版社，2009
8. 陆学艺. 中国社会建设与社会管理：对话·争鸣. 北京：社会科学文献出版社，2011
9. 王思斌. 社会学教程（第三版）. 北京：北京大学出版社，2010
10. 魏礼群. 社会管理创新案例选编. 北京：人民出版社，2011
11. 郑杭生. 走向更讲治理的社会：社会建设与社会管理（中国社会发展研究报告2006）. 北京：中国人民大学出版社，2006
12. 郑杭生. 社会学概论新修（精编版）. 北京：中国人民大学出版社，2009
13. 中共中央党校党建部社会管理与创新课题组编. 中外社会管理案例选编. 广州：广东人民出版社，2011
14. 丁元竹. 社会管理的多维阐释. 重庆社会科学，2011（7）
15. 李程伟. 社会管理体制创新：公共管理学视角的解读. 中国行政管理，2005（5）
16. 孙立平. 走向积极的社会管理. 社会学研究，2011（4）
17. 郑杭生. 社会建设和社会管理研究与中国社会学使命. 社会学研究，2011（4）

第 2 章

社会管理的背景

内容结构图

- 社会管理的背景
  - 社会管理的经济背景
    - 社会转型引发的社会管理问题
    - 经济结构调整引发的社会管理问题
    - 利益诉求多元化引发的社会管理问题
  - 社会管理的政治背景
    - 国际政治引发的社会管理问题
    - 国内政治引发的社会管理问题
    - 政治与行政关系调整中的社会管理问题
    - 社会构成要素多元化中的社会管理问题
  - 社会管理的文化背景
    - 从臣民意识到公民意识
    - 从文化一统到文化多元
    - 文化冲突中的社会管理问题

内容提要

本章主要介绍了当前我国社会管理的经济背景、政治背景和文化背景。社会管理的经济背景主要包括社会转型、经济结构调整和群众利益诉求多元化等因素所引发的社会管理问题。社会管理的政治背景主要包括国际政治环境、国内政治环境、政治与行政关系调整、社会构成因素多元化等因素所引发的社会管理问题。社会管理的文化背景主要包括从臣民意识到公民意识、从文化一统到文化多元、国内外文化冲突等因素所引发的社会管理问题。

引导案例　　社会转型呼唤社会管理体制的创新

正如德国社会学家贝克在其名著《风险社会》一书中所揭示的，在后工业化时代，人类正步入“风险社会”。当今中国，正处于工业化、城镇化、信息化、市场化、国际化交织的战略机遇期和矛盾凸显期，遭遇社会转型拐点。

21 世纪的第一个十年，教育、医疗、住房、劳动就业、社会保障、收入分配、征地拆迁、安全生产、社会治安、生态环境等热点领域不断积聚能量，群体性事件和恶性极端事件增多，消极腐败现象和严重犯罪活动影响严重，还有一系列天灾人祸给公众内心带来的颠簸、震动，无不令中国人对于“风险社会”的体味更加深刻。

而经济飞速发展带来的不协调、不科学、不可持续的负面效应和社会断裂，集中投射、释放于社会层面，对社会管理的压力重负不言而喻。我国社会管理体制能否及时化解社会矛盾，维护和谐稳定的发展局面，几乎决定了未来十年甚至更长时期的中国发展前景。从这个意义上来说，社会管理体制的改革、创新，有着超高的风险系数。

一面是无“主管机构”的新单位、社会人不断增加，人口流动加剧，网络行为活跃，需要大幅增加社会管理和服务资源投入；另一面是社会管理体制中多头管理与管理真空并存，管理队伍“质”、“量”告急。

一面是征地拆迁、劳资矛盾、就业压力等社会矛盾大量产生，社会阶层固化、对立趋势渐成，部分社会成员道德失范、年青一代价值取向“神马都是浮云”；另一面是社会管理老方法不管用、新方法不会用，执法无力与执法暴力、行政傲慢与行政无能并行。

面对现实，要改革和创新社会管理体制，需要首先弄清社会管理事务中哪些是政府该管的，哪些是不该管的？该管的用什么方式管，该放的肯不肯放，放了交给谁？还有，传统的社会管理体制中哪些价值观念应该继续秉持？哪些管理方式可以率先起效，起到减压阀、出气口的作用？

从另一个维度看，政府已然无法延续“一方独大”的管理模式，需要社会力量及时融入，使“大社会”名副其实。但政府放权了，社会力量能顶上吗？这也需要政府给予时间、空间，孵化、扶持、培育，扶上马再送一程，分散的社会力量才能实现健康有序的“自组织”，其间还不可缺少精英阶层的实际参与。

也许，通过摸爬滚打，在社会管理实践中能摸索出一些有效手段、技术，但这还不等于就拥有了社会管理的智慧，让人民顺心。

相对于“管理”，老百姓更需要的是“服务”。俯下身去倾听，人民群众会告诉我们，大家需要一个什么样的社会、什么样的管理服务，怎样才能管理好社会。“诚意＋技术”，才是开出社会管理智慧之花的基础。

资料来源：《中国遭遇社会转型拐点　社会管理体制需创新》，见中国新闻网，2011-01-10。

2.1　社会管理的经济背景

2.1.1　社会转型引发的社会管理问题

1. 中国的社会转型

中国当前社会管理领域暴露出来的问题，与中国处在一个特定的社会转型时期密切相关。所谓社会转型，是指1978年改革开放以来，中国社会从计划经济体制向市场经济体制、从农业社会向工业社会、从封闭半封闭社会向开放社会、从传统社会向现代社会的转变，以及由此带来的经济、政治、文化、社会等各领域、各层面的社会变革过程。

具体言之，目前我国社会转型主要表现为：

一是从高度集中的计划经济向社会主义市场经济转型。新中国成立初期，我国沿袭了原苏联的计划经济模式。这种计划经济是建立在公有制基础上的国民经济有计划按比例发展的经济，其特点是以国家指令性计划为基本调控手段，以行政命令、行政手段和行政组织来干预经济。党的十一届三中全会以来，我国经济逐渐走上了以市场为取向的转型之路。伴随着经济的转型，我国经济进入快速发展时期，GDP总量现已跃居世界第二位。

二是从农业社会向工业社会转型。20世纪50年代中期，我国就开始了大规模的工业化运动，但工业化进程比较缓慢。20世纪80年代后，我国从农业社会向工业社会的转变驶入快车道，产值结构、就业结构的转型都比较明显。从1978年到2011年，全国国内生产总值从3 645亿元增至471 564亿元，其中第一、第二、第三产业分别从占总额的28.2%、47.9%、23.9%调至10.1%、46.8%、43.1%。从1981年到2009年，中国第一、第二、第三产业从业人口占总就业人口的比例从68.1%、18.3%、13.6%调至38.1%、27.8%、34.1%。

三是从乡村社会向城镇社会转型。随着改革开放的不断深入和社会主义市场经济体制的逐步确立，我国城镇化也进入了迅速推进阶段。从1978年到2011年，我国城镇人口从17 245万人增至69 079万人，比重由17.92%升至51.27%，开始出现乡村人口少于城镇人口的现象。从1978年至2007年年底，我国城市数目从192个升至653个，其中100万人口以上城市达到122个。从1978年到2007年，我国建制镇从2 173个增至19 249个，其中镇区人口1.93亿人，占全国城镇人口的32.5%。从1978年到2010年，我国街道办事处从4 444个、管辖1.7亿人升至6 923个、管辖6.6亿人。

四是从封闭半封闭社会向开放社会转型。新中国成立后，我国的对外开放曾取得了一定成就，但因受“左”倾错误的严重干扰而一度停滞不前。十一届三中全会以来，我国逐渐形成了全方位、多层次、宽领域的对外开放格局。从 1978 年到 2011 年，我国进出口贸易总额从 206.4 亿美元升至 36 420.6 亿美元。我国的对外开放，不仅面向国际商品市场、国际资本市场、国际技术市场、国际劳务市场，而且还拓宽到能源、交通等基础产业以及金融、保险、房地产、科技、教育、文化、服务业等广泛领域。对内开放主要表现为社会流动的加强。2011 年，全国人户分离的人口为 2.71 亿，流动人口为 2.30 亿。自 1994 年接入国际互联网以来，我国网民已接近 5 亿，互联网普及率超过了世界平均水平。互联网进一步拉近了国人之间、中国与世界之间的距离，为我国的社会转型注入了新的活力。

五是从同质的单一社会向异质的多样社会转型。我国的社会阶层由过去以工人、干部和农民三大阶层为主，到现在形成了知识分子、职员、企业经理、个体劳动者和私营企业主等多种阶层。农民阶层的分化最为显著，原本具有高度同质性的农民逐渐分化成农业劳动者、乡村雇工、乡村工人、农民知识分子、乡村个体工商业者、乡村私营企业主、乡镇企业管理者、农村行政管理者等不同利益需求的阶层。经济体制改革打破了单一所有制结构，个体经济、私营经济迅速发展，公有制经济本身也采用承包制、股份制、租赁制等多种形式。我国的社会组织结构也由一元向多元方向发展，并形成了大量新型的经济组织和民间组织，其结构模式趋于多样化，异质性更加明显。

六是从礼俗社会向法理社会转型。我国传统的社会结构基本是以血缘、亲缘为基础的，伦理道德往往成为人们处理各种社会关系、社会问题的基本准则。国家几乎垄断全部重要资源，社会成员的价值观表现出高度的一致性。法治建设却未能受到应有的重视，多数人的法治观念相当淡薄。改革开放以来，国家在某些方面控制力量有所减弱，社会的自主性有所增强，社会成员的职业流动频率加快，这些在客观上都为价值观念和生活方式的多样化奠定了基础。同时，完善立法，依法平等地保护各个层次、各个类别利益主体的合法利益，保障不同主体之间的市场交易秩序，是保证社会稳定和市场经济健康发展的迫切要求。因此，我国正经历着由礼俗社会向法理社会的转型。

2. 社会转型引发的社会管理问题

改革开放以来，政府工作以经济建设为中心，国民经济持续快速发展，但由于对社会管理重视不够，在经济发展的同时，各种社会问题层出不穷，经济与社会发展极不协调。在管理方式上，长期以来习惯于用自上而下的行政权力和行政手段进行管理，这种“指挥式”、“控制式”的管理方式与市场经济要求不相适应。在当今社会中，利益主体、价值取向不断多样化，民众需求个性化，社会矛盾复杂化，传统的单一化的以行政强制为主的社会管理方式很难做到灵活应对，有时还会适得其反，激化矛盾，加大社会管理的成本，阻碍社会进步。由此，社会管理方式的创新势在必行。

政府职能转变、单位体制变化、户籍制度改革等社会经济的进步举措给社会管理带来了新的问题。越来越多的单位人脱离于单位体制之外，转为社会人，如失业人员、国有企业的下岗职工、待安置的大学毕业生和退役军人、自由职业者等。农村大量剩余劳动力涌入城市后，户籍所在地管不了，流入地又管不住。这种状况持续下去，将会成为影响社会与政治稳定的隐患，甚至会导致社会管理的危机。经济社会的开放，带来了文化的多样性、价值取向的复杂性、信仰的多元化，文化冲突引发思想的混乱，给精神文明创建活动带来挑战。互联网在推动我国经济社会发展和为人们工作生活带来便利的同时，也出现一些不容忽视的问题：网络虚假信息和恶意炒作、淫秽色情和低俗信息、网络诈骗和赌博、非法网络公关等问题，影响互联网健康有序发展，损害人民利益。社会各界对此反映强烈。加强和完善互联网信息管理，是互联网继续健康发展的必然要求，也是人民群众的愿望和呼声。

非政府组织的蓬勃兴起，必然会带来社会管理方面的变革。如何规范公民社会的生活，如何规范社会组织本身的生活，如何处理政府、企业与社会组织的关系，对我国的社会管理方式的创新提出了新的要求。社会主义市场经济的推行和民主政治的发展导致了大量新的社会事务，如行业管理、社会组织管理、社区管理、物业管理等。这些新的社会事务需要有新的社会管理办法。

社会大转型引发了众多的社会问题，如教育不公平、收入差距、城乡贫困、城镇失业、劳资纠纷、信访问题、“三无”农民、房屋拆迁、土地征用、城市地摊、环境污染、物业纠纷、突发事件、社会治安、恐怖活动、老龄化、艾滋病、自然灾害、道德失范等。原来的管理方式和方法已经难以有效解决这些社会问题，需要运用新方法、采用新途径来加以解决。

中国社会的转型、现代化的推进、改革开放的深化，对以社会稳定和社会秩序为核心要素的和谐社会构建造成了强烈冲击。加强和创新社会管理是转型期中国经济社会发展的核心战略，是适应中国市场化改革和市场经济发展带来的经济社会整体转型的基本需要，是新时期社会主义社会建设的重要内容。

2.1.2 经济结构调整引发的社会管理问题

1. 经济结构调整

经济结构是指经济体系中各部门、各地区、各领域及社会再生产各方面的组成和构造。经济结构是一个大的系统，所有制结构、产业结构、区域结构、企业组织结构、技术结构、产权结构、消费结构、城乡结构等是子系统。各个子系统既相互独立，又密切联系。任何一个子系统的变化都会影响其他子系统变化进而影响大系统。经济结构调整，是指一国或地区在一定历史时期内，根据国际和国内经济、科技等发展现状和趋势，运用经济的、法律的和必要的行政手段，进行直接或间接的调整，以期形成一个能更好发挥本国或本地区各种经济优势、促进经济发展的新型经济结构等一系列经济活动过程的总称。

经济结构之所以要进行战略性调整，是因为：

第一，经济结构调整是拉动经济增长的主要动力之一。收入量和收入结构决定需求量和需求结构。2011 年，我国全年城镇居民人均总收入 23 979 元，其中城镇居民人均可支配收入 21 810 元；全年农村居民人均纯收入 6 977 元，外出农民工月均收入 2 049 元。城乡居民收入量和收入结构的变动，必然会带来需求结构的变动。当前我国居民对一些高档耐用消费品的需求开始呈现上升趋势，而对一些传统产品需求量逐渐呈现递减趋势。

第二，我国传统的经济结构难以适应经济发展的需要。我国的所有制结构是从传统计划经济体制下衍变过来的，与市场经济所要求的所有制结构还有很大差距，特别是国有经济还不能够完全适应市场经济变化的要求。我国的产业结构不合理的矛盾仍然突出，农业产值和农业劳动力比重仍然偏高，第二、三产业的劳动力比重过低，三大产业的技术水平总体上比较落后。产业结构的变动滞后于社会需求，产生了结构性过剩，具有市场需求的产品供给不足；产业结构升级缓慢，几十年一贯制的技术落后状况仍然没有根本改变。我国的区域结构同构化现象严重，各个地区之间缺乏比较经济效益。

第三，我国的市场供求关系发生了根本性变化。20 世纪 90 年代中期之后，我国的市场供求状况已经由以前的供不应求的卖方市场转变为供过于求的买方市场。市场供求关系的变化也要求经济结构相应地进行调整。如果再以传统的方式组织生产进行供给管理必然难以适应千变万化的市场变化，这就要求由供给管理转向需求管理，根据市场需求调节生产。

第四，国际经济结构的调整和升级既是机遇，又是挑战。国际经济调整对我国的影响主要表现为发达国家经济结构在技术进步条件下加速升级和调整。从机遇来看，我国可以直接承接国外产业结构的升级浪潮，加速技术进步的步伐。从挑战来看，这种技术差距可能会越来越大。

2. 经济结构调整引发的社会管理问题

经济结构调整将极大地促进社会生产力的发展，但也会引发新的矛盾和问题。

在所有制结构调整过程中，公有制企业跟自己的过去比，是有很大的进步，但仍存在着效率低下的问题。国有企业有融资优势、技术优势、人才优势，甚至还有市场垄断优势，却在盈利上相对不足。国有企业之间、领导和员工之间的收入差距非常大，垄断行业员工的收入远高于进入市场竞争企业的员工，同一个企业的领导收入远高于普通工人收入。非公有制企业的效率明显高于国有企业，但又面临着经营环境问题，如对非公有制经济的歧视、政府职能转变不到位未能满足非公有制经济发展新阶段的要求、非公有资本市场准入仍然存在歧视性政策和"玻璃门"现象、资金等生产要素的资源配置存在不公平现象、私有产权的保护制度和法律环境亟待完善等。① 同时，非公有制企业自身也存在着管理规范化问题，如违法经营、剥削员工、不注重安全环保、偷税漏税、短期经营行为、不承担社会责任等。

在产业结构调整过程中，通过高新技术改造和提升传统产业，加快发展信息、生物、新材料等高新技术产业，积极发展第三产业特别是现代服务业，提高了国民经济整体素质和经济效益。但与此同时，伴随着许多产品质量低劣、技术陈旧落后、规模不合理、严重浪费资源和破坏生态环境的企业被关、停、并、转，下岗和失业人员大大增加。由于经济结构调整带来的就业岗位相对减少和社会保障体系不健全等问题使城市与农村贫困人口有增无减，贫困问题日益严峻。而且，由于城乡差距巨大，进城务工农民的权益得不到保障，农村贫困问题要比城市严重得多。

在地区结构调整过程中，党和政府实施西部大开发战略，有力地促进了区域经济协调发展。但区域发展不平衡的矛盾不可能在短时期内解决。而且每一项区域经济政策的调

---

① 参见邹东涛主编：《中国经济发展和体制改革报告：中国改革开放 30 年（1978—2008）》，198～201 页，北京，社会科学文献出版社，2008。

整，都会触及有关地区的利益，还可能带来地区经济之间新的矛盾和问题。

市场化加剧了城乡居民收入结构的变化，城乡、区域和社会成员之间的收入差距不断扩大。城乡居民收入比从1978年的2.36∶1，扩大到2009年的3.33∶1。东西部地区城镇和农村居民收入差距较大。如2009年浙江城镇人均可支配收入为24 611元，而贵州是12 862.53元；浙江农村居民人均纯收入为10 007元，贵州只有3 000余元。我国高收入阶层的财富和消费能力增长较快，中国已成为世界第二大奢侈品消费国；绝对贫困人口超过4 000万人，低收入群体还有2.7亿人。分配不公的现象引起群众不满，如何调整收入分配结构、扭转收入差距扩大趋势、建立公平合理的收入分配秩序，成为维护社会和谐稳定需要解决的深层问题。

经济结构的调整，引发了许多人民内部矛盾。一部分人在思想上不适应，他们自觉不自觉地产生抵触、反感情绪，加上现实生活中确实存在腐败问题、干群关系问题、邻里矛盾问题、司法不公问题等，更易成为一些心理失衡群体关注、议论的焦点和热点，使他们对社会的不满意度提高。当这些问题降临到个人头上时，就会诱发上访事件和群体性事件。经济结构战略性调整，必然带来利益格局、社会结构的深刻调整，必须进一步优化社会管理模式，促进经济社会协调发展。

2.1.3 利益诉求多元化引发的社会管理问题

1. 利益诉求多元化

所谓利益诉求，就是人们对待利益问题的一系列态度和行为的总和。利益诉求大体包括以下内容：一是对社会利益关系和自己利益状况的感受以及对这种感受的公开的情绪流露和语言表述；二是基于自己的利益状况而向社会公开提出的利益要求；三是对于与自己利益攸关的政策、法律、制度的公开表态以及力图对政府产生影响的各种行为；四是出于维护自身利益的目的而进行的法律诉求；五是借助于各种媒体与合法途径，面对处于利益对立面的人们所进行的公开交涉、谈判或抗争。① 利益诉求的过程可能是协商的，也可能是冲突的；可能以合法的途径来表达，也可能以非法的形式来表现；可能以和平的手段来追求，也可能以暴力的面目来宣泄。

在计划经济时期，国家直接占有了几乎全部重要的社会资源，城乡居民在党的政治宣传和意识形态的教化下，将社会主义工业化与国家民族的独立和富强作为社会整体的利益。随着中国特色社会主义市场经济的不断发展，简单的社会阶层结构开始分化，并逐步转化成为利益分化较大的、由许多不同利益群体组成的复杂阶层结构。这一复杂结构的显著特点是各个阶层在市场化面前有着不同的利益诉求，人们更多的是追求个人利益的最大化。由于经济成分、管理体制、经营方式的变化和发展，造就了新时期多元化的利益主体，不同群体有着不同的利益，各种诉求相互交织，合理诉求和无理要求相互叠加，直接利益与间接利益相互纠结。而且广大人民群众的公民权利意识不断被唤醒和强化，利益诉求和表达愿望不断增强。社会的发展体现为不同利益阶层和利益群体利益诉求的展开过程。

① 参见李景鹏：《政府职能与人民利益表达》，载《中共中央党校学报》，2006（3）。

随着经济社会的快速发展和人们物质生活水平的提高，群众的利益诉求趋向多元化，更加注重物质利益、更加注重自我发展、更加注重个人社会价值的实现。在经济上追求更多的民主权利，要求参政议政、参与社会管理；在思想上崇尚个人自由，信仰多元。

2. 利益诉求多元化引发的社会管理的问题

当前整个社会对利益冲突的协调与整合，仍然是基于一种以政府为主体的、自上而下的“决定性”关系和机制。而此时的利益矛盾和冲突在很大程度上是政府进行“再分配”的结果，同时又给新时期、新形势下的社会管理带来严峻的挑战。具体表现在：

第一，利益矛盾与冲突主体的变化。在计划体制时期和体制转型初期，国家是社会资源分配和利益分配的主体，社会群体和社会组织（单位组织）都不具有相对独立的主体地位，这就决定了国家在本质上是利益矛盾和冲突的主体。当人们有了问题时，首先想到的是国家：上当受骗找国家，失去工作找国家，拖欠工资找国家，等等。而当市场逐渐成为资源分配和利益分配的主要机制后，国家是否还能够、或者在什么程度上和范围内应当继续扮演这样的主体？谁是市场体制背景下利益矛盾与冲突的主体？这些问题耐人寻味。

第二，协调与整合利益冲突机制体制的变化。在以政府再分配机制为主的社会中，国家再分配是自上而下进行的，利益冲突和利益表达是在国家构建的单位体制和单位组织的框架内进行，利益冲突的协调与整合也是按照国家再分配权力和行政化的单位体制的等级制度自上而下地、在单位体制的框架内、依靠行政化的手段实现的。但是，当市场机制逐渐取代再分配机制、单位体制逐渐解体、单位组织在很大程度上不复存在、国家在很大范围内已经不再是利益矛盾与冲突的直接主体的新形势下，利益主体通过什么样的机制或方式协调和整合相互间的利益冲突？[①] 这些问题发人深省。

随着改革开放的深入发展和人民内部利益关系的嬗变，党和政府组织运用原有的行政手段和调配资源的权力整合社会利益关系的机制正在趋向弱化，而以按劳分配为主体、多种分配方式并存的分配制度基本形成。分配形式的多元化带来了居民收入的多样化，其结果是在整体生活水平提高的基础上贫富差距开始拉大，出现了富裕阶层和贫困阶层。经济地位的改变决定了人们利益追求的改变：弱势群体的基本诉求是社会保障和就业问题；普通民众对住房、物价、医疗、上学等问题关注得更多一些；富裕阶层随着经济地位的提高，其政治参与意识不断强化。各种利益主体相互碰撞，必然会出现一些矛盾和问题，这些问题涉及面之广、处理难度之大、情况之复杂前所未有，如果处理不慎，极易激化矛盾，引发群体性事件。在这种情况下，执政党能否正确地认识和协调好各种利益关系，妥善应对各种利益群体的政治压力，始终代表和维护最广大人民群众的整体利益和根本利益；各利益群体的愿望和诉求能否在党的决策中得到充分的表达和有效的考虑，防止某些利益群体将自己的利益凌驾于党和人民的根本利益之上，而成为既得利益集团等，都对执政党的利益整合和协调能力提出了新的挑战，成为我们党必须解决的紧迫问题。

① 参见倪培强主编：《中国化的马克思主义研究》，290～291页，乌鲁木齐，新疆科学技术出版社，2006。

延伸阅读

从“底线型”利益诉求到“增长型”利益诉求

“底线型”利益诉求是指劳动者在工资收入、工作时间、社会保险、劳动保护等方面为达到国家法规明文确定的标准而展开的利益诉求；“增长型”利益诉求则是指劳动者不满足底线利益的获取，要求自身利益的增长与企业利益增长或与社会发展保持同步。“底线型”利益受法规保护并有清晰的利益标准，“增长型”利益没有正式的法规保护和清晰的利益标准。“底线型”利益纠纷，个体可以通过仲裁和诉讼来解决，而“增长型”利益纠纷没有仲裁和诉讼的通道，只能依靠集体力量得到解决。在改革开放的前30年里，工人阶级中频繁出现的利益诉求基本上是围绕欠薪、工资达不到最低标准、超时加班或加班工资不能兑现、伤残补贴等展开的“底线型”利益诉求。近几年来，工人阶级的利益诉求，乃是为获得发展而展开的“增长型”利益诉求。

资料来源：蔡禾：《从“底线型”利益到“增长型”利益——农民工利益诉求的转变与劳资关系秩序》，载《开放时代》，2010（9）。

2.2 社会管理的政治背景

2.2.1 国际政治引发的社会管理问题

自东欧剧变、苏联解体之后，世界社会主义国家阵营受到严重削弱，这使得坚守社会主义制度的中国，在当今西方资本主义大国主导的世界上处于相对孤立的位置。同时我国又是一个发展中的后起工业化国家，国家的根本利益在于实现现代化、实现中华民族的伟大复兴，这一战略目标就决定了我国的国家利益与西方大国意欲主宰世界的战略图谋存在着根本对立。如此复杂的国际政治环境，给我国的社会管理也带来了严重挑战。

一方面，一些西方敌对势力对我实施西化、分化的图谋愈演愈烈，打着维权的旗号借机插手人民内部矛盾，蓄意制造各种事端。中国是当今世界上最大的社会主义国家，与美国为首的西方国家在社会制度和意识形态上迥然不同，于是“西化”、“分化”中国就成了包括美国在内的西方国家的企图。冷战结束后，在世界民族主义浪潮兴起的大背景下，中国的民族分离主义也有所抬头。以美国为代表的西方国家，就利用中国的分裂势力来干涉中国内政，阻挠中国统一，企图干扰中国发展和崛起的步伐。在国际交往中，西方国家一直将民族、宗教、人权问题与国家外交紧密挂钩，不断打出“人权牌”、“西藏牌”、“宗教牌”等来插手人民内部矛盾，蓄意制造各种事端以牵制中国，这使中国在对外斗争中面临严峻考验。中国台湾、西藏、新疆等地区的民族分裂主义问题本是中国主权范围内的内部事务，美国却以人权为借口肆意插手干涉。美国这样做的目的，是企图在世界民族主义和跨界民族主义的这一轮波涛中，将中国的民族问题国际化，达到最终“分化”、分裂中国的图谋。

由于西方敌对势力利用民族宗教问题干涉中国内政，致使中国的民族宗教问题在近年来变得非常复杂，相继发生了各类的突发事件，严重影响了中国社会特别是边疆少数民族地区的稳定。所以，加强和创新社会管理，做好民族、宗教工作，抵制西方敌对势力的“西化”、“分化”图谋，对于维护国家安全和社会稳定具有特殊的重要意义。

另一方面，一些西方发达国家采用军事演习、强化区域联盟等手段拉拢周边国家共同遏制我国的崛起，竭力堵截我国发展前进的道路。称霸世界一直是美国既定的策略，而当今世界能够和美国抗衡的只有中国和俄罗斯，而在美国人的眼中，中国的威胁远远大于俄罗斯。俄罗斯无论是制度、文化、宗教、种族都与美国等西方国家相同或有着相当的同源化，而中国却有着和美国等西方国家不同的政治制度、文化传统、宗教、种族。特别是中国的崛起，给全球提供了一个与欧美完全不同的政治选择。因此，遏制中国的崛起，是美国当前最大的战略。美国为了削弱、遏制中国，拉拢利用中国周边国家作为其反华、遏华的前沿，在中国的周边建立和巩固军事同盟，对中国形成“围堵”之势，试图侵犯中国的核心利益。

由于西方敌对势力对中国实行遏制政策，特别是拉拢利用周边国家侵犯我国领土领海主权，激起了中国人民的极大愤慨。在国家利益受到威胁、民族尊严受到挑衅之时，任何一个中国人都不会无动于衷，通过各种方式表达自己爱国的热情也在情理之中。这展现了每一个中国人对祖国最朴素最深厚的感情，这种爱国热情是一个国家和民族弥足珍贵的精神财富。但是，当前我们所处的国际国内环境相当复杂，在我们的前进道路上还会遇到各种各样的矛盾和问题。面对复杂环境和各种矛盾问题，如何引导人民理性爱国，维护我国的合法权益，但又不走极端，也是社会管理面临的重要课题。只有坚持依法、理性表达爱国热情，特别是把我们的爱国热情转化为做好本职工作的积极性，维护好我们国家来之不易的和谐稳定的局面，才能抓住发展的机遇，赢得发展的契机，才能把我们的祖国建设得更美好，这是真正的爱国，也是形形色色想把我们中国搞乱、搞垮的境内外敌对势力所最害怕的。因此，必须加强宣传舆论工作，引导广大群众依法理性有序地表达爱国意愿，维护社会政治稳定。

2.2.2　国内政治引发的社会管理问题

改革开放以来，我国国内政治的变化，主要表现为社会阶级阶层结构的巨大变革和社会治安问题的异常突出，由此引发出一系列社会管理问题。

1. 社会阶层结构的变化

恩格斯在《反杜林论》中指出：“政治统治到处都是以执行某种社会职能为基础，而且政治统治只有在它执行了它的社会职能时才能持续下去。”① 因此，阶级性和社会性是国家的两个基本属性。改革开放前，我国政治领域仍然强调阶级结构，阶层结构显得十分简单，主要分为农民阶级、工人阶级和知识分子阶层，而知识分子又游离于两大阶级之间。改革开放以来，随着市场经济的建立，新的社会阶层不断涌现，传统的三大群体很快被日

① 《马克思恩格斯选集》，2 版，第 3 卷，523 页，北京，人民出版社，1995。

益细分。有的学者将中国当代社会阶层结构划分为国家与社会管理者阶层、经理人员阶层、私营企业主阶层、专业技术人员阶层、办事人员阶层、个体工商户阶层、商业服务业员工阶层、产业工人阶层、农业劳动者阶层、城市无业失业和半失业者阶层等“十大社会阶层”。[①]

目前我国阶层结构不够合理，社会冲突积蓄严重，主要表现在以下三方面：

第一，中产阶层发育缓慢。中产阶层具有缓解社会利益冲突、稳定社会、促进消费，以及现代社会行为规范的示范功能。但我国目前尚未形成中产阶层占多数的“橄榄型”社会结构。我国城乡混合的总体基尼系数一直在上升，由 1985 年的 0.316 8 升至 2008 年的 0.476 7。[②] 我国基尼系数从 2000 年开始就已越过了 0.4 的警戒线，说明我国阶层差距大，两极分化严重。阶层差距过大给社会带来很多的不利影响，一是加大了政府决策成本和执行的难度，二是影响到社会总体福利的实现。

第二，社会资源分布不合理。一是滋生腐败行为。在市场机制不完善、监督机制缺乏、激励机制不奏效的情况下发生的职业自身相对不平等，容易引起严重的心理失衡，加大权钱交易的可能性，进而滋生领导干部的腐败行为。二是各阶层待遇的不对称引发不满。职业声望与实际收入的反差，影响人们的价值取向，挫伤个人的劳动积极性，从而影响到社会的可持续发展。中间阶层没有得到相应的社会地位待遇，没有形成全方位的优势，难以起到社会稳定器的作用。阶层间的社会资源分配不合理，强化了社会冲突构成。

第三，社会流动缓慢。社会流动可以打破阶层的凝固状态，抵消阶层差别引起的区隔化认同，给底层带来跻身中上阶层的希望，对于缓解由于社会差别引起的矛盾有积极的作用。如果声望和财富在社会等级间的流动率很低，收入高低与其职业、权力、声望高低高度统一，就会形成达伦道夫所谓的“社会酬偿重叠”，从而加剧人们心理的不平衡感，产生“政治剥削感”，造成上层阶级的“合法性”认同危机。社会流动缓慢，结构内部不能形成良好的精英循环，弱化了社会流动对社会冲突的调节力，从而引发一系列社会问题。[③]

2. 社会安全的严峻性

当前我国经济持续快速发展，经济实力、综合国力大幅提升，社会管理和服务水平不断提高，人民群众安居乐业，群众对社会治安的满意率逐步上升。但是，影响中国社会稳定的因素非常广泛：

一是社会治安问题。黑恶势力、“两抢一盗”和“黄赌毒”违法犯罪依然突出，特别是一些地方黑恶势力滋生发展的土壤和条件仍然存在。“城中村”、城乡接合部等治安重点地区存在基层组织软弱涣散、治安防控体系不健全、治安安全隐患突出、环境脏乱差等问题。一些地方违法经营问题仍然屡禁不止，违法违章建筑较多，公共安全隐患突出，重大交通、火灾及其他安全生产事故随时可能危及人民群众生命财产安全。流动人口违法犯罪问题仍然较突出，特别是在东南沿海经济发达地区，流动人口违法犯罪所占比例一直居高

① 参见陆学艺：《当代中国社会十大阶层分析》，载《学习与实践》，2002 (3)。

② 参见胡志军、刘宗明、龚志民：《中国总体收入基尼系数的估计：1985—2008》，载《经济学》(季刊)，2011 (4)。

③ 参见丁建定、孙健：《从社会分层到社会冲突——基于我国阶层现状的分析》，载《华北电力大学学报》(社会科学版)，2005 (4)。

不下。而社会治安防控体系尚不健全，一些治安形势复杂的地区和重要基础设施没有严格落实人防、物防和技防措施，缺乏有效安全防范机制。

二是地方矛盾纠纷问题。地方矛盾纠纷呈多发多样态势，主要涉及征地拆迁、企业改制、劳资纠纷、医患纠纷、房屋买卖纠纷等方面，群体性事件和个人极端事件时有发生。城市房屋拆迁（征用）中暴力抗法事件时有发生，拆迁（征用）恶性事件已成为社会矛盾的集中地。因职工下岗、失业而出现的社会性事件已经过了高峰期，但是改制企业因企业管理层的违法操作以及因工资、福利待遇等实在利益改变而引起的群体性冲突有所抬头。沿海经济发达地区农民工集体维权行动和事件快速增加，要求发放被企业拖欠的工资，以及要求提高工资福利待遇、落实法定权利等。各类医患纠纷时有发生，有的甚至酿成严重的社会群体性事件。随着我国房地产业的不断发展，房屋买卖纠纷案件也不断增多，处理不当，很可能造成矛盾激化，影响社会稳定。

三是环境生态问题。因环境污染、生态恶化和健康维护等引发的冲突成为一种新型的社会矛盾形式，在工业化程度和现代化程度比较高的地区，环境、生态和健康等现代问题已经成为社会不稳定状态的主要新增诱发因素。

从当前影响我国社会政治稳定因素的对抗性程度来看，除了影响社会政治稳定的聚众型事件有一部分激化出现大规模上访、堵塞交通乃至冲击党政机关的情形外，其他情况下对抗性一般都比较弱。矛盾因素出现后，纷争的参与者最初的愿望大多是通过制度外的行为方式来彰明一下自己的利益诉求，引起相关部门的重视，最终还是希望通过协商、调解等平和的方式来解决问题。即使是影响社会政治稳定的聚众型冲突，大多数也是通过和平方式解决的，暴力化了的聚众型冲突在初期大多也比较理性、克制，很多情况下是由于现行制度的钝性使矛盾激化到了不可收拾的地步。当前影响我国社会政治稳定的不安定因素大多数都没有反对社会主义制度和反党、反政府的政治偏好，也没有提出违法的政治诉求。一些社会冲突中牵扯到政府的因素，大多也只是指向一些牵涉进该冲突中具体的公务人员或者职能部门，要求他们履行职责或承担责任。尽管现阶段我国诸多社会冲突中不乏政治性矛盾存在，但主要还是人民群众在我国社会转型过程中产生的利益冲突和无序，还在人民内部矛盾的范畴之内。[①] 因此，我们要避免将影响我国社会政治稳定的不安定因素政治标签化的倾向，要针对不同的状况来具体定性，把握住当前社会矛盾的主体定位，通过创新社会管理机制来处置好非严重暴力和非政治性影响我国社会政治稳定的事件，以求达至良好的治理效果。

2.2.3　政治与行政关系调整中的社会管理问题

政治与行政的关系问题是西方代议制民主政治要处理的一个基本问题。根据代议制民主的建制，政治的功能是以决策的形式表达民意，而行政则是负责执行决策。20 世纪 80 年代以来，在新公共管理思潮的引领下，西方国家的政治（政策）与行政（执行）关系发生了新的调整，主要表现为：其一，负责民意表达的代议机关已经不可能全面准确地表达

---

① 参见张宗亮、解永照：《基层公安机关与维护社会政治稳定》，载《中国人民公安大学学报》（社会科学版），2011（3）。

民意，行政机关开始代行民意表达的作用，开始代行代议机关履行决策的功能；其二，行政机关也开始分化，通过政治途径任命承担政治责任的行政官员，因为具有越来越多的决策权而实际上“政治化”了，在行政机关内部也出现了政治与行政的分野；其三，负责民意执行的行政机关，不再完全依靠忠实于代议机关的意志来为民众服务，而是依赖专业知识和职业道德的约束，争取越来越多的自主权，来保证政策执行的质量；其四，通过制度创新来调节政治与行政的关系，使政治任命的高级官员专心致志于决策事务，而一般公务员则负责政策执行事务，拥有足够的自主权。

按照新公共管理的设计，在政治与行政之间出现了一个交叉的政策领域，传统意义上中立的文官，开始发挥很大的参与政策制定的政治作用；该交叉领域之外的、行政机关的文官，则基于政治与行政分化的原则展开政策执行和日常业务工作；行政机关由于政策领域的存在而与政治机关发生密切的互动，执行机构由于和核心部门同处行政机关体系之内而发生密切的互动。西方新公共管理改变了传统的政治与行政二分的格局，出现两者之间的交叉、互动的新局面。①

改革开放以来，我国政治与行政关系也在不断的调整之中。而西方新公共管理理论以及西方政治与行政关系调整的经验传入我国以后，对于我国探寻政治与行政关系调整的思路具有一定的启发价值。近年来，我国学界和政界从我国的国情出发，在政治与行政关系的调整上提出了自己的问题，并从行政管理、公共管理领域延伸到社会管理领域。而在社会管理领域，重点是要理顺政府与执政党、权力机关和司法机关的关系以及中央与地方政府的关系。

一是理顺政府与执政党的关系。从理论上来说，为了确保对社会公共事务的有效管理，管理主体只能是一元的，要么是执政党，要么是政府。不过长期以来，我国在社会管理领域存在着二元管理主体和一元化领导的管理格局。二元管理主体是指党和政府同居管理前台，共同发挥管理主体的作用。它的弊端主要是：造成二元决策中心，导致政出多门，政策顶牛、撞车、多变，减弱了政策的权威作用；党政机构分别设立，增加了管理的环节，不利于提高管理效率，人浮于事，增大了机构改革的难度；模糊了管理中的责任主体，加剧了办事推诿拖拉、不负责任的官僚主义现象。一元化领导是指党在行政权力资源、权力势能方面占有优势地位而实际上变成了管理主体的核心，政府成为党的执行机构和附庸，由此形成了党政不分、以党代政的局面。改革开放以来，中国共产党开始着眼于经济建设和对外开放而突出强调了政府在国家治理中的基本主体地位，党在国家治理中的角色定位随之进行了新的调整。在社会管理中，逐渐形成了“党委领导”与“政府负责”的管理格局。政府在党委领导下，自觉承担解决社会问题、维护社会秩序与增进社会利益的责任。

二是理顺政府与权力机关的关系。从法理上说，重大事项的决定权事关全局性利益，理当由人民代表大会或其常委会来决定。然而现实生活中的一些重大建设项目往往是由各级政府来决策的，很多大的建设工程并没有经过全国人大或其常委会的批准。越到地方，

① 参见王定云、王世雄：《西方国家新公共管理理论综述与实务分析》，121～124页，上海，上海三联书店，2008。

人大或其常委会几乎就没有什么可以决定的重大事项了，或者至多是形式上的重大事项决定权。此外，宪法规定的人民代表大会或其常务委员会应当行使的“其他职权”，也往往变成了政府的职权。这种模糊性一方面缩小了人大及其常委会的职权，影响了人大作用的充分发挥；另一方面，政府包揽太多的职权，决策又缺乏应有的民主性，结果导致一些决策失误，严重影响了政府的形象。因此，必须发挥人大对政府重大问题决策权的制约作用和对政府社会管理的监督职能。同时，必须提高人大机关建设水平，努力将其建设成行为规范、运转协调、富有成效的工作机关，为促进政府加强和创新社会管理工作奠定扎实的基础。

三是理顺政府与司法机关的关系。从历史来看，政府是一把双刃剑，既可为善也可为恶。如果不对政府的权力加以限制，必将损害社会的发展和人民的权益，必将产生行政腐败。而约束政府权力最有力的法宝就是法律。一方面，政府必须自觉加强法治政府建设，将自己的社会管理行为纳入到法制之下。法治政府建设是社会管理创新的关键环节，政府及其工作人员应带头维护宪法和法律的权威，有法必依、执法必严、违法必究。法治政府建设也是社会管理创新的重要保障，通过法治政府的建设，可以保证社会管理创新平稳有序进行，有助于从源头上促进社会公平正义和社会关系和谐，减少社会矛盾纠纷，从而为社会管理创新创造有利的环境。另一方面，必须理顺政府与司法机关的关系。首先要求政府自律，不干预司法，以保障司法独立。其次要求未被法律赋予司法权力的政府机关不得掌握或行使司法权，不应在司法程序中占有一席之地，不得受理或审查触及法律的案件。最后要求扩大行政行为接受司法审查和司法监督的范围。行政权是国家权力中最广泛、最经常、最直接涉及公民权益的权力，是最易于发生腐败、滥权和侵权的权力，因此，特别需要最具正当法律程序的司法制约。

四是理顺中央与地方政府的关系。在现行管理体制下，中央政府与地方政府关系方面存在的主要问题有两方面：一方面，中央集权过多，地方政府自主权、自治权不够。这样，就导致了许多怪现象的出现：有权、有钱的不管事，管事的没有权和钱，逼得下面管事的人要么睁一只眼闭一只眼不管事，要么“跑部钱进”。因此，必须按照社会管理和社会服务的属性，合理划分中央与地方的职责。中央政府原则上应当负责全国性的社会管理，包括提供具有普遍意义的制度规则和公共政策，提供公益性覆盖全国范围的社会公共服务，以城乡和区域基本公共服务均等化为重点，强化再分配职能；各级地方政府主要负责各自辖区内的社会事务和公共服务供给，应当重点关注辖区内居民的实际需求，提高社会管理的效率与质量；对中央与地方共同承担责任的社会事务，也应责任清晰，分工明确。为此应当对政府间纵向职责进行细化归类和配置，并逐步实现中央与地方职责的规范化、法制化。同时，保证各级政府社会建设和社会管理支出与财力相匹配。[①] 另一方面，社会管理职能分散，交叉、重叠现象严重。一些领域社会管理部门林立，职责交叉、权责不一致的现象较为突出。有些领域，涉及多个政府职能部门，相互之间的沟通协调机制还不健全。由此导致管理效率低下，还造成部门之间争权夺利和互相推诿、互相扯皮的诸多

① 参见石晶晶、卿二连：《转型期我国社会管理格局和体系构建的对策思考——“我国社会管理格局和管理体系构建”课题研究报告之四》，载《甘肃行政学院学报》，2008（4）。

问题。因此，创建大部制、整合社会管理组织结构也就顺理成章。按照管理对象的性质特征，借用组织流程再造的思想，将分散在不同部门的相关社会管理职能统一起来，并在部门之间建立法定协同规范，进行全面、有序管理。

2.2.4 社会构成要素多元化中的社会管理问题

何谓社会构成要素，不同的学科有不同的理解。就社会学界来说，有地理、生物、心理、文化四要素之说；有劳动、环境和人口三要素或环境、人口和文化三要素之说；有家庭、学校、社团、政党、乡村、都市等要素之说。就管理学界来说，有社会成员、社会资源、社会财富、社会关系、社会管理等因素之说①。但从社会管理的层面来说，也许将社会构成要素理解为政府、企业和社会组织三要素更为确切。

所谓社会构成要素多元化，实际上是指社会管理主体的多元化，即政府、企业和社会组织都是社会管理的主体。我们之所以将社会构成要素多元化作如是解，主要出于两个方面的考虑：

一是与近年来学界所讨论的源于西方的公民社会理论和治理理论有关。

公民社会理论主张一个介于个人与国家之间的相对独立的社会领域的存在，认为这个领域的存在对于保障公民自由和权利、提供社会福利、促进社会团结、推动社会自治等方面发挥着重要作用。对于公民社会的界定，过去人们一般采用国家与社会的二分法，现在更多的人倾向于国家、经济和社会的三分法。新时期的公民社会理论已淡化了反国家主义的色彩，它一方面主张扩大社会自主领域，缩小国家干预范围；另一方面也主张重新界定国家职能，使之成为公民社会的保护者、监督者和调节者。由于国家、市场和公民社会都存在着失灵问题，所以必须合作互补。②

治理理论将“治理”理解为各种公共的或私人的机构和个人管理其共同事务的诸多方式的总和。治理理论的主要特征是：第一，政府并不是国家唯一的权力中心，各种机构（包括社会的、私人的）只要得到公众的认可，就可以成为社会权力的中心。因此，治理意味着来自政府但又不限于政府的社会公共机构和行为者。第二，在强调国家与社会合作的过程中，模糊了公私机构之间的界限和责任，不再坚持国家职能的专属性和排他性，而强调了国家与社会组织间的相互依赖关系。第三，治理强调管理对象的参与，希望在管理系统内形成一个自主组织网络，加强系统内部的组织性和自主性。第四，在政府完成社会职能的手段和方法方面，政府除了采用原来的手段之外，还有责任采用新的方法和措施，以不断地提高管理的效率。③ 总之，政府的治理过程绝非政府单独行使权力的过程，政府、社会和公民之间存在着权力的依赖和互动，各参与者间会形成一个自主管理网络，共同分担政府的责任。

无论是公民社会理论还是治理理论，都从政府、市场和公民社会等方面来理解社会构成要素的多元化。此外，非政府组织的大量产生、后工业社会的来临、互联网的普及，也

---

① 参见黄舜：《中国社会管理研究》，4 页，北京，民主与建设出版社，2007。

② 参见郑杭生：《社会学概论新修》（精编版），325～326 页，北京，中国人民大学出版社，2009。

③ 参见詹伟、吴肖天：《公共行政学》（修订本），497～498 页，北京，中国人民公安大学出版社，2010。

是人们理解社会构成要素多元化的重要视角。西方的公民社会理论和治理理论被引入我国以后，我国不少学者和政府决策层将其与中国社会管理的实际相结合，试图探索出中国特色的社会管理模式。

二是与我国改革开放以来社会组织的兴起有关。

新中国成立后至改革开放前，我国的政府、企业和社会是融为一体的。国家的一切政治资源、物质资源和精神资源都在政府直接控制的各种组织之内。实践证明，政府“包办代替”社会和市场、一切社会和市场成本都由政府承担，不但束缚了生产力，而且也难以通过有效的方式真正实现国家资本和国民财富的保值增值，贫穷落后的社会主义困局也就难以转变。改革开放后，我国开始实行“政企分开”，使企业完全进入市场，享受充分的活动自由，而不受政府的直接干预。在这一过程中，许多第三部门组织如行业协会、行会等纷纷出现。市场经济的发展也会引发一些新的社会问题，如国有企业改制出现了大量的下岗工人、城市拆迁改造中的被拆迁人对安置方案不满、农民工拿不到辛苦工作应得的工资、企业与员工之间出现诸多矛盾等。要解决这些问题，维护社会公正，仅仅依靠个人的力量是不够的，如果政府直接出面协调各种社会矛盾，又可能被一方认为政府已经与另一方成为“利益共同体”，致使部分群众产生与政府对立的情绪，使矛盾解决的成本和难度加大。第三部门则能够使民间诉求组织化，通过与其他部门或群体的对话协商，进行组织化的利益表达，而产生巨大的力量。同时，我国有着数量庞大的社会弱势群体游离于主流体制之外，其利益表达能力低下，而社会组织具有提供公共服务、进行公共服务领域的革新、对政府决策施加影响、充当利益代表、促进民主与社会整合的功能。通过培育和发展非政府组织，能够提高社会弱势群体利益表达的积极性和有效性，缓和甚至化解社会矛盾，促进社会的和谐与稳定。

基于对社会构成要素多元化的新诠释，我国的社会管理应该是一种包括政府管理在内的全社会“多中心主体”的开放式公共治理，是在党委领导下，以政府为主导，政府和各类公民社会组织、营利组织、非营利组织等主体基于公正公平、公共利益和公共认同等原则，协调合作，有效提供公共物品，满足社会需求，优化社会秩序，增强社会和谐性的社会管理体制。新型社会管理体制所追求的价值是社会各类主体的责任性、合作性、协商性和互动性，其核心理念是开放、协商、对话、参与和合作。[①]

2.3 社会管理的文化背景

2.3.1 从臣民意识到公民意识

1. 臣民意识

臣民是君主制下的国民。君主制是指君主在实际上或名义上掌握国家最高权力、君主终身任职并实行世袭的政权组织形式。君主制是人类历史上最古老、最普遍的政体形式，

① 参见周修琦：《创新社会管理体制 促进和谐深圳建设——深圳市建立新型社会管理体制问题研究》，载《南方论丛》，2006（4）。

它不仅是奴隶制国家和封建制国家的主要政权组织形式，而且还被少数资本主义国家所采用。

根据君主权力的大小，君主制可分为有限君主制和无限君主制。有限君主制包括等级君主制和君主立宪制。等级君主制是西欧封建国家的君主借助等级代表机构实行统治的政体形式，是封建割据向封建中央集权过渡的政权形态。君主立宪制是资产阶级国家以君主为世袭元首，但君主权力受到宪法和议会不同程度的限制的政体形式。无限君主制又称绝对君主制、君主专制制、君主独裁制、君主专政制，是一种实行君主独裁的政体形式。其主要特点是：君主拥有无限的权力，他的意志就是国家的法律，臣民必须绝对服从。君主依靠官僚军事机构，维护其专制统治，对人民进行残酷的剥削和压迫。凡是君主制社会都有君主和臣民，只不过是在不同的政体下君主与臣民的关系是不一样的。在有限君主制下，君主和臣民之间的关系具有不同程度的平等性；在无限君主制下，君主与臣民的关系具有不平等性。

而在政治视角下的臣民，主要是就无限君主制下的国民而说的。所谓臣民，是指屈从或被动服从于权力的人。臣民意识，是指强调忠君、服从，缺乏个人的主体意识和民主权利的国民心态。它主要表现为：第一，在“君权至上”价值准则的规定下，臣民只有忠君义务观念，而无任何关于法定权利的自觉；第二，在泯灭个人主体意识的道德修身观念束缚之下，人们缺乏基本的权利主体意识；第三，在沉重的等级观念压制之下，形成了普遍的“尽人皆奴仆”的政治心态。臣民意识是遍及传统社会的基本政治意识。它虽然源于君主政治，却又成为维护和巩固君主政治的重要政治文化因素。在臣民意识约束下，人们只是尽义务，不知有权利。温顺服从、忍让勤劳和无我的奉献成为全社会公认的美德，由此形成的“礼仪之邦”实则成了中国专制帝王的私产。①

中国传统的政治文化是一种臣民文化，它表现为民众对清官圣人的政治期盼，在思想上顺从、意识上被动、心理上依附，缺乏权利主体观念、权利意识和自我意识，是一种带有明显奴性特征的政治文化。中国古代思想家和政治家都不主张民众自己管理社会事务，而认为应当由“圣君”、“贤相”、“清官”来管理，而民众只要依附于、顺从于他们就可以了。这种义务本位的思想造成民众以消极的臣民意识被动接受自上而下的社会控制。在此思想文化背景下造就的只能是“臣民”、“顺民”，而非“公民”、“参与者”，他们对强权的依附、顺从心理必然使他们对上唯唯诺诺、唯命是从，政治感极度冷漠，很少甚至不参与社会事务。因此，臣民文化与君主专制文化是一体两面的关系。

2. 公民意识

公民首先是一个法律概念，指拥有一个国家国籍、依照该国宪法和法律规定享有权利和承担义务的社会成员。我国宪法规定，“凡是具有中华人民共和国国籍的人，都是中华人民共和国的公民”；“任何公民享有宪法和法律规定的权利，同时必须履行宪法和法律规定的义务”。公民意识是一种现代意识，它是在现代宪政体制下形成的具有普遍性的民众意识。这种意识体现为将自己和他人视为拥有自由权利的人，有尊严、有价值，并且勇于维护自己和他人的自由权利、尊严和价值，这种意识还包含公民对于国家和社会的责任

① 参见刘泽华：《论从臣民意识向公民意识的转变》，载《天津社会科学》，1991（4）。

感，但这种责任感来自权利本位而不是义务本位的政治与社会伦理观念，这是一个自尊和得到社会尊重的人的责任感，不同于奴化的人所具有的参与国家和社会事务的追从感。[①]

良好的公民意识有多方面要求：第一，它在本质上是一种平等意识，强调一切公民在法律面前人人平等，彻底否定封建等级观念；第二，它是一种权利与义务相统一的思想，彻底否定只尽义务没有权利的封建特权思想；第三，它是一种主人翁意识，彻底否定封建的臣民意识；第四，它是参与意识与责任意识的统一。[②]

社会管理强调多元主体的参与，而公民意识与多元主体参与的精神是一致的。因此，公民意识是社会管理的重要动力，良好公民意识的确立，能够促进社会管理的变革。

3. 从臣民意识到公民意识

文化可以分为物质文化和非物质文化两类。一般说来，物质文化的变迁总是先于和快于非物质文化，而非物质文化内部诸要素的变迁也有先后之分。奥格本将此称之为“文化惰距”。这就意味着，臣民意识作为非物质文化，虽然产生于奴隶社会，盛行于封建社会，但不会因封建社会的结束而迅速消失，而是在新的社会制度下继续产生影响。

随着改革开放所带来的经济的发展、民主与法律制度的逐步健全，我国公民的权利意识开始觉醒，公民精神也在逐渐培育之中。但由于封建社会在我国长期占主导地位，导致了我国的国民长期以来以臣民意识为主导意识。虽然我们已经进入了社会主义社会，不再是臣民身份，而是社会主义的公民，但由于长期深受“臣民意识”的浸淫，许多人脑子里缺乏“公民意识”。一方面，许多公民仍然安于“顺从者”的角色。所谓顺从者，是指虽然他们“已成为政治体系组成部分的并对政治体系施加于他们生活的影响或潜在影响有所认识”的公民，但“他们对自己在政治中作用的看法却仍然是顺从者的看法，也即他们受政府行动的影响而不是积极地去影响政府的行动”[③]。例如，我国相当多的村民仍有浓厚的臣民意识，存在着盲目顺从、苟安、等待观望的消极心理，缺乏个人主体意识，缺乏民主、独立、平等意识，缺乏权利与义务意识。这使得他们在遇到现代民主政治时往往显得无所适从，对自己手中的权利不知如何使用，也意识不到民主制度会给他们带来实际的好处。另一方面，许多公民缺乏“参与者”意识。所谓参与者，是指他们“表现出来的是对社会的输入过程，也就是对那些促使他们介入政治的过程有一定的认识，并形成了鼓励自己利用各种参与机会的态度，也就是相信自己只要努力去做就能够影响国家的政治事务”[④]。而在当代社会管理中强调多元主体的参与，强调政府和公众在参与过程中的互动性和协同性。对公众来说，参与就是去影响那些与他们利益密切相关的政府决策和政府行为；对政府来说，参与就是倾听和考虑所有民众意见，并最终以公开、透明的方式做出决策。然而中国传统的臣民文化抑制了多元主体参与社会管理意识的形成和发展，大多数民众缺乏参与社会事务的治理和维护公共利益的意识，相当一部分政府官员缺乏多元主体参与社会管理的理念。由于某种权力或利益上的考虑，一些政府官员往往把乐于参与社会管理的民众看作是“刁民”，把公众参与看作是政府潜在的威胁，因而不愿意放权让多元主

---

① 参见樊崇义：《诉讼法学研究》，第1卷，92～93页，北京，中国检察出版社，2002。

② 参见傅乃芹：《在创新社会管理过程中大力促进公民意识的培养》，载《领导之友》，2011（4）。

③④ ［美］加布里埃尔·A·阿尔蒙德、［美］小G·宾厄姆·鲍威尔：《比较政治学：体系、过程和政策》，37页，上海，上海译文出版社，1987。

体参与社会管理。还有一些政府官员仍以“父母官”自居，高高在上，完全依靠行政强制手段对民众实行自上而下的社会管理。结果，在参与社会管理的过程中，公众往往遭到抵制、排斥，无法参与或者遭遇无效参与。[①]

因此，在社会管理中，由臣民意识转变为公民意识，是一个极为复杂的过程，同时也是一个极为困难和痛苦的过程。

2.3.2 从文化一统到文化多元

这里的“文化”是就思想文化而言的。文化一统是指在诸多思想文化中只选择其中的一种作为统治思想，其他思想文化则处于受限制甚至受抑制、受排斥的状态。文化多元是指诸多思想文化并存于现实文化系统中，虽然可能有某种思想文化居于主导地位，但其他思想文化则能够得到包容和尊重。

中国自从建立了统一的多民族国家以后，历史上虽然也有过分合，但大一统则为主流，而维系中华大一统的正是强有力的国家认同观念。中国早期的国家认同观念是建立在王权认同的基础上，《诗经》中所记载的“普天之下，莫非王土；率土之滨，莫非王臣”，正是对中国奴隶制时代王权认同状况的写照。但进入春秋战国时期，与奴隶制生产关系相适应的王权认同被打破，导致国家认同感的下降，而天下分裂使人民深受其害，有识之士也都希望天下统一。于是秦始皇顺应了历史潮流，通过武力征服天下，建立了中国历史上第一个统一的多民族封建国家政权。政治上的大一统也必然要求思想上的大一统来与之相适应，于是秦王朝选择法家思想作为思想大一统的理论基础，由此开启了中国历史上追求文化大一统的先河。汉朝接受了秦朝灭亡的教训，最终选择了儒家思想作为其统治思想，由此开创了中国历史上儒家思想大一统的局面。当然，儒家思想的大一统地位也曾遇到过道家（包括道教）和佛教的挑战，但自从宋明理学产生以后，儒家思想重新回到了中国文化的主航道上。虽然后来又遇到了西方文化的挑战，但在辛亥革命前，儒家思想始终占据着统治地位。

在传统的主流意识中，文化一统对于社会治理有着积极的价值。韩非认为，“杂反之学不两立而治”[②]，因而主张以法家思想作为文化一统的基础，以此来实现社会治理。董仲舒主张将“儒术”作为文化一统的基础，以建立统一的规范，使“民知所从”[③]。虽然，他们的思想立场不同，但却都把文化一统作为社会治理的手段。由于儒家文化在中国封建社会居于主导地位，因而它在古代社会管理中发挥着主导作用。儒家文化的这种主导作用是通过以下方式实现的：一是将儒家的社会思想转化为社会政策，通过改善民生来实现社会的稳定。儒家推崇仁政，主张实行“富民”政策，以使百姓物质生活有保障；关心弱势群体的生活，缩小贫富差距，使鳏寡孤独废疾者皆有所养。二是将儒家的价值观念转化为人们的社会行动，以实现社会的和谐。儒家主张人与人之间以和为贵、和而不同，通过相互理解、相互包容来化解矛盾，消除冲突，建立和谐关系；仁者爱人，博施济众，通过“修

① 参见龚俊、杨廷文：《多元主体共同参与社会管理机制探析》，载《人民论坛》，2011（32）。

② 《韩非子·显学》。

③ 《史记·董仲舒传》。

身、齐家、治国、平天下"将道德修养与社会责任感和社会参与意识联系起来。儒家还特别提倡邻里之间的互助精神，认为"出入相友，守望相助，疾病相扶持，则百姓亲睦"[①]。儒家的价值观念还反映在乡约之中。传统乡约的主要内容为德业相劝、过失相规、礼俗相交、患难相恤。乡约是社会治理的一个良好模式，并成为维持民间秩序的主体规范。因此，传统的文化一统不仅在维护国家统一方面有积极的进步作用，而且对于传统的社会管理也有一定的正面价值。

但是，传统的文化一统又存在着严重的局限性。一方面，它束缚了人们的思想，在一定程度上阻碍着社会的进步。文化一统不仅使传统文化的发展失去了活力，而且使封建专制制度得到了强化。另一方面，它反映在社会管理上注重上对下的控制，忽视了普通民众在社会参与中的主体作用，甚至鼓吹"民可使由之，不可使知之"的愚民政策。这些显然是与当今社会管理的精神相违背的。

自近代以来，中国传统文化在西方文化的冲击下逐渐丧失了"一统"的局面。特别是五四新文化运动以来，反传统主义的西化思潮、马克思主义思潮和文化保守主义思潮活跃在中国文化的舞台上。西化派否认、批判传统，主张"西化"；文化保守主义者维护、认同传统，主张"中体西用"式的折衷调和；马克思主义者批判地继承传统，主张吸取西方一切优秀文化。就其思想动机来看，三者都是出于振兴民族，救亡图存，为中华民族选择一条强国富民的文化出路的考虑。他们也都不反对中国实现现代化，只是各自选择的方向和道路有所不同而已。

文化多元不仅是当前我国文化的现实状态，而且也是人类文化发展的必然趋势。随着全球化的不断推进，人类交流的不断加剧，人类文化在向着多元方向发展，多元文化并存与多元文化认同是当今世界文化发展的不可阻挡的趋势。当前我国将"弘扬主旋律、提倡多样化"作为推动文化大发展大繁荣的重要方针。所谓弘扬主旋律，就是坚持以科学的理论武装人，以正确的舆论引导人，以高尚的精神塑造人，以优秀的作品鼓舞人；坚持社会主义核心价值体系，用马克思主义中国化最新成果武装全党、教育人民，用中国特色社会主义共同理想凝聚力量，用以爱国主义为核心的民族精神和以改革创新为核心的时代精神鼓舞斗志，用社会主义荣辱观引领风尚。所谓提倡多样化，就是在一定范围内承认多样化精神生活在法律上和道德上的合理性的同时，大力发展先进的多样化，支持健康有益的多样化，努力改造落后的多样化，坚决抵制腐朽的多样化。[②] 提出"弘扬主旋律、提倡多样化"的方针，就是要既不搞清一色的文化专制，又不能对各种有害文化放任自流；既提倡多元文化并存，又不否认一元指导。在坚持一元主导的原则下，容许文化的多元性与多样性。只有在多元文化态势中，以马克思主义为核心的主流文化才能吸收其他文化的合理因素得到丰富发展，也才能在与反文化的斗争中发展壮大。

从社会管理的角度来说，西化思潮、马克思主义思潮和文化保守主义思潮代表了三种不同的社会管理思想。文化保守主义者比较看重中国传统社会管理的优点，如人本主义价值观、关注弱势群体的生活、具有自治性质的乡约等。西化论者注重西方社会管理理论和

① 《孟子・滕文公上》。

② 参见阎树群：《坚持马克思主义必须正确处理三个关系》，载《湖湘论坛》，2010 (6)。

实践经验的引进，如新公共管理理论、新公共服务理论、善治理论、公民社会理论以及“小政府、大社会”的管理架构。马克思主义者比较注重群众观点和群众工作方法以及自由人的联合体的社会理想。三者之间可以取长补短、相互融合，为当前我国社会管理的创新发挥各自的功能。从这个意义上说，文化多元可以为我国社会管理提供各种思路。但是，文化多元也有可能给社会管理和社会和谐带来一定的难度。因为文化多元可能会带来社会价值观的混乱和不同文化之间的冲突，引发社会问题。“整体社会生活的失谐，归根到底是由多元文化造成的，更准确地说，是与文化之间的差异或者缺乏文化共识直接相关的。”[①] 因此，在文化多元的背景下，全社会还必须形成“文化共识”，作为社会整合的文化基础。

2.3.3 文化冲突中的社会管理问题

文化冲突是指不同形态的文化或者文化要素之间相互对立、相互排斥的过程。从我国当前的文化冲突来说，既有中国文化与外来文化之间的冲突，也有中国文化系统内部不同文化要素之间的冲突。

1. 中西文化冲突

迅猛发展的经济全球化和科技信息化以前所未有的规模打破了主权国家原本封闭的疆界，促使不同国家、不同民族之间的文化交往变得愈益频繁，不同文化之间的互动与交流成为世界文化发展的大趋势。在经济全球化日益深化和不同文化交往日益频繁的背景下，中国文化不可避免地要与西方文化发生碰撞和冲突。这一方面由于中国文化与西方文化之间存在的文化差异及不同的利益需求，另一方面则由于冷战后某些西方国家特别是美国不断强化文化扩张和文化霸权战略，使中国文化安全和社会管理面临许多新的挑战。

西方文化对我国文化安全和意识形态的影响主要表现为：

一是西方政治思潮。一些消极、反动的政治思潮必定会对我国的意识形态和文化安全产生腐蚀和破坏作用，主要有新自由主义思潮、新保守主义思潮、民主社会主义思潮、新民族主义思潮、后现代主义思潮等。

二是国外宗教思潮。国外宗教思潮移植到中国，可能与我国的文化传统相冲突，与我国的政治建构相抵牾。受国外宗教思潮影响，我国思想文化界一些人片面强调宗教社会功能的积极方面，在文化领域造成一定的混乱。

三是国外媒体。由于中国改革开放以来经济快速发展，对原有世界格局产生了重大影响，也在某种程度上影响着国际政治中既得利益者的惯性思维，某些西方国家媒体通过设定议题，片面宣传或歪曲中国形象，制造各种版本的中国“威胁”论，由此对我国文化安全和意识形态造成威胁。

四是网络信息技术。网络信息技术发展对我国国民文化认同、国家信息主权、国家文化利益、青少年思想道德、国民价值观念、传统意识形态构建方式都有重要影响，从而对我国文化安全和意识形态带来冲击和挑战。

五是国外文化产业。文化产业具有与其他产业不同的特点和属性，即经济价值和社会

---

① 唐凯麟、高桥强：《多元文化与世界和谐：池田大作思想研究》，466页，北京，人民出版社，2008。

价值的统一、商业属性与意识形态属性的统一。当前国外文化产业对我国的冲击主要表现为：跨国文化公司挤压我国本土文化市场主体的生存空间；文化大国的文化产品对我国文化市场形成冲击；我国对外文化贸易极端不平衡；我国传统文化资源和文化遗产面临被掠夺和冲击的危险；我国文化产业的知识产权遭遇挑战等。

六是对华意识形态外交。冷战后美国在坚持“西化”战略的同时，奉行接触加遏制的政策，试图将中国融合进美国所主导的国际社会，促使中国实现美国所认可的“民主化”。美国一方面一直暗中支持反中国政府的“民运”组织和法轮功组织；另一方面还利用经济、文化、教育等方面的交流机会有意识地向中国输出美国的价值观和意识形态，从而对中国的主导意识形态和政治文化构成挑战和冲击，进而影响中国政治社会的稳定。①

当今世界正处在大发展大变革大调整时期，许多国家特别是主要大国都把提高文化软实力作为增强国家核心竞争力的重要战略。在世界范围内各种思想文化交流交融交锋更加频繁的背景下，谁占据了文化发展制高点，谁拥有了强大文化软实力，谁就能够在激烈的国际竞争中赢得主动。同时，国际敌对势力正在加紧对我国实施西化、分化战略图谋，思想文化领域是他们进行长期渗透的重点领域。我们要深刻认识意识形态领域斗争的严重性和复杂性，警钟长鸣、警惕长存，采取有力措施加以防范和应对。②

2. 国内文化冲突

我国是一个幅员辽阔、历史悠久的多民族国家，因地域、时代和民族的不同，可能引发文化冲突。我国又处在一个从计划体制向市场体制转轨的时期，多元利益主体的存在、社会阶层的分化，也必然会带来文化冲突。

当前我国国内文化冲突主要表现为：

一是地域性文化冲突。文化的差异性，在很大程度上表现为地域性。文化的地域性，是地理环境、历史传承、社会制度以及民俗习惯、宗教信仰等多种因素形成的。如我国东部与西部地区，南方与北方地区等存在着明显的文化差异。这些处于不同势位的地域文化之间既可以友好相处，但同时也存在着文化的自傲和对其他地域文化的偏见，由此引发不同地域之间的文化冲突。近年来国内不同地区人群之间发生的各种“骂战”现象，正是地域文化发生冲突的表现。如果不同地域的人群缺乏对异地文化的了解和包容，而是争强斗胜、是己非人、互不相让，就容易爆发激烈的矛盾冲突，引发群体性事件。

二是时代性文化冲突。文化冲突的时代性，主要表现在新旧文化之间。一般来讲，旧文化都有保守性，当新的文化兴起、传播的时候，都要受到旧文化的排斥和抵制。不管新文化怎样有价值，它都要受到旧有文化心理和价值观的反对。不同时代、两代人之间的矛盾（即“代沟”），在一定程度上也是新旧文化冲突的反映。因此，在变迁时期，新旧文化冲突显得特别尖锐和激烈。

三是阶层性文化冲突。不同阶层具有不同的阶层文化。阶层文化是指人们用来展示和确定自己社会身份的各种“符号”，包括物质产品、精神产品、阶层意识、价值观念、行

---

① 参见张骥等：《中国文化安全与意识形态战略》，56～242页，北京，人民出版社，2010。

② 参见胡锦涛：《坚定不移走中国特色社会主义文化发展道路，努力建设社会主义文化强国》，载《求是》，2012(1)。

为方式等，是由生产方式所决定的阶层在取得经济政治等合法利益方面所产生的阶层意识、阶层价值观和阶层行为等的综合体现。当前各阶层之间的冲突越来越集中并体现于阶层文化之间的冲突。阶层文化冲突既体现在阶层文化的主观意义、拟剧意义、制度意义和结构意义等四个不同层面上；也体现在社会上层、中间阶层、工人阶层和农业劳动者阶层等阶层之间；还体现在阶层分化及分层结构的城乡二元化、贫富悬殊化所引发的阶层文化冲突上。① 阶层之间如富人与穷人、官员与百姓、知识分子与非知识分子等等之间，其实都存在着不同程度的文化冲突。社会上的“炫富”行为与“仇富”心理，正是不同阶层文化冲突的反映。

四是民族性文化冲突。我国有 56 个民族，各个民族都有自己的文化和历史，都有自己的民族精神和文化个性，都有自己的文化特色和文化自尊。因此，当与不同民族的人交往时，必然会产生这样那样的文化冲突。如在畲族或苗族、瑶族或侗族等民族中提到狗或吃狗肉，必定引起他们的不快；在彝族，主人请你吃东西时，你必须吃，否则会被认为是看不起主人；在裕固族，客人进帐篷后必须男左女右分坐；而在哈萨克族人面前最忌当着主人的面数他们所养的牲畜等等。如果你不加注意，那就会引起文化冲突。

五是宗教性文化冲突。我国宪法规定公民有信教的自由，也有不信教的自由。于是在现实中既有信教群众，也有不信教群众。这就有可能在信教群众与不信教群众之间发生信仰冲突，主要表现为不信教群众对信教群众所持禁忌的不了解而产生不自觉的冒犯行为。例如，一些汉族人不了解回教徒不食猪肉和佛教徒不食荤菜的禁忌，当着他们的面吃猪肉和荤菜，引起他们的不满，以至于爆发不必要的冲突。中国是个多宗教的国家，中国公民信奉的宗教除了佛教、道教、回教、天主教和基督教等外，还有各种民间宗教。由于不同宗教在膜拜的偶像、教义、戒规和仪式等方面有着明显不同，如果不能相互了解、相互尊重，同样会发生冲突。

文化冲突既能带来文化的相互吸收、渗透、竞争、融合，也能带来各种越轨、犯罪与暴力事件。因此，一方面，我们不应该惧怕文化冲突，它是人类文化发展的一种规律；另一方面，我们需要通过人类的智慧研究并化解一些文化冲突，使人类社会更加和平、平静。②

本章小结

当前我国强调加强和创新社会管理，有着深刻的经济、政治和文化背景。为适应社会转型、经济结构调整、群众利益诉求多元化的新变化而需要加强和创新社会管理。为应对西方敌对势力对中国的内政干涉与遏制带来的安全威胁以及国内阶级阶层结构变革和社会安全问题突出带来的不稳定因素，需要加强和创新社会管理。西方新公共管理、公民社会和治理等理论的出现，西方政治与行政关系调整的实践，西方社会构成要素多元化的现实，给我国社会管理的创新带来了有益的启示。公民意识的觉醒意味着公民社会参与意识

① 参见刘军：《阶层文化的冲突与整合》，复旦大学博士学位论文，2008。

② 参见陈华文：《当前几种激烈的文化冲突》，载《人民论坛》，2011（19）。

的增强，文化多元体现了思想文化的开放并蕴含着文化的冲突，这给我国社会管理带来了机遇和挑战。

关键术语

社会转型　　经济结构调整　　利益诉求多元化　　国际政治　　政治与行政关系调整　　社会构成要素多元化　　臣民意识　　公民意识　　文化一统　　文化多元　　文化冲突

复习思考题

1. 何谓社会转型？它会引发哪些社会管理问题？
2. 何谓利益诉求多元化？它为什么会引发社会管理问题？
3. 国际政治如何引发我国社会管理问题？
4. 社会构成要素多元化对社会管理会产生怎样的影响？
5. 公民意识的觉醒会给我国社会管理带来怎样的变化？
6. 文化多元会给我国社会管理带来怎样的变化？

案例分析

"温州温暖"让我们感受到公民意识的成长

蕴藏于社会的蓬勃力量，能够成为政府行动的有效支撑，是社会建设和社会管理的宝贵资源。

"7·23"动车追尾事故后，一张照片拼图热传网络：上方，是温州市民献血的长队；中间，是医院中忙碌着的义工；下方，是救援时赤膊上阵的村民。网友评价：温州温暖，中国力量。

事故之后，飘零在悬坠车厢里的生命，开始了与时间的赛跑。此时此刻，没有什么救援，能比在场人的双手更有效；没有什么车队，能比周边的社会车辆更迅捷；没有什么信息，能比微博的传递更及时；也没有什么鲜血，能比流淌在身体中的那份更丰沛、更温暖……每一个普通公民的表现，每一种社会力量的呈现，都影响着速度、力量、慰藉与温暖，关系到"黄金救援期"里的生命质量。

"温州温暖"，因而倍显珍贵。它让我们感受到公民意识的成长，触摸到时代的温度，传递着前行的信心。风险社会，总有各种安全事件在意想不到的情况下发生。很多时候，有组织的公力救助难以及时抵达，需要每个人守望相助弥补"时间差"。社会管理者编织的安全网只是"网"，经纬线间的那些空白，需要社会成员共同的努力来填充。

实际上，这样的力量，崛起于汶川地震、北京奥运志愿者的自觉选择中，展现在各种民间协会、社会组织的持续行动中，绽放在山区孩子吃上免费午餐的笑容中。

这种蕴藏于社会的蓬勃力量，能够成为政府行动的有效支撑，是社会建设和社会管理的宝贵资源。突发事故中，它上升一分，就能多消散一分伤害的阴霾；社会生活里，它增加一分，就能多绽放一个灿烂的笑脸。这也是论及社会管理时，胡锦涛总书记要强调“社会协同”的原因。

无论是救援、献血或是关注，事故之后的参与，也让每个人感同身受：他们，也是“我”；我，即是“你们”。对共同体的认知、对社会责任的感受，更能激发社会成员的参与感和认同感，也有益于弥合已然出现的社会裂痕。

社会力量，巨大也分散。在“温州温暖”里，我们看到，事故两小时，号召献血的微博集结了上千网友前往血站；温州三院招募志愿者的帖子，3 小时内挤爆 100 个名额。我们也看到，参与的通道还不够畅通，很多人不知如何发力；参与的方式还有待改进，组织效果还不能完全地最大化。

社会薄弱之处，当是社会管理者发力之点。深刻变化的转型期，能否整合社会力量，不仅是社会管理的创新，更是执政能力的体现。培育社会组织、呵护社会爱心、激活社会力量，理应成为各级政府推进社会管理的应尽之责。

项炜伊，两岁半，留着锅盖头，穿着公主裙，低头喝水。第一次坐动车，父亲拍下这一刻，传上微博。而当最后一个获救时，她却不幸成为孤儿。事故之后，对每一个散发温暖者，怎样赞美都不为过，然而，没有人在意赞美，因为大家更希望的，是聚集更多温暖，持续释放，照亮小炜伊以及更多如她一样用个体之肩承受社会悲剧的人前行的方向。

资料来源：张铁：《记取“温州温暖”的力量》，载《人民日报》，2011-07-26。

思考题

1. 本案例如何体现了公民意识的觉醒？
2. 结合本案例说明公民意识的觉醒对于创新社会管理的重要性。

推荐读物

1. ［英］简·莱恩. 新公共管理. 北京：中国青年出版社，2004

2. ［美］加布里埃尔·A·阿尔蒙德、［美］小G·宾厄姆·鲍威尔. 比较政治学：体系、过程和政策. 上海：上海译文出版社，1987

3. 郑杭生. 社会学概论新修（精编版）. 北京：中国人民大学出版社，2009

4. 王定云，王世雄. 西方国家新公共管理理论综述与实务分析. 上海：上海三联书店，2008

5. 向春玲，刘俊杰等. 加强和创新社会管理干部学习读本. 北京：中共中央党校出版社，2011

6. 黄舜. 中国社会管理研究. 北京：民主与建设出版社，2007

7. 张骥等. 中国文化安全与意识形态战略. 北京：人民出版社，2010

8. 胡锦涛. 坚定不移走中国特色社会主义文化发展道路，努力建设社会主义文化强国. 求是，2012（1）

9. 陆学艺. 当代中国社会十大阶层分析. 学习与实践，2002（3）

10. 刘泽华. 论从臣民意识向公民意识的转变. 天津社会科学，1991（4）

11. 蔡禾. 从“底线型”利益到“增长型”利益——农民工利益诉求的转变与劳资关系秩序. 开放时代，2010（9）

第3章 社会管理的主体

内容结构图

- 社会管理的主体
  - 社会管理主体的历史变迁
    - 封建时代社会管理主体的二元性
    - 计划经济时代社会管理主体的单一性
    - 市场经济时代社会管理主体的多元化
    - 社会管理协同主体的发展
  - 社会管理主体的结构
    - 国外社会管理主体的变迁
    - 中国社会管理主体的生成
  - 社会管理多元主体之间的关系
    - 政府与社会的角色设计
    - 社会管理主体之间的博弈与协调

内容提要

社会管理是通过制定社会政策和法规，依法管理和规范社会组织、社会事务，化解社会矛盾，调节收入分配，维护社会公正、社会秩序和社会稳定的过程。因此，自从人类社会出现就产生了社会管理行为，而制定社会政策和法规、具体履行社会管理职能的组织即为社会管理主体。在社会管理中，社会管理主体的构成、职能反映了社会管理的性质，是社会管理体系的重要组成部分。

社会发展随着人类的发展不断发展，人类发展的不同历史时期有不同的社会管理形式。相应地，社会管理主体可以分为原始氏族社会的管理主体、古代奴隶制社会的管理主体、农奴制（封建）社会的管理主体、资本主义社会的管理主体以及共产主义社会的管理主体等五个不同类型的社会管理主体。本章简要回顾了中国社会管理主体的历史变迁，论述了国内外社会管理主体的结构特征，分析了社会管理多元主体之间的关系。

引导案例　2011："公共焦虑"催生社会管理新思路

2011 年，雾霾天气击中民众的"污染焦虑"；食品行业的新国标制定引起人们的"食品安全焦虑"；"郭美美"事件和"河南宋基会"事件引发"公益焦虑"；"限堵令"与"出行难"带来"拥堵焦虑"……

这些纠结与争议的背后，是一种典型的社会心态——"公共焦虑"。种种焦虑背后，是广大公众对公共事务决策更加科学、民主和透明的强烈期盼，发出的是我国社会管理创新亟须向深层次迈进的强烈信号。

"公共焦虑"频发　折射社会管理之痛

密集出现的"焦虑"牵涉诸多领域，引发争议之强、对政府部门公共决策的冲击力度之大，是空前的。"可以说，整个社会都在不同层面上感受到了'公共焦虑'之痛。"中国政策科学研究会理事郭巍青说，这也是我国社会发展进入转型期而产生的一种社会管理"阵痛"，这是发展必须要跨过的障碍。

中央党校研究员曾业松认为："'公共焦虑'的蔓延，表明作为社会情绪稳定器的公信力出现了问题。最直接的后果，就是公共决策环境恶化，政府部门和公共机构的社会管理能力被不断削弱，最终政府公信力和公众权益也会受到损害。"

"公共责任"意识增强　提升"公共决策"期待

随着社会主义市场经济的发展，人们对慈善、环保、食品安全等公共事务的关注度大幅提高。这既是"公共责任"意识的增强，也是推动社会不断发展的"助推器"。

专家分析认为，转型期的社会中，群众权利意识增强，也变得更"敏感"，会用比过去更高的标准去衡量干部和政府。而表达渠道增多、舆论场域变化，也容易让某些诉求迅速"发酵"。这些资源用好了，公共治理工作的正面效应会倍增；而处理不好，负面效应同样不可小视。

公共决策过程中的不透明，也容易引发“公共焦虑”。回顾今年一些热点事件，可以看到一些政府部门和相关公共机构，决策程序仍是“信息单项发布”，对公众的疑虑和意见缺乏反馈机制。“在以乳业标准为代表的一些国家食品安全标准制定过程中，就反复有声音认为公众参与是‘走过场’。”郭巍青说。

公共决策的不尽科学，直接刺激了焦虑的发生。曾业松认为，微博、新媒体的飞速发展，让公众有了更多更主动的利益诉求表达渠道，但有些机构、官员仍习惯于“捂”“瞒”的应对策略，导致公共决策机制陷入被动。

深化社会管理创新　给“公共焦虑”安上“减压阀”

“公共焦虑”的产生，与社会经济发展进步密不可分，考验的是公共决策能力。

值得注意的是，“公共焦虑”之痛已经在促使一些领域产生新的公共治理思路。“社会管理，说到底是对人的服务。只有让公众真正参与到决策过程中，他们才能增强对公共决策结果的信任感，切实认识到自己的权益和责任，既维护应有的公共利益，也不一味追求自身利益的最大化，才能真正打消因公共资源、公共空间使用和分配不合理导致的‘公共焦虑’。”国家行政学院教授丁元竹说。

化解焦虑，还应当探索推进新的公共信息交流模式。专家认为，在公共事务领域，政府部门应将信息发布模式从以往自上而下的“决定—宣布”模式，转化为多渠道、多层次的“反馈—协商”模式。只有畅通公共信息通道，加强公众“社会心态”建设，才是“公共焦虑”最有效的“减压阀”。

资料来源：见 http://www.gd.xinhuanet.com/newscenter/2011-12/21/content_24381317.htm。

社会管理是通过制定社会政策和法规，依法管理和规范社会组织、社会事务，化解社会矛盾，调节收入分配，维护社会公正、社会秩序和社会稳定的过程。自从人类社会出现就产生了社会管理的行为，社会管理行为是人类社会发展到一定阶段的产物，是保障人类社会存在和继续发展的基础之一。而制定社会政策和法规、具体履行社会管理职能的组织或个人即为社会管理主体。社会管理主体的构成、职能反映了特定社会发展阶段的社会管理的性质，是社会管理体系的重要组成部分。

所谓社会管理主体，就是社会管理活动的发出者和执行者。社会管理主体既包括在社会管理活动中承担各类管理任务的政府机构，也包括履行社会管理职能的其他社会组织。一般来说，政府、企业、社会组织以及公民共同构成现代社会管理的主体，各个主体之间相互合作，在利益共享、信息协调、责任共担的基础上，共同参与社会管理。

社会管理的主体是由从事管理工作的社会成员构成的组织系统。它包括：(1) 管理人员。有了合格的管理人员，管理主体的其他部分才有活力。(2) 管理机构。只有按一定的形式组成管理机构，管理人员的作用才能发挥。(3) 管理职责。职责是组织的权限。管理权限主要指管理工作中的决策、指挥、执行、检查等职责。(4) 管理制度。管理制度规定了对管理人员的要求，规定了管理机构的构成，还规定了各种层次的管理职责。

3.1　社会管理主体的历史变迁

胡锦涛同志指出，社会管理是人类社会必不可少的一项管理活动。这就是说，社会管理是自有人类社会就有的。社会随着人类的发展不断发展，人类发展的不同历史时期有不同的社会管理形式。恩格斯在《家庭、私有制和国家的起源》中明确地指出了人类历史发展的五个阶段——原始氏族社会、古代奴隶制社会、中世纪农奴制社会、近代雇佣劳动制（资本主义）社会、未来的共产主义社会。相应地，社会管理主体可以分为原始氏族社会的管理主体、古代奴隶制社会的管理主体、农奴制（封建）社会的管理主体、资本主义社会的管理主体以及共产主义社会的管理主体等五个不同类型的社会管理主体。

在人类社会发展初期即国家诞生之前，氏族组织中的氏族会议和氏族首领是社会管理的主体，之后逐渐形成的部落、部落联盟中的类似氏族议会和氏族首领的组织和个人构成了部落、部落联盟区域内的社会管理主体。氏族会议是亚洲、欧洲、美洲的古代社会从蒙昧阶段氏族制度开始形成时起直到文明阶段止的一大特色。它是处理政治事务的机构，又是统御氏族、部落和部落联盟的最高权力机构。[①] 与氏族会议相连的是各级氏族首领。氏族首领是氏族会议的组织者和主持者，同时又是氏族会议决议的具体执行者。每一个氏族都有一个首领，由本氏族全体成员选举产生。氏族首领“是一种具有执行权力的官员的微弱萌芽”。[②]

氏族会议与氏族首领一同构成前国家社会管理的主体，而随着国家的诞生，政府及其首脑取代氏族会议和氏族首领成为社会的管理主体，在奴隶社会则为代表奴隶主阶级利益的政府。在奴隶社会，社会统治职能居于社会管理职能之上，也就是说，社会管理职能只是为了维护统治阶级的利益而不得不履行的附加职能，因而，社会管理的主体主要是政府，社会管理的方式也比较单一。因此，以下所述的社会管理主体的历史变迁的起点为社会管理体制比较成熟的封建社会，这主要立足于中国的历史背景。

3.1.1　封建时代社会管理主体的二元性[③]

在中国封建社会，“修身、齐家、治国、平天下”的传统治理理念形塑着整个社会结构，造就了一个由“己、家、国”不同层次构成的同心圆结构。朝廷（政府）的权力覆盖了社会的每个领域，国家与社会的关系始终是统治与被统治、管理与被管理，所谓“普天之下，莫非王土；率土之滨，莫非王臣”强调的就是皇权的至高无上、没有约束和限制。

尽管中国传统帝制的权力无所不及，但是，从权力运行的实际后果来看，由于地理的原因，皇权和政府权力并没有完全渗透到社会中，因此，中国古代基层社会，特别是乡村社会具有一定的自主性，主要由地方精英通过民间文化网络和宗族组织来治理。这种自主

---

① 参见［美］摩尔根：《古代社会》，北京，商务印书馆，1997。

② 同上书，95 页。

③ 参见陈华：《吸纳与合作：非政府组织与中国社会管理》，81～86 页，北京，社会科学文献出版社，2011。

性主要体现在以下三个方面：

一是自主进行村落公共事务的管理。村落范围内的道路、沟渠、桥梁、教育、医疗等各种文化设施和文化活动，以及秩序的维持在很大程度上都由村落自己来实现。

二是乡村生活的自我帮扶体系。在中国传统村落，大多存在各种形式的互助帮扶网络，有基于邻里熟人关系而结成的换工网络、基于血缘人伦的帮扶网络、基于宗族责任的对弱势村民的救助体系，等等。

三是地方的管理方式主要是长老和乡绅等乡村精英的非正式治理，即所谓的“国权不下县，县下惟宗族，宗族皆自治，自治靠伦理，伦理造乡绅”。

这种政府与乡绅的二元管理格局在中国历史上延续了两千多年。在国家层面上，社会管理的主体主要是各级行政机关，以县级行政为主，同时，对于县级以下社会的管理和控制则主要依靠乡里组织和乡绅势力。政府和乡绅互相配合、互为依靠，一同构造出封建社会严密的社会管理网络。费孝通先生就认为，中央集权的行政制度在中国已有极长的历史，从表面上看来中国以往的政治只有自上而下的一个方向，人民似乎完全是被动的，地方的意见是不予考虑的，但实际上，中国古代的政治是“双轨政治”，中国乡村社会存在着“地方自治的民主体制”，非政府的事务是由人民自理的。费先生将在地方社区里人民因公共需要而自动组成的团体称为“自治单位”，其中，地方代表——乡绅是“中国政治中极其重要的人物”，他们代表民间与官方协商，这一过程形成了由下而上的另一条政治轨道。[①]

1. 县行政的治理结构

秦统一六国之前，“皇权”采用分级授权方式。由周朝“天子”分封诸侯，诸侯在自己的封地里，再授权给各大夫。秦统一六国后实行郡县制，此后一直到清代，地方行政体制经历了许多调整和变化，行政层级在两级到三级、四级之间变化，但始终以县为基层行政区，县行政集财赋、司法、治安、教化为一体，权力比较完整，一直是社会管理的主体。以秦代至明代县行政的治理结构为例，秦代至明代的县行政虽然经历了不断的调整和变化，但基本的结构并没有发生太大的改变。

秦代至明代县署行政人员分为三部分：一为县令、县长、知事、知县等主管人员；二为县丞、县尉、主簿等佐贰；三为掾、吏、佐等掾属和吏员。这三部分人员的职能和相互关系，体现了县行政的治理结构。[②] 这三部分人员的级别和职能上大体上分别相当于现在的县级干部、科级干部以及科级职员。

（1）主管官员。历代诸县均置主管官员一员，对其辖境内的民政、财赋、司法、治安、教化负全责。例如《后汉书》记汉代县令县长“掌治民，显善劝义，禁奸罚恶，理讼平贼，恤民时务，秋冬集课上计于所属郡国”，其他朝代也大致相同。

（2）佐贰官员。历代诸县均置佐贰官员一至数员。佐贰官员分别负责某些职能性工作。如汉代县丞“署文书，典知仓狱”，县尉“主盗贼”；唐代主簿“掌付事句稽，省署钞目，纠正县内非违”。

① 参见费孝通：《乡土中国与乡土重建》，149～155页，台北，风云时代出版公司，1993。

② 参见魏光奇：《官治与自治：20世纪上半期的中国县制》，10～20页，北京，商务印书馆，2004。

(3) 掾吏和吏员。秦汉至隋唐，各县在县令、县长、县丞、县尉之下分设曹、司等具体办事机构，办事人员有掾、吏、佐等名目，统称掾吏，属国家正式行政人员。但自唐代中叶至宋朝起，掾吏和吏员逐渐丧失了国家正式行政人员的角色，办理具体行政事务的胥吏，大都属于国家征用的民役。掾吏和吏员的性质的根本性转变，提升了乡里组织和乡绅势力在社会管理中的地位。

2. 乡里组织

秦汉至明清国家设制止于县，即通常所说的"皇权不下县"，但历代在县之下均存在系统的乡里组织。乡里制度萌芽于夏商周时期，初步定型于春秋战国时期。中国古代乡里组织的发展演变经历了两大阶段。自秦汉至隋唐，"以士大夫治其乡之事"，乡里组织首领人员属于乡官，乡官具有国家基层官员和"乡大夫"的双重性质。至唐代中叶，乡里制度出现一大变局，开始从乡官制度转变为职役制度。自明代起，里甲兼行乡村"自治职能"，此外，还存在以治安为主要职能的保甲组织。

乡村生活实行乡里制行政管理，这是古代中国不同于中世纪西欧的地方。乡里制度的宗法性与行政性的高度整合，集中反映了中国古代社会结构的特殊性。历代乡里制度都是以对全体乡村居民进行什伍编制为起点，以"什伍相保"、"什伍连坐"为基本组织原则的。它是君主专制主义国家政权结构中最基层的行政单位，拥有按比户口、宣布教化、督催赋税、摊派力役、维持治安、兼理司法的职权，被称为"治民之基"。

3. 乡绅势力

绅权是一种地方威权，所谓地方威权是对于一个地方社区人民的领导权力。这种领导权力不是像皇权那样的一种横暴权力，而是基于其经济能力、身份地位、家族势力和个人德行所获得的一种敬服。[①]"父老"即是与国家相对的重要的社会势力，以其拥有的经济能力、身份地位、家族势力和个人德行对社会产生重要的影响，其存在时期从战国时代一直延续至明清。

中国中世以后，由于乡里社会中豪族对民众的人身或经济支配，"父老"的权威受到了极大的削弱。北魏、南朝以来，当权者出于加强皇帝专制和中央集权的目的，重建了乡里社会的"父老"秩序。在豪族已削弱而地方乡绅尚未长成的唐五代时期，"父老"在辅助地方行政方面的作用是明显的。[②] 尽管从宋代以后，"父老"只是作为国家"恤老"的一种象征而存在，但"父老"势力的弱化不是表征着民间社会势力的弱化，而是被一种更为强大的社会势力——集族权与绅权于一身的乡绅所代替。[③]

就乡绅与官府的关系来看，乡绅是"官"与"民"联系的"中介"和"桥梁"。乡绅居住乡里社会，与民较近，熟悉当地的风俗民情，并且与乡里社会有着休戚与共的利害关系，所以官府利用乡绅，既容易取得乡绅的支持，又容易取得百姓的信赖。乡绅的职责主要有两方面：第一，表率乡里。如明代要求，"凡郡县有一善政及一切禁令，士夫皆当率先遵行，以为百姓之望"。第二，上行下达，调节官民关系。如地方官让乡绅代其向民宣

---

① 参见王先明：《变动时代的乡绅——乡绅与乡村社会结构变迁（1901—1945）》，198 页，北京，人民出版社，2009。

② 参见林文勋、谷更有：《唐宋乡村社会力量与基层控制》，182～183 页，昆明，云南大学出版社，2005。

③ 参见同上书，180 页。

谕讲解。[①]

乡绅之所以在宋代以后的时期内成为中国古代社会管理的主体之一，关键就在于统治阶级对于儒学的弘扬和倡导。儒学把“德”和“礼”作为社会管理的根本手段。儒家充分认识到“人”是社会治乱的最根本性的因素，因此把对社会的管理控制归结为对人的控制，把对人的控制又归结为对人心的控制。因此，通过教育灌输儒家的仁义道德观念，便成为统治阶级控制社会思想、稳定社会秩序的重要手段。乡绅一般是由秀才、退职后的官员等组成，深受儒家文化的影响，因此乡绅便承担了教化乡民的职能。

自晚清以降，中国社会面临着一个国家政治解体与社会解体相结合的整体性危机。传统社会管理的主体——政府与乡绅，都难以对中国社会进行有效的控制和管理。一方面，由于战乱的影响，政府权力无法得到有效的贯彻和实施，而另一方面，传统的负有教化之职责的乡绅蜕化成土豪劣绅，丧失了其存在的合法性，成为革命的对象。民国时期，为了弥补政府权力在乡村一级的缺失，逐渐确立了乡镇政权的地位，试图取代乡绅成为乡村治理的主体，传统中国“皇权不下县”的格局至此得以改变。

3.1.2 计划经济时代社会管理主体的单一性

1949年中华人民共和国成立之后，为尽快恢复社会秩序，使中国经济政治发展步入正常轨道，中国共产党借鉴了战争年代实行的供给制经验，在城市逐步建立了“以单位制为主、以街居制为辅”的管理体制。国家通过单位这一组织形式管理职工，通过街居体系管理社会人员，从而实现了对城市全体社会成员的控制和整合，达到了稳定社会和巩固政权的目的；而在农村，则建立了农村基层组织“农村苏维埃”，实行“议行合一制”。自1958年人民公社化运动兴起，人民公社取代了“农村苏维埃”成为农村基层政权机关。人民公社同时也是农村经济、文化、生活单位，生产大队和生产队成为准行政化组织，农民几乎完全依赖行政体系，社会呈现高度政治化和行政化倾向。

在这种高度一元化的社会管控体制之下，社会生活的每一个领域都被纳入了行政权力控制的范围之内，整个社会实现了高度整合。城镇单位制和农村人民公社体制，具有典型的政治、经济与社会三位一体的功能。在这种社会结构之下，由于缺乏必要的资源、空间和规范，真正意义上的民间组织根本无法立足，同时也没有存在的必要，即使存在社团，也是名实难副，实质上只是党的领导机关和各级政府的延伸。

这种管理体制为当时高度集权的政治体制的运作、高度集中的计划经济体制的实施和整个社会秩序的整合，提供了非常有效的保证。从历史的角度来看，这种社会管理体制是当时迅速恢复社会秩序和社会生产而实行的必要的举措，其特征是国家掌握了社会中绝大部分资源的控制和配置权，而个人要想获得最基本的生存条件，只能通过国家的制度性安排，即单位制度、户籍制度和身份制度来获取。“通过这样的两种基本制度（单位制和人民公社制），使单位或人民公社的成员在多方面严重地依赖于上述两种组织。由于这两种组织本身就具有国家的派出机构的含义，因而组织成员对组织的依附也就在很大程度上意味着对国家的依附。同时，为了强化对社会的总体性控制，消除任何带有独立倾向的社会

---

① 参见赵秀玲：《中国乡里制度》，257页，北京，社会科学文献出版社，1998。

力量就是必然的。经过这样的一个过程，原来独立的社会力量已经由于对国家的高度依附而丧失了独立性。在这种情况下，任何处于国家的控制之外的相对独立的社会力量已经不复存在。”①

在这一时期，社会管理意味着以执政党和政府为代表的国家力量是社会管理的唯一主体；从国家治理结构来看，国家直接面对民众，消解了精英与社会组织对国家治理的缓冲作用；国家的社会动员能力极强，利用全国性的严密组织网络，通过国家队民众的总体性控制和参与式动员进行国家治理，社会秩序完全依赖于国家控制的力度，组织是国家治理的核心支撑力量，而作为另一现代国家治理核心支撑的制度则发育极其缓慢。

计划经济时代以政府为主体的社会管理体制，同时也抑制了经济、文化、社会领域的分化与平衡发展，使得社会缺乏自我管理、自我发展的能力，不可避免地产生了一系列后果：第一，政府包揽了社会生活的方方面面，一方面使得政府行政机构迅速膨胀，以及由此带来的行政效率的下降，另一方面，限制了社会力量的发展，社会秩序完全依赖于国家控制的力度，这一时期形成的政党与组织化社会的关系，使非政府组织有名而无实，造成了非政府组织的空洞化。② 第二，对于社会个体而言，个体丧失了生活的主动权和自主选择权，完全生活在计划经济的网络之下，缺乏自由流动的空间，造成社会个体的依赖性人格。

案例思考

传统的“单位制”社会管理面临现代生活挑战

随着社会主义市场经济的建立和完善，我国“单位人”越来越少，“社会人”越来越多，就业和收入分配体制发生深刻变化，传统的“单位制”社会管理已经不能适应社会发展的需要。近年来，各地积极探索，不断创新社会管理，取得了积极的成效，信访数量稳中有降，群体性事件高发频发的态势得到有效控制，安全生产和社会治安形势不断好转，人民群众的社会安全感和幸福感不断增强。但是，当前，我国社会矛盾仍然大量存在，影响社会稳定的因素仍然大量存在，今年一些地方发生了伤害小学生和幼儿园儿童的恶性案件，一些地方接连发生了停工事件，社会和谐稳定的形势仍然不容乐观。社会矛盾主要集中在国有企业改制、农村土地征用、涉法涉诉等领域，现在因劳资纠纷、医患纠纷、环境保护、城市公共服务管理等问题引发的社会矛盾明显增多。

当前存在的诸多社会矛盾和社会问题说明，经济发展与社会发展十分不平衡、不协调，社会管理严重滞后。在社会转型发展方面，首先，我国不同地区之间、城乡之间的发展差距以及部分社会成员之间的收入分配差距不断拉大，部分群众生产生活仍然比较困难，教育、就业、医疗卫生、社会保障等许多民生问题还没有得到很好解决。其次，社会结构和人民群众需求结构发生了深刻变化。从社会结构变动看，我国整个社会的开放性、流动性大大增强，新经济组织、新社会组织快速发展，境外来华

① 孙立平：《转型与断裂：改革以来中国社会结构的变迁》，北京，清华大学出版社，2004。
② 参见林尚立：《两种社会建构：中国共产党与非政府组织》，载《中国非营利评论》，2007（1）。

人员和境外非政府组织进入我国活动的越来越多，体制外人员越来越多。从人民群众需求看，随着经济社会发展、民主法制建设进程加快，人民群众的社会需求结构呈现出多样化、差别化和高级化的特点，特别是年青一代不再简单地满足于基本生存需求的实现，而是更加重视个人发展和权益保护，权利意识和公平意识不断增强。在社会管理方面，少数领导干部没有真正牢固树立科学发展观和正确政绩观，民生建设投入不够，财富、资源、机会分配不够公平合理，行政、执法和司法不够公平，一些消极腐败现象仍在滋生蔓延，社会管理理念不够准确，社会管理体制机制不够健全有效，社会管理方式不够灵活多样。

解决上述社会矛盾和社会问题，迫切需要加强社会管理，迫切需要改革和创新社会管理。如果社会管理长期滞后，利益关系得不到合理的协调，社会矛盾和社会问题得不到及时公正的解决，将直接影响到社会的和谐稳定和国家的长治久安，将直接影响到我国改革开放成果能否保持。

资料来源：《传统的“单位制”社会管理面临现代生活挑战》，载《法制日报》，2010-08-12。

3.1.3 市场经济时代社会管理主体的多元化

在计划经济体制下，政府职能被不切合实际地无限放大，政府对经济进行全方位的直接干预，导致经济停滞、政府机构膨胀。改革开放以来，我们逐渐实现了由“全能政府”向“有限政府”的过渡，但总体来说，社会管理主体单一的问题，还没有得到解决。

改革开放之后，我国计划经济体制逐步被破除，并逐步确立了社会主义市场经济的地位，所有制形式也从公有制转变为以公有制为主、多种所有制形式共同发展的格局。首先，在城市地区，单位制的管理模式开始松动，伴随着非公有制企业的发展和壮大以及在非公有制企业就业人口的增大，传统的单位制对于员工的管理和限制已经大大降低；而在农村地区，家庭联产承包责任制的实施，使得国家权力逐渐退出乡村生产领域，乡村社会的自主性明显增强。中国社会阶层开放流动与商品经济的快速发展赋予了社会更多新的权力资源。

同时，所有制结构的变动使得社会关系结构加速调整，社会成员的自由活动空间逐步扩大，社会流动加剧。在计划经济基础上确立起来的高度集权的一元化的社会管理体制也已明显不适应经济社会结构的变动。城镇社会管理体制由原来的“以单位制为主、以街居制为辅”逐步演变为“单位制＋街居制”。在农村，人民公社被乡镇人民政府和村民委员会所代替，1988 年 6 月我国《村民委员会组织法》开始试行，农村基层民主政治在探索中起步。随着市场经济体制的逐步确立和不断完善，社会也步入快速转型时期。市场经济体制改革的不断深化，使得社会结构产生激烈、深刻和持续的分化。

随着经济市场化、全球化和社会多元化、社区化的发展，未来中国的政治经济结构都会发生明显的变化，包括中央与地方之间、地方与地方之间、政府与社会之间、政府与市场之间，以及政府与公民之间、组织与公民之间等的关系都将出现多中心、合作化的趋势。仅靠中央权威或政府权威，难以有效解决日益增多的社会经济问题，只有通过培育更多的社会管理主体，并在相互之间构建完善的社会协商与互动合作机制，才能不断满足人民群众的各种实际需求，有效解决各类社会问题。①

改革开放之后，在社会领域发展的最显著的特点，是社会组织发展壮大，逐渐成为社会管理的主体之一。社会组织承担着多种功能：第一，社会组织功能，根据一定的规则将单个的个体成员纳入到组织当中，使之过一种有组织的社会生活；第二，社会管理功能，依照特定的组织目标，对社会成员实行自治和自主管理；第三，利益聚集、表达和实现功能，整合个体成员的利益诉求，通过有组织的渠道表达出来，从而实现团体的共同利益。胡锦涛总书记在论述和谐社会建设时，就明确强调中国共产党必须思考和研究如何在党的领导下更好地发挥城乡基层自治组织、人民团体、社会团体、行业组织、中介组织等的积极作用，形成社会管理的整体合力。②

在社会组织不断发展壮大、积极参与社会管理的同时，公众参与也随着市场经济体制的确立逐步普及开来。在现实生活中，公众参与一般表现为通过投票、协商等方式对共同面对或共同感兴趣的问题产生影响的过程。这种积极参与是“一种与政府合作为基础的关系，在这种关系中，公民积极地从事对政策制定过程和政策制定内容的界定”③，是现代民主行政的本质要求。卡罗尔认为，公民参与对于公共利益的体现和地方治理绩效具有积极意义：第一，公民公共参与能够提高政治系统的代表性和回应能力；第二，公共参与能够增进政府与公民之间的相互了解和信任，减少两者间的疏离感；第三，公共参与可以增进政治团结和社区整合，通过合作网络实现对地方公共事务的共同治理；第四，公共参与可以促进政府政策制定和执行的合法化，并使公民更加服从公共政策；第五，公共参与能够发展公民个人的思想感情与行动力量，体现公共生活的价值，引导促进公民的政治参与文化发展。④

在社会组织和公民不断参与社会管理的同时，企业作为现代社会重要的组成部分之一也在社会管理中发挥了巨大的作用。企业的生产活动必定存在着外部性，而外部性的解决需要社会的集体参与。同时，在社会管理中，企业的行为不仅需要政府的引导和社会的监督，也需要企业自身树立公共利益的观念，正如著名治理学者彼得斯所说的，“如果治理退化成一种十足的经济行为，那么在政治理论中公民就变成了微不足道的人物”⑤。首先，企业为了解决自身生产活动产生的外部性，寻求与政府、社会组织以及受此种外部性影响的公民群体的合作，以寻求解决外部性问题的途径；其次，发展成熟的企业依托其拥有的资源，积极参与社会公益事业以回报社会，同时也间接地提升企业的影响力和社会形象。

3.1.4 社会管理协同主体的发展

新社会组织是社会管理协同主体的主要构成部分。新社会组织指人们为实现特定社会

① 参见卢汉龙等：《新中国社会管理体制研究》，297页．上海，上海人民出版社，2009。

② 参见胡锦涛：《在省部级主要领导干部提高构建社会主义和谐社会能力专题研讨班上的讲话》，载《人民日报》，2005-06-27。

③ ［美］珍妮特·V·登哈特、罗伯特·B·登哈特：《新公共服务：服务，而不是掌舵》，94页，北京，中国人民大学出版社，2004。

④ B. W. Carroll，T. Carroll，“Civic Networks，Legitimacy and the Policy Process”，*Governance*，1999（1）.

⑤ ［美］B·盖伊·彼得斯：《政府未来的治理模式》，51页，北京，中国人民大学出版社，2001。

目标，执行一定的社会职能，并根据一定的程序和规章相互协作、共同活动的社会群体。新社会组织的概念是在2006年10月召开的中国共产党十六届六中全会上提出的，是对传统的非政府组织、非经济组织、第三部门或者民间组织等称谓的改造，是用中国特色社会主义理论深刻认识这类组织的基本属性、主要特征而形成的科学概括。

新社会组织的存在，承担着劳动者、居民、公民与政府和社会的联系和纽带的功能，承担着劳动者与企事业单位的平衡权益的功能，起着社会稳定器和缓冲器的作用，其作用和功能是政府组织无法替代的。新社会组织作为社会自我管理的主体，在现代社会中，已经成为市场配置资源方式的有益补充，成为政府凝聚社会资源、提供社会服务的有力帮手。

新社会组织是自发组合与政府引导相结合而形成的，既有历史的传承，又有现实的创造；既有单一行业、学科的结合，又有跨行业、学科的联合；既有传统领域的限制，又有新领域的扩张。可以说新社会组织是从少到多、从点到面，逐步发展延伸覆盖社会各个领域的。新社会组织主要由以下几部分构成①：

（1）社会团体。是指按照《社会团体登记管理条例》的规定，由中国公民自愿组成，为实现会员共同意愿，按照其章程开展活动的非营利性社会组织，包括学术性社团、行业性社团、专业性社团和联合性社团（不包括工会、共青团、妇联、残联、工商联、中国红十字会、中国福利会、中国保护儿童委员会、社联、文联、科协、宗教团体等）。

（2）民办非企业单位。是指按照《民办非企业单位登记管理暂行条例》的规定，由企业事业单位、社会团体和其他社会力量以及公民个人利用非国有资产举办的，从事非营利社会活动的社会组织。按照民办非企业单位所属行业划分为教育事业类、卫生事业类、文化事业类、科技事业类、体育事业类、劳动事业类、民政事业类等。

（3）基金会。是指利用自然人、法人或者其他组织捐赠的财产，以从事社会公益事业为目的，依法成立的非营利性法人组织。其公益性主要表现在它不为特定的自然人、法人和其他组织获利，强调社会公众的广泛受益。

（4）社区社会组织。是指以社区群众为主，因文化知识、兴趣爱好、强身健体等不同需求而自发组织起来的，在县（市）区民政部门登记或在街道社区备案的群众性组织。

（5）市场中介机构。又称“市场中介组织”，是指在市场经济活动中，以独立第三方身份受托而为，起桥梁或居间联系作用，开展智力型、技术性服务的机构。还有一些市场中介性营利机构，创办的目的是为生产、生活服务的，由于市场经济的需要而生产，具有很强的随机性。

1998年修订与颁布的《社会团体登记管理条例》和《民办非企业单位登记管理暂行条例》，对新社会组织从抑制、清理和禁止的政策取向转为监督、审查和指导；1998年，国务院出台了《基金会管理办法》，2004年重新颁布了《基金会管理条例》；2006年4月，国务院出台了《关于加强和改进社区服务工作的意见》，提出要大力培育社区生活服务类、慈善类、文体类社会组织，对社区社会组织的发展提出了明确的要求。这些法律法规政策的实施，对我国民间组织的发展产生了积极的作用，民间组织（特别是民办非企业单位）

① 参见陈志卫、戴志伟等：《新社会组织实践与研究》，14～15页，北京，中国社会出版社，2008。

数量显著增多，如表 3—1 所示。截至 2011 年第二季度，全国依法登记的社会组织达到 44.8 万个。

表 3—1　　2001—2010 年社会组织发展总体概况

发展情况 \ 年份	2001	2002	2003	2004	2005	2006	2007	2008	2009	2010
总量（万个）	21.1	24.4	25.8	28	31.5	35.4	38.7	41.4	43.1	44
社会团体（万个）	12.9	13.3	13.7	15	16.8	19.2	21.2	23	23.9	24.3
民办非企业单位（万个）	8.2	11.1	12.1	13.3	14.6	16.1	17.4	18.2	19	19.5
基金会（个）	NA	NA	NA	892	975	1 144	1 340	1 597	1 843	2 168

资料来源：历年《民政事业发展统计报告》；2010 年数据来自《民政事业统计季报（2010 年第 4 季度）》。2004 年《基金会管理条例》出台之前民政事业发展统计报告中不含基金会的数据。

3.2　社会管理主体的结构

3.2.1　国外社会管理主体的变迁

在西方社会，国家和社会从一开始就是分立而行的，社会从一开始就是作为国家的“对立面”而存在的，国家和社会之间有着较为清楚的界限，只是随着社会的发展，社会领域进一步细分出属于纯粹私人领域的市场和属于公共领域的公民社会。因此，在西方现代社会，政府、市场和公民社会之间较为明确的分割关系，清楚地界定了政府、市场和公民社会领域各不相同的运行规则。这样，政府、市场和公民社会各司其职，政府管理（主要包括行政管理）、工商管理和社会管理的界限和范围也就随之区分开来。总体来看，西方国家的社会管理经过了三个发展阶段。[①] 与之相对应，国外社会管理主体的变迁也经历了三个阶段。

1. 自由竞争市场经济时期的社会管理主体

从历史上看，西方发达国家资本原始积累和资本主义制度确立以后很长一个时期，受古典自由主义思想的影响，普遍奉行小政府的理念。以亚当·斯密为代表的经济自由主义学派反对国家干预，主张经济自由主义。亚当·斯密提出“看不见的手”的思想，在他看来，政府应该做好三个方面的事情：保护国家安全、维护法律及提供必要的公共服务，除此之外的领域，政府都不应该干涉。[②] 在西方早期自由主义思想家看来，政府只是一种必要的恶，只有在市场这只“看不见的手”无法规范和调整的极少领域才需要政府的介入，例如国防、外交、公共安全、消防等。而其中社会管理的内容更是少之又少，绝大多数社会公共事务的管理完全依靠市民社会的内生机制来实现。家族、行会，乃至宗教组织都担负着社会管理的职能，而政府的社会管理职能相对较少。以美国为例，罗斯福新政之前，美国政府的职能仅限于“保护自然市场秩序免受强制和欺压之害；政府做与个人权利相协

① 参见郑杭生主编：《中国人民大学中国社会发展研究报告 2006》，北京，中国人民大学出版社，2006。

② 参见［英］亚当·斯密：《国民财富的性质和原因的研究》，252～309 页，北京，中国社会出版社，1999。

调的事，消除市场障碍；保护人们免受犯罪之害；公平分配；维护国家安全；执行个人合同；对公共工程、公共福利和教育提高有限支持。政府要做的就是确保一个独立的个体能够在自由市场上竞争获利的框架。资源配置、社会财富分配职能基本上都是通过市场交换制度的运作来实现的”①。

2. 混合经济时期的社会管理主体

随着市场万能论的破灭和社会事务日益庞杂繁复，政府开始更多地介入社会管理。到20世纪30年代的大萧条时期，以凯恩斯主义为标志，政府力量对社会事务的干预达到了近现代史上的第一次高峰。政府对于国民经济的发展具有十分重要的作用，政府通过加大财政投入、制定规制措施、建立社会保障体系等手段，控制和影响社会的发展。凯恩斯提出国家要干预经济发展。国家调节经济的重心在于管理有效需求，为了管理有效需求，需应用一系列财政政策和货币政策。他认为，国家在经济衰退时，政府应扩大开支、减免税收，甚至实行赤字财政和发行公债，以扩大总需求；而当经济高涨时，政府则应紧缩开支以减少总需求。货币政策是为了配合财政政策。凯恩斯的这一主张在二战期间一直到20世纪70年代末，一度取代了经济自由主义成为西方国家的指导思想。这一时期，政府成为主要的社会管理主体，但是，社会组织、企业等其他主体的作用也得到了加强。

3. 全球化市场经济时期的社会管理主体

20世纪七八十年代，西方国家经济发展速度减缓，经济危机出现的频率超过以往任何一个时期，在失业率不断提高的同时，通货膨胀也日益严重，即西方国家普遍进入了一个“滞涨”时期。为了摆脱这一困境，西方国家再一次转向了自由放任主义，国家力量在经济发展中的主导地位逐步下降。发达国家政府社会管理的发展却并未与经济管理职能的弱化同步。以福利国家为标志的积极社会政策仍旧大行其道。在这一时期，政府收缩了经济管理职能，但在社会管理中仍然发挥着积极的作用，同时，大量涌现的社会组织承担了许多政府转移的职能，成为社会管理中除政府之外最重要的主体。

3.2.2 中国社会管理主体的生成

2002年党的十六大胜利召开，提出了全面建设小康社会的阶段性奋斗目标，标志着中国经济社会发展进入了新的历史时期。2003年十六届三中全会提出了坚持以人为本，树立全面协调可持续的发展观，并在此统领下做出了完善社会主义市场经济体制的各项部署，2003年政府报告中明确提出在社会主义市场经济条件下，政府职能主要是经济调节、市场监管、社会管理和公共服务，由此中国加快了行政管理体制改革、建设服务型政府的步伐。与此相适应，政企分开、政事分开、政社分开、政府与市场中介组织分开也在加快推进，非政府组织获得充分的发展空间。在政策层面上，党的十六届四中全会明确提出加强社会建设和管理，推进社会管理体制创新。深入研究社会管理规律，完善社会管理体系和政策法规，整合社会管理资源，建立健全党委领导、政府负责、社会协同、公众参与的社会管理格局。

党的十六届六中全会专门就社会主义和谐社会建设做出了战略部署，其中专门对完善

① ［美］尼尔·吉尔伯特、保罗·特雷尔：《社会福利政策导论》，42页，上海，华东理工大学出版社，2003。

社会管理做出了专门安排，包括：建设服务型政府，强化社会管理和公共服务职能；推进社区建设，实现政府行政管理和社区自我管理有效衔接、政府依法行政和居民依法自治良性互动；健全社会组织，增强服务社会功能；形成科学有效的利益协调机制、诉求表达机制、矛盾调处机制、权益保障机制，统筹协调各方面利益关系，妥善处理社会矛盾；完善应急管理体制机制，有效应对各种风险；建设宏大的社会工作人才队伍等。这标志着我国正式确立了在促进科学发展、构建和谐社会战略思想指导下的社会体制改革总体思路，社会管理体制已由“行政管控型”调整到制度化建设的轨道上，开始了与社会主义市场经济体制要求相适应的具有中国特色的社会主义现代社会管理体制构建阶段。

1. 党委领导

在我国，中国共产党是社会建构的核心力量。在我国的社会管理体制中，中国共产党是社会管理的主体之一，是社会管理体系的中的政治核心，在社会管理中处于领导地位。党委领导，既要发挥好党委在社会管理中总揽全局、协调各方的领导核心作用，又要组织动员基层党组织和广大党员积极投身于直接服务群众的工作。[①] 在当前，中国共产党在社会管理中的作用主要体现在以下几个方面[②]：

（1）党是社会管理体系的政治核心。社会管理格局中党组织的政治核心地位，就是党在社会管理的网络中成为政治上的核心，对于社会管理的方方面面具有政治上的凝聚力，善于组织、团结全社会的力量，为实现党的政治目标而奋斗。在社会管理体系中，必须坚持党的政治核心地位，才能保证最强的政治凝聚力，动员、组织社会管理各方面的力量，积极参与社会建设。

（2）党对社会管理的领导作用。党在社会管理中的领导地位，主要体现在社会管理体制的改革和创新过程中，坚持贯彻党的政治路线和思想路线，保证社会管理体制的改革和创新符合我国社会主义现代化建设的总体目标，符合社会主义市场经济和构建社会主义和谐社会的要求。

（3）制定社会管理政策。党委负责把握社会形势的发展方向，科学制定社会管理政策措施，引导社会各方面积极参与社会管理和服务，提高引领社会、组织社会、管理社会、服务社会的能力。

（4）充分发挥基层党组织和党员服务群众、凝聚人心的作用，努力渗透到社会管理的各个方面、各个环节，把党的政治、组织优势转化为管理、服务优势，实现党的领导作用全覆盖。发挥基层党组织的作用是发挥党委领导核心作用的根本性、基础性环节。基层党组织是党在社会基层组织中的战斗堡垒，承担着贯彻执行党的路线方针政策，直接联系群众、服务群众、引导群众的重大责任。

2. 政府负责

在我国的社会管理体制中，政府是社会管理的主体之一，这里所说的政府，是指广义上的政府，包括立法、行政、司法等机构。政府负责，就是政府负有主导社会管理的责任，其职责就是提供更多更好的公共服务，努力使政府及其各职能部门的管理更加协调有

---

① 参见周永康：《加强和创新社会管理　建立健全中国特色社会主义社会管理体系》，载《求是》，2011（9）。
② 参见邓伟志主编：《创新社会管理体制》，109～118 页，上海，上海社会科学院出版社，2008。

效。政府在社会管理体制中的主导作用，主要体现在依据党所制定的路线和基本方针政策，维护社会公平、公正，妥善协调社会各方面的利益关系，完善社会管理，保持良好的经济和社会秩序，维护社会稳定，促进经济和社会建设，以实现构建社会主义和谐社会和社会主义现代化建设的目标①：

(1) 制定社会管理体制改革和创新的规划。国民经济和社会发展规划是国家加强和改善宏观调控的重要手段，也是政府履行经济调节、市场监管、社会管理和公共服务职责的重要依据。坚持政府在社会管理体制中的主导作用，要求政府做好社会管理体制改革和创新的规划。社会管理的宏观规划是根据党的建议，由政府、社会组织和公众等各方面共同商讨、研究，而由政府制定和颁布实施的。政府发挥主导作用，任何其他方面都不可能替代政府的这一作用。

(2) 保证社会管理的财力投入。坚持政府在社会管理体制中的主导作用，要求政府保证社会管理的财力投入。政府的资金投入，主要是公共财政在社会管理领域的支出。政府的财力投入实质是社会资源的配置和利用问题。重视社会发展的国家，都会在公共财政中把社会发展放在一个重要的位置。

(3) 制定和完善社会管理的法律、法规和政策。坚持政府在社会管理体制中的主导作用，要求政府制定和不断完善社会管理的法律、法规和政策，在制度上为社会管理提供保障。政府还要对社会管理的实施进行法律、行政和司法等方面的检查和监督，使社会管理的实施得以顺利进行。

(4) 引导公民参与社会管理。在社会管理格局中，政府要大力支持社会领域的公民事务，扩大公众认同。政府可以通过包括公民教育在内的方式激励公众关心社会事务，让公众自己管理自己的事务。政府需要引导公民有序参与的方式，建立公民参与的途径，让公民参与成为促进社会发展的动力之一。

3. 社会协同

在我国的社会管理体制中，社会组织是社会管理的主体之一。社会协同，主要是发挥好工青妇等群众组织、基层群众性自治组织、社会组织、企事业单位的协同作用，形成党委和政府与社会力量互联、互补、互动的社会管理和公共服务网络。② 社会协同的主体以及各类社会协同主体的作用简要概括如下：

(1) 群众组织。是指代表群众利益，有广大群众参加的非政权性质的社会团体，包括工会、妇女联合会、共产主义青年团、青年联合会、学生联合会等等。在我国，群众组织的作用主要体现在：完善组织群众、引导群众、服务群众、维护群众合法权益的职能，充分运用党委和政府赋予的工作资源和条件，做好直接服务群众的工作，发挥好在社会管理和公共服务中的桥梁、纽带作用。

(2) 基层群众性自治组织。基层群众性自治组织是指在城市和农村按居民的居住地区建立起来的居民委员会和村民委员会。它是建立在我国社会的最基层、与群众直接联系的组织，是在自愿的基础上由群众按照居住地区自己组织起来管理自己事务的组织。基层群

① 参见邓伟志主编：《创新社会管理体制》，118～130页，上海，上海社会科学院出版社，2008。
② 参见周永康：《加强和创新社会管理　建立健全中国特色社会主义社会管理体系》，载《求是》，2011 (9)。

众性自治组织，在党委和政府的领导下，集自治功能、服务功能于一体，同时协助基层政府从事一些与群众利益相关的行政工作。

（3）社会组织。社会组织是在政府体系和以营利为目的的企业之外，具有法人资格，以公共服务为目的和使命，享有税法优惠但所得盈余不作分配的民间自治组织。社会组织是公民参与的重要渠道，是推进基层的重要动力。民间组织也是沟通政府与公民的桥梁，有利于增强官民之间的互信。社会组织对各级政府的决策正在产生日益重要的影响，有力地推动着政府决策的科学化、民主化。近年来，许多地方的社会组织开始承担部分政府的公共服务，为提升公共服务的质量作出了贡献。

（4）企业。企业要形成兼顾国家、社会、股东、管理者、员工等各方面利益的平衡治理机制，处理好企业内部的劳动关系，培育先进的企业文化、职工文化，加强对员工特别是新生代农民工的人文关怀，改善用工环境，保持员工队伍基本稳定，真正承担起社会责任。在这方面，国有企业要发挥表率作用。

（5）事业单位。是指国家为了社会公益目的，国家机关举办或者其他组织利用国有资产举办的，从事教育、科技、文化、卫生等活动的社会服务组织。事业单位的职责是为国民经济和社会各方面提供服务，包括改善社会生产条件、增进社会福利、满足广大人民群众的物质文化生活需要等。事业单位在社会管理中同样发挥着重要的作用。

4. 公众参与

我国是人民当家作主的国家。人民当家作主既体现为党的领导和政府的管理从根本上代表了人民的利益，还体现为人民群众直接参与社会管理。公众参与，主要是动员组织群众依法、理性、有序参与社会管理和公共服务，实现自我管理、自我服务、自我发展。[①] 公民参与的方式主要是通过一系列正式和非正式的途径，直接参与国家立法、政府公共决策，包括公众在立法和公共政策形成和实施过程中直接施加影响的各种行为的总和。公民公共参与能够提高政治系统的代表性和回应能力；能够增进政府与公民之间的相互了解和信任，减少两者间的疏离感；增进政治团结和社区整合，通过合作网络实现地方公共事务的共同治理；促进政府政策制定和执行的合法化，并使公民更加服从公共政策；发展公民个人的思想感情与行动力量，体现公共生活的价值，引导促进公民的政治参与文化的发展。

（1）公民参与能够促进信息的公开透明。公民通过公民调查、互联网和电子政府、政务公开等形式，督促政府公开信息，并表达公民对政策的看法和态度，从而为政府政策的制定奠定信息基础。

（2）公民参与能够增强公共政策的认同和执行力。只有当公民经历与政府间的深度双向互动和充分对话，深入了解公共政策的目的，并将公共政策制定和执行过程视为决定自身生活质量的一部分时，公共政策目标才能够达成。

（3）公民参与能够发展公民自治能力。公民亲自参与到社区共同治理生活当中，通过自身的努力来改善社区生活的质量，是现代社会公民拥有公民资格的必然途径，也是公民保障和维系公民自身权利的必然方式。另一方面，政府将公民作为不可或缺的合作伙伴，

① 参见周永康：《加强和创新社会管理　建立健全中国特色社会主义社会管理体系》，载《求是》，2011（9）。

帮助公民不断理解和把握公共政策的内涵和本质，提高其对社区公共事务管理的技能，也是政府自身提升治理效能的重要途径之一。

案例思考

在富民中求和谐——长三角地区加强和创新社会管理纪实

长三角，中国经济发展的“火车头”之一。越是经济发达地区，越是最早碰到社会管理的新情况、新问题。如何实现经济发展、社会和谐、群众富裕安康的高度统一？2011年，长三角沪苏浙地区各级党委政府和广大干部群众，紧紧围绕加强和创新社会管理这一重大课题，交出了令人满意的答卷。

抓住服务群众的“牛鼻子”

“网格化管理”、“组团式服务”、“一门式办理”，近年来，长三角各地不约而同地在深化群众工作上狠下工夫。“这些新举措、新思路抓住了社会管理的‘牛鼻子’。”中国浦东干部学院常务副院长冯俊说，“社会管理说到底是对人的管理和服务，而群众工作正是社会管理的基础性、经常性、根本性工作”。

浙江省舟山市以自然村和相对集中居住区域为基础，以家庭为基本单位，将100到150户家庭划定为一个网格，对应每一个网格内的群众，设置服务团队，通过整合公共服务资源，对网格内的居民进行多元化、精细化、个性化服务。“网格”的力量有多大，东港街道葫芦岛的居民感触最深。葫芦岛90%以上居民是老人，且均无社保和退休金，拥有一家托老所是岛上居民的梦想。网格服务团队了解这一情况后及时反映情况，上级网格办公室积极整合各种资源，在短短半年时间里，给老人们修建了一所全市规模最大、设施最齐全的村级托老所。

调解，被誉为化解社会矛盾冲突的“东方经验”。今年以来，长三角各地继续推进大调解机制建设，既减轻了当事人诉累，又节约了司法资源和行政成本，实现案结、事了、人和。

“有事就去‘法律诊所’，那里来了大法官。”这是记者在上海市金山区朱泾镇南圩社区走访时，从当地居民口中听到的话。调解员褚进余是一位退休老法官，他的记事本里密密麻麻地列举了多年来处理的250多起纠纷。“法律诊所”来访者的“烦心事”五花八门，从空调外机滴水到侵占遗产分割，从夫妻吵架到房产买卖纠纷……调解员们耐心地听居民谈心事，不厌其烦地给当事人打电话、出点子。目前，上海各基层法院都成立了诉调对接中心，每年受理案件超过10万件，调解成功率超过了60%。

长三角各地还充分重视对“虚拟社会”的管理，通过信息化建设引领社会管理创新。“上海安信农保启动‘冬淡’绿叶菜价格保险，地头价如跌至理赔线，将快速向菜农发赔款，CPI指数纳入考虑。菜农可放心种菜，供应有保证，吃菜就不会太贵喽。”这是上海市政府新闻办实名认证的政务微博“上海发布”12月23日发布的实时信息。上线近一个月来，“上海发布”以及时权威的信息聚拢人气，以民生话题和高度互动“开道”，初步形成新时期群众工作的重要平台，“粉丝”数量已经超过100万个。

在江苏省苏州市沧浪区综合管理指挥大厅里，区信息办负责人轻轻点击鼠标，“好管家”城市网格化管理信息平台一目了然。“本区发生突发事件，信息可以第一时间迅速传至相关部门，领导可以第一时间掌握情况。”记者了解到，“好管家”服务管理平台将 13 个社区划分为 4 个网格，公安、城管等各条线管理力量齐抓共管，运行以来，辖区平均发案率下降 50%，为居民打造了一个“全天候安全保障圈”。

“管理为了人民，管理依靠人民”

一段时间以来，长三角各地积极适应社会发展新要求，加快推动社会管理由政府包揽向社会共同参与转变，支持和鼓励社会组织、广大群众积极参与社会管理，努力实现“管理为了人民、管理依靠人民、管理成果由人民共享”的目标。

在江苏省南通市崇川区，各街道、社区共引导组建了 1 200 多家社团组织，既有群众自我服务、自愿服务类，也有共同兴趣爱好类，还有参与共同管理类。这些社团对公共区间的绿化、环保、卫生等进行督查，倡导“低碳”生活，深受群众欢迎。

“有难事找工会，要维权找工会。”在全球最大的小商品集散地浙江省义乌市，工会已成了职工特别是农民工的“娘家”。义乌市总工会主席陈有德说，工会除了为职工解决劳动纠纷、追讨薪酬外，还通过制定企业社会责任评价体系，达到“维权前置”的目的。在义乌北苑街道的试点工作中，有 14 家企业被认定为“最具社会责任企业”，57 家被认证为合格企业，列入试点的近百家企业劳资纠纷下降 40%。今年，义乌市总工会已在全市推行这一评价体系。

位于上海市静安区的西斯文居委会地处老城区，有的房子房龄超过 100 年，常住人口中老年人多、外来人口多，私拉电线、杂乱堆物等情况一度较为普遍，消防安全压力很大，光靠政府管理又难以面面俱到。有鉴于此，社区干部积极走访动员一大批楼组长、志愿者和外来人员，成立了义务消防俱乐部。公安消防部门提供培训，俱乐部成员则热衷于“自查自纠”，近一年来已防范了多起火患。“俱乐部还为新上海人提供了融入社区、参与管理的平台，可谓一举多得!”居委党总支书记沈志军高兴地说。

“新长三角人”同享一片蓝天

经济的繁荣带来人员的高度流动。在长三角地区，非本地户籍的常住人口数以千万计。如何为“新长三角人”提供平等的社会服务，让公共规划更加契合实有人口状况，尽力预防和消除“新二元对立”，长三角各地“新招”迭出。

教育、医疗、社会保障、住房保障，这些是最基本的社会福利，也是长三角各地在外来人口服务上着力之处。来自四川省南充市的“90 后”毛德兵是上海市城市科技学校的一名中职生，他的父母都是来沪多年的务工者。2008 年开始，上海全日制普通中等职业学校逐步开放招收外来务工人员的随迁子女，为这一群体提供了义务教育后的就学通道。2010 年，毛德兵通过自主招生考入了上海市城市科技学校，成为数控技术运用专业的一名学生。

“刚入学的时候，当看到 100 多人在先进的数控设备前操作，而旁边就是课堂，我彻底被震撼了，下定决心吃‘技术饭’，要拿到专业文凭和证书，”毛德兵对记者说，“将来我还要报考上海的高等职业院校，实现读大学的梦想!”

为外来务工者提供舒畅、廉价的宿舍，在长三角各地已经成为无须讨论的“惯例”。一年多前，18岁的河南女孩邵孟杰和同学一起来到光宝科技（江苏常州）厂工作。“我们住的南湖家苑一天房租只有一块钱，还有免费的热水、洗澡，吃饭也很便宜，除去各种费用每月可以到手2 300多元。”邵孟杰高兴地说，“我的父母很放心我在这里。”记者了解到，南湖家苑是常州市专门为外来务工人员建设的，目前这里共有一万多人入住。

仓廪实而知礼节。在浙江省嘉兴市余新镇图书馆，记者遇到了冒雨来看书的四川籍务工者张家均。2008年镇图书馆开放以来，他的很多休闲时光是在这里度过的。“这可是家门口的免费图书馆!”张家均说，“从住的地方走过来就十来分钟，从小我就爱看书，在这里读书看报上网，再借些书回家看，让我感觉很充实”。他说，现在“新嘉兴人”在社保、教育、居住方面都开始拥有“同城待遇”，而最“给力”的还是这座图书馆。

嘉兴市新居民事务局局长吴海松说，2007年，嘉兴率先探索“居住证”制度，并设立新居民事务局，取消了对外来人口实行的暂住证制度，打破了因户籍界限造成的城乡对立。嘉兴不仅要让外来务工者享受子女就学、社保等同城待遇，还要让他们享受丰富的精神文化生活。

资料来源：杨金志、王骏勇、裘立华：《在富民中求和谐——长三角地区加强和创新社会管理纪实》，见 http://news.xinhuanet.com/politics/2011-12/25/c_111298151.htm。

3.3 社会管理多元主体之间的关系

“多中心”是一种直接对立于一元或单中心权威秩序的思维，它意味着地方组织为了有效地进行公共事务管理和提供公共服务，实现持续发展的绩效目标，由社会中多元的独立行为主体（个人、商业组织、公民组织、政党组织、利益团体、政府组织），基于一定的集体行动规则，通过相互博弈、相互调适、共同参与合作的互动关系，形成多样化的公共事务管理制度或组织模式。① 社会管理主体的多元化保证了人们思想和行动的自由，维护社会正义、调和共同利益，同时又承认文化和传统的多样性和丰富性，使其参与到促进整个社会和谐的过程中来。②

一般来说，社会的多元性而不是同质性更便于社会自治的形成和发展。③ 但是，社会管理主体的多元化同时带来了社会管理主体之间的关系问题，可以说，如何协调社会管理主体之间的关系，最大化地保证社会管理主体各自作用的发挥，是现代社会管理面临的首要问题。

---

① 参见［美］迈克尔·麦金尼斯：《多中心体制与地方经济》，69～75页，上海，上海三联书店，2000。

② 参见［法］皮埃尔·卡蓝默：《破碎的民主：试论治理的革命》，9页，北京，三联书店，2005。

③ 参见张康之：《走向合作治理的历史进程》，载《湖南社会科学》，2006（4）。

3.3.1　政府与社会的角色设计

1. 政府与社会的关系

我国从计划经济向市场经济转变的过程中，随着利益多元化的形成和社会自主能力的提高，政府与社会的关系引起了社会的广泛关注。如何界定政府权限、规范政府行为，是社会管理首先需要面对的问题，也是正确处理社会管理多元主体关系的基本前提。中外学者无论其理论的出发点如何，都认为国家的产生和存在是由于社会的需要，社会是国家存在的基础和前提，如果没有社会，国家就失去了存在的理由。基于此，乔尔·S·米格代尔强调必须平衡地看待国家和社会在发展中的作用，既要看到国家对社会的影响，也不能忽视社会对国家的影响，并侧重分析后者的重要性。[①]

（1）强社会—弱国家[②]。

在西方政治理论中，保守自由主义以及多元主义都强调一种“强社会—弱国家”的社会管理理念，坚持消极国家观，主张社会自治和自由市场。多元主义认为，社会中各种利益团体通过竞争性的政治市场互相讨价还价、协商和斗争形成权威，从而构成社会基本的政治生活秩序。相比多元主义，保守自由主义对于最小意义上的国家的论证则更为精密。以布坎南为首的公共选择学派提出“经济人”假设，认为政府官员与选民一样是追求效用最大化，当他们面对若干可供替代的选择时，往往偏向于对自己有利的做法。国家的过多干预，不仅会破坏市场经济的自我完善和调节，还导致对民主的破坏和对个人权利的侵蚀。哈耶克则用“自发秩序”证明市场自身的有效性。自生自发的秩序是自由市场的根基和灵魂。如果说适度的、符合法治形式的政府活动是允许的，刻意设计的“人造秩序”尤其是对社会经济进行整体建构的做法却是一种“致命的自负”，是“自由之敌人”。诺齐克用“最弱意义国家”证明了国家的必要性和合乎道德性，但他一再重申，国家是且只能是仅限于保护个人自由权利的充分实现和绝对安全的“守夜人”。任何比“最弱意义国家”职能更多、权限更大的国家，都不具备道德的可证明性。

在保守自由主义看来，对于推进自由市场经济和资本主义民主的全球化而言，唯一存在的主权是市场的主权。拥有巨大权力的国家不仅不再是产权和市场的保护神，反而成为市场全球扩张和跨国公司深度发展的潜在障碍，尤其是那些努力保护国内市场和国家主权的民族国家。因此，必须弱化国家力量，收缩国家主权和政府部门的规模和作用范围；强化社会力量，营利部门和非政府组织应进一步发挥其应有的作用。鉴于此，保守自由主义者纷纷倡导“国家终结论”或“国家重构论”。

公民社会，被保守自由主义视为与市场一样属于私人自治领域，因此它力推公民社会的发展。认为这样不仅可以促进有利于经济自由的社会自主和自治意识的培育与提升，还可以借助公民社会来实现对不断扩张的国家主义行为的限制。在保守自由主义者眼中，公民社会的发展乃至在全球的扩张，绝非坏事。在此基础上，保守自由主义建议由市场主体、公民社会组织与政府机构共同承担公共职能和政治责任，由新型的多元治理代替传统

① 参见［美］乔尔·S·米格代尔：《强社会与弱国家》，南京，江苏人民出版社，2009。

② 参见庞金友：《全球化进程中国家与社会关系模式的理论之争》，载《教学与研究》，2008（2）。

的政府管理。这种新型治理结构意味着对现代国家、民主理论和国际秩序的解构，因为这一结构可以如赫尔德所言“突破国家间体系”扩展到世界范围从而构建一种新的全球治理。

（2）强社会—强国家。

现代意义上的强国家以拥有一个强大而有效的政府为标志，是一个制度健全、职能适中、经济富裕、社会凝聚力强、国际影响力大、文化教育发达、高度民主、文明的法治国家。强社会以拥有发达的市场经济和民间组织为标志，是一个自主性强、组织化程度高、社会服务能力强、具有创新活力、对国家政治生活参与程度高、富裕、和谐、民主的法治社会。①

现代国家构建就是要变大而无当、硬而无效的“全能国家”为规模适度、制度合理、能力充分、治理有效的“强国家”。国家的自主性是“强国家”的首要特征和关键前提，它的确立使得国家能够在与社会活动者的博弈中保持功能运作的独立性和有效性。国家能力的强度取决于在以下方面的表现：制定和执行政策，相对有效地管理公共事务，控制渎职、腐败和受贿，维护政府机构更高程度的透明度和合理性，以及更为重要的——实施法律。

“强社会”不仅突出了国家自主性以及国家对于社会的回应，而且还涉及国家自主性的相对性以及社会对于国家的能动塑造。首先，“以社会制约权力”是现代国家的根本要求，社会生长本身就是现代国家构建过程中的基本要素，具有自身运行逻辑的社会的存在，不仅能够动员和集中大量的社会力量和资源来参与国家建设，而且在政府作用力相对薄弱的领域中扮演自身角色，帮助政府解决一些容易被忽视的边缘性问题。这规约了政府的职能只是提供纯粹的公共物品与公共服务，以及通过公共服务的市场化来提供半公共物品与公共服务。其次，理性、开放和成熟的社会可以孕育出丰厚的良性“社会资本”，有助于消弭社会分裂、缓解利益冲突以及增进信任与合作，从而极大拓展交易的效率空间，促进资源的流动与合理配置，实现社会生产的进步和社会福利的提高。由此，社会与国家真正实现良性互动，提升社会资本存量，促进人际信任与制度信任的有机统一。再次，社会要有活力、有秩序，最关键的是要有在宪法和法律范围内的自主性，社会自组织便是其体现形态。非理性的行为往往是无组织自发形成的，而组织化的利益群体或价值群体，即使与政府的利益和价值发生冲突，依然可以通过法律的途径建立起理性博弈和商议的空间。②

2. 社会管理主体的角色定位

（1）政府在社会管理中的角色定位。

约翰·穆勒曾经说过，在我们这个时代，无论是在政治科学中还是在实际政治中，争论最多的一个问题都是，政府的职能和作用的适当界限在哪里。政府是公共管理的主体之一。政府体制在一定程度上影响着一个国家的公共管理和公共服务。在中国政府职能结构

① 参见白平则：《论我国国家与社会关系改革的目标模式：“强社会、强国家”》，载《科学社会主义》，2011（3）。

② 参见覃敏健：《“强国家、大社会”：现代国家构建之理想形态——基于国家与社会关系之分析进路》，载《长白学刊》，2010（1）。

中，公共管理职能主要表现在社会的公共领域。即在经济方面，政府作为公共权力的代表，对影响社会全体公众的经济环境进行调整和管理，促进社会经济的发展和进步，提高社会生产力和人民生活水平，提高国家的综合国力；在社会方面，则要减缓社会矛盾和紧张，维护社会的稳定和秩序，发展社会文化视野，促进社会整体协调发展，提高社会精神文明水平。

随着行政体制改革的不断深入，政府职能和角色发生很大变化，政府逐渐由微观管理向宏观管理转变，由直接管理向间接管理转变。由于当前我国处于经济转轨、社会转型时期，市场经济尚未完全形成，各种社会关系和社会活动不断增多，利益矛盾与冲突日益复杂化，社会管理体制面临着一系列新情况，如收入分配的两极分化日益严重、社会弱势群体的合法权益难以得到保护、群体性抗争上访逐渐增多、生态环境恶化等，需要政府加强社会管理职能，依法管理和规范社会组织、社会事务，化解社会矛盾，调节收入分配，维护社会公正、社会秩序和社会稳定。这是新形势下政府的角色定位。

（2）企业在社会管理中的角色定位。

企业是从事生产、流通、服务等经济活动，以生产或服务满足社会需要，实行自主经营、独立核算、依法设立的一种营利性的经济组织。企业是市场的主体，通过市场机制的作用，提供私人产品，致力于经济发展。市场以其经济利益的刺激性、决策的灵活性、信息的有效性在近代以来数百年的发展过程中发挥了极其重要的不可替代的积极作用，是人类迄今为止发现的最具效率和活力的经济运行机制和资源配置手段。

企业在社会管理中的作用，可以简单概括为：第一，企业是一种营利性组织，按照市场经济规则的要求，产生满足社会需求的产品是企业的基本职能；第二，企业在从事生产经济活动的同时，需要履行企业社会责任，在环境保护、员工福利、社区建设等领域发挥企业的作用。

（3）社会组织在社会管理中的角色定位。

坚持中国共产党的领导，这是非政府组织的定位原则。中国共产党是实现社会稳定、推动社会进步的核心力量。非政府组织作为社会管理的主体之一，必须坚持中国共产党领导的政治方向和原则。中国非政府组织基本定位应体现为三个方面：一是作为社会管理主体的定位。利益多元化必然出现多元化的社会角色，作为民主国家的管理方略，社会力量是一支不可忽视的队伍，它承载着政府转移的部分职能，代表着社会领域的改革，所以应该依靠其特殊的自治方式来协助社会管理的有效进行。二是作为社会管理过程的定位。管理是一种自觉的控制过程，非政府组织对社会管理作用的发挥，首先应该体现在过程的不间断上，在永续的过程中行使社会管理职能。因此，为了保证其始终参与社会管理过程，就必须建立组织、沟通、协调、参与决策等方面有效的运行机制，实现非政府组织内部的良好治理，这也是非政府组织生存、发展的最根本因素。三是作为社会管理监督系统的定位。非政府组织既是监督者又是被监督者。监督政治领域和市场领域的运作，维护民众的权利和利益，同时它也应该接受民众、政府和企业对它的监督，从而达到不同领域的良性互动，推动社会整体进步。

（4）公众在社会管理中的角色定位。

社会管理的客体是社会公共事务，而社会公共事务又是和人民群众的日常生活密切相关的，从这个角度来说，公众既是社会管理的主体，同时也是社会管理的客体。在社会管理中，需要倡导公众“自我管理、自我教育、自我服务”的精神。具体来说，公众在社会管理中的角色包括以下几个方面：

第一，利益诉求的表达。在社会管理中，公众有权向政府及其他公共政策的制定者和实施者表达自己的利益诉求，当然，这种利益诉求的表达应当是符合相关法律制度规范的。在目前，公众可以通过听证会、公民咨询会、公民调查等方式合法地表达利益诉求。

第二，公共政策的制定。利益诉求的表达只是公众参与社会管理的初级形式，对于政府制定公共政策只是一种信息搜集的手段。而参与公共政策制定，则是公众维护和实现自身利益的主动的积极的一种方式。

第三，社区自治和村民自治。自治是公众参与社会管理的高级形式。公众通过民主选举的方式，自己管理村务和社区事务。在这种形式下，公众真正实现了主体的地位，从而培育和发展了公民自治的能力，真正达到了“自我管理、自我教育、自我服务”。

3.3.2 社会管理主体之间的博弈与协调

改革开放 30 多年来，社会经济的发展和进步导致了社会分化，打破了传统社会结构，也带来了社会成员的利益分化，不同阶层的自身利益需求日益显著，社会利益格局发生深刻变化。因此，各阶层在利益诉求过程中不可避免地产生了矛盾和冲突。不同阶层之间的矛盾以城乡矛盾、地区矛盾、劳资矛盾、行业矛盾、干群矛盾等形式体现出来，总体都属于阶层分化诱致的深层社会矛盾，核心是不同阶层和群体的利益关系。

随着社会各阶层自我意识增强而来的是对自身利益的主动追求，这样阶层之间以利益为核心的矛盾冲突，就从模糊的认识转变为实际的竞争行为，利益博弈由此产生。进入 21 世纪后利益博弈在国内已成显性行为，主要体现在“利益集团”的概念得到更多人的认同并流传，集团利益博弈代替了松散的利益碰撞和竞争。

社会管理是在一定的共同价值基础、规章制度、法律框架内，政府、社会、企业和公众规范社会行为、协调社会关系、解决社会问题、防范社会风险的活动。[①] 2011 年胡锦涛总书记在“七一”讲话中强调，当代中国正经历着空前广泛的社会变革。这种变革在给我国发展进步带来巨大活力的同时，也必然带来这样那样的矛盾和问题。因此要遵循社会发展规律，主动正视矛盾，妥善处理人民内部矛盾和其他社会矛盾，最大限度增加和谐因素，最大限度减少不和谐因素。

维持良好的社会秩序，需要市场、社会、政府各担其责，各司其力。市场的归市场、社会的归社会、政府的归政府，三者之间只有在一个“均衡点”上，社会秩序才能实现良性的循环。如果本应该由市场调节的领域交给政府，那么就可能产生效率问题，同样如果本应该由政府过问的事情交给了市场，那么公平就可能出现问题。同样，在市场和政府的力量都不能触及的领域，就需要社会中介组织充分发挥其灵活的体制、充分的信息资源优势为社会贡献力量。

政府、市场和社会组织构成了现代社会组织结构的“三鼎足”，并整体上发挥着功能

---

① 参见丁元竹：《社会管理的多维阐释》，载《重庆社会科学》，2011（7）。

互补的作用。由企业构成主体的市场，主要是能有效地配置各类社会资源，但市场不能有效解决社会领域的公共问题；市场在公共领域的失灵则由政府及其公共部门来弥补，市场能够解决的问题，公共部门是没有必要干预的；当然政府及其公共部门也有失灵的时候，不能给社会成员提供个性化服务，而这方面不以营利为目的的民间组织则可以发挥重要作用。

1. 社会管理主体之间的博弈

社会管理的主体包括政府、企业、社会组织以及公民个人，这样，就形成了多元主体的利益博弈关系。按照博弈论的观点，作为制度交易博弈的行为主体，关注的都是自己一方的现实和未来利益，这就使得社会管理主体之间的合作关系变得十分复杂。

从社会管理的目标来看，社会管理主体的目标实际上是相互博弈的。政府偏好的是社会的稳定和持续发展，而企业则关注的是自身利益的维护和利润的实现，社会组织则更加关注公共价值的实现，以及组织名誉的增加，公民则注重的是自身收益的增加和生存环境、发展环境的改善。就各个主体的目标来说，哪个主体的目标优先实现或在社会管理中占据较大的份额，则取决于社会管理主体之间的博弈。

从社会管理的过程来看，社会管理是社会管理主体通过合作协调达成管理目标的过程，在此过程中，各个社会管理主体力图发挥最大的作用。就中国社会管理的现实来看，政府在社会管理中发挥着主导作用，但是在某些领域，政府的主导作用正面临着其他社会管理主体特别是社会组织的挑战，如慈善领域等。同时，社会管理中资源的分配、权力的分配和权利的实现都包含着各主体之间的博弈。

2. 社会管理主体之间的协调

在传统社会管理模式中，管理行为的协调是通过政府来实现的，管理主体同时也是协调主体，而协调的内容则是政府内部各个机构、行政人员之间的活动，行政命令是协调的主要手段。而在现代社会管理中，管理主体的多元化使政府的行政命令方式难以达到有效的协调目标，因而，构建新的协调机制，是现代社会管理有效运行的制度保障。

社会管理中的协调主要有三个功能，分别是价值整合、信息交流以及行动协调。①

（1）价值整合功能。

政府、企业、社会组织和公民在面对相同的社会管理议题时，所持的价值观可能是不尽相同的。社会管理主体参与社会管理过程的起点在于实现各自的利益，没有利益，合作就无动机可言。但当合作网络形成之后，要使网络得以运转，最初的“偏好聚合”必须让位给“偏好转换”，即形成共同的价值观念，这种价值观的核心特征就是“公共性”，任何主体都不得做出损害“公共利益”的行为。从“偏好聚合”到“偏好转换”的过程是一个公共协商的过程，也是价值整合的过程。

（2）信息交流功能。

现代经济学家普遍认为，“不完全信息”是造成“政府失灵”和“市场失灵”的主要因素之一。同样，“治理失灵”在很大程度上是由于治理网络中信息交流障碍的存在。一般说来，政府掌握着信息展示的决定权，公民获取信息的渠道受制于政府的信息公开制

① 参见孙牧：《网络化治理机制研究》，西北师范大学硕士学位论文，2010。

度，这种现象在经济学中被称为“信息不对称理论”。信息不对称的存在影响了除政府之外的其他主体的政治参与行为，在社会管理过程中可能导致“逆向选择”行为的出现：具有治理意愿和秉承“公共利益”价值观的主体退出社会管理网络。信息障碍的另一种表现形式是缺乏民意的顺畅表达和有序整合，不能及时、完整、准确地表达社会对于公共问题的整体性意见。社会管理中的协调机制便是有效解决政府与其他主体信息交流的途径。

（3）行动协调功能。

为了达成社会管理目标，协调各社会管理主体的行动是重要的。行动协调意义在于制定行动计划，合理划分各社会管理主体的职责，避免行动中“缺位、错位、越位”现象的出现；增强合作网络对形势的适应能力，根据环境的变化，随时调整社会管理目标和行动策略。同时，在合作网络成长和发展的道路上也充满着各种各样的矛盾和冲突：各个社会管理主体的利益追求与治理目标、民主与专制、人际关系与科学管理、硬件与软件、参与式与等级制，等等。能否协调和处理好这些矛盾与冲突，将直接关系到社会管理的成败。

本章小结

社会管理是通过制定社会政策和法规，依法管理和规范社会组织、社会事务，化解社会矛盾，调节收入分配，维护社会公正、社会秩序和社会稳定的过程。社会管理主体的构成、职能反映了特定社会发展阶段的社会管理的性质，是社会管理体系的重要组成部分。在不同的社会发展阶段，社会管理主体的构成是不同的。以中国为例，中国封建社会的管理主体主要是政府与乡绅，在新中国成立之后相当长的一段时期内，以单位制和人民公社为主的一元化社会管理体系构成了计划经济时代的社会管理主体。改革开放之后，伴随着社会主义市场经济的发展和壮大，我国社会管理的主体由一元开始朝着多元化的方向发展，逐步形成和确立了“党委领导、政府负责、社会协同、公众参与”的社会管理格局。多元化的社会管理主体在利益协调、信息共享、责任共担的基础上，共同承担着社会管理的权力和责任，一同构建社会主义和谐社会。

关键术语

社会管理　　党委领导　　政府负责　　社会协同　　公众参与　　新社会组织　　利益博弈

复习思考题

1. 什么是社会管理主体，目前我国社会管理的主体主要包括哪些？
2. 简述中国社会管理主体的历史演变。
3. 在社会管理中，多元主体如何进行利益协调？

案例分析

怒江水坝建设中的地方政府决策与公众参与

怒江是我国重要的水电资源之一，在有关在怒江建坝的讨论中，有的专家赞成而有的专家反对，反对的主要理由是怒江水电站建设可能对环境造成危害，同时也质疑水电站建成后会给当地老百姓带来多大的好处。这一争论见诸报端后，引发了广大的反响。很多专家发文批评怒江水坝建设的决策，与此同时，一些环保组织纷纷行动，抵制在怒江建造水坝。尽管争论很大，建造水电站的规划仍于 2003 年 8 月 13 日由国家发改委组织专家审查通过，但最终迫于各方压力，怒江建坝被国家叫停。2005 年 6 月 9 日，《中国社会转型论坛》在 2004 年影响中国社会转型的 20 件大事中，将环保组织阻止怒江建坝事件列为第九位，指出非政府组织开始对公共政策产生重大影响，它们的努力最终改变了政府的决策，“这是一大飞跃，在中国的社会发展进程中具有里程碑式的意义”。

在整个决策过程中，居民作为利益直接相关者始终没有进入决策过程，政府以为民脱贫的名义自认为代表了人民的利益。但环保组织——怒江水电站的非直接利益相关者却进入了决策过程，并最终在规划做出后成为一支与怒江州政府甚至国家发改委进行博弈的重要力量，最后成功地推翻了在怒江上建坝的决定。

资料来源：根据《怒江建水坝　专家齐反对》、《怒江规划建大坝引争议　我们是否需要建更多水坝》、《怒江水坝进入规划　中国要不要保留两条生态河流》等相关文章改写，见 http://www.china.com.cn/。

思考题

在怒江水坝建设争议中，出现了哪些主体，它们各自对水坝建设决策起到了什么样的作用？

推荐读物

1. 陈华. 吸纳与合作：非政府组织与中国社会管理. 北京：社会科学文献出版社，2011

2. 陈志卫，戴志伟等. 新社会组织实践与研究. 北京：中国社会出版社，2008

3. 费孝通. 乡土中国与乡土重建. 台北：风云时代出版公司，1993

4. 林文勋，谷更有. 唐宋乡村社会力量与基层控制. 昆明：云南大学出版社，2005

5. [美] 摩尔根. 古代社会. 北京：商务印书馆，1997

6. [美] 乔尔·S·米格代尔. 强社会与弱国家. 南京：江苏人民出版社，2009

7. 孙立平. 转型与断裂：改革以来中国社会结构的变迁. 北京：清华大学出版社，2004

8. 王先明. 变动时代的乡绅——乡绅与乡村社会结构变迁（1901—1945）. 北京：人民出版社，2009

9. 魏光奇. 官治与自治：20世纪上半期的中国县制. 北京：商务印书馆，2004

10. 徐茂明. 江南士绅与江南社会：1368—1911. 北京：商务印书馆，2004

11. 赵秀玲. 中国乡里制度. 北京：社会科学文献出版社，1998

12. 郑杭生主编. 中国人民大学中国社会发展研究报告2006. 北京：中国人民大学出版社，2006

第 4 章

社会管理的客体

内容结构图

- 社会管理的客体
  - 传统社会管理客体的特点
    - 社会管理对象的单一性
    - 社会管理客体的被动性
  - 当代社会管理客体的特点
    - 社会管理客体的复杂性
    - 社会管理客体的开放性
    - 社会管理客体的能动性
  - 社会管理客体的内容指向
    - 流动人口与特殊人群管理
    - 公共安全管理
    - 社会组织管理
    - 虚拟社会管理
    - 基层社会管理和服务
    - 精神文明建设管理

内容提要

本章主要讨论社会管理客体，它是相对于社会管理主体而存在的。我们认为，社会管理的客体是指社会管理主体管什么，也即社会管理的对象。对其进行研究可以使社会管理的主体有明确的职责，使政府职能中的社会管理职能的边界更加清晰，避免与经济职能和公共服务职能交叉或含混。本章重点讨论社会管理客体的特点和内容指向，认为与传统社会管理客体的单一性和被动性相比，现代社会管理客体具有复杂性、开放性和能动性等特点；其内容指向包括流动人口与特殊人群管理、公共安全管理、社会组织管理、虚拟社会管理、基层社会管理和服务以及精神文明建设管理六个方面。

引导案例

2011 年 2 月 19 日，在中共中央党校举行了省部级主要领导干部社会管理及其创新专题研讨班开班仪式，中共中央总书记、国家主席、中央军委主席胡锦涛发表重要讲话，他就当前要重点抓好的工作提出了 8 点意见：第一，进一步加强和完善社会管理格局，切实加强党的领导，强化政府社会管理职能，强化各类企事业单位社会管理和服务职责，引导各类社会组织加强自身建设、增强服务社会能力，支持人民团体参与社会管理和公共服务，发挥群众参与社会管理的基础作用。第二，进一步加强和完善党和政府主导的维护群众权益机制，形成科学有效的利益协调机制、诉求表达机制、矛盾调处机制、权益保障机制，统筹协调各方面利益关系，加强社会矛盾源头治理，妥善处理人民内部矛盾，坚决纠正损害群众利益的不正之风，切实维护群众合法权益。第三，进一步加强和完善流动人口和特殊人群管理和服务，建立覆盖全国人口的国家人口基础信息库，建立健全实有人口动态管理机制，完善特殊人群管理和服务政策。第四，进一步加强和完善基层社会管理和服务体系，把人力、财力、物力更多投到基层，努力夯实基层组织、壮大基层力量、整合基层资源、强化基础工作，强化城乡社区自治和服务功能，健全新型社区管理和服务体制。第五，进一步加强和完善公共安全体系，健全食品药品安全监管机制，建立健全安全生产监管体制，完善社会治安防控体系，完善应急管理体制。第六，进一步加强和完善非公有制经济组织、社会组织管理，明确非公有制经济组织管理和服务员工的社会责任，推动社会组织健康有序发展。第七，进一步加强和完善信息网络管理，提高对虚拟社会的管理水平，健全网上舆论引导机制。第八，进一步加强和完善思想道德建设，持之以恒加强社会主义精神文明建设，加强社会主义核心价值体系建设，增强全社会的法制意识，深入开展精神文明创建活动，增强社会诚信。

社会管理客体是相对于社会管理的主体而言的。从理论上看，社会管理客体和主体是根据一些客观标准来进行划分的。有学者认为，如何将一定的社会群体区分为管理客体和管理主体，其基本的划分标准就是这种社会群体是否参加了管理的决策过程。那些组织管理过程并有权作出管理决策的社会集团属于管理主体。反之，那些实际不参加决策过程的集团，则具有管理客体的特征。管理客体的概念也可以从另一方面来解释，它包括管理决策的接受者在内，也就是包括被责成解决某项任务的主体（个人和组织）在内。从普通社会学的观点来看，这些接受者不只是管理客体，因为，在实现管理决策的时候，他们对于其他个人和其他的社会群体（集体等）来说也可能是管理主体。①

我们认为，社会管理的客体是指社会管理主体管什么，也即社会管理的对象。对其进行详细研究，可以使社会管理的主体有明确的职责，使政府职能中的社会管理职能的边界更加清晰，避免与经济职能和公共服务职能交叉或含混。

社会管理客体的构成或者内容指向有哪些呢？以下列举一些有代表性的观点：

（1）整个社会或社会大系统。②

（2）社会政策所作用的领域。③

（3）社会生活、社会结构、社会制度、社会事业和社会观念等。④

（4）各类社会公共事务。⑤

（5）社会生活、社会事务、社会组织。⑥

（6）社会组织、社会结构、社会利益关系、社会诉求、社会矛盾、社会公正、社会秩序、社会稳定、社会氛围。⑦

前述代表性观点，对社会管理客体的表述并不全面。本书认为，社会管理的客体是指社会管理主体管理的对象，具体包括社会人群、社会组织、社会生活和社会事务。社会人群包括社会个体和社会群体。社会个体是指社会管理所辖区域内的每一个个体，包括常住个体和流动个体。社会群体是指通过一定的社会互动和社会关系结合起来并共同活动的人群集合体，如流动人口与特殊人群。社会组织是指为了实现特定的目标而有意识地组合起来的社会群体，如企业、政府、学校、医院、社会团体等，包括民间组织、虚拟社会、基层社会等。社会生活是指发生在个人与家庭、个人与社会、个人与群体、个人与社区之间的交往活动，以及各种各样的公共活动。这种社会生活以物质生活为基础，以社会交往为核心，以精神满足为目标，造就人们的健康心理、友爱精神、开诚布公的处世方式等等。⑧它也包括精神文明建设等。社会事务是指涉及社会公众整体的生活质量和共同利益的那些社会事务，包括公共安全、社会风险、社会舆情、社会关系、社会政策以及教育、科学、文化、卫生、体育、民政、社会保障、环境保护等。而社会管理客体的内容指向应由流动人口与特殊人群管理、公共安全管理、社会组织管理、虚拟社会管理、基层社会管理和服务以及精神文明建设管理六个方面组成。那么，社会管理客体有哪些特点，其六个方面的

---

① 参见［保］M. 马尔科夫：《社会管理学》，55 页，上海，同济大学出版社，1988。

② 参见［保］M. 马尔科夫：《社会管理学》，72 页，上海，同济大学出版社，1988；施九青：《社会管理体制中的党政关系》，46 页，济南，山东大学出版社，1987。

③ 参见李伟程：《社会管理体制创新：公共管理学视角的解读》，载《中国行政管理》，2005（5）；陈振明：《什么是政府的社会管理职能》，载《新华文摘》，2006（3）。

④ 参见郑杭生：《中国人民大学中国社会发展研究报告 2006》，255 页，北京，中国人民大学出版社，2006；邓伟志主编：《创新社会管理体制》，4～6 页，上海，上海社会科学院出版社，2008。

⑤ 参见应松年：《社会管理创新引论》，载《法学论坛》，2010（6）。

⑥ 参见何增科：《论改革完善我国社会管理体制的必要性和意义——中国社会管理体制改革与社会工作发展研究之一》，载《毛泽东邓小平理论研究》，2007（8）；王勇：《试论社会管理的客体构成》，载《中国商界》，2009（11）。

⑦ 参见郎友兴、汪锦军、徐东涛：《社会管理体制创新研究论纲》，载《浙江社会科学》，2011（4）。

⑧ 参见丁元竹：《我国社会管理创新的重点与方向》，5～11 页，载《开放导报》，2010（4）。

内容指向具体指什么呢？本章后面的内容将围绕这几个问题展开。

4.1 传统社会管理客体的特点

在社会学中，传统社会是相对于现代社会而言，以家庭控制为基础和基本运作机制的伦理社会，社会控制基本上依附于家庭控制。传统社会的基本属性包括：自然经济、官僚权威、缺乏社会福利、乡村性、农业型、一元化社会形态。传统社会管理客体的特点表现为对象的单一性和客体的被动性。

4.1.1 社会管理对象的单一性

传统社会管理对象的单一性可归结为：第一，只要求被管理者接受管理者的管制，被管理者只能规规矩矩，不许乱说乱动，否则就是离经叛道、犯上作乱，从而遭受打击、迫害。第二，只追求社会的稳定，不追求社会的发展。推崇历史退化论，把理想的社会想象在过去，指斥人心不古、世态炎凉，信奉历史循环论，否定社会的发展，要人们安于现状，知足常乐。

1. 对社会实施严格的控制

中国古代的社会管理的对象大致有社会教化、救灾与荒政、社会救济、民政和基层社会组织、区域划分、婚姻与殡葬、优抚与户政、调解民间纠纷、居民迁徙、风俗管理等。但是，在专制制度下，其目的是实行社会控制。中国古代对社会进行严密控制，先后采取了“什伍连坐”制度和保甲制度等。封建社会中后期，宗族作为地方的社会管理和控制组织对基层社会产生了重要影响，封建政府将其作为代理组织行使了对基层社会的管理。封建政府容纳家族、乡族、乡约、会社、会馆等基层自设社会管理组织的存在及其对社会事务的管理，这本身意味着封建国家政权对社会形势变迁的适应。中央集权与基层社会自设管理组织之间并不总是相互支持的，有时也会相互对立或尖锐对抗。总的来说，二者的关系处于相互支持时，后者就会得到前者的许可而存在和发展，反之则被前者取缔和镇压。

清末光绪三十二年（1906 年）设立了民政部，这是中国历史上第一个独立的社会事务专管机构，也是清末的第二大部，仅次于外交部。民政部的设立将分散的社会事务划归一个部门统一管理。它接替巡警部的全部职责，并将原步军统领衙门所掌事务接管，除卫戍京师职责外，还负责维持京城治安、缉捕盗贼、门禁防守、审断案件、编查保甲户口等，还掌管外省上京访控事项，监督京城内外臣民的住房、车舆、服饰等方面，它是直属皇帝的要害军事机关。

民国 27 年（1938 年）成立了社会部，主管全国的社会事务。其主要职掌有社会救济、社会福利、民众组训、社会运动、社会服务、国民就业及国际劳工、控制劳资冲突、辅导职业团体、管理人民团体等事项。此外，还一度设置一些禁烟、赈灾、抚恤的民政机构。这个时期，不断引进西方社会管理的理念，不仅进行了政府集权化控制，还建立以保甲制为骨架的社会基层组织结构；同时还扩充了以社会生活为对象的社会管理作为行政组织的重要职能。

计划经济时期对社会管理客体的控制目的也比较明显。社会成员被城市的单位和农村的生产队所控制。社会资源以计划配置为主，农村人口和劳动力不能向城市自由流动。社会整合以行政手段为主，民间力量微弱。社会政策在城市比较发达，在农村相对薄弱。社会事业主要由国家或集体经济组织包办，个人和社会力量的投资缺乏。[①]

2. 只追求社会的稳定，不追求社会的发展

从东周到清朝，一直困扰中国社会的难题是如何缓解土地兼并、避免割据与混战局面，即如何实现社会长治久安的问题。自从东周以来，土地兼并问题成了社会动荡的主要因素，并成为中国古代难以医治的顽疾，形式上往往是由因天灾人祸失去土地难以谋生的农民揭竿而起，向占有大量土地的少数地主要求对土地资源进行重新配置。

为了解决这个历史上不断循环的顽疾，诸子百家纷纷提出了各自的主张。孔子和老子是向后看的，主张恢复西周时期的制度。老子主张放弃竞争回到井田制时代的小国寡民状态；孔子主张恢复周公所制定的礼乐制度，同时又创造性地改造了仁、孝、忠、义等概念，把平等的人群、父子、君臣、朋友关系变成一种无条件服从的绝对奉献的行政上下级统治关系，使伦理政治化、政治伦理化。他们推崇的是历史退化论，把理想的社会想象在过去，指斥人心不古、世态炎凉。而纵横家、墨家、法家是现实的。纵横家提出合纵连横的攻防策略；墨家主张节俭、平等相爱、不要进行战争；法家则认为拥有实力才是最重要的，主张君主应以严刑峻法严惩乱臣贼子，牢牢抓住司法大权，并以势行法、以术谋势，从而实现独裁统治目的。面对共同的难题，古代先哲们至少达成了一点共识，即解决纷争、避免战乱、求得稳定，这是其对国家和社会管理的根本目的，而社会是否发展并不是他们关心的主题。

历代帝王在诸子百家思想的启发下，基本主张通过扼制差异、维持平衡的方法来实现社会的长治久安。这一方法否定社会的发展，事实上使得中国的传统社会在农耕社会中重复了两千多年，阻碍了中国经济和社会的发展。第一，在经济上实行抑商政策。其目的是以严格的平均主义来抑制能迅速致富的商品经济的发展，加大对农民的剥削以造成绝对贫困。事实上，中国商品经济的萌芽，远在春秋时期就开始出现。但尚未来得及从根本上触动封建制度，就遭到了强烈的抵制。由于它威胁到社会的平衡与稳定，故而重农抑商政策在历代封建王朝都得到了采纳。第二，在政治和社会生活上实行宗法制度。在既无统一宗教又不可能通过协商达成共同契约的古代中国社会中，除了武力征服外，利用原始氏族社会遗存的血缘家庭观念，成为唯一现实有效地使人们互相联结起来的途径。宗法制度正是以血缘联系为纽带的，它以家族而不是以个人为社会管理客体的基本单元，个人无独立的地位，只能依附于家庭和家族，而皇族则是所有家庭的总族长，即家国一体化。这样就可以实现“普天之下，莫非王土；率土之滨，莫非王臣”的统一管理。宗法制度在西周初年周公首次进行尝试，其后孔子加以发展，西汉以后历代王朝均大力推行。第三，在思想上强化舆论一律。中国封建制度是以一人统御万人、以武力来维持的一种脆弱的统一与均衡，对任何可能危及均衡状态的事件统统加以铲除，不仅在政治和经济上，而且在思想上

① 参见窦玉沛：《社会管理与社会和谐》，108～114 页，北京，中国社会出版社，2005。

也要加以严格的管制，以杜绝任何潜在的隐患。对思想的管制表现为苛求舆论的一律。①

4.1.2 社会管理客体的被动性

社会管理客体的被动性主要表现为我国两千多年的封建社会所培养的是臣民意识和臣民文化，造成人民群众对社会事务缺乏权利意识和参与意识。各层次反抗的目的也是自己称王或者寻找另一个“明君”，继续实行臣民统治。许慎在《说文解字》中说：“臣，牵也。事君也。象屈服之形。凡臣之属皆从臣。”② 因而，臣民便是屈服者与顺从者。臣民意识的核心是无我，无我自然也就无权，这样的臣民自然就缺少自我意识与权利意识。臣民要听话，不要有想法，更不能将想法诉诸行动，因而他们的命运不是自己所决定的，而是由皇帝、清官、侠客、菩萨所决定的。当然，臣民过着一种“日出而作，日落而息”的生活，他们也在努力追求着那种小农式的“交了粮，自在王”式的自由与独立的经济生活。

中国的臣民意识是封建社会专制统治的产物，在中国由来已久。中国古代社会是家国同构社会，这一社会结构恰如梁漱溟所言：“中国的社会组织是一个大家庭而套着多层的无数小家庭，可以说是一个‘家庭的层系’，在这样层系组织的社会中，没有‘个人’观念。所有的人，不是父，即是子。不是君，就是臣。不是夫，就是妇。不是兄，就是弟。”③ 这种社会结构之下的人的思维模式很自然地就将国家或自己生活的辖区视为大家庭，将皇帝或地方官自然地视为是一家之主。在封建专制统治之下，这样的伦理型社会强调的是忠孝节义、三纲五常，强调的是整体（家族）而非个人，强调的是义务而非权利。④

臣民意识对国家社会管理的负面影响是极大的。臣民缺乏对权利神圣不可剥夺精神的自觉认同与理解，因而他们不具有独立的人格精神，他们习惯于顺从、盲从地生活，缺少对社会事务的参与意识和自治能力。

新中国成立后至改革开放前，在特定的历史背景下，我国效法苏联建立起了一套高度集中的计划经济体制——政府实行高度集权、计划管理的方式，政府包揽一切经济事务和社会事务，在推行经济计划和政治整合替代社会整合的过程中，依靠强有力的行政手段完成了中国社会的一次根本性的重组，我国逐渐建立起一套以“政府—单位”、“政府—街居”、“政府—生产大队”为主的三位一体的对社会管理对象的被动式管理模式。在这种模式下，单位、街道居委会和生产大队成了国家实现社会管理的基层组织、个人生产生活的主要场所；它们的功能无所不包，既是经济组织，又是政治组织和社会组织。⑤ 这一模式管理的后果是政府的社会管理压力太大，不利于国际交往和对外开放⑥，束缚了既作为社会管理对象，又有一定能动性的社会组织和公民参与意识和自主能力的发挥。

---

① 参见王亚立、白全礼：《中国古代社会管理模式剖析》，载《郑州航空工业管理学院学报》，1999 (1)。

② 转引自汤可敬：《说文解字今释》，上册，424 页，长沙，岳麓书社，1997。

③ 梁漱溟：《中国文化要义》，88 页，上海，学林出版社，1987。

④ 参见于建星：《非公民意识论——兼论臣民意识与惰民意识之异同》，载《河北工程大学学报》（社会科学版），2010 (4)。

⑤ 参见崔月琴：《后单位时代社会管理组织基础的重构以“中间社会”的构建为视角》，载《学习与探索》，2010 (4)。

⑥ 参见王宁：《社会管理十讲》，7 页，广州，南方日报出版社，2011。

4.2　当代社会管理客体的特点

当代社会与传统社会不同，是一种市场化的经济形态、人口高度流动的社会形态、全球化的社会定位。因此，与之相适应的社会管理客体比传统的社会管理客体要复杂得多。当代社会管理客体的特点主要表现为复杂性、开放性和能动性。

4.2.1　社会管理客体的复杂性

1. 各种社会问题和社会矛盾频发

随着改革开放的不断深入和市场经济的逐步完善，我国的经济社会状况发生了深刻变化，突出表现在：第一，计划经济向市场经济转型。在转型的过程中，原有的社会结构和经济结构发生了深刻的变迁，出现了“四个多样化”，即经济成分和经济利益格局多样化、社会生活多样化、社会组织形式多样化、就业岗位和就业形式多样化。社会和经济结构的变迁使旧有的社会管理手段不断面临考验。第二，城市化进程加速。据统计，1949 年，我国城镇人口仅占全部人口的 10.6%，1978 年，这个比例是 17.9%，经过改革开放 30 年的发展，2008 年我国城镇人口占全部人口的比例已经达到了 45.7%。城市化进程的加速，使大量农村剩余劳动力向城市转移，我国正经历着由乡村为主体向以城市为主体的转型。第三，对外开放进程加快。改革开放以来，我国随着对外开放的程度不断加深，越来越深地融入世界经济社会的格局中。[①] 与经济社会变化相伴而生的是利益格局发生深刻变化，“社会急剧变革，新的社会集团被迅速动员起来卷入政治”[②]，而作为政治体系的组成部分的社会管理体制的发展却滞后了，从而导致各种社会问题产生、各种社会矛盾频发。表 4—1 显示了近十年来，我国社会问题的复杂性及变化趋势。

表 4—1　　突出社会问题年度排名情况

年份 排名	2000	2005	2006	2008	2010
1	腐败	收入差距扩大、贫困悬殊	看病难、看病贵	收入差距扩大、贫困悬殊	住房
2	农民负担过重	地区差距	就业失业	物价上涨	物价上涨
3	就业严峻	社会治安	收入差距扩大、贫困悬殊	看病难、看病贵	收入分配
4	弱势群体缺少社会支持	高失业率	腐败	就业失业	看病难、看病贵

① 参见应松年：《社会管理创新引论》，载《法学论坛》，2010（6）。

② 参见［美］塞缪尔·P·亨廷顿：《变化社会中的政治秩序》，4 页，上海，上海人民出版社，2008。

续前表

排名＼年份	2000	2005	2006	2008	2010
5	收入差距扩大、贫困悬殊	腐败	养老保障	高房价	就业失业
6	社会治安	贫困	教育	腐败	腐败
7	—	—	住房	教育	人口问题
8	—	—	社会治安	环境污染	资源环境问题
9	—	—	社会风气	城乡差距	思想道德败坏
10	—	—	环境污染	社会治安	基本公共服务不足

资料来源：《中国社会形势分析与预测——社会蓝皮书》系列，转引自王宁：《社会管理十讲》，81页，广州，南方日报出版社，2011。

概括而言，我国突出的社会问题主要集中在以下三个方面：

第一，贫富分化现象严重。当前，随着我国市场体系的初步建立，利益分配的格局已经出现了较为严重的分化，中国社会已经形成了以失地农民、进城民工、城市下岗职工、拆迁户等为代表的位于社会底层的弱势群体。他们不仅缺乏在市场中致富的机会与资源，就连自身的合法权益和生存的基础资源也屡遭侵害。[①] 一个显而易见的事实是，当前各类群体性事件的“主力军”就是弱势群体。若不从根本上解决利益分配的失衡问题，一味以追求GDP、政绩工程为目标，或者以稳定为名压制合法的利益表达，不仅无助于纠纷的解决，反而会使社会更不稳定。有鉴于此，周永康同志于2009年12月18日在全国政法工作电视电话会议上提出：“深入推进社会矛盾化解，要坚持以人为本、全面协调可持续发展，让人民群众共享发展成果，把发展成果更多地落实到保障和改善民生上，决不能侵犯人民群众的合法权益，从源头上预防和减少社会矛盾的发生。”所以，利益分配的公平问题必然成为一项重大的社会管理客体，关系着弱势群体的生存发展与社会的长治久安。

案例思考

中国的贫富两极严重分化

据2004年由中共中央研究室、国务院研究室和中国社会科学院共同完成的《当前社会各阶层经济状况》调查研究报告披露：至2001年，13亿国民的私有财富共达85万亿元，其中，5亿城市人口占有96%，8亿农村人口仅占3.5%～4%。城市人口中的0.9%～1%（不到全民人口的0.4%）即480万～500万人，拥有上千万元以上财富，其中18 500～20 000名最富有的人拥有1亿元以上，共持有超过10万亿财富（约占全民私有财富的11.8%）。

① 参见孙立平：《断裂：20世纪90年代以来的中国社会》，67页，北京，社会科学文献出版社，2003。

由于贫富分化的急剧拉大，中国的基尼系数在 1995 年 0.38 的基础上，1997 年已升至 0.4，达到了国际“警戒线”标准。有资料显示，2007 年下半年已高达 0.469，超过了一般发达国家 0.24 到 0.36 的水平，即使比起指数偏高的美国的 0.4，也大大超出。中国收入最高的 20%人群与收入最低的 20%人群的收入比高达 33 倍，而发达国家仅 8～9 倍（《中国经济周刊》2006 年 6 月 26 日）。2007 年，城乡居民收入比扩大到 3.33∶1，如果把福利、补贴等考虑进去，城乡收入差达到 6 倍左右。

资料来源：见 http://baike.baidu.com/view/1513405.htm#。

第二，社会道德下滑。由于以拜金主义为核心的价值观对人们的影响，以及经济、政治领域中失范行为的发生，而社会舆论又不能成为有效控制力量，道德观念对人们的约束力减弱。与之相联系的是衡量是非标准的模糊和社会责任感的淡漠，利他主义受到冷落。良好的社会风气和道德规范被功利主义心态和享乐主义所污染。不仅如此，某些社会成员对非法、违法或违反社会公德的行为还进行辩解，想方设法寻找合理的或不合理的补偿机制，追求不合法的或者虽然合法但却不符合社会公德的个人利益或小群体利益。生活中封建迷信重新抬头，走私、贩卖毒品、拐卖妇女儿童、制作传播黄色物品、聚众赌博、卖淫嫖娼等违纪、违法和犯罪活动相当严重。

第三，社会矛盾多发。近 20 年来，我国进入了“矛盾多发期”，各种群体性事件呈现逐年递增的趋势，参与人数也逐步上升，详见表 4—2 所示。我们应当转变思路，寻根溯源，从源头上减少和化解矛盾。那么，什么才是当前社会矛盾多发的直接原因呢？归纳起来主要有工资拖欠、房地产纠纷、征地拆迁、争夺经济资源、农民负担过重、干部腐败、移民安置补偿、企业改制重组、环境污染等。社会管理要以人为本，着力解决民生问题，从源头上减少和化解矛盾。

表 4—2　　1993—2004 年间中国群体事件发生情况

年度	数量（件）	比上年增加（%）	参与人数（万人）	比上年增加（%）
1993	超过 8 000	—	超过 73	—
1994	超过 10 000	—	—	—
1998	25 000	56.9	—	65.6
1999	32 000	40	—	44.6
2003	58 000	—	307	—
2004	74 000	超过 20	374	—

资料来源：宋维强：《社会转型期中国农民群体性事件研究》，51～52 页，武汉，华中师范大学出版社，2009。

2. 各个领域问题向社会管理问题的演变趋势

具体而言，表现为政治、经济、文化和道德等领域都会涉及社会管理的对象。这几个领域原本是相对于社会管理领域而独立存在的，但是，由于前述四个领域在发展的过程中因一些问题没有处理好，随即转变成社会管理问题。

政治领域：官员腐败、违法行政、司法不公等问题涌现；公民的权利意识、权力意识、民主意识觉醒，要求信息公开、了解真相；国内外政治相互激荡、相互影响；等等。这些政治问题所导致的群体事件、社会不稳，就会演变成社会管理的问题。

经济领域：随着经济的发展，人民生活得到了改善，但就业失业、物价上涨、财富分配不公、住房难、食品安全等问题导致了群体事件的发生，这些问题随即成了社会管理问题。

文化领域：文化教育的发展使人民的整体文化水平提高了，但黄赌毒、知识产权盗版等现象的泛滥，影响社会稳定和和谐，也会演变成社会管理问题。

道德领域：食品安全事件接连发生之后，连温家宝总理也大声疾呼，我国道德严重滑坡，道德问题又变成了一个影响公民身体健康、影响社会安宁和稳定的社会管理问题。

4.2.2 社会管理客体的开放性

我国改革开放的实质就是对内改革，对外开放，不断调整，使国家融入世界经济体系中。30 多年来，通过社会主义市场经济建设，中国在经济上完全融入了世界经济体系，社会管理客体的开放性进一步增强。

1. 人口的国际化流动加快

伴随着全球化时代的到来，中国的人口流动不仅表现为本国人口向欧美发达国家的迁出，还出现了非洲、东南亚等国家的人口向我国迁入的趋势。随着中国的开放步伐不断加快，国际的人口流动问题也开始逐渐成为城市人口管理中的新兴课题。中国的部分城市已经形成了国际移民聚居区。典型的有北京朝阳区望京的韩国人聚居区、上海古北虹桥的日本人聚居区、浙江义乌的“中东人一条街”、广州的黑人聚居区等。

（1）北京朝阳区望京的韩国人聚居区。社科文献出版社 2011 年出版的《中国社区发展报告》指出，望京被人们冠以“韩国城”这一称谓。据报告介绍，朝阳区望京街道由花家地、南湖渠和望京三大居住区组成，共有 17 个居民小区。其占地 860 公顷，总建筑面积 1 000 万平方米。来自望京街道办的数据显示，望京总人口大约 15 万，其中韩国人就有将近 3 万，他们与当地居民混居于社区之内。①

（2）广州的黑人聚居区。作为中国开放程度最高的城市之一，广州究竟有多少非洲人一直是个谜。他们和当地人一样结婚、生子，和普通市民一起买菜、挤公交、送子女上学。由于他们黑巧克力一般的肤色，有人开玩笑地把黑人聚集最多的越秀区一带称为“巧克力城”。据中山大学李志刚副教授估计，2008 年广州的黑人总量大约为 2 万人，构成极为多元，操法语、英语、阿拉伯语和葡萄牙语等不同语言，其中大部分来自西非，另有相当数量来自中非和东非。2006 年前后，除了常住的 2 万人，还有 6 万左右的流动人口，加起来有 8 万人左右。②

（3）浙江义乌的“中东人一条街”。过去的 300 年里，义乌只是个宁静的江南小城。这里的人们因为土地不足而不得不奔走于江浙其他富庶之地，吆喝着“鸡毛换糖”的小生

---

① 参见《社科院北京蓝皮书指出近 3 万韩国人住北京望京》，载《法制晚报》，2011-11-07。

② 参见《探访广州黑人社区》，载《外滩画报》，2011-12-29。

意贴补家用。现在，义乌人从东莞、温州、宁波购进 50 万种小商品，把它们全部陈列在一条长 5.5 公里的小商品城里，这里有多达 20 万人经营着 5 万家商铺，商品销往全世界。伊拉克驻华大使馆公布的数据显示，在中国居住的伊拉克人有 2 000～3 000 人，其中有 600～1 000 人在浙江义乌，绝大部分都是在 2003 年伊拉克战争后才进入中国的。至 2006 年年底，义乌 100 多万人口中，超过 70%来自外地。每年迎来送往的外国客商达 100 万人次，常驻的境外居民多达 10 万人，而其中又以中东人最多。这里唯一的一座清真寺建成才两年，每周前来礼拜的人数已经超过 7 000 人次，其中 60%为境外穆斯林。①

另外，台湾地区近几年来强化了两岸地区的交流和互访，人员来往较多，经济交往频繁。据不完全统计，至少有 60 万台湾各界人士在上海工作、生活。2010 年 1—11 月，台湾居民来大陆 468 万人次，同比增长 13.6%。大陆居民赴台 149 万人次，同比增长 69.6%，其中赴台交流 17 069 项、128 252 人次，同比增长分别为 42.9%、35.8%；全年大陆居民赴台旅游 116.78 万人次，同比增长 92.6%。截至 2010 年 11 月，台湾居民来大陆累计 6 056 万人次，大陆居民赴台累计 434 万人次，赴台交流 83 562 项、578 551 人次。②

国际间和地区之间人口流动的加快对我国社会管理提出了新的挑战，比如社会治安、非法移民和社区包容性等问题。政府及其相关部门只有采取开放、包容的心态和政策，才能做好外来移民的人口管理。

2. 网络化和信息化管理

我国的互联网从无到有，发展非常迅速，无论从网民数量、网络普及率、上网时间，还是微博的规模，都已经达到相当高的程度，俨然构成一个相对现实社会而言的网络社会，或称虚拟社会（virtual society）。近十几年来，我国网民数量和互联网的普及率都在飞速增长。我国网民数量 1997 年仅有 62 万，2003 年开始起位居世界第一，2010 年 12 月已达到 4.57 亿，占全球网民总数的 23.2%。中国 34 个省级行政区都已覆盖了网络。2010 年，中国微博用户已达到 6 311 万，占整体网民的 13.8%，被中国媒体称为“微博年”。网络在给公众带来商机及便捷的同时，也产生了如何管理和引导网络言论舆论、如何打击网络诈骗与犯罪等难题。有的诈骗或犯罪案件还是跨国案件，这就涉及如何实现跨国合作的问题。因此，网络管理同样是社会管理客体开放性的体现。

案例思考

银川“微博喊话”能否传更远

银川市委办公厅、市政府办公厅的官方微博“问政银川”擅长“喊话”：把网友反映的问题，转发给本市 170 多个相关职能部门的政务微博，并督促办理。近日，“问政银川”向久不更新的官方微博“开炮”，通报批评了银川各县市区及市直部门中连续 7 个工作日未更新的政务微博。

① 参见张研：《被阿拉伯人改变着的义乌》，载《新闻周刊　中文月刊》，2008（3）。

② 参见《2010 年两岸人员往来和交流的基本情况》，见 http://news.cntv.cn/20110112/112758.shtml。

微博聚集了强大的媒体功能和社交功能，是与公众交流互动的良好平台。10 月中旬，国家互联网信息办公室在一次交流会上，还鼓励党政机关和领导干部更加开放自信地开微博、用好微博。政府机构开设官方微博，早已不是个别单位的探索之举。利用信息时代的先进技术提升社会服务水平、创新社会管理，也是建设现代政府的应有之义。

从批评银川地税局微博“银川地税”对 34 条市民投诉很少回复，到与《银川晚报》、电视台等媒体的微博互动，“问政银川”的创新之处在于，为银川市政务微博群找到了“神经中枢”：既通过转办的方式，直面群众的利益诉求；也通过督导的方式，促使各职能部门用好微博平台，形成网络问政合力。

这种在网上协调政务微博的办公方式，不仅丰富了微博问政的概念和路径，也让网友们看到“政府与政府之间较劲”的同时，直观感受到政府自上而下解决网民实际问题的诚意。党政机关在网上开展的“批评和自我批评”，因为具有媒体功能，在网上办公的实践之外，也获得了主动借助网络舆论、完善和修补线下制度的溢出效应。

连续 7 个工作日没有更新微博，应该批评。即便更新了微博，如果只是低质量的转发、无关民生的帖文，意义也不大。这也提示我们，各地政府对微博已经越来越重视，但如何用好微博，还有待破题。当前，政府机构及公务员进驻“微博”阵地数万，但拥有巨大传播力影响力的活跃微博，毕竟还是少数。

正因此，“问政银川”微博，可以看作是政府机构微博向网络问政深水区发展的一次有益探索。它突破了微博上政府与网友互动的格局，强调的是当地政务微博群的互动优势，不仅能畅通公众的意见渠道、及时发布权威信息，而且能通过微博向政府机构“喊话”，创新管理方式，进行严格监督，打造更强大的亲民、惠民话语平台。

微博对推动政府善治的功能不言而喻。不过，如何更清晰地界定网络问政的边界，让网上反映的事情，通过网下的制度支撑去解决，同样需要进一步探索。即便是“问政银川”，也不能停留在“微博喊话”的层面，要督促政府机构用好网络，哪怕是保持微博更新频率，也需要更多网下的制度支撑。

资料来源：韩立勇：《银川“微博喊话”能否传更远》，载《人民日报》，2011-11-07。

4.2.3 社会管理客体的能动性

能动性是指对外界或内部的刺激或影响作出积极的、有选择的反应或回答。人的能动性与无机物、有机生命体、高等动物的能动性有别，称为主观能动性。其特点是通过思维与实践的结合，主动地、自觉地、有目的地、有计划地反作用于外部世界。社会管理客体的能动性是指社会管理客体对社会管理主体及社会管理本身的主动回应。在社会管理的众多客体中，公民和社会组织都是双重角色，既是社会政策和法规作用的对象，又是参与社会事务管理的主体。

一方面，改革开放以来，国家对社会稳定的传统观念正在发生变化，公共秩序在社会稳定中的重要性正在增加，以“疏”为主的“动态稳定”开始逐渐取代以“堵”为主的

“静态稳定”。传统的静态稳定，其主要特点是把稳定理解为现状的静止不动，并通过压制的手段维持现存的秩序。而现代的动态稳定，其主要特点是把稳定理解为过程中的平衡，并通过持续不断的调整来维持新的平衡。动态稳定的实质，是用新的平衡代替旧的平衡，使秩序由静止的状态变为一种过程的状态，从而在社会政治稳定中推进改革、发展，在改革、发展中实现社会政治稳定。同时，我国的社会治理逐步从一元化治理向多元化治理的方向发展，国家逐步向社会分权，调动了社会组织和公民对社会事务的参与热情。20 世纪 80 年代后期先后推行的农村村民自治和城市居民自治，既是中国基层民主的突破性发展，也是国家向社会分权的重要举措。20 世纪 90 年代开始新一轮的政府机构改革后，一些政府机构改造为行业协会，如轻工业部变为轻工总会、纺织工业部变为纺织总会，相应地，一些原来的政府管理职能开始移交给行业管理组织，从而迈出行业自治的重要一步。20 世纪 90 年代后期和 21 世纪伊始，民间组织大量出现，政府开始特别强调其社会管理职能，并且开始让各种民间组织参与社会管理，从而将部分国家权力下放给特定的社会组织。①

另一方面，随着人民群众的经济文化水平的改善，他们的公民意识和法制观念也得到了极大提高。作为社会管理客体的公民和社会组织不再将政府和公共部门的服务看成是施舍，而是看作是自己的权利；客体要求管理者满足其要求，要求管理者对其诉求迅速作出回应。村民自治和居民自治逐步实现民主化和法制化；行业协会对行业的支持和约束能力逐步取代传统的部门管制；各种民间组织逐步发展壮大，并实现依法参与政府公共决策过程和对社会公共事务进行自治。然而，在社会管理客体对社会管理的参与与回应过程中，有序参与与无序参与并存，一些群体事件频发，网络的发达更加剧了无序参与的态势。这一方面说明广大公民的权利意识、平等意识、利益意识在觉醒和强化，另一方面也表明我国的社会管理体制有待进一步健全，以适应社会管理客体能动性的要求。

总之，由于当今社会管理客体的复杂性与开放性特点，如果不发挥社会组织与公民的主观能动性，要想全面实现社会管理目标和社会和谐是做不到的。西方社会管理的理论和实践证明，社会组织和公民在社区领域发挥的自治功能效率远超过政府管理，而且能真正实现公民与社区的融合，构建属于社区的政府。因此，只有充分发挥社会组织与公民的主观能动性，政府才能确实了解社会问题，才能真正了解民众的需求，进而对症下药。而且通过公民的参与和监督，有助于提升民众对政府政策的认同感和满意度。②

案例思考

居民自治，热情何来

居民自治，通常是指社区居民“自己管理自己的事情”，通过民主协商的方式解决社区内的公共事务。居民的广泛参与是实现自治最起码的条件。如今都市人越来越忙，相邻多年不相识的状况比比皆是，他们会有热情来参与自治吗？

---

① 参见俞可平：《中国治理变迁 30 年（1978—2008）》，载《吉林大学社会科学学报》，2008（3）。

② 参见张成福、党秀云：《公共管理学》（修订版），386 页，北京，中国人民大学出版社，2007。

一项调查显示，北京20世纪90年代以来形成的居民小区，只有约1/10建立了自治的业主委员会。好不容易有了自治组织，也往往因为业主的冷漠或相互猜疑而无法有效运转。

“自治”是人类自觉思考和自我决定的能力。对私人生活的自治是人的本能，为公共目的付出与合作则需要更高层次的素养，其热情和能力不会与生俱来，也不是一发动、一倡导就能达到理想状况的。

都市里新建社区集中的多是中青年人，工作繁忙、早出晚归，客观上造成很多人没有足够的时间和精力顾及社区自治的具体运作。在涉及社区居民共同利益的事情上，人们往往暗自希望别人出头出力，自己“搭便车”。

社会信任度下滑同样影响着居民自治的积极性。防盗门、防盗窗、摄像头、猫眼……在许多城市社区，对门邻居也常常是时刻防备的对象。当涉及种种复杂的利益问题时，不少人心里的第一念头不是如何共同解决问题，而是凭什么要相信别人、会不会给自己惹麻烦等。戒备和猜忌，困扰着自治的实现。

更重要的是，在许多本应归属社区自治的领域，行政的手伸得过长，压制了居民自治的积极性、挤占了居民自治的空间。

当社区里事无巨细都由政府机构包揽，居民长期在行政命令下行事，自治意识和自治能力肯定难以发育成长，甚至会形成“居民暂不具备自治能力”的假象。当政府把大量行政事务转移到社区，办证、收费、搞调查，社区自治组织忙于应付上面布置的任务，估计没有多少居民会有兴趣去做这些工作。当社区自治组织没有服务资源、没有财力、没有决定权、没有与行政部门顺畅的沟通手段，遇到问题只能向上反映、等着上面重视，最初有热情参与自治的居民恐怕也会畏难放弃。

随着单位不再“办社会”，越来越多的城市居民住进拥有产权的商品房，实现社区居民自治已不仅是精神层面上营造温馨邻里关系的需要，也是处理现实事务、化解社会矛盾的重要一环。实现这一点，需要居民自我组织、自我调节、自我管理能力的提高，更寄望于政府主动限权，把社会建设和社会管理的部分权力让渡给社会，让社会组织和居民真正成为主角。否则，只是形式上撤销街道办、相关职能没有调整精简，社区自治组织只会成为换了名称的街道办。

资料来源：白天亮：《居民自治，热情何来》，载《人民日报》，2011-12-08。

4.3 社会管理客体的内容指向

社会管理客体的内容指向包括流动人口与特殊人群管理、公共安全管理、社会组织管理、虚拟社会管理、基层社会管理和服务以及精神文明建设管理六个方面。

4.3.1　流动人口与特殊人群管理

流动人口本应该属于特殊人群的一部分，但是，当今我国的流动人口数量巨大，影响深远，因此本节分为流动人口管理和其他特殊人群管理两点来讨论。

1. 流动人口管理

（1）“流动人口”的含义。

“流动人口”，顾名思义，是指具有流动属性的那一部分人口。“流”，按《辞海》的注释，是“往来不定或转运不停”。因此，如果单纯按文字意义来理解，可以把流动人口定义为处于一定方位下的持续移动的人口。马克思主义人口学说认为，人口是生活在一定的社会生产方式下，在一定时间、一定地域内，由一定社会关系联系起来的，由一定数量和质量的有生命的个人所组成的不断运动的社会群体。其中，人口群体的运动特征除表现为人口的生产与再生产之外，还包括人口群体的空间运动即人口的流动。由此可知，人是有生命的机体，无论个体、群体，从出生到死亡，从集合到分散，从诞生到结束，始终处于运动之中，没有事实上静止的人口，人口流动或流动人口的存在是人口群体的固有特征。但是，不能说全部人口都是流动人口，必须从时间和空间上予以界定，明确地把握“时间”和“空间”两个标准。并不是人们所有的位置变动都能被当成人口流动的，只有超过“一定”时间限度、跨越“一定”空间范围的位置变动才被当作“人口流动”。

在中国的现实生活中，户籍管理制度的运行使流动人口的界定产生了一个“户口标准”。在人口行政管理工作中，常以户籍所在地及其改变来对流动人口来进行界定。户口对流动人口界定的影响主要表现在以下几个方面：首先，以是否办理户口地改变或户口迁移法定手续作为确定是否属于“流动人口”的首要标准。如果依据户口管理特别是户口迁移的相关规定办理了户口迁移手续，那么就属于“迁移人口”范畴，反之则属于“流动人口”范畴。因此，从这种意义上说，一地的“流动人口”就是相对于本地“户籍人口”而言的“外来人口”。其次，“户口决定制”还表现在对流动人口流动时间和空间界限的界定上，也就是前面所说的应该选择“合适”的标准。中国第三次和第四次人口普查都是将“县”和“市”作为“本地”的标准，人口登记所属区域的最小单位是“县”或“市”，登记人口无法按乡、镇、区来划分，户口所在地与普查登记地不一致，即不在同一县或市的人口就属于流动人口。在同一个县的跨乡镇或同一个市的跨区和跨街道的人户分离则不属于流动人口。2000 年第五次全国人口普查将原来的以“县、市”为单位的空间标准改为以“乡、镇、街道”为标准，即登记对象所属地域的最小单位为“乡”、“镇”或“街道”，跨乡、镇或街道的人户分离的人口则为流动人口。而且，第五次全国人口普查时间标准也改变了，将第三次和第四次人口普查的“一年以上”的标准时间改为“半年以上”，即离开户口所在地半年以上，人户分离就是“流动人口”。“五普”的这一标准的范围扩大，是我国在总结第三次和第四次人口普查的经验基础上新的认定，包括了第四次和第三次的流动人口的数量和规模。借鉴第五次全国人口普查的标准，“流动人口”指的是人们超过一定时间长度（半年）、跨越一定空间范围（乡、镇或以上区域）、没有相应户口变动、人户分离的人口。包括从外地来该市从事公务或商务的人员、临时工、季节工等，他们离开了户籍所在地，跨越了一定的行政辖区范围，在某一地区的城市暂住，滞留较长时间，以各种职业取得经济收入并可能在一定时间内返回其户籍所在地的人口。他们不改变户籍，流动时间有长有短，空间上有远有近，一个显著的特征是以谋生和就业为目的，哪里有较好的经济效益，他们就会停留下来。这种离开户籍所在地而外出谋生的人口，就是本书所指的流动人口，但不包括那些因文化原因（例如培训、参加会议和进行考察工作）或社会原因（例如探亲访友、求医、旅游观光和短期寄居）而来到城市的人口，他们一般具有稳定的职业和经济来源，他们的流动不以就业为目的，这是他们与长期流离在外靠打工为生的流动人口的重要区别。

流动人口管理是人口管理的一个重要内容。人口管理是国家行政管理的一项基本制度，是典型的公共管理，其内容涉及人口的出生、死亡、迁移流动、健康、财产、家庭等方方面面情况的登记、变更和管理。在市场经济条件下，服务是政府的基本职能。城市流动人口管理，是市场经济条件下转变政府职能的必然要求，实现从行政干预型政府向服务型政府的转变、推动城市流动人口管理体系创新，是政府发挥服务职能的重要领域。传统的城市流动人口管理是适应我国计划经济体制而产生的，主要以限制流动人口为目的，以户籍制度为核心和主体，它是国家掌握人口行为、实现人口政策的重要手段。

（2）我国流动人口的特征。

改革开放以来，由于经济发展的不平衡性和社会经济结构的变革，我国流动人口形势日趋严峻。根据第六次全国人口普查所得的数据，全国总人口为 1 339 724 852 人，其中居住地与户口登记地所在的乡镇街道不一致且离开户口登记地半年以上的人口为 26 139 万人，其中市辖区内人户分离的人口为 3 996 万人，不包括市辖区内人户分离的人口为 22 143万人。同 2000 年人口普查相比，居住地与户口登记地所在的乡镇街道不一致且离开户口登记地半年以上的人口增加 11 700 万人，增长 81.03%；其中不包括市辖区内人户分离的人口增加 10 036 万人，增长 82.89%。这主要是多年来我国农村劳动力加速转移和经济快速发展促进了流动人口大量增加。流动人口数量的剧增在各大中型城市表现得非常明显，据不完全统计，截至 2009 年年底，北京实际常住人口 1 972 万人，户籍人口 1 246 万人，登记流动人口 763.8 万人，其中在京居住半年以上的 726.4 万人。广东省的流动人口于 2010 年 1 月已突破 3 000 万。在上海，根据官方统计数据，2010 年上海市的流动人口达到 800 万。根据预测，到 2030 年我国城市人口将会突破 10 亿，新增人口主要都是从流动人口转变而来；到 2050 年，我国的流动人口规模将会达到 3.5 亿人左右，届时我国将会逐步形成以东部沿海城市带为重心、以内陆城市群为中轴、以西部中心城市为集聚点的流动人口分布格局。大量流动人口的涌入对城市管理和国家法制建设都提出了新的课题和挑战。

我国当前流动人口的基本特征，总体来说有三个方面。一是不发达地区的人口向发达地区流动。这包括三种情形：第一，内陆地区落后省区的人口向东南沿海的发达省区流动。集中在深圳、东莞、广州、杭州、上海、北京等经济特别发达的城市。据深圳、东莞的调查，每 10 人中有 8～9 人是外来流动人口。第二，由农村向城市流动。《2005 年全国 1%人口抽样调查主要数据公报》显示，全国人口中，居住在城镇的人口 56 157 万人，占总人口数的 42.99%；居住在乡村的人口 74 471 万人，占总人口的 57.01%。与第五次全国人口普查相比，城镇人口占总人口数的比重上升 6.77%。可见，农村人口向城市流动加快。第三，由小城镇向大中城市流动。2000 年湖南流入人口在城市体系中分布情况是：2000 年湖南流入人口 189.89 万人，其中，流入特大城市的 47.09 万人，占总数的比重是 24.80%；流入大城市的 40.97 万人，占总数的比重是 21.58%；流入中等城市的 40.30 万人，占总数的比重是 21.22%。可见，流动人口是小城镇流向大中城市。二是剩余劳力向劳动密集型企业流动。农村的剩余劳力主要是流向沿海省份的一些劳动密集型企业。三是低效益企业向高效益企业流动。这种流动在知识分子中表现得更加突出。特别是在市场经济条件下，"跳槽"的知识分子和专业技术人员逐渐增多。[①]

具体可以从以下几个方面来说明：

1）流动人口的地区分布集中在沿海经济发达地区。

全国各省（市、自治区），从大城市到中小城市，从内地到边疆，从汉族聚居区到少数民族自治地方，到处都有流动人口。全国各地都有流动人口存在，而流动人口的流向多集中在经济发达的东部沿海地区。

2）流动人口年龄段集中在青壮年。

我国现阶段的人口流动主要是劳动力的流动。从年龄结构看，流动人口的主流是 15～45 岁之间的年轻劳力。这是我国流动人口年龄构成最突出的特征。

3）流动人口文化程度集中在大学以下。

一般情况下，从流动人口的学历或文化程度看，虽然流出人口的文化程度在其流出地相对较高，但在流入地却普遍低于当地居民。其文化程度分布呈橄榄状，特点是中间大、两头小，即只有小学和初中文化程度者占绝大多数，而文盲及中专以上文化程度的流动人口所占比例比较低。

4）流动人口职业集中在环境和条件较差的工种。

在城市中，流动人口所从事的工种以体力劳动为主，大多处于较低的层次，一般是环境和条件差、待遇差的脏累苦工种，而技术性强、对文化程度要求高、工资待遇好的工种的比重则相对较小。

5）流动人口近期出现流入后逐步定居的趋势。

以北京为例，流动人口进京后滞留时间日趋延长，"居住 1 个月以下 16 万人；1～3 月的 34.7 万人，占 9.5%；居住 3 个月～1 年的，164.9 万人，占 45.2%；居住 1～3 年的 94.5 万人，占 25.9%；居住 3～5 年的 39.4 万人，占 10.8%；居住 5 年以上的 16.8 万人，占 4.6%"。通过这组数据可以看出，流动人口的流动已与 20 世纪八九十年代的盲目性流动有了很大的区别，人口流动以就业为主要目的，外来人口进入城市后，获得相对稳定的工作后便会相对稳定地定居下来，成为城市常住人口。

（3）我国现有的流动人口管理模式。

对流动人口的管理，就是政府管理部门依据国家法律法规和规章的授权，对人口流动过程中涉及的人、行为、事件进行组织、协调和约束、调控，依法处理涉及流动人口的违法犯罪，保护流动人口和相关人员的合法权益，维护和谐的社会秩序。

---

① 参见陈祥松：《当代中国流动人口管理伦理问题研究》，39～40 页，湖南师范大学博士学位论文，2009。

1）流动人口管理的依据。

目前，我国流动人口管理所依据的主要依据有四类：一类是全国性的条例、意见，主要有：第一，1958 年 1 月 9 日经全国人民代表大会常务委员会第 91 次会议通过，同日经国家主席批准公布的《中华人民共和国户口登记条例》。第二，2007 年，中共中央办公厅、国务院办公厅转发的《中央综治委关于进一步加强流动人口服务和管理工作的意见》，从政策上明确对于流动人口将从“管理控制”转向“服务管理”。第三，2009 年 4 月 29 日国务院第 60 次常务会议通过、2009 年 10 月 1 日起施行的《流动人口计划生育工作条例》，这是迄今为止我国发布的最权威的一个流动人口计划生育工作方面的条例，对我国流动人口管理具有里程碑式的重要意义。二类是各省、直辖市、自治区人民代表大会常务委员会制定的地方性法规。如广东省、福建省、辽宁省人大常委会均通过了流动人口管理条例。1998 年 12 月 31 日，广东省第九届人民代表大会常务委员会第七次会议通过《广东省流动人口管理条例》。三类是各省市区人民政府制定的加强流动人口管理的规定。天津市、江西省、重庆市、海南省、北京市、宁夏回族自治区政府等以政府令的形式发布了流动人口管理规定。如 1995 年 11 月 23 日海南省人民政府令第 78 号发布了《海南省流动人口管理规定》。四是政府各职能部门制定的加强流动人口管理的规定。如长春市公安局根据《长春市暂住人口管理规定》（1996 年 3 月 26 日），制定了《长春市公安局流动人口管理工作实施细则》（1996 年 6 月 21 日）。

2）流动人口管理的主要任务。

依据现有的法律、制度等，流动人口管理的主要任务是：进一步统一思想认识，各有关地区和部门树立全国一盘棋的观念，加强合作，齐抓共管，采取更加有力的措施，对流动人口问题进行综合治理。在工作中必须紧紧依靠基层组织和人民群众，大力加强对流动人口特别是离开农村常住户口所在地跨地区务工经商人员的户籍管理、治安管理、劳动就业管理和计划生育、民政、卫生、兵役等各项管理工作，并把管理与对流动人口的疏导、服务、教育等各有关工作紧密衔接。建立科学有效的工作机制，逐步把各项工作制度化、法律化，纳入依法管理轨道。特别是人口流出和流入多的地方，要加强对口交流，密切配合，共同解决好工作中的突出问题。要通过加强对流动人口的各项管理工作，切实掌握人口流动情况，控制流动规模，引导有序流动，充分发挥人口流动的积极作用，保护流动人口的合法权益，预防和依法打击极少数人的违法犯罪活动，维护社会治安和各种管理秩序，以更好地为改革开放、经济发展和社会稳定服务。

3）流动人口管理的措施。

第一，身份证明和现实表现证明管理。用人单位一般要求应聘的流动人口提供由流出地公安机关核发的身份证明和证明该流动人口在流出地的现实表现的证明材料。

第二，流动人口登记管理。主要有两种情况：一种是入住旅店的流动人口根据旅店业管理办法进行住宿登记。一种是流动人口在流入地租赁房子（非旅店）居住后，由房屋出租人或者流动人口本人到居委会或者派出所进行登记。这部分人主要是没有办理暂住证的人。

第三，实行统一的流动人口暂住证管理。所有流动人口离开常住户口所在地学习、务工或经商，到达目的地后，须在当地公安机关办理“暂住证”。任何单位和个人不准雇用无上述证件的外来人员，对违反此规定者要进行处罚。从 2008 年开始，湖南、上海、广东、北京等省市对流动人口取消了暂住证制度，代之而推行“居住证”制度。办理了“居住证”的流动人口享有比办理暂住证的流动人口更多的权益。

第四，户口迁移管理。主要是公安机关根据户口登记条例和流入地政府的相关户口迁移政策，对符合当地户口迁移政策的流动人口，可以根据流动人口的申请，批准办理户口迁移。

第五，对流动就业人员的劳动管理与就业服务。主要包括：为流动就业人员提供就业信息和职业介绍、就业训练、社会保险等服务；对单位招用外地人员、个人流动就业进行调控和管理；办理“外出就业登记卡”和“外来人员就业证”；对用人单位和职业介绍机构遵守有关法规的情况进行劳动监察，维护劳动力市场秩序；依法处理用人单位与外来务工经商人员有关的劳动争议；保护双方的合法权益。流动人口外出务工经商，外出前，须按规定在常住户口所在地劳动部门办理“外出人员就业登记卡”。登记卡要如实记载婚姻、健康状况。

第六，对外来人员从事个体经营活动的管理。主要内容有：在核发营业执照时，核查“暂住证”、“外来人员就业证”等有关证件；对集贸市场中的务工经商人员进行管理，配合有关部门落实流动人口管理的各项措施；对外来个体从业人员进行职业道德和遵纪守法等教育。

第七，救助和保护教育管理。包含这样几个方面：救助管理。2003 年 6 月 20 日，国务院第 381 号令公布施行《城市生活无着的流浪乞讨人员救助管理办法》，该办法要求县级以上人民政府建立流浪乞讨人员救助站，及时救助流浪乞讨人员，并把救助经费纳入财政预算。在此之前，民政部和公安部门根据《城市流浪乞讨人员收容遣送办法》，对无合法证件、无固定住所和无正当生活来源的流浪乞讨人员进行收容遣送；试办流浪儿童保护教育中心。对在社会上长期流浪、无家可归，失去正常生活、学习条件和安全保障的少年儿童，要采取保护性的教育措施。可在流浪儿童较多的城市，试办流浪儿童保护教育中心。这项工作由当地政府负责，民政部门牵头，教委、妇联、共青团、公安、铁道等有关方面协助。

第八，婚姻和计划生育管理。民政部门负责对流动人口进行婚姻登记；计划生育管理部门负责对流动人口计划生育证明的发放和查验工作，为流动人口提供避孕药具和相关的其他服务。

第九，对流动人口聚居地的管理。对成建制施工队伍和工地的管理以及流动人口聚集地的规划管理，协助有关部门落实流动人口管理的各项措施；进行小城镇的开发建设，促进农村剩余劳动力的就地就近转移；对房屋出租的管理和市容、环境卫生监察；对流动人口聚居地的社会治安整治。

第十，依法处理外来人员违法犯罪问题，严厉打击流窜犯罪活动。各级公安机关要认真调查研究外来人员犯罪的特点和规律，坚持专门工作与依靠群众相结合的方针，加强对外来人员违法犯罪活动的打击、防范和控制工作。依法从重从快严厉打击杀人、抢劫、重大盗窃等严重危害社会治安的犯罪活动；对外来人员中多发性的治安问题要认真调查研究，及时予以整治；对混杂其中的流窜犯罪分子，要提高发现能力，加大打击力度；严格防止出现并坚决铲除带黑社会性质的犯罪团伙和恶势力。要增强全局观念，发扬协作精神，建立健全违法犯罪线索协查和通报制度，携手打击跨区域的犯罪活动，因地制宜地开展缉捕逃犯的专项斗争。

(4) 流动人口管理机制的改革和创新。

2006 年，党的十六届六中全会作出了构建社会主义和谐社会的重大战略部署，明确提出要加强流动人口服务管理，促进流动人口同当地居民和睦相处。2007 年，胡锦涛同志在党的十七大报告中再次强调，要加强流动人口的服务和管理。2010 年 10 月党的“十二五”规划建议进一步明确提出，要做好流动人口服务管理工作，大城市要加强和改进人口管理，中小城市和小城镇要根据实际放宽外来人口落户条件。注重在制度上解决好流动人口权益保护问题。综观之，做好流动人口的服务管理工作是党和国家坚持以人为本，实现社会和谐与公平正义的具体表现形式，是实现科学发展的重要内容之一。建立健全实有人口动态管理机制，提高实有人口管理服务水平，已经成为当前和今后相当长一段时间内党和国家积极推进社会管理体制机制改革和创新的重要举措。①

1) 建立健全实有人口动态管理机制。

“实有人口”包括常住人口、暂住人口、寄住人口（人户分离人员）、户口待定人口、境外居留人口，等等。实有人口的管理包括常住人口、暂住人口、寄住人口（人户分离人员）、户口待定人口、境外居留人口管理，以及其中的工作对象管理、从业人员管理、人口统计和居民身份证管理、人口信息管理、人口档案管理等多项内容。要建立健全这一管理机制，必须从实际出发，在人口管理的理念、原则、方法、载体等方面进行努力，不断加以发展和完善。

第一，建立和健全实有人口服务管理机制，要求彻底变革流动人口管理理念。

实有人口管理概念的提出，其本身就是以人为本理念的具体体现。它必将在人口管理的各个层次带来一系列积极的效应。实有人口管理要求人口管理从传统的“静态管理”走向“动态管理”。具体来看，要求我们在管理中一定要由过去的以防范和控制为主的治安管理向城市统筹规划、综合服务和管理转变，由流入地政府管理为主向流入地、流出地政府密切协作配合转变，由政府职能部门管理为主向政府依法行政、社区依法自治、基层组织广泛参与的社会化服务和管理转变。在此基础上，积极调整和完善流动人口服务管理工作机构，充实服务管理的力量，不断完善流动人口服务和管理工作机制，努力实现流动人口的服务和管理规范有序。②

第二，建立和健全实有人口服务管理机制，要求在流动人口服务管理工作机制和具体方法上积极进行探索和创新。

要充分发挥社会治安综合治理的优势，把流动人口服务和管理工作融入党委领导、政府负责、社会协同、公众参与的社会管理格局中。其中值得着重指出的问题是，要把流动人口服务和管理工作纳入当地的经济社会发展规划之中，并且在财政、金融、土地、社会

---

① 参见《加强和创新社会管理干部学习读本》编写组：《加强和创新社会管理干部学习读本》，73～74 页，北京，中共中央党校出版社，2011。

② 参见上书，75 页。

保障、公共服务等各个方面体现出来，牢固树立公平对待的理念，坚决纠正一切有损流动人口尊严和公民权利的歧视性做法，从而把以人为本的理念贯彻落实到流动人口服务和管理的各个环节、各个方面。

以实有人口动态管理理念为指导，目前全国不少地方都在积极创新流动人口服务管理的工作机制。比如，广东、浙江、北京等地都已经建立起了党委、政府领导下的流动人口服务管理机构，有的地方从省到最基层的村居都设立了工作机构。在具体的管理形式上，很多地区通过不断的探索，逐步形成了“以证管人、以房管人、以业管人”的流动人口管理服务模式。

第三，建立和健全实有人口服务管理机制，要求以社区为基础对社区实有人口提供各种服务管理。

在“单位人”日益被“社会人”所取代的大背景下，社区正成为流动人口居住和生活的主要场所。社区这个政府与社会的交接点，作为对流动人口提供社会管理和服务的平台和接口，发挥着不可替代的基础作用。一是要把流动人口的管理和服务纳入社区建设的重要内容。在城镇，通过推进和谐社区建设，使流动人口与当地居民和睦相处，更好地融入当地社区生活，实现共治、共建、共享。二是要大力完善社区服务功能。逐步建立起覆盖社区全体成员、服务主体多元、服务功能完善、服务质量和管理水平较高的社区服务体系。①

第四，建立和健全实有人口服务管理机制，要求建立覆盖全国人口的国家人口基础信息库，为实有人口管理提供科学依据。

时至今日，覆盖全国人口的国家人口基础信息库仍在建设之中。今后的工作重点主要有两点：首先，逐步完成部门内部的全员人口信息库建设。其次，进一步建设基于多部门信息共享交换的全员人口信息共享平台及人口信息服务和决策支持系统，为经济社会发展和公共服务提供及时、准确、权威的人口信息支持。

2）提高对实有人口的管理服务水平。

在实有人口管理体制机制日益完善的前提下，需要从各个方面着手，不断完善和提高针对实有人口的管理服务水平。

第一，推动户籍制度改革，逐步实现流动人口的市民化待遇。经过 20 多年的户籍身份制度的变革努力，我国的大中小城市与小城镇对流动人口身份转变呈现出阶梯状开放的局面，这是一种难得的历史进步，也是一种较为现实的选择。今后要在坚持宪定权利与平等对待等原则的基础上，从实际出发，循序渐进，注重制度建设和创新，继续深入推进流动人口的身份转变。

第二，不断完善针对流动人口的就业服务管理，为他们融入城市奠定基础。

第三，加强就业保障的各种制度建设。其中有一些工作重点：一是要不断完善劳动保护制度，保障流动人口的人身安全。二是要努力提高流动人口参加工伤、失业、医疗等基本社会保险的参保率。

---

① 参见《加强和创新社会管理干部学习读本》编写组：《加强和创新社会管理干部学习读本》，77 页，北京，中共中央党校出版社，2011。

3）逐步提高对流动人口公共服务的均等化。

把城镇基本公共服务延伸到流动人口身上，使他们进入城镇社会管理工作范畴，是实有人口动态管理的应有之义。各地各部门顺应建立服务型政府的要求，坚持以人为本，不断加强和改进对流动人口的公共服务能力。一是加强对流动人口的培训；二是做好流动人口子女接受义务教育工作；三是积极为流动人口提供计划生育服务；四是多渠道改善流动人口居住条件，规范出租房屋市场，逐步把流动人口纳入城市住房保障体系；五是打击混迹流动人口中的违法犯罪活动。①

2. 特殊人群管理

（1）“特殊人群”的含义。

社会管理中所采用的“特殊人群”一词并没有形成明确的定义，根据相关资料，大致包括服刑在教人员、刑满释放解除劳教人员、吸毒人员、容易肇事肇祸的精神病人、艾滋病患者等，他们是需要给予特殊关心帮助的人群。“做好对这部分社会成员的服务管理，是社会管理工作要加强和改进的一个重点，关系社会的安宁和谐。党和政府对此历来高度重视，不断加大对特殊人群的帮教、安置、救治、管理力度，取得了明显成效。同时也存在不少服务盲点、管理漏洞和安全隐患。必须紧紧依靠地方各级党委政府，必须充分发挥基层组织和家庭、社会的作用，必须坚持各部门齐抓共管、综合施策。要坚持以人为本，在人格上尊重、感情上亲近、生活上关心、权益上保障、心理上疏导，通过教育和帮助，努力使他们遵纪守法、与社会和谐相处。”②

（2）特殊人群管理的特征。

对特殊人群的社会管理，“要根据不同类型特殊人群的特点，坚持分类施策、因人施教，有针对性地做好服务管理工作。对服刑在教人员，要做好分类收押收容、法制教育、心理矫治和职业技能培训工作，为他们顺利回归社会创造条件；对刑释解教人员，要落实出狱出所必接必送和安置帮教机制，积极帮助解决就业、生活、家庭等方面的实际困难，使他们更好地融入社会；对社区矫正对象，要建立司法机关、社区组织、家庭成员密切配合的社区矫正工作体系，共同做好教育改造工作；对吸毒人员，要建立自愿戒毒、强制隔离戒毒、社区戒毒、社区康复等相互衔接的工作机制，帮助他们过上正常人的生活；对有肇事肇祸倾向精神病人，要建立监测预警、救治救助、服务管理机制，科学有效地医治管理，最大限度减少社会危害；对艾滋病患者和易感染艾滋病病毒人群，要坚持预防、救治、救助、管理相结合，加强综合干预，坚决遏制艾滋病传播。要加强工作保障，落实必要的经费、人员和场所，鼓励社会力量积极参与，形成全社会关心帮助特殊人群的良好局面”。③

在特殊人群中，艾滋病人、吸毒人员、具有肇事肇祸倾向的精神病人因受社会观念影响，一般不会主动接受服务管理，这给社会管理工作带来极大挑战，需要相关部门有效掌握这几类人员的动态情况，做好管理和服务工作。

---

① 参见《加强和创新社会管理干部学习读本》编写组：《加强和创新社会管理干部学习读本》，81～82页，北京，中共中央党校出版社，2011。

②③ 周永康：《周永康在中央社会管理综合治理委员会第四次专题会议上强调加强和改进对特殊人群的服务和管理 搞好关系国计民生重要设施的安全保护》，载《人民日报》，2011-11-08。

1）艾滋病人管理需延伸至基层。

防治艾滋病最大的困难在于，目前仍有一部分感染者处于“潜伏”状态。如果他们不主动接受检测，将无法获知他们的感染状况，也很难为其提供相应的服务。不掌握谁是病毒感染者，不知道病毒感染者可能会感染谁，就难以诊治，更难以预防。为了进行有效管理，一方面要扩大监测点数和范围，建立艾滋病筛查实验室，以便掌握高危人群、重点人群和一般人群中艾滋病的走势，从而能够客观科学地评价艾滋病疫情流行的趋势；另一方面，需要把服务的触角延伸到暂时不具有建立门诊条件的地区，在这些地区为零散吸毒人员提供检测服务。

在加强和创新对艾滋病感染人群的社会管理工作中，需要公安、卫生、文化、工商、宣传等各个部门的横向协调与配合，同时需要将工作重心向基层转移。

2）社区服务管理治吸毒者心瘾。

依据国际国内大量资料，海洛因成瘾者戒断后复吸率极高，鲜有成功戒断者，其生理戒断容易，但心瘾难断。这种慢性疾病侵入脑部形成不可逆病灶，以致心瘾不可能治愈，只能降低或减低。据此，国家提出维持治疗的设想，并提供合法药物美沙酮。临床以美沙酮来进行维持医疗时，戒断者生理上不出现戒断症状，对心瘾也有一个维持效用，能够让戒断者不依赖海洛因。

2004 年，北京建立起第一家为海洛因成瘾者提供美沙酮维持治疗服务的社区药物治疗门诊，目的是帮助求治者戒断毒瘾。实践证明，这对减少吸毒的社会危害具有较好的效果。相关部门除了发放药品、督促求治者服药之外，还会定期地进行心理干预，包括展开法律、法规教育和关爱、关怀活动，还定期举办一些邀请家属一同参与的活动，以各种方式和手段来帮助求治者摆脱危险行为，减少危害。但由于对这一政策的宣传力度不够，目前这一做法取得的效果有限。

3）精神病人管理注重回归社区。

一段时间以来，具有肇事肇祸倾向的重性精神病人一度被认为是社会公共安全的“不定时炸弹”，对其的管理工作也一直是各级政府的工作重点，也取得了一定的成绩。然而，受观念、资金等因素的制约，目前对这类特殊人群的管理仍有欠缺之处。

为加强对精神病患者的服务与管理，我国自 2004 年 12 月开始，启动了重性精神疾病管理治疗项目，这一项目由卫生部疾控局主管，北京大学精神卫生研究所与中国疾控中心精神卫生中心具体承担。这一项目或称“医院社区一体化”模式，该模式覆盖了全国 160 个市（州）的 674 个区县，实际覆盖人口 3.3 亿。尽管我国正在探索对重性精神病患者的服务管理模式，也对精神卫生工作进行了相当大的投入，但对重性精神病患者的服务管理工作仍不乐观，有两个问题非常突出：一是精神卫生服务资源严重不足；一是患者得不到及时治疗。目前全国重性精神病患者人数为 1 600 万，其中半数以上患有精神分裂症。与此对应的是，全国精神病科医生人数不及两万人，精神病医院病床数量不及 20 万张，每年出入医院的患者人数高达七八十万人次。目前精神卫生服务管理体系存在的这些问题，致使一些新患者和重复发病的老患者未能得到及时有效的治疗和管护，重性精神病患者肇事、肇祸情况严重，其负面社会影响加重了社会对精神病患者的恐惧、排斥和歧视，由此酿成一种恶性循环。将对这一人群管理的重点从医院转移到社区，建立以社区管理为中心的精神卫生服务管理体系是更为符合我国现实情况的选择。

(3) 我国现有的特殊人群管理模式。

1) 社区矫正工作。

社区矫正是由专门机关联合社会力量在维护刑罚公正、确保社会安全的前提下，采用社会化的方法和手段矫正罪犯，促使其重返社会的刑罚执行制度。

2003 年 7 月 10 日最高人民法院、最高人民检察院、公安部、司法部联合签发了《关于开展社区矫正试点工作的通知》。2003 年 9 月 2 日，“全国社区矫正试点工作会议”在北京召开。至此，北京、上海、天津、江苏、浙江、山东这几个省（市）的社区矫正工作正式启动，从而拉开了我国社区矫正实践探索的序幕。第一批有 35 个区（市）、310 个街道展开社区矫正试点。至 2004 年下半年共接收、管理社区服刑人员 4 900 多人，主要是一些被判处管制、缓刑、剥夺政治权利以及受到假释、监外执行处理的人员，尤以缓刑、假释和被剥夺政治权利的居多。2004 年下半年，河北、内蒙古、黑龙江、安徽、湖北、湖南、广东、广西、海南、四川、贵州、重庆 12 个省（区、市）被列为第二批社区矫正试点省份，在其具备条件的辖区内，开展社区矫正试点工作。

第一，社区矫正的机构。

社区矫正机构分为以下三个层次：一是各省（自治区、直辖市）、市（地、州）和县（市、区），分别成立社区矫正工作领导小组（或办公室），由党委牵头，公、检、法、司、民政、劳动和社会保障、监狱等部门组成，主要负责社区矫正中的组织工作，协调理顺关系，研究解决工作中的重大问题。二是司法行政机关设立社区矫正工作领导小组办公室，作为同级社区矫正工作领导小组的办理机构，负责指导、监督有关法律、法规和规章的实施，协调相关部门解决社区矫正工作中的重大问题，检查、考核本地区社区矫正实施情况。三是乡镇、街道司法所，具体负责实施社区矫正。

第二，社区矫正的人员。

根据 2004 年 5 月 9 日司法部印发的《司法行政机关社区矫正工作暂行办法》（以下简称《办法》），社区矫正人员主要包括：司法所工作人员、有关社会团体和社会志愿者。《办法》第 13 条规定社区矫正工作志愿者应当具备下列条件：拥护宪法，遵守法律，品行端正；热心社区矫正工作；有一定的法律政策水平、文化素质和专业知识。

第三，社区矫正的主要任务。

一是按照我国《刑法》、《刑事诉讼法》等有关法律、法规和规章的规定，加强对社区服刑人员的管理和监督，确保刑罚的顺利实施。

二是通过多种形式，加强对社区服刑人员的思想教育、法制教育、社会公德教育，矫正其不良心理和行为，使他们悔过自新，弃恶从善，成为守法公民。

三是帮助社区服刑人员解决在就业、生活、法律、心理等方面遇到的困难和问题，以帮助他们顺利适应社会生活。

2) 吸毒人员管理。

我国对吸毒人员采取强制戒毒和劳教戒毒为主，自愿戒毒为辅。对吸毒成瘾者一律强制性戒毒，目前有三种戒毒模式：自愿戒毒、公安强制戒毒、劳教戒毒。

自愿戒毒。负责自愿戒毒的医疗机构由医疗卫生部门主管，公安机关监督。目前的自愿戒毒机构大都具有营利性质。

公安强制戒毒。根据全国人大常委会《关于禁毒的决定》和国务院《强制戒毒办法》的规定，对吸毒成瘾者予以强制戒除。对吸毒人员实施强制戒毒，由县级公安机关决定。公安强制戒毒机构由公安部门主管，对象主要是第一次吸毒成瘾者。

劳教戒毒。全国人大常委会《关于禁毒的决定》规定："强制戒除后又吸食、注射毒品的，可以实行劳动教养，并在劳动教养中强制戒除。"戒毒劳教所由司法行政部门主管；对吸毒人员实行劳动教养，由地（市、州）劳动教养委员会决定。劳教戒毒的对象主要是经过公安强制戒毒后又复吸的吸毒者。劳教戒毒的期限为1～3年。目前全国共有戒毒劳教所41所，另有108个劳教所收容戒毒劳教人员。

(4) 加强和完善特殊人群管理和服务政策。

通过不断加强和完善特殊人群的管理和服务政策，可以使他们更好地融入社会，不仅有利于特殊人群自身的发展，而且对于社会和谐稳定也具有重要意义。

要转变思维，进一步明确特殊人群管理和服务的基本理念。要以科学发展观为指导，以人为本，进一步更新和落实特殊人群管理和服务的理念。在依法治国这一基本理念的基础上，进行系统的谋划和布局，把特殊人群管理工作纳入经济社会发展的总体规划进行部署。

要积极探索、建立起适应形势发展需要的新型特殊人群管理和服务机制。要积极整合社会资源，构建党委政府统一领导，各职能部门相互配合，社会各界广泛参与、齐抓共管的管理新体制。

强化对特殊人群的帮扶安置措施，对特殊人群进行特殊关爱。各相关政府部门要坚持以人为本，有针对性地做好特殊人群的就业安置、帮扶救助和服务管理工作，让特殊人群更快更好地融入主流社会。

做好刑释解教人员安置帮教工作。各级党委政府要进一步强化组织领导，要努力探索新时期安置帮教工作新路子，要总结推广成功经验，要切实解决安置帮教工作中的重点难点问题。其中最重要的是实现无缝衔接管理，进一步提高科学管理水平。另外，在安置的过程中，还要创造条件，建立、扶持一批过渡性安置实体或基地，重点解决"三无"人员（无家可归、无生活来源、无业可就）和有重新违法犯罪倾向的刑释解教人员的过渡性安置问题。

积极试行社区矫正工作。要大力加强社区服刑人员监督管理、教育矫正、帮扶工作，建立适应宽严相济刑事政策要求的社区矫正工作体系，努力提高矫正质量和效果，进一步探索社区矫正有效的监督管理方式。

做好城市流浪乞讨人员和流浪未成年人工作。具体而言，需要在以下一些方面进一步努力。一是不断地创新救助模式。在保障流浪乞讨人员和流浪未成年人基本生活的同时，积极开展技能培训、职业介绍、心理辅导、行为矫治等方式，设置社会工作岗位、培育发展志愿者队伍，探索多渠道、多形式、系统化、专业化、人性化和社会化的救助方式。二是不断地创新救助手段。积极推进主动救助，综合运用街头救助、流动救助、站牌引导、公益广告、建立市、区、街道、社区多级救助网络救助等多种手段。三是不断拓展救助范围。为流动人口中因灾害事故、务工不着、被抢被盗、寻亲不遇、财物丢失等突遇困难而流落城市街头的流动人员提供救助，发挥新型救助制度的社会服务和社会稳定功能。四是不断加强保护机构设施建设。要以“规模适度，功能完善，环境适宜”为原则，认真做好本地区流浪未成年人救助保护设施规划和建设工作。五是进一步加强救助管理信息化建设，不断提高救助效率和服务水平。

做好预防青少年违法犯罪工作。要按照“党政主导，以关爱未成年人为本，教育、服务、管理三结合，建设与整治相结合，全社会共同参与”的原则，结合实际，突出重点，统筹协调，进一步深化对青少年违法犯罪的社会管理。一是要加强组织领导，建立健全强有力的组织领导机构及办事机构。把预防青少年违法犯罪工作纳入成员单位工作目标管理。二是要健全完善的工作机制，加强预警监测机制、协调联动机制、督导检查机制、激励与约束机制、保障机制建设。三是有重点有针对性地做好各项预防工作。

4.3.2 公共安全管理

1. 公共安全的含义

从学术意义的角度来看，我国对公共安全的研究始于2003年“非典”之后，作为一门学科，其发展时间较短，尚未形成系统的理论体系。公共管理、法学、社会学等各个学科的学者对公共安全进行了不同的界定，从各个侧重点反映出公共安全的本质特征。综合来看，“公共安全”就是指社会公众享有安全和谐的生活和工作环境以及良好的社会秩序，其生命、财产及其他的权利有安全保障，以最大限度地避免各种灾难的伤害。公共安全的核心是公众的生命、财产安全，公共安全问题主要有人口膨胀、流行疾病以及分离主义、恐怖主义等。

2010年2月19日，胡锦涛同志在省部级主要领导干部社会管理及其创新专题研讨班的讲话中强调，要“扎扎实实提高社会管理科学化水平，建设中国特色社会主义社会管理体系”，要“进一步加强和完善公共安全体系，健全食品药品安全监管机制，建立健全安全生产监管体制，完善社会治安防控体系，完善应急管理体制”。[①] “十二五”规划纲要进一步指出，未来五年，我国要适应公共安全形势变化的新特点，推动建立主动防控与应急处置相结合、传统方法与现代手段相结合的公共安全体系，规划针对公共安全体系的四个构成部分——保障食品药品安全、严格安全生产管理、健全突发事件应急体系、完善社会治安防控体系——作出了总体性安排。[②]

2. 公共安全问题的特征

在全球化和网络化的大背景之下，公共安全问题已经不再限于传统安全和秩序，延伸到了生产、生活、环境、技术、信息等各个领域，涉及面越来越广，表现出更多新的特征。

（1）突发性和不确定性。

突发性是指大多数公共安全事件在短时间内发生，政府、社会、民众、大众传播媒介

---

① 胡锦涛：《扎扎实实提高社会管理科学化水平，建设中国特色社会主义社会管理体系》，载《人民日报》，2011-02-20。

② 参见《加强和创新社会管理干部学习读本》编写组：《加强和创新社会管理干部学习读本》，81～82页，北京，中共中央党校出版社，2011。

等事先完全没有预料或无法预见且毫无准备。既没有人确切知道在什么时间、什么地点会发生怎样的危机，也没有人能确切预知危机的后果；既可能由一些小事引起，也可能根本没有任何先兆就引发了危机。它完全是一种突发性的巨大事件，所以很容易引起民众的心理恐慌和手足无措。突然发生的事件，时间紧急且起因不明朗，发展走向也不确定，受影响的大众反应程度及社会管理的有效度都难以预知，因此具有动态性发展特征、高度的不确定性和易变性。这也是突发公共事件较其他社会问题复杂之处，更使得决策者在决策过程中要面对很大的风险和巨大的压力。

(2) 社会性和扩散性。

新的形势下，公共安全所涉及的对象往往是不特定的社会群体，公共安全已经不是传统意义上的某个人或某个团体的事情，而是全社会共同的事情。当今，必须依靠全社会的力量才能解决好公共安全问题，有效维护公共安全。从公共安全的影响来看，许多公共安全问题的影响经常跨越某一地域的局限，并可能扩散到全国甚至是全世界，对更大范围内的公众造成影响，其所造成的社会心理影响是不可估量的。

(3) 广泛性和复杂性。

公共安全是当前全世界所关注的共同问题，公共安全几乎涉及每一个国家和地区。公共安全的广泛性主要表现在行业空间的多领域和时间上多频次。在行业空间上，传统的公共安全更多是指社会治安事件与自然灾害事件，而现代的公共安全事件则更多涉及能源安全、生态环境安全、水资源安全、恐怖袭击、信息系统的安全、流行疾病的安全、人口安全及城市建设的安全容量问题等。此外，在时间上也呈多频次。

(4) 非传统化和国际化。

过去，公共安全问题主要是震灾、风灾、水灾、火灾等，多采取地震预报、大风预报、水文预报、防火安全等措施预防，而现在的公共安全问题更多是流行疾病、恐怖爆炸、毒气泄漏、交通瘫痪、环境污染，以及停电、停水、停气等非传统领域。研究表明，多数非传统安全是从传统安全演变成“新”问题的，从而使不少传统灾害表现出新面孔及新危害，如信息网络的攻击，既损害公众的权益，又威胁到信息基础设施的安全运行。另外，公共安全呈国际化的特点。当今世界是开放的世界，全球一体化迅速加强使得国际公共危机可迅速彼此传递。随着经济社会发展所出现的一些新问题、一些负面影响使得公共安全变为已经不是某一个国家或某几个国家的事，而是全世界共同面对的问题。

(5) 隐蔽性和破坏性。

公共安全潜在的危机常常不易被察觉，在人们毫无思想准备的情况下突然爆发。在现代文明社会条件下，公共安全危机事件的破坏性越来越大，人类的损失也越来越难以弥补，每年全球都有成千上万的人死于各类灾难事件，一个城市、一个地区甚至一个国家都有可能在一次灾难中陷于全面瘫痪。

(6) 长期性和可变性。

形成公共安全危机的根源相当复杂和顽固，很难在短期内彻底消除，这就导致公共安全问题将会长期存在。一次公共安全问题解决了，新的问题又可能发生；某一领域的问题消失了，其他领域的问题又会出现。所以，公共安全工作是具有战略意义的一项长期性的工作，各级公共部门要始终保持高度的警惕和责任感。当然，公共安全也不是一成不变的，而是随着人类社会的发展变革会不断地变化，它具有可变性。我们必须要用发展变化的眼光观察和分析公共安全形势，加强对新时期、新问题、新观念的研究，不断更新观念、创新制度，建立有效的公共安全管理系统，开拓公共安全管理的新局面。

3. 公共安全管理的现状（管理方式）

（1）公共安全管理法律、法规建设已初具规模。

我国从1954年首次规定戒严制度至今，已经颁布了一系列与处理突发事件有关的法律、法规。各地方根据这些法律、法规又颁布了适用于本行政区域的地方性法规，从而初步构建了一个从中央到地方的突发事件应急处理法律规范体系，为应对公共安全危机事件带来的公共危机、依法实施有效的政府公共安全管理提供了一定的法律保障。

（2）公共安全管理预案体系基本形成。

目前，我国突发公共事件预案体系包括国家总体应急预案、国家专项应急预案、国务院部门应急预案以及地方应急预案，其基本体系已形成。

（3）公共安全管理组织体系基本建成。

随着我国政府对公共安全管理的重视和加强，公共安全管理组织体系正逐步走向完善。纵观我国的公共安全管理组织体系，国务院是公共安全管理工作的最高行政领导机构，负责公共安全管理的指挥决策，在总理的领导下，通过国务院常务会议和国家相关公共安全管理指挥机构，负责应急管理在内的公共安全管理工作，必要时还可派出国务院工作组指导工作。地方各级人民政府是本行政区域公共安全管理工作的行政领导机构，负责本行政区域各类公共安全管理工作。国务院和各公共安全管理机构建立各类专业人才库，并根据实际需要聘请有关专家组成专家组，为公共安全管理提供决策建议，必要时参加应急处置工作。

（4）公共安全管理信息系统已经开始建立。

我国公共安全危机种类繁多，而灾情信息分散于各部、局、省、市、自治区。我国主管公共安全危机应对的专业部门，如气象局、地震局、水利部、国土资源部、农业部大都各自建有内部的信息网络系统，有些已经开展了部分的信息交流。在部分城市和地区也已经建立统一的灾害数据库，然后以遥感、遥测数值记录、自动传输为基础，建立空、地、人的立体监测网和综合信息处理系统，在公共安全危机特别是自然灾害引起的公共安全突发危机事件应对中，发挥了非常重要的作用。

4. 公共安全管理的重点

（1）健全食品药品安全监督体制，保障食品药品安全。

改革开放以来，我国的食品药品安全保障工作取得可喜成绩，但不容忽视的是，我国的食品药品安全仍处于风险高发期和矛盾凸显期，食品药品安全形势依然十分严峻，亟须健全食品药品安全监管机制。

1）坚持以人为本理念，切实落实科学监管。

在关系人民切身利益的食品药品安全监管工作中，各级职能部门应当坚持以人为本，坚持公众利益至上、人民利益至上的原则，切实落实科学监管理念，始终把维护好人民群众饮食用药安全放在首位，当好群众生命健康的“保护神”，担当好食品医药经济发展的“助推器”，坚决同各种制售假劣食品药品的违法犯罪行为作斗争，努力净化市场，规范生产经营行为，确保食品药品安全有效。

2）健全法律法规体系，确保监管有法可依。

一是要完善法律法规体系；二是要全面提高质量安全标准；三是要完善监管规范。

3）完善安全责任体系，落实责任追究机制。

按照“地方政府负总责，监管部门各负其责，企业作为第一责任人”的要求，在地方党委、政府的领导下，合理界定行为主体、监管主体、相关领导的责任，形成权责利相对应的食品药品安全责任体系。

4）建立联动执法机制，整合有限监管资源。

一要建立部门执法联动机制；二要建立市、县执法联动机制；三要建立区域执法联动机制。

5）建立公众参与机制，发挥社会协同作用。

一要切实提高食品药品安全监管的程序设计透明度，实现程序公开、信息公开；二要广泛动员社会力量参与监管食品药品安全。

6）构建风险监管机制，提高应急管理能力。

一要强化风险意识；二要强化风险监测；三要强化风险预警；四要强化应急处置。

（2）健全安全生产监管体制，维护群众生命财产安全。

当前我国安全形势依然严峻：安全生产事故总量高，安全生产重特大事故时有发生，职业病危害日趋严重，安全生产事故经济损失巨大。同时当前我国安全生产监管中也存在着较多的问题：法律法规体系尚不完善，安全生产监管体制不健全，安全生产监管机制不完善，安全生产技术支撑体系不完善，安全生产基础依然薄弱。因此，加强安全生产监管十分紧迫，具体要从以下几个方面着手。

1）完善安全生产法律法规，依法推进安全生产。

首先，健全安全生产立法机制；其次，完善安全生产技术标准；最后，提高安全生产执法效力。

2）健全安全监管体制机制，强化监察执法效果。

在安全生产监管体制方面，应按照精简、统一的原则，整合调整安全监管职能，将相同或相近的安全监管职能交由一个部门承担；应理顺安全监管机构职能与机构设置关系，在强化安全监管部门职能的同时，加强安全监管机构建设，合理配置内设机构，如执法监督、行政处罚仲裁、行政复议等职能机构；应按照分级、属地原则，理顺各级政府之间安全监管职责；应抓紧完善地方安全监管体制，建设市、县有关部门安全生产监督管理队伍，完善安全执法装备配置。

在安全生产监管机制方面，监管部门应当建立严格执法与指导服务、现场执法与网络监控、全面检查与重点监管相结合的安全监管监察机制，完善计划执法、严格执法、联合执法的工作机制，进一步健全完善各级安全监管部门与公安消防、海事、气象、环境保护等有关部门的应急联动机制，建立执法效果评估机制、健全安全生产行政执法责任制度，建立国家、省、市、县四级重大危险源动态数据库，推进高危行业（领域）企业完善重大危险源安全监控系统、构建重大危险源动态监管及监控预警机制，强化安全生产属地监管、建立基于企业风险的分级监管监察机制。

在安全生产监管手段方面，安全生产监管部门应当大力推进安全生产信息化建设，完善国家安全信息系统，建立覆盖各级安全监管、煤矿安全监察和应急救援机构的信息网络与基础数据库。此外，可以通过互联网技术，实现安全监管监察机构与重点行业（领域）企业内部安全生产监控信息交换，强化源头管理。最后，应当加强应急管理部门的信息共享，构建各级安全监管、煤矿安全监察、安全生产应急管理机构和安全培训管理信息化共用共享系统支撑平台及保障体系。

3）动员社会力量参与监管，提高群防群治能力。

首先，要加强社会舆论监督。其次，要推动安全生产专业服务机构规范发展，培育发展注册安全工程师事务所，充分发挥注册安全工程师在安全评价、检测检验、咨询等方面的作用。

4）发展安全生产科学技术，提高安全科技水平。

首先，政府应当健全安全生产科技政策和投入机制，建立企业为主体、产学研结合的技术创新体系，加强安全生产科学研究。其次，政府应促进安全产业发展。

5）完善事故应急救援体系，提高事故处置能力。

首先，要推进应急协调机构与机制建设。其次，要加快应急救援队伍建设。最后，要完善应急救援基础条件。

6）健全安全宣传培训体系，提高人员安全素质。

首先，要提高从业人员的安全生产素质。其次，要强化安全专业人才队伍建设，建立完善国家、省、市、县四级安全生产与职业卫生专家队伍，加强高层次职业安全卫生专业人才队伍建设，提高对安全生产的智力支持。最后，要建设专业化的安全监管监察队伍。

（3）完善社会治安防控体系，加强社会治安综合治理。

当前，我国经济持续快速发展，经济实力和综合国力大幅提升，社会管理和服务水平不断提高，人民群众安居乐业，群众对社会治安的满意率逐步上升，我国社会大局总体上比较稳定。但需要引起注意的是，我国的社会治安形势依然严峻，主要表现在：刑事案件逐年增多；暴力案件有所反弹，群体性事件不断增多。这些突出问题不容忽视。

完善社会治安防控体系，应当“坚持‘打防结合，预防为主’的方针，在继续开展‘严打’整治斗争的同时，大力加强社会治安防范和管理，构筑社会治安防控体系”，“要在党委、政府直接领导下，由社会治安综合治理组织统一协调，以公安部门为骨干，以群防群治力量为依托，以社会面、居民区和单位内部的防范工作为基础，以案发多发的人群、区域、行业、时段为重点，在直辖市、地级市城区或以县（市）为单位，建立完善人防、物防、技防结合、专群结合的社会治安防控体系，增强全社会预防和控制犯罪的能力”。逐步形成人技物配套、点线面结合、全社会参与、全天候运作、全方位覆盖的治安防控体系。

1）加强法律法规建设，提高社会治安管理的法制化水平。

一方面，相关部门应当定期清理所颁布、制定的一系列有关社会治安综合治理的文件、政策、法律和法规等；另一方面，相关部门有必要尽快制定《社会治安法》、《社区矫正法》、《保安法》等基本法律法规，依法规范治安处罚、社区矫正、城市综合执法等行政执法或司法行为，完善治安管理、社区矫正管理、保安服务业管理和城市综合执法体制。

2）加强执法队伍建设，提高社会治安管理的专业化水平。

3）提高防控科技含量，提高社会治安管理的信息化水平。

4）加强群防群治工作，提高社会治安管理的社会化水平。

5）推行治安整体防控，提高社会治安管理的精细化水平。

（4）建立健全应急管理体系，提高政府危机管理能力。

我国目前处在突发公共事件的高发时期，有关食品药品安全、自然灾害、社会安全的突发事件频发，给群众生命安全、物质财产、心理健康以及社会秩序造成严重损害。未来很长一段时期内，我国还将面临突发公共事件所带来的严峻考验。政府应当尽快建立健全应急管理体系，提高全社会应对各种风险的能力以及政府的危机管理能力。

党的十六大以来，我国应急管理工作取得明显成效，以“一案三制”（应急预案和应急法制、应急体制、应急机制）为核心内容的应急管理体系基本形成，应急管理综合能力大幅提升：应急预案体系已基本形成，应急管理法制不断完善，应急管理体制初步建立，应急管理机制不断完善。但是，当前我国应急管理中也存在不少问题：法律法规不健全，基层应急管理机构不够健全，应急预案还有待进一步完善，应急教育和培训基本缺失，应急保障能力还有待增强。

结合我国实际情况，完善应急管理体系需要从以下几个方面着手：

1）完善应急管理法律法规。

要建立健全应急管理的法律体系，依法规范各类社会组织和全体公民在应急管理过程中的行为，依法调用一切人力、物力和财力，保证各类社会资源在应急管理过程中发挥最大作用。

2）健全应急管理组织体系。

我国政府应该成立有足够的权力来协调不同部门共同应对突发事件的独立常设机构，以克服目前在突发事件应对组织体制领域过于分散、制度化水平低的弊端。

3）完善应急管理预案体系。

应急预案是应对突发事件的原则性方案，它提供了突发事件处置的基本规则，是突发事件应急响应的操作性指南。相关部门要组织开展应急预案评估工作，修订完善各类预案，加强预案之间的衔接，加强应急预案管理，规范预案编制、修订和执行工作，进一步完善应急预案体系。

4）加强应急队伍体系建设。

应急管理部门应当加强应急队伍体系建设，形成基本力量、突击应急力量和辅助应急力量相协调的突发事件应急管理队伍。

5）提高突发事件应急保障能力。

一要建立健全应急物资储备体系，二要政府加大应急管理资金投入力度，三要政府加强应急通信保障，四要政府提高应急保障的社会化水平。

6）建立健全应急教育培训体系。

应急管理部门要广泛开展应急管理进社区、进农村、进基层单位活动；应当通过广播、电视、报刊、网络等大众传媒以及画册、挂图、墙报、板报等多种载体，大力宣传和普及预防、避险、自救、互救、减灾等知识，提高公众的危机意识、责任意识和自救互救能力；应当针对当地多发性公共危机事件组织应急演练，培养公民的应急技能；建立一些针对多发性事故（灾害）的应急训练设施，提高公民对突发性事件的感性认识、体验识别和判断能力。

7）完善应急管理国际合作制度。

一要加强与有关国家、区域或国际组织的交流与合作，联合建立预警监测，应急救援等方面的工作机制；二要积极参加国际应急救援；三要与国外应急管理研究机构联合开展项目合作。

4.3.3 社会组织管理

1. 社会组织的含义

在党的十七大报告中，首次提出要“重视社会组织的建设和管理”，“发挥社会组织在扩大群众参与、反映群众诉求方面的积极作用，增强社会自治功能”。之后，国家民政部在管理中也开始采用“社会组织”这一新概念，而不再沿用“民间组织”的叫法。各地民政部门也陆续发布了一些促进社会组织发展的文件。

社会组织是政府体系之外的具有公共性质并承担一定公共职能的组织。美国学者萨拉蒙认为这类组织具有组织性、民间性、非营利性、自治性、志愿性等性质。① 基于这些性质，我国的社会组织应包括：在民政部门登记的社会团体、民办非企业单位、基金会及其分支、代表机构，在其他政府部门登记注册的民间组织，各种单位内部活动的民间组织；社区群众组织，农村专业经济协会；街头兴趣组织和互联网上的虚拟社区，没有获得合法登记的倡导性组织、维权类组织、境外组织在我国的分支机构等，政治反对组织。工会、共产主义青年团、妇女联合会等人民团体不包括在内，因为这些组织有一定的行政级别，组织的工作人员多数有行政或事业编制，类似政府部门。另外，由政府举办的事业单位以及由政府发起成立，经费主要来源于政府拨款的居委会、村委会等群众自治组织也不应包括在内。

2. 我国社会组织的特点

根据民政部门统计的数据，截至 2009 年底，全国有社会组织 431 069 个，其中社会团体 238 747 个、民办非企业单位 190 479 个、基金会 1 843 个。②

我国社会组织呈现出如下特点：

(1) 总量不大，分布不均。

2004 年末，我国平均每万人拥有社会组织 2.2 个。而法国每万人拥有非营利组织数已超过 110 个、日本近 100 个、美国超过 50 个，都是我们的几十倍。我国的各类社会组织，社会团体中，行业协会少；民办非企业单位中，社会福利类少；基金会中，非公募基金会少。

(2) 行政色彩相对浓厚，独立性差。

相对独立是社会组织的特点之一，但目前我国社会组织的自治化水平不高。一方面是

---

① 参见孙伟林主编：《社会组织管理》，4 页，北京，中国社会出版社，2009。

② 参见中国社会组织年鉴编委会：《中国社会组织年鉴 2010》，500～510 页，北京，线装书局，2010。

因为一些政府部门把社会团体当成自己的下属机构，直接干预其内部日常管理、控制其活动范围；另一方面是因为很多社会组织主要依靠政府部门来维持发展，它们长期靠政府部门提供场所设备、资金支持，获得发展项目，靠政府的权威来招募会员、收取会费，离开了政府部门，它们无法生存。久而久之就导致了这些社会组织行政色彩浓厚，自主性、独立性不强。

（3）社会组织自律机制不健全。

有的社会组织规章制度不完善，内部管理机制不健全，管理制度不能有效落实，违规业务活动常有发生；一些社会团体不是为会员服务，而是为少数人服务，或者不为多数会员服务，而为会长单位、副会长单位等少数单位服务，使社会组织变成了利益集团的牟利工具。另外，民办非企业单位绝大多数由个人或企业投资兴办，举办的目的是为了获取收益。

（4）社会组织职能不到位。

目前，社会组织的一些应有职能还无法行使。很多行业协会的章程中对行业管理、行业服务、行业自律、行业协调、行业维权的职能表述不明确、不具体，其原因就是这些本来应该由行业协会行使的职能，还在政府的把握之中，或者是交给行业协会了，但实际也在由政府机关控制。由于政府职能转变不到位，并没有把该由社会承担的职能交给社会，社会组织自身作用无法有效发挥。

（5）草根社会组织不断涌现。

随着经济发展和人民生活水平的提高，人们越来越多地开始寻求兴趣、爱好、技能方面的组织归属，为自己的愿望寻找社会化的实现途径，开始为了更好地实现利益诉求而结成联盟。

3. 我国社会组织管理的现状

改革开放 30 多年以来，我国社会组织管理体制基本上沿着从分散管理到归口管理、再从归口管理和双重管理到分类管理的路线演进，大体经历了三个主要阶段，每个阶段都代表着党和政府对待社会组织发展与管理的基本思路和相应的策略选择。

近十年来，随着社会组织进入新的发展高潮，对社会组织管理体制上的改革创新趋势越来越显著。一种被称为以规范发展为特征的“分类管理”新体制正在逐渐形成和发展之中。分类管理是指根据社会组织的性质、功能、结构等特点进行类别划分，分门别类地将其纳入不同的序列进行登记管理，并相应地采取不同的政策和制度形式加以规范及引导。分类管理的核心是依照不同的标准对社会组织进行分类，而分类标准则是依据社会组织日益多元化的客观发展情况、管理部门的相互协调、政治社会结构的变化等多种因素来确立的。在社会团体、民办非企业单位和基金会三大分类的基础上，我国社会组织的管理体制在基于不同类别、按组织特性及功能分类管理并建构相应的制度框架的创新实践正在积极探索之中。这是伴随社会组织规范发展而逐渐形成的社会组织管理体制上的又一次重大的体制演变，现行管理体制的许多方面都在这一过程中经历重大的调整，一系列新的制度形式和手段逐渐探索成熟，成为管理体制的新的组成部分。①

---

① 参见王名、孙伟林：《社会组织管理体制：内在逻辑与发展趋势》，载《中国行政管理》，2011（7）。

4. 我国社会组织管理的发展趋势

与西方发达国家自下而上的市民社会形成的道路不同，我国社会组织是在政府的扶持下发展起来的，特殊的国情决定了我们要在合理地借鉴其他国家发展市民社会的经验和理论的基础上，坚定不移地走自己的发展道路，即在坚持党的领导和健全法制体系前提下，发挥民间社会组织的作用，形成党委领导、政府负责、社会协同、公众参与的社会管理格局。“十二五”规划强调：对于社会组织我们要坚持培育发展和管理监督并重，推动社会组织健康有序发展，发挥其提供服务、反映诉求、规范行为的作用。今后一段时期，我们将围绕培育扶持、依法管理、支持引导社会组织参与社会管理和服务这个中心，加强社会组织管理与发展工作，重点做好以下工作：

（1）在社会管理和公共服务过程中，政府要积极培育和扶持社会组织的发展。

首先，要认识到发展社会组织顺应了世界发展趋势与时代发展潮流，是中国市场经济和民主法制建设的必然产物，是我们构建和谐社会的需要。其次，要改变长期以来对社会组织“重登记、轻管理”，“重行政管理、轻依法管理”的局面。

（2）加强和改进社会组织管理。

必须加强和改进对社会组织的管理，制定社会组织管理的法律法规，将社会组织管理纳入法制化轨道。建立有利于社会组织发展的财税管理体制，积极引导、扶持和促进社会组织的发展，切实提高社会组织的工作能力。改革双重管理体制，实行登记备案制。建立健全对社会组织的司法监督、行政监督、舆论监督和社会监督等全方位的监督机制，及时纠正社会组织的违法违规行为。加强对民间组织的分类指导和管理，重点培育、优先发展经济类、公益慈善类、民办非企业单位和城乡社区社会组织。推动行业协会、商会改革和发展，强化行业自律，发挥沟通企业与政府的作用。加强和改进境外组织在华民间分支机构的管理。在保障对社会组织正确管理和引导的前提下，政府主动地将社会微观管理的一些职能交还给社会，完善扶持政策，向社会组织开放更多的公共资源和领域，扩大税收优惠种类和范围，从而为民间社会组织的生长提供更为广阔的发展空间，发挥社会组织社会管理的协同作用。

（3）社会组织要不断完善自身组织建设，发挥积极作用。

当前，社会组织应加强自立、自律方面的建设。首先，努力克服依赖性，减轻国家对民间组织人、财、物的负担。在市场经济的大潮中，不断增强自主意识，发展自立和自治能力，逐步建立规范的自我管理、自我发展的机制。其次，要增强社会的责任意识和法制观念，加强自律机制和诚信机制的建设。通过建立以章程自律为主要内容的内部管理机制，不断提高民间社会组织的自律水平和整体素质，树立良好社会形象，在构建社会主义和谐社会中发挥更大的作用。再次，要通过合法的渠道参政议政，表达合理的组织利益，发挥对政府的监督功能，推进国家的民主政治进程。最后，在经济全球化的过程中，国外的非政府组织也纷纷进入中国，必然对中国的民间社会组织产生积极和消极的影响。我国的民间社会组织要从国家利益和民族利益出发，严防国外的一些反华势力通过政治类非政府组织对我国的政治经济进行渗透和破坏。

（4）实现政府与社会组织的良性互动。

社会组织和政府在共建和谐社会的过程中，应形成一种平等的合作关系，各自发挥自身的积极作用。同时，社会组织和政府功能的互补性，为二者在构建和谐社会过程中的有机合作、良性互动提供了前提。这种良性互动和有机合作体现在二者要不断努力，构建一个“政府调控机制同社会协调机制互联、政府行政功能同社会自治功能互补、政府管理力量同社会调解力量互动的社会管理网络”，从而形成社会管理和公共服务的整体合力。

4.3.4 虚拟社会管理

随着互联网的迅猛发展，网络虚拟世界与现实社会日趋交汇融合，虚拟社会应运而生。虚拟社会在一定程度上就是现实社会在网络环境中的反射，它已经成为现代社会生产的新工具、科学技术创新的新手段、经济产业转型的新引擎、政治有序参与的新渠道、社会公共服务的新平台、大众传播的新途径、人民生活娱乐的新空间，成为推动政治、经济、文化、社会全面发展的巨大力量，在构建社会主义和谐社会和全面建设小康社会进程中发挥着越来越重要的作用。在推动社会进步的同时，它也给现实社会人类的生存发展带来许多的问题，例如：利用病毒和木马等进入网络系统窃取信息和破坏信息等违法操作，严重威胁了信息网络安全，扰乱了虚拟社会的正常秩序；利用软件产品复制成本低、复制效率高的特点，绕过应用程序的技术保护措施，侵犯知识产权；对个人隐私权益肆意侵犯；利用互联网传播色情、暴力等低俗和不良信息，对人们的思想观念、伦理道德体系进行渗透和冲击；大量虚假信息、垃圾信息降低了人们的工作效率，污染了网络环境；网络游戏、网络盗窃、网络诈骗等违法犯罪行为成为社会公害，严重扰乱网络社会秩序，破坏社会稳定。[①] 这些新问题无疑给社会管理带来了新的挑战。如何把虚拟社会纳入现实社会管理的范畴，探寻网络虚拟社会管理的新路径、新方式，切实提高网络虚拟社会的管理水平，已经成为我国社会管理中的一个非常迫切的课题。

1. 虚拟社会的含义

虚拟社会是指由计算机技术、通信技术等信息技术支撑的信息交互连接不同主体，通过彼此之间的信息共享、互换与交流，结成亚社会性质的网络虚拟空间。虚拟社会是现实社会的一种延伸，但它不同于现实社会，是一种新型的社会形态，具有显著的特征。

2. 虚拟社会的特征

（1）虚拟性和跨地域性。

虚拟性是虚拟社会的首要特点。在虚拟社会中，网民个人的基本信息如姓名、性别、年龄、相貌等都被隐匿起来，因此网民身份具有虚拟性和不确定性。虚拟社会与现实社会的差异还表现在地域上，在虚拟社会中网民之间可实现跨地域跨国界的瞬间互动交流，延伸了人们社会交往的范围和空间。

（2）高度开放性和交互性。

虚拟社会是一个开放系统，网民可以在任何时间、任何虚拟社区间自由“流动”来发表自己的观点，并且虚拟社会的人际交往是可以在不同聊天室、博客、论坛或者在线聊天工具上进行的双向交流，这些充分体现出虚拟社会高度的开放性和交互性。

---

① 参见李钢：《虚拟社会管理的问题与对策研究》，载《行政管理改革》，2011（4）。

(3) 结构独特性和管理自治性。

虚拟社会里人们通常依据自身兴趣、爱好等价值取向聚集在公告栏、聊天室等网络空间中交换信息、发表意见，形成“虚拟社区”。“虚拟社区”中的成员之间地位平等，没有明显的隶属关系，成员之间没有明显核心，在结构上具有独特性。

虚拟社会中主体的虚拟性、自身的开放性、交流信息可加密性等特点，使得虚拟社会主要依靠成员间的自治与自律来实现管理。

3. 虚拟社会管理的基本理念

(1)“信息公开”理念。

胡锦涛总书记 2008 年 6 月 20 日视察人民日报社，在总结抗震救灾中信息及时、公开传播的经验时指出，“第一时间发布权威信息，提高时效性，增强透明度”，“赢得了广大干部群众高度评价，也得到了国际社会好评”，“其中的成功经验值得认真总结，并要形成制度长期坚持”。这是要求将信息公开形成制度长期坚持。[①]

(2)“执政为民”理念。

社会管理，说到底是对人的管理和服务，涉及广大人民群众切身利益，必须始终坚持以人为本、执政为民，虚拟社会管理作为社会管理的一个重要组成部分，也同样需要“执政为民”的理念。

(3)“疏导信息”理念。

在当代社会，突发事件出现的概率较高，应当把这类事件视为一种常态来处理，把处理危机看作政府正常职能的一部分，如果仍然把封锁消息作为处理危机的基本方法，肯定会把管理者本身推向最糟糕的境地，陷入危机。

(4)“公开对话”理念。

网上意见需要引导，正当的做法是公开网评员的身份，就像报纸评论版文章那样公开署名，欢迎读者在同一版面上与之公开对话。网评员或网络新闻发言人如何通过其娴熟的公关理论和技巧来解释事件、说服民众，是目前亟待解决的问题。

(5)“社会减压阀”理念。

网络平台把民众的不满分散到一个又一个新闻事件当中，分散地释放了怨气，避免了把社会不满凝结在某个断裂带上。通过测量网络意见，政府能够较为准确地把握社会温度，从而在很大程度上是减少而不是扩大危机事件。若政府管理中没有这一理念，很容易将自己置于网民的对立面。[②]

(6)“网上统一战线”理念。

根据各种互联网舆情的分析报告，“网络意见领袖”主要是来自非公经济群体，因而所表达的意见也主要来自非公领域，他们具有较强的舆论能量。他们不是同志，不是部下，但也不是敌对力量。他们是公民记者、意见领袖。对待他们，不宜动用公安和安全部门，而要放下身段，与之平等对话，以理服人。

4. 虚拟社会管理的现状

经过摸索，我国已初步形成了虚拟社会管理的基本模式：一是初步形成了信息产业、

① 参见陈力丹：《虚拟社会管理的六个理念》，载《中国党政干部论坛》，2011 (4)。

② 参见上书。

公安、新闻宣传等各部门联动的协调机制，制定了相关的法律法规，加强了网上舆论引导和舆论规制；二是虚拟社会相关产业建设开始起步并健康发展，特别是实施民族游戏精品工程、筹建国家数字产业示范基地，以及开展动漫游戏等相关数字产业的培训、研发、产业孵化与国际合作等；三是净化网络游戏、塑造保护网络知识产权的良好氛围，对可能诱发网络游戏成瘾症的游戏规则进行技术改造，相继认定了一些适合未成年人的网络游戏产品，社会反映良好；四是由政府主导建设了一大批弘扬社会主义主流文化、主旋律的网站，起到了良好的示范和导向作用。

我们也必须承认，当前的虚拟社会管理模式还无法充分适应信息技术的发展和形势的变化：一是观念不适应，管理手段较为陈旧；二是立法滞后，行政措施欠规范；三是技术准备不足；四是行业自律与规制存在较大差距；五是管理主体较为单一。①

5. 虚拟社会管理的科学对策

对虚拟社会的管理，应在深化对其特点和规律认识的基础上，进一步加强和改进管理方式、方法和手段，坚持发展和管理并重、集中整治和规范管理并重。同时，应借鉴美国等发达国家的管理经验，加强互联网等新媒体管理立法和相关制度建设，提升依法管理、规范管理、系统管理、动态管理的能力和水平，并注重长效管理机制的建构，努力做到“管住、管好、管活”。政府还应主动将网络舆情作为听民声、察民意的重要渠道，高度重视和评估舆情影响，主动回应社会关切，正确引导网上舆论，理性维护网上秩序，使网络走向健康、科学的发展道路。

(1) 建立健全由政府主导的管理模式，整合各类社会资源。

政府要在综合管理、网上舆论引导、信息基础设施建设等方面发挥应有的职能，提高互联网管理的领导能力和水平。一要加强互联网的综合管理；二要做好网上舆情引导工作；三要加强信息基础设施建设；四要统筹网络管理全局，充分了解社情民意、制定出科学合理的政策。

(2) 充分发挥技术手段的作用，为虚拟社会的规范管理提供技术保障。

第一要坚持网络技术革新；第二要加强对网络“重点空间”的技术监控；第三要建立技术协作机制；第四要加强对境内外有害信息的封堵，有效防止境外有害信息通过互联网在境内传播扩散。

(3) 健全完善虚拟社会管理的法律法规体系，构筑网络安全的法制基础。

可以在借鉴国外网络管理立法成果和经验的基础上，对我国现有的互联网等新媒体管理方面的法律、法规体系进行调整、完善和补充，逐步建立由法律、行政法规、部门规章及行业自律规范共同组成的虚拟社会管理法律法规体系，为依法管理互联网等新媒体提供必要的实体依据和程序依据。

(4) 发挥全社会的作用，建立健全网络管理的监督机制。

一要发挥群众和相关监督机构的作用，二要充分发挥新闻媒体的监督作用。

(5) 加强网络文化建设，进行思想道德教育宣传工作。

第一，在网络虚拟社会积极培育社会主义先进文化；第二，加大网上传统伦理道德宣

① 参见李钢：《虚拟社会管理的问题与对策研究》，载《行政管理改革》，2011 (4)。

传教育力度；第三，把媒体素质教育列入教学大纲，促进网络文化多元化、多样化。

（6）加强互联网等新媒体行业和公民的自律。

首先要充分发挥中国互联网协会、中国网络文化协会等行业组织的积极作用，大力推动开展行业自律；其次要认识到网络本身没有错，它是中性的，问题出在互联网背后的人身上，所以加强互联网的管理关键是加强对人的管理。

4.3.5 基层社会管理和服务

从实践层面来看，改革开放至今，科技日新月异的发展，公众需求日益多元化，加之当代管理理论的提出与发展，对过去单方面政府的一元化主体提出了挑战与质疑，如“善治”理论的提出。政府作为单一主体的管理已经无法满足公共需求。在这种条件下，社会开始呼吁多元化的治理模式，同时，“小政府、大社会”的治理观念也已开始向当今社会提出要求：政府应当下放权力至基层；注重市场作用，实行政企分开，鼓励市场自由竞争，社会管理主体应当多元化；居民自治意识应当增强。政府下放权力的主要原因是，基层政府作为与民主直接接触的一级政府组织，能更好地了解并反馈公众需求，这是满足公共需求、实现公共利益的前提；社会管理主体多元化是社会事物日趋复杂的必然结果，政府已经无能力也不应当再包揽一切公共事务，市场组织、社会组织乃至公民个人都将成为社会管理主体之一；社区作为社会的一个基本单位，其主体就是生活在当地的居民，社区自治当中的一个重要方面就是居民自治，而后者的一个重要体现就是居民参与，居民真正参与到治理的过程中来，是居民自治的应有之义。可见科技与社会的发展，加之“小政府、大社会”的观念推动了城市基层社会管理的改革与创新。

从理论层面来看，依照法律，地方政府在自己的辖区行使职能，尤其是公共服务和社会管理的职能。基层行政在社会管理中之所以重要，是因为基层地方政府与基层民众发生一系列互动，诸如公共服务输送、合作伙伴关系的建立、各类社会工作的改进、资金使用以及授权等地方政府与社区和公民社会发生密切的关系，或融为一体，许多人把这个过程称作治理的过程，有时也叫做社会治理。社会治理不仅仅是一个理论问题，更是一个由于基层政府公共服务和社会管理职能实施而必然发生的一个过程。因此，基层社会管理或社会治理，具有基层和草根特征。

胡锦涛总书记 2011 年 2 月 19 日在省部级主要领导干部社会管理及其创新专题研讨班开班式上强调，要“进一步加强和完善基层社会管理和服务体系，把人力、财力、物力更多投到基层，努力夯实基层组织、壮大基层力量、整合基层资源、强化基础工作，强化城乡社区自治和服务功能，健全新型社区管理和服务体制”。这是对完善基层社会管理和服务体系提出的明确要求。

1. 完善基层社会管理和服务体系的重要性

（1）基层社会管理和服务体系是社会管理及其创新的基础。

我国社会建设和管理的重点在基层，只有打牢基层基础，社会主义和谐社会这座大厦才能牢牢矗立。在我国，城市社区自治组织和农村村民自治组织是完善社会管理的最基础环节。城乡社区是社会的基本单元和重要细胞，社区管理和服务是促进社会和谐的重要基础性工作，是加强和创新社会管理的重要内容和突破口。城乡社区管理关系到政府角色的有效转变与公民社会的发展，关系到政治的稳定和社会的进步。基层社会管理和服务体系是我国社会管理体系与公共服务体系的重要组成部分。现代社会管理体系是由党委、政府、社会组织、群团组织与企事业组织、基层自治组织、公众在社会管理过程中形成的多元共治体系。通过完善基层社会管理和服务体系，推行参与式、合作式治理，可以为公民参与社会管理特别是社区管理创造便利条件。[①]

(2) 完善基层社会管理和服务体系，是解决各类社会矛盾与问题的迫切需要。

当前，我国正处在社会转型与改革发展的关键时期，影响社会稳定的各类矛盾不断增多，城乡社区因公共安全、土地征用、房屋拆迁、环境污染、物业管理、干群关系等问题引发的群体性事件呈持续多发态势。我国的各类问题和社会矛盾，集中发生在基层特别是城乡社区。城乡社区是社会的细胞、前沿和缩影，是社会的基本单元。随着经济社会发展，越来越多的“单位人”加快向“社会人”、“社区人”转变，大量非公有制企业、社会团体和民办机构在街道社区落户，离退休人员、失业人员、外来务工人员等大量涌入社区，社区日益成为各种利益关系的“交汇点”、各种社会矛盾的“聚焦点”、各种社会组织的“落脚点”、各种社会群体的“聚集点”、反映社情民意的“晴雨表”。城乡社区是维护稳定的源头，是整个社会和谐稳定的基石，把矛盾解决在基层，问题就不会积累起来。完善基层社会管理，把工作的着力点放在社区和基层，把各种社会矛盾和问题化解在基层社区，可以最大限度地增加和谐因素，最大限度地减少不和谐因素，从而为整个社会和谐稳定和国家长治久安打牢基础。

(3) 完善基层社会管理和服务体系，是改变社会管理薄弱状况的迫切要求。

综合地看，我国社会管理的薄弱环节主要表现在基层。我国基层社会管理主体不健全，基层党政组织社会管理职能有待提高，群众组织、社区组织建设滞后，企事业单位社会管理责任不清，公民参与社会管理渠道不畅。城乡社区还普遍面临资源匮乏，配套支持难以满足社区治理需要的问题。社会管理尚未实现全覆盖，一些地方如城市商务楼宇、集体宿舍、城乡家庭出租屋及城乡结合部存在管理盲区。完善基层社会管理和服务体系，在基层构建一个横向到边、纵向到底的社会管理体系，可以消除社会管理的空白点和薄弱环节。

2. 加强基层社会管理的基础建设

完善基层社会管理和服务体系，首先要以城乡社区为重点强化基层基础建设，夯实社会管理的基础。

(1) 要加强基层组织基础建设。

理顺政府与城乡基层组织关系，努力提高居委会、村委会的基层社会管理与服务能力，增强基层自治功能。

(2) 要加强基层资源基础建设。

整合基层社会管理资源，将政府各有关部门工作机构下设、工作力量下沉、工作重心下移，人、财、物向基层倾斜，创新服务方式，延伸服务触角，使之真正贴近基层、服务群众；将政府在人口、就业、社保、民政、卫生、文化等方面的社会管理和公共服务职

---

① 参见李军鹏：《基层社会管理和服务体系完善之策》，载《人民论坛·学术前沿》，2011 (4)。

能、服务资源覆盖到社区，把政法、信访、司法等与群众关系密切的职能部门整合起来，联合办公；探索建立基层社会管理和公共服务综合平台，推进“一站式”服务，提高为社区居民提供公共服务的效率和水平，实现政府行政管理与基层群众自治的有效衔接和良性互动。

（3）要加强基层网格基础建设，推进基层社会管理的扁平化管理、网格化管理。

扁平化管理是指将社会管理的层级压缩到最小。网格化管理是指在管理区域内实行坐标分布，每一个人、每个居委会、每个街道都按照坐标的区域进行数字化管理，从软硬件上加强社会管理。

（4）要加强基层信息基础建设。

整合各类信息资源，搭建基层社会管理信息化服务平台。加强以社区实有人口与实有房屋为重点的信息采集工作，做到小区不漏楼、楼栋不漏户、户不漏人，并将人口与房屋信息统一录入社区公共信息平台，实现与政府各部门的信息共享，使公安、计生、劳动、民政等部门都可以依托基础信息库，用信息化手段推进社会管理。

3. 完善基层社会管理和服务体系的重点

完善基层社会管理和服务体系，重点是强化城乡社会自治组织的社会管理和服务功能。客观地看，我国城乡社会自治组织还存在着责任不清、社会管理与服务功能薄弱等突出问题，亟须采取相应对策。

（1）理顺管理体制，调整管理模式。

科学界定和划分市（县、区）、街道（乡、镇）和城乡社区的管理职责。进一步在人、财、物投入上向街道（乡、镇）倾斜，保障街道履行实施综合管理、协调社区资源、指导自治组织、强化公共服务和维护社会稳定的职能。

（2）加强城市社区自治组织建设，充分发挥其管理与服务功能。

启动《城市居民委员会组织法》修订工作，扩大城市社区居民委员会直接选举覆盖面。加强城市居民委员会建设，强化城市社区区域性社会管理职能，发挥好社区内业主委员会、物业管理机构、专业合作组织、驻在社区的各类机构在社会管理中的积极作用。

（3）加强农村社区自治组织建设，强化社会管理与服务职能。

贯彻新修订的《村民委员会组织法》，深化村民自治实践，确保部分省（区、市）村民委员会换届选举工作依法有序进行。要建立健全农村基层社会管理网络，推动村民自治工作，坚持村级民主选举、民主决策、民主管理和民主监督，健全以村委会、村民会议、村民代表会议、村务公开监督小组、村民理财小组为主体的村民自治体系，加强相互之间的协调配合。

（4）健全城乡社区社会管理体制。

推进社区治理结构体制创新、社区服务和保障体制创新，健全社区考核评议机制，加大财政转移支付力度，健全社区财力保障机制。

4. 完善基层社会管理和服务体系的落脚点

近年来，我国新型社区服务体系建设发展迅速，有力地满足了城乡居民的公共服务需求。然而，面对日益增长的社会公共服务需求，我国社区服务体系还存在着许多亟待解决的矛盾和问题，一是社会成员日益多元化与基层公共服务滞后的矛盾，二是城乡居民需求日益多样化与社会服务水平亟待提升的矛盾。

（1）健全城乡社区服务体系。

社区公共服务主要包括两类：一是由政府直接供给的公共服务，由政府职能部门派出机构承担；二是以购买服务的方式，通过民间组织提供的社区公共福利、居民生活服务等公共服务项目。

（2）扩大城乡社区服务覆盖面。

社区服务对象要从老年人、残疾人、优抚对象等困难群体逐步扩展到全体社区居民。加强社区服务站点建设，不断完善功能，实行集行政管理、社区事务、便民服务为一体的“一站式”社区服务体系，实现社区服务全覆盖。

（3）整合城乡社区服务资源，构筑城乡社区公共服务平台。

整合各类资源，形成工作合力，是推进社区公共服务创新的关键。要把政府各部门力量整合起来，形成工作合力，杜绝各自为政、条块分割、重复投入现象。鼓励发展有利于改善民生、提高公共服务水平的社会组织，支持兴办养老助残、社区服务、教育培训、医疗卫生、文化科技、法律援助等民办非企业机构。

（4）整合城乡社区服务的人力资源。

需要壮大社区公共服务队伍，对社区人力资源进行重新配置与规范整合，在人员不足的社区进行统一公开招聘，抓好社区志愿者与社区工作者队伍的建设。

4.3.6　精神文明建设管理

1. 精神文明建设管理的含义

所谓“精神”，是指人的意识、思维活动及一般心理状态。它包括社会心理和社会意识形态两个层次的内容，这两个层次又通常被看作是社会精神或社会意识的内容结构。“文明”一词从哲学角度来看，大致包括三种含义：作为时间界限的“文明”，作为总体状态的“文明”以及作为进步要求的“文明”。

我国现阶段所提出的社会主义精神文明有其特定的含义。改革开放以后，随着人们现代文明认识的提高，过去许多愚昧、落后、野蛮、残暴、卑鄙、丑恶和不文明现象，不断地被揭露出来，使人们对我国社会愚昧、落后的现象有了深切的感受和认识。在总结历史经验的基础上，党中央明确提出了“社会主义精神文明”这一科学概念。精神文明与物质文明相对应，是指在人类改造客观世界的同时，人的主观世界也得到改造，精神生产和精神生活得到不断发展所取得的精神成果。

“精神文明建设”，是指人们根据精神文明自身所具有的规律对其进行兴建和发展。而“精神文明建设管理”，则是指人们在从事精神文明建设实践活动中，为了实现预期的目标，以人为中心进行的多种协调活动。它包含有以下几个方面的内容：

第一，精神文明建设管理的目的是为了实现精神文明建设预期的目标；

第二，精神文明建设管理的本质是协调；

第三，精神文明建设管理的协调必定产生于社会组织当中；

第四，精神文明建设管理协调的中心是人；

第五，精神文明建设管理协调的方法需要多种多样。

2. 我国精神文明建设管理的现状

（1）管理的主体。

党的十四届六中全会通过的《关于加强社会主义精神文明建设若干重要问题的决议》指出："精神文明建设贯穿在经济和社会生活的各个方面，全党全社会必须高度重视。要在党委统一领导下，党政各部门和工会、共青团、妇联等人民团体齐抓共管，形成合力。在精神文明建设中，要十分重视民主党派的作用。"这就明确了我国的精神文明建设管理体制是在党委领导下的党政各部门和工会、共青团、妇联等人民团体齐抓共管的管理格局，党委、党政各部门以及工会、共青团、妇联等人民团体都是管理主体。

从实践上来看，我国目前已经初步建立了一支精神文明建设管理队伍。纵向上，从中央到地方各级党委都成立了精神文明建设指导委员会，文明委下设办公室，选调政治强、业务精、作风正的优秀青年干部充实到精神文明建设管理队伍中来，具体负责精神文明建设工作的规划、指挥、协调和督促、检查，使精神文明建设工作步入了健康、规范、有序的运行轨道。横向上，各部门、各单位、各企业和社会团体都实施一把手工程，并指定专人负责精神文明建设工作，保证了精神文明建设创建活动的正常开展。

（2）管理的客体。

精神文明建设主要包括文化建设和思想道德建设两个方面。文化建设指的是教育、科学、文学艺术、新闻出版、广播电视、卫生体育、图书馆、博物馆等各项文化事业的发展和人民群众知识水平的提高，也包括健康、愉快、生动活泼、丰富多彩的群众性娱乐活动。思想道德建设决定着我们的精神文明的社会主义性质。它的主要内容是工人阶级的、马克思主义的世界观和科学理论，是共产主义的理想、信念和道德，是同社会主义公有制相适应的主人翁精神和集体主义精神，是同社会主义政治制度相适应的权利义务观念和组织纪律观念，是为人民服务的献身精神和共产主义的劳动态度，是社会主义的爱国主义和国际主义等等。

（3）管理的途径和方法。

第一，社会公德和舆论监督。在社会关系中，人们常常会产生各种各样的矛盾和利益冲突，为了保证人们公共生活的正常进行，要求对人们之间的利益和矛盾进行必要的调整，对个人的行为加以约束，社会公德由此而产生。社会公德是指在社会公共生活关系的基础上所形成的某些最基本的道德原则和道德规范，是每个社会成员应遵守的共同的社会道德。社会公德的作用是维护人们的共同生活，防止威胁公共生活的各种不良现象的发生。舆论监督是指通过报刊、电视、广播等传统媒介和互联网、手机等新型媒介的方式来引导社会舆论导向，传播主流思想和意识形态，促进精神文明建设沿着合理的方向发展。

第二，法治。精神文明建设管理的法治方法，是指国家根据广大人民群众的根本利益，通过各种法律、法令、条例和司法、仲裁工作，调整社会精神文明建设活动中所发生的各种利益关系，以保证和促进精神文明健康发展。其内容一方面是运用法律武器保护精神文明建设，例如政法部门结合地方的实际情况，采取切实措施，打击各种犯罪活动，扫除毒化社会风气的丑恶现象；另一方面是运用法律手段来促进精神文明建设，例如精神文明建设的规范法制化，以法的形式将精神文明建设固定下来，不随意受外在因素的影响。

第三，行政。精神文明建设管理的行政途径是指依靠行政组织的权威，运用命令、规定、指示、条例等行政手段，按照行程系统和层级，以权威和服从为前提，直接指挥下属开展精神文明建设工作的管理方式。

第四，经济。精神文明建设管理的经济途径是指在精神文明建设管理中，运用各种经济手段，调节各种不同经济利益之间的关系，以促进精神文明建设管理目标顺利实现的管理途径，主要利用工资、奖金、利润、罚款和税收等方式。比如在文明单位创建活动中获得“高层次文明单位”称号的单位中的个人，每人普调一级工资或每年增发两个月的工资，而且所增加的工资无须缴纳个人所得税；或对在精神文明建设活动中作出突出贡献和成绩的单位及个人发放奖金，而对工作没有达标的单位及个人给予经济处罚等。

第五，教育。教育是按照特定的目的和要求对受教育者从德、智、体等方面施加影响，从而使之达到某一预期的标准的一种有计划的活动。通过倡导、规劝、禁止等形式进行社会宣传和教育，一方面有利于广大人民群众的自我完善和发展，另一方面可以实现维护和促进精神文明建设的目的。

3. 我国精神文明建设管理的发展对策

我国在精神文明建设管理方面虽然已经取得了一些成绩，但在管理机制、法律保障、管理主体自身精神文明建设等方面都存在着较大的缺陷，滞后于市场经济的发展。因此，在创新社会管理体制的过程中，不仅要重视硬件建设，而且要注重软件建设。要大力推进社会主义核心价值体系建设，更新社会管理的理念，完善与新型社会管理体制相适应的道德秩序、诚信体系和行为规范。

(1) 用社会主义精神文明培育“全新的人”。

物质文明、政治文明、精神文明和社会文明都是社会主义文明的重要方面，缺少其中任何一个方面，社会都不可能健康地向前发展。但目前来看，社会主义精神文明建设滞后于经济建设的步伐，这种一手硬、一手软的矛盾导致了我国发展的不协调。一方面，社会精神食粮供给不足、品质不高；另一方面，个人主义的过度张扬导致社会公德水准下降。如何不重蹈西方资本主义社会在市场经济发展过程中出现的精神沙漠的覆辙，在经济迅速发展的同时培育出于社会主义新社会相适应的“全新的人”，这是时代提出的任务。

从个人层面看，建设社会主义精神文明就是要有效地培养公民具有一种健康的、积极的精神面貌、人际心理及生活态度。为此，要加强走中国特色社会主义道路和实现中华民族伟大复兴的理想信念教育，倡导爱国守法和敬业诚信，构建传承中华传统美德、适应社会主义市场经济的道德和行为规范。

从科学层面看，建设社会主义精神文明就是要培育国民的科学素养和理性意识。为此，需要大力弘扬科学精神，加强人文关怀，注重心理疏导，培育奋发进取、理性平和、开放包容的社会心态。

从哲学层面看，建设社会主义精神文明就是要重新构筑人的精神家园。“全新的人”不仅要有丰富的物质生活，也要有高尚的精神生活。国民的精神面貌、精神支柱、精神动力直接关系到民族和国家盛衰，因此，建设中华民族共有的精神家园是我们民族安身立命之本，再进一步讲，也是中国特色社会主义事业兴旺的关键。

从操作层面看，建设社会主义精神文明需要全社会的努力。第一，党员干部要以身作则。第二，青少年是社会主义精神文明建设的生力军，他们的精神面貌关系着国家的未来。第三，网络及电视台、电台、报纸等新闻媒体要做精神文明建设的宣传阵地，使民众从中受到教育，规范自己的言行。第四，社会的各行各业尤其是服务行业，要做精神文明建设的窗口。

（2）用社会主义核心价值引领公民思想道德建设。

党的十六届六中全会首次明确提出“建设社会主义核心价值体系”的重要命题和战略任务，并将社会主义核心价值体系的基本内容提炼概括为“马克思主义指导思想，中国特色社会主义共同理想，以爱国主义为核心的民族精神和以改革创新为核心的时代精神，社会主义荣辱观”。这一提炼和概括，符合社会主义的本质和我国现阶段的发展要求，具有鲜明的现实针对性和思想引领性，是加强全社会思想政治建设尤其是公民道德建设的根本指针和强大动力。党的十七大报告进一步指出要“切实把社会主义核心价值体系融入国民教育和精神文明建设全过程，转化为人民的自觉追求”，进一步明确了建设社会主义核心价值体系的重要任务和具体途径。

1）用社会主义核心价值引领公民思想道德建设，首先要正视人们所关注的切身利益，尤其要关注民生和民主，只有在确保社会成员共享改革发展成果的同时，才能把社会成员的利益期待观引导到正确的价值目标和认识视野中来，树立正确的世界观、人生观、价值观和利益观。

2）用社会主义核心价值引领公民思想道德建设，就是要努力增强社会主义核心价值体系的影响力和感召力，增强人们对社会主义核心价值体系的认同。一方面，要积极推进作为社会主义核心价值体系灵魂的马克思主义的理论创新；另一方面，要大力推动马克思主义大众化，增强社会主义核心价值体系的亲和力。

3）用社会主义核心价值引领公民思想道德建设，更要大力弘扬社会主义价值，同时“尊重差异，包容多样”，积极吸收其他思想文化中的精华，不断丰富社会主义核心价值体系的内涵和外延。

4）用社会主义核心价值引领公民思想道德建设，尤其要把社会主义核心价值体系的内容渗透到学校教育教学中，加强和改进未成年人的思想道德建设。这是党中央从推进新世纪新阶段党和国家事业发展，实现党和国家长治久安出发作出的一项重大战略决策。

（3）增强法制意识，建设现代法治社会。

改革开放以来，我国社会主义法制建设日趋完善，有法可依、有法必依、执法必严、违法必究，已成为我国社会主义法制建设的基本方针和要求。然而，缺乏法制意识已经成为当前法治社会进程中的“瓶颈”：一方面，随着市场体制的建立和对外开放的逐渐扩大，法治进程日益加快；另一方面，全社会的法制观念，与法治要求有较大的差距，势必在法治推进过程中形成观念的冲突、碰撞，很多时候还会造成一定的混乱，并引致一些行为失范。为了迅速消弭法治进程与观念滞后之间的距离，为法治进程创造更加有利的思想文化条件，在推进法治的同时，必须同步推动全社会的观念变革，增强法制意识。

1）增强全社会法制意识，根本方法是开展广泛的法制教育。开展法制教育，就是要让广大人民群众在学法、懂法的基础上，运用法律武器，依法参加国家管理，依法行使、维护自己当家作主的权利，使法律在现实生活中真正发挥保障人民权利、实现人民利益的作用。

2）增强全社会法制意识，重点是要尽快提高国家公职人员，特别是各级领导干部的法律素质。法治更重要的含义，是规范国家机关的行为，保护人民群众的权利和利益。增强公职人员特别是各级领导干部法制观念和依法办事能力，是实现行政机关依法行政、司法机关公正司法的基础。各个机关和组织严格依法办事本身，就是最好的法制教育。只有公职人员真正成为法律的模范遵守者和执行者，才能真正做到依法办事，才能让老百姓服气，才能在全社会形成良好的法治氛围。

3）增强全社会法制意识，最佳途径是法治实践。一次依法办事的实践，胜过百场普法宣传的效果；反过来讲，如果老百姓遭遇了一次不公正的执法或司法，即使他曾被灌输无数的法条，对于法的精神也不会再信仰了。

（4）增强社会诚信，构筑和谐社会。在我国向工业社会转型的过程中，由于过度专注于发展经济、片面追求经济效益，不同程度地导致了诚信意识的缺失。当前中国社会诚信的缺失在各个方面都有所表现：其一，在政治生活领域存在着道德失范现象。其二，在经济领域，假冒伪劣商品充斥市场，偷税漏税、拖逃债务的比比皆是，违背合同的情况屡屡发生。其三，在科技文化领域中，假文凭满天飞、学术抄袭等屡见不鲜。当前，社会诚信已成为全社会普遍关注乃至极为担忧的热点问题，重建诚信成为全社会的迫切要求。

1）增强社会诚信，在道德层面就是要重建诚信。社会的和谐离不开个人的诚信。人人讲诚信友爱，整个社会才能诚信友爱，才能为社会和谐发展提供核心道德的支撑。当然，在重建诚信道德的过程中，我们要充分注意到诚信观的现代性问题，应在继承我国传统诚信文化的基础上，借鉴国外诚信道德建设的经验，使旧的、传统的诚信走向新的、现代的诚信。

2）增强社会诚信，在个人层面就是要加强诚信教育，最终使信用至上、诚实守信成为一种全民意识。诚信的养成不是自然的过程，只有通过坚持不懈、持之以恒的教育和自我教育才能化作自觉的行动。因此，诚信教育也是终身教育，可以把它和发展高等教育、提高公民素质结合起来。此外，还要重点加强公务员队伍的诚信教育，倡导廉洁自律的风气，使公务员成为社会的表率。

3）增强社会诚信，在社会层面就是要培育诚信的社会参与意识，动员社会力量参与社会建设，共同增强社会信任。应当重视鼓励和支持基层的公共参与，推动社会自治、行业自律，也鼓励企业参与到社会信任建设之中。

4）增强社会诚信，在制度层面就是要建立社会信用体系。第一，要加快诚信制度的相关立法和修订，建立健全诚信法律体系。第二，要特别注重企业信用体系的建设。第三，还要注重个人信用体系建设，这是整个社会信用体系的基础。第四，要建立完善的诚信监督体系，对诚信缺失进行公平公正的处理。

本章小结

本章介绍了社会管理客体的含义、特点及其内容指向。社会管理的客体是指社会管理主体管什么，也即社会管理的对象。传统社会管理客体的特点是单一性与被动性，当今社会管理客体的特点是复杂性、开放性和能动性。社会管理客体的内容指向包括流动人口与特殊人群管理、公共安全管理、社会组织管理、虚拟社会管理、基层社会管理和服务以及精神文明建设管理。

关键术语

社会管理客体　流动人口　特殊人群　社区矫正　公共安全　社会组织　虚拟社会　社会治理　精神文明建设

复习思考题

1. 什么是社会管理客体?
2. 试比较传统社会管理客体与当今社会管理客体的特点的不同之处。
3. 社会管理客体的内容指向有哪些?
4. 简述我国流动人口的特征及当前对流动人口管理的措施。
5. 如何实施社区矫正工作?
6. 简述公共安全问题的特征和公共安全管理的现状。
7. 我国的社会组织包括哪几类，其特点有哪些?
8. 试述虚拟社会的利与弊。
9. 虚拟社会管理应坚持哪些基本理念?
10. 完善我国基层社会管理和服务体系的重点有哪些?
11. 论我国精神文明建设管理的途径和方法。

案例分析

材料一："暴力截访"

基层工作压力再大，也绝不是暴力截访、侵犯公民合法权利的理由。某种意义上说，维权就是维稳。一位名叫赵志斐的河南洛阳男子进京旅游，只因与上访者同住一室，被当地派来的"追访者"当成上访者而遣返并打伤。日前，洛阳洛龙区政府对此作出回应，对相关6名责任人进行处罚，其中涉事乡信访办主任被撤职，有关负责人向被错抓的赵志斐道歉。如此做法，也算是对"误抓"的及时问责与补偿。但，假如赵志斐是一个真的上访户，不存在"误会"一说，难道就可以"押回打伤"吗?上访群众的合法权益该如何保护?并非杞人忧天。当洛龙区警方提醒赵志斐父亲"你儿子要吸取教训"，"这次是被误抓还找到了，下次找不到咋办"，无意中也披露了一个令人心寒的事实：一些地方的非法截访甚至是暴力截访，看来并非"偶然"。

在我国，信访是由法律法规予以保障的公民权利。在司法救济尚不到位的国情下，信访制度作为一种权利救济，是利益协调的重要通道，对公民维护自身权益、缓解社会矛盾发挥了重要的作用。特别是，在当前中央强调加强和创新社会管理的背景下，作为加强群众工作、协调利益、化解矛盾的信访制度，更成为重要一环。也正因此，中央领导才多次强调要“切实把信访工作作为党的群众工作的重要组成部分”，要“带着对群众的深厚感情，更加积极地回应群众提出的合理诉求，更加主动地解决好群众的现实困难”。

然而，至少从赵志斐事件中展现的当地强大的“截访能力”可以看出，中央的要求、群众的利益在某些人眼中，远不及自己的位子与帽子重要。有些地方官员既不愿积极从源头化解矛盾，更害怕越级上访乃至赴京上访失了自己的颜面，想方设法掩盖问题、阻截信访通道。源头治理变成了源头堵截甚至“暴力截访”，社会管理中的这种野蛮做法，既是对中央精神的异化，也是对公民权益的践踏，还可能因此引发恶性事件。

资料来源：庞自立：《信访“通”，社会才能少些“痛”》，载《人民日报》，2011-09-26。

材料二：信访如何实现“理性选择”

一审稿曾引发争议、备受关注的《深圳经济特区信访条例》，已从 2011 年 10 月 1 日起正式实施。值得注意的是，正式《条例》中，一审稿中的多条禁止条目已被删除。正如深圳人大常委会部分委员所言，在一审稿中，“不得使用令人恐惧或者厌恶的服装、道具等方式上访”，表述主观、难以把握；“传染病人、疑似传染病人应当采用电话或者书面形式提出信访事项”，是对信访人权利的限制、对传染病人的歧视。类似瑕疵，与立法技术有关，也与主观认识有关。当前，地方性立法经常由相关部门参与起草，这种起草的模式有专业化、效率高、成本低等优点，同时也折射着起草者的认识水平，甚至沾染了部门利益倾向。可以设想，如果将“令人恐惧或厌恶”作为判定标准，最终结果必然异化为“令执法人员恐惧或厌恶”；而禁止“自残式上访”的背后，则是“头痛医头，脚痛医脚”的懒政思维。在“群众信访反映的问题 80%以上有道理”的语境中，无论是“自我松绑”式的扩权冲动，还是“何不食肉糜”式的禁令，都显得不合时宜。

立良法才能推善治。在深圳的信访立法中，如果说建立重大事项信访风险评估、矛盾纠纷定期排查调处、负责人接待群众来访等制度体现了一种进步，那么此次将一些遭受诟病的规定删除，同样体现了对民意诉求的尊重，彰显了深圳人大的积极作为。

在社会转型和矛盾凸显的今天，作为一项具有中国特色的制度安排，信访活动正处于一个相对活跃时期。无论是维权、监督还是建议类的信访，固然会给有关部门带来挑战，但它同时也是新时期改进群众工作、创新社会管理的重要资源。而如何发挥信访上传下达、联系群众的功能，如何把信访纠纷纳入法治轨道，鼓励群众更加理性地选择救济渠道，最大限度地增加社会的和谐因素，这是对治理水平的考验，也是对执政理念的检验。

资料来源：范正伟：《信访如何实现“理性选择”》，载《人民日报》，2011-09-09。

思考题

1. 根据上述两则材料总结我国当前信访工作存在的问题。
2. 信访是社会管理的客体吗？为什么？

推荐读物

1. [保] M. 马尔科夫. 社会管理学. 上海：同济大学出版社，1988

2. ［美］塞缪尔·P·亨廷顿．变化社会中的政治秩序．上海：上海人民出版社，2008

3. 施九青．社会管理体制中的党政关系．济南：山东大学出版社，1987

4. 郑杭生．中国人民大学中国社会发展研究报告2006．北京：中国人民大学出版社，2006

5. 邓伟志主编．创新社会管理体制．上海：上海社会科学院出版社，2008

6. 窦玉沛．社会管理与社会和谐．北京：中国社会出版社，2005

7. 王宁．社会管理十讲．广州：南方日报出版社，2011

8. 宋维强．社会转型期中国农民群体性事件研究．武汉：华中师范大学出版社，2009

9. 赵万里，董华，李三虎．中国社会管理引论．北京：中国科学技术出版社，1995

10. 孙立平．断裂：20世纪90年代以来的中国社会．北京：社会科学文献出版社，2003

11. 张成福，党秀云．公共管理学（修订版）．北京：中国人民大学出版社，2007

12. 孙伟林．社会组织管理．北京：中国社会出版社，2009

13. 中国社会组织年鉴编委会．中国社会组织年鉴2010．北京，线装书局，2010

14. 汤可敬．说文解字今释（上册）．长沙：岳麓书社，1997

15. 梁漱溟．中国文化要义．上海：学林出版社，1987

16. 李伟程．社会管理体制创新：公共管理学视角的解读．中国行政管理，2005（5）

17. 陈振明．什么是政府的社会管理职能．新华文摘，2006（3）

18. 应松年．社会管理创新引论．法学论坛，2010（6）

19. 何增科．论改革完善我国社会管理体制的必要性和意义——中国社会管理体制改革与社会工作发展研究之一．毛泽东邓小平理论研究，2007（8）

20. 王勇．试论社会管理的客体构成．中国商界，2009（11）

21. 郎友兴，汪锦军，徐东涛．社会管理体制创新研究论纲．浙江社会科学，2011（4）

22. 王亚立，白全礼．中国古代社会管理模式剖析．郑州航空工业管理学院学报，1999（3）

23. 于建星．非公民意识论——兼论臣民意识与惰民意识之异同．河北工程大学学报（社会科学版），2010（4）

24. 俞可平．中国治理变迁30年．吉林大学社会科学学报，2008（3）

25. 崔月琴．后单位时代社会管理组织基础的重构．学习与探索，2010（4）

26. 王名，孙伟林．社会组织管理体制：内在逻辑与发展趋势．中国行政管理，2011（7）

27. 李钢．虚拟社会管理的问题与对策研究．行政管理改革，2011（4）

28. 陈力丹．虚拟社会管理的六个理念．中国党政干部论坛，2011（4）

29. 李军鹏．基层社会管理和服务体系完善之策．人民论坛·学术前沿，2011（4）

第5章

社会管理的规律与程式

内容结构图

- 社会管理的规律与程式
  - 社会管理的规律
    - 社会管理规律的界定
    - 社会管理规律的基本内容
  - 社会管理的基本原则
    - 以人为本、服务优先
    - 多方参与、共同治理
    - 统筹兼顾、动态协调
    - 既有秩序、又有活力
    - 立足国情、改革创新
  - 社会管理的程式
    - 社会管理的认知与预测
    - 社会管理的决策与计划
    - 社会管理的组织与协调
    - 社会管理的控制与整合
    - 社会管理的预警与保障

内容提要

本章介绍的是社会管理的规律与程式的基本知识。我国在长期的社会管理实践中，立足国情，初步确定了“党委领导、政府负责、社会协同、公众参与”的社会管理格局，明确了社会管理的根本目的和管理的基本方式。为了进一步完善政府主导、多方参与的社会管理格局，促进社会稳定与和谐，必须正确把握社会管理的五项基本原则，即：以人为本、服务优先；多方参与、共同治理；统筹兼顾、动态协调；既有秩序、又有活力；立足国情、改革创新。提高社会管理的科学化水平，必须注重社会管理的程式，即社会管理的认知与预测、决策与计划、组织与协调、控制与整合、预警与保障。

引导案例　苏州市首创“幸福联盟”古城兴起“草根组织”

幸福是什么？苏州沧浪区揭牌成立的首批八个“邻里情”幸福联盟用全国独有的方式诠释了幸福的意义：邻里间互帮互助、互敬互爱、和谐共处、共同幸福，就是真正的幸福。褪去了政府监管的色彩，向着民间组织民主自治的方向，小小的幸福联盟在瞬间成为无数热心公益和服务事业的志愿者的活动平台，点滴汇聚给苏州百姓一种别样的“幸福感”。

“幸福联盟”情牵社区邻里

不久前，苏州沧浪区友新街道友三社区的越剧队、淮剧队和乒乓球队为争抢黄金时段的排演厅闹得不可开交。昨天，友三社区的“邻里情”幸福联盟主席仇春芳为此事及时召开了工作会议，争取街道财力的支持，让三个兴趣爱好小队相互理解、重归于好，圆满化解了这个矛盾。如今，幸福联盟已经成为友三街道居民获取“幸福”的又一条途径。

苏州沧浪区在全国首创的“邻里情”幸福联盟是由社会团体、各类民间组织和各类志愿者队伍组成的联合体，主要任务是培育和发展社区公益性或服务性民间组织，招募社区志愿者，协调、组织联盟成员单位利用社区资源，开展各种服务和各类活动。“以前，当我有要服务社会的意愿时，往往不知道该找谁，有劲没处使，幸福联盟正好为我们这些志愿者提供一个牵线搭桥的平台，不放过任何一个给居民‘幸福’的机会。”道前社区幸福联盟的一位成员说道。公共精神的引导、公民活动的协调、公共服务的监督以及公众参与的推动成为幸福联盟的目标。

姑苏古城兴起“草根组织”

幸福联盟在全国率先兴起，在短短的试验阶段就取得了明显的成效。苏州二郎巷社区的李阿姨对此深有感触：“幸福联盟让邻里互帮、邻里互学、邻里互助、邻里互乐成为日常生活，加深了邻里情，更好地促进邻里和谐。”居民的事情让居民发挥民主自己解决，发展“草根组织”也是通向幸福的途径。幸福联盟的揭牌成立标志着苏州沧浪区社区管理体制改革又上了一个新的台阶。

职责分明共建和谐生活

社区居委会和社区工作站是沧浪区在社区管理体制改革中经过细分得出的成果。社区工作站作为社区的一个衍生物，承担了比居委会更为细致的工作职责。社区居委会是实行民主选举、民主决策、民主管理、民主监督的自治组织，而社区工作站则是街道办事处在社区的工作平台，承接政府部门、街道办事处在社区的事务性工作，提供面向基层、面向民众的公共服务。

“社区工作看似都是一件件不起眼的小事情，但如果做不好，影响邻里间的相互关系，制造一种不和谐的气氛，同样会影响社会的稳定。”社区党组织、社区居委会、社区工作站和“邻里情”幸福联盟形成沧浪区“1＋2＋1”的社区组织模式，别出心裁地将社区工作和“幸福”联系起来，受到沧浪区百姓的交口称赞。

资料来源：徐燕：《苏州市首创“幸福联盟” 古城兴起“草根组织”》，见江苏新闻网，2007-06-23。

5.1　社会管理的规律

5.1.1　社会管理规律的界定

规律是事物运动过程中固有的、本质的、必然的联系。搞好社会管理，推进社会管理体制创新，必须深入研究社会管理的规律。

社会管理的规律，是指在历史发展过程中存在的客观的社会管理原则、方式。一方面，这些规律不直接以人们的意志为转移，有其客观性；另一方面，随着社会发展过程中一些要素的变化，社会管理的规律又是可变的。在社会管理的工作中认识和运用社会管理的规律、特征将对我们的管理理念、管理方式、管理效果等产生巨大的影响。①

深入研究社会管理规律，更新社会管理理念，创新社会管理方式，是维护社会和谐的根本途径。我国正处在经济转轨、社会转型期，随着流动人口的不断增多，新经济组织和新社会组织不断涌现，大量的“单位人”变成“社会人”或者“社区人”，原有的社会管理体制机制和方法，已经不能完全适应新形势下经济社会发展的需要，社会管理面临着严峻的困难与压力、挑战与考验，这就要求我们必须深入研究现阶段社会管理的特点和规律，创新社会管理的思路和方法，采取切实可行的措施，完善社会管理体系和政策法规，整合社会资源，激发社会创造活力，维护社会公平公正，促进社会主义和谐社会建设事业的发展，从而有力地维护社会的和谐稳定。②

深入研究社会管理规律，加强和创新社会管理，是全面贯彻落实科学发展观的内在要求。社会管理是维系社会正常秩序、促进和谐社会建设、营造经济社会发展环境的活动。科学发展观的内在要求，是必须搞好社会管理；也只有加强社会管理，才能促进科学发展。从现实情况看，当前我国经济社会发展总体形势是好的，但经济和社会发展“一条腿长、一条腿短”的状况并未根本改变，城乡、区域发展不协调，各社会阶层和群体之间的

① 参见邓伟志主编：《创新社会管理体制》，15页，上海，上海社会科学院出版社，2008。

② 参见颜晓峰、王军旗主编：《加强和创新社会管理党员干部学习读本》，4页，北京，人民日报出版社，2011。

利益冲突趋于明显，全国刑事犯罪、社会治安案件数量居高不下，群体事件易发、多发。社会管理体制不完善、机制不健全，基层社会管理存在着不少空白点和薄弱环节。城乡社区治理思路不够明晰，社会组织、基层自治与行政管理的关系不顺，社会服务需要加强。因此，只有深入研究社会管理规律，正确运用社会管理规律，加强和创新社会管理，协调各社会阶层、群体、成员间的利益关系，加强对流动人口的服务和管理，促进各类社会组织和基层社区健康发展，才能推动经济社会全面协调可持续发展。[①]

深入研究社会管理规律，是我国改革开放和社会主义市场经济深入发展的必然要求。改革开放30多年以来，我国在经济发展方面取得了巨大成就，但社会矛盾却日益凸显，社会公平、环境污染等问题日益严重，各种预警和应急机制还很不健全，这直接影响到改革开放和社会主义市场经济的深入发展。

深入研究社会管理规律，建立健全社会管理机制，对应急机制建设起着基础性作用。依据社会管理规律，把握新形势下社会管理的新要求、新特点，进一步完善社会管理和公共服务的职能，提高社会管理水平，改善公共服务质量，建立健全各种社会矛盾的协调机制、城乡管理机制、社会治安综合治理机制等，才能提高我们应对各种突发事件和风险的能力，从而进一步推动社会主义市场经济向纵深发展。

5.1.2 社会管理规律的基本内容

社会管理规律具有客观性，不以人的主观意志为转移，但其具体要素和内容又是相对变化的。把握社会管理规律，明确我国现阶段社会管理规律的基本内容，才能更好地加强社会管理，推进社会管理体制创新。社会管理规律的基本内容包括：

1. 社会管理的根本目的

社会管理的根本目的就是要以人为本，维护和保障最广大人民群众的基本社会权利，全心全意为人民服务。社会管理的目标是多元的，如：实现社会系统的协调运作、维护安全稳定的社会秩序、促进社会公平公正、实现社会和谐等，但其核心和最终指向却都是社会领域中人与人的关系。我国是一个人民当家作主的社会主义国家，人民是国家的主人，也是社会管理的主体，是社会管理的参与者和实践者，同时又是社会管理为之服务的对象。因此，社会管理必然要以尊重和保障社会成员的基本社会权利，促进社会个体的自主性与自我发展为根本目的，社会管理的根本目标和出发点正是保障人民群众基本社会权利，促进社会公平公正。

“意莫高于爱民，行莫厚于乐民”。我们在社会管理中要始终把群众呼声作为第一信号，把群众需要作为第一选择，把群众满意作为第一标准，使群众利益得到充分保障，群众意愿得到充分尊重，群众积极性得到充分发挥，唯有如此，才能够始终保持社会管理主动性、创造性，并在改革发展过程中不断夯实根基、充实血脉、壮大力量。加强和创新社会管理的工作重点，围绕的是一个中心词“群众满意”，指向的是一个目标“让改革发展成果更好地惠及全体人民”。这就要求我们必须把群众观点、群众路线贯彻于社会管理始

① 参见颜晓峰、王军旗主编：《加强和创新社会管理党员干部学习读本》，2～4页，北京，人民日报出版社，2011。

终，把群众工作渗透到社会管理的各个方面、各个环节，并作为社会管理的基础性、经常性、根本性工作常抓不懈。

2. 社会管理的基本格局①

从我国社会发展的具体情势出发，2004 年 9 月党的十六届四中全会就提出要“加强社会建设和管理，推进社会管理体制创新”，2007 年党的十七大报告提出要“建立健全党委领导、政府负责、社会协同、公众参与的社会管理格局”，2011 年 7 月份出台的《中共中央国务院关于加强社会创新管理的意见》指出，经过长期探索和实践，我国建立了社会管理工作领导体系，构建了社会管理组织网络，制定了社会管理基本法律法规，初步形成党委领导、政府负责、社会协同、公众参与的社会管理格局，社会管理与我国国情和社会主义制度总体上是适应的。社会管理与社会建设已经纳入中国特色社会主义建设的总体布局，并在国家“十二五”规划纲要中单独成篇，已成为构建社会主义和谐社会的重要战略部署。由此可见，“党委领导、政府负责、社会协同、公众参与”的社会管理格局将成为未来一段时间内政府与社会互动的基本体制，不仅政府应在社会管理中发挥主导作用，同时也应强调发挥社会组织和公民在社会管理中的作用，逐步建立起政府与公民在社会管理中的合作伙伴机制。

党委领导，就是要发挥党委在社会管理格局中总揽全局、协同各方的领导核心作用。中国共产党作为执政党，其根本宗旨是全心全意为人民服务，党的目标和人民的意愿是一致的。坚持中国共产党的领导是中国革命与社会主义建设必须始终坚持的根本原则，也是中国革命与社会主义建设不断取得成功的法宝。党委领导主要表现为统筹兼顾，在经济和社会发展中总揽全局、全面筹划、兼顾各方、协调发展，有效地实现社会整合。因此，要把领导社会管理工作放在党委工作突出重要的位置上，像经常分析经济形势那样，经常分析社会形势，正确把握社会管理的大政方针；支持政府依法行政和依法管理，引导各种社会组织、群众组织、自治组织和人民群众积极有序参与社会管理，充分发挥基层党组织和共产党员在社会管理中的作用；要合理配置党政部门社会管理的职责权限，切实解决多头管理、分散管理、难以形成有效合力的问题。

政府负责，就是要发挥政府主导作用，强化政府的社会管理和公共服务职能，建设服务型政府，做到职能到位、工作到位、责任到位。实行政府负责，是国家履行社会管理职能的必然要求。在新型的社会管理格局中，政府应更加注重发挥在社会管理和公共事务中的职能作用，负责具体的组织管理。为此，政府要积极转变职能，更加重视社会管理，通过制定法律法规、完善社会政策、健全社会管理体系、培育和管好社会组织、畅通公民参与渠道等，切实发挥好政府在社会管理中的主导作用；建立健全社会保障制度，建立公共突发事件的应急机制，推进社会事业管理体制改革等；建立和完善社会管理的考核机制，研究制定科学的社会管理考核指标体系，把考核结果作为干部选拔和奖惩的重要依据。

社会协同，就是要发挥各类社会组织的作用，整合社会管理资源，加强政府与社会组织之间的分工、协作以及不同社会组织之间的相互配合，积极推动建立政府调控机制同社会协同机制互联、政府行政功能同社会自治功能互补、政府管理力量与社会调解力量互动

① 参见马凯：《努力加强和创新社会管理》，载《求是》，2011（20）。

的社会协同管理网络。当前，做好社会协同需要加强如下工作重点：

第一，加强以城乡社区为重点的基层基础建设。基层是社会协同管理的基础。我们要通过加强基层基础建设，在基层构建一个横向到边、纵向到底的社会管理体系，推动基层组织把知民情、解民忧、化民怨、暖民心作为经常性工作，切实把社会问题解决在基层，把社会矛盾化解在基层，工作推动在基层，感情融洽在基层；[①] 着力完善基层群众性自治组织，加强农村村民委员会和城市居民委员会建设，强化城乡社区区域性社会管理职能，发挥好农村社区内各类经济组织、专业合作、协作组织，城镇社区内业主委员会、物业管理机构、驻社区的各类机构在社会管理中的积极作用；搭建社区社会管理服务的平台，加强对互助性、公益性、娱乐性社区组织的指导和服务，有效发挥它们在满足群众需求、活跃社区文化生活、疏导群众情绪等方面的积极作用；整合基层社会管理资源，坚持把政法、信访、司法、民政以及与群众关系密切的职能部门整合起来，联合办公、联防联治、综合治理；各地区各部门要把更多的人力、财力、物力投向基层，增强基层组织社会管理的能力。

第二，发挥社会组织的作用。在社会组织管理中，我们要坚持鼓励发展和监管引导并重的方针，完善培育扶持的政策措施，推动包括社会团体、行业组织、中介机构、志愿者团体等在内的各种社会组织发展壮大，提高它们在社会管理中的协同能力。我们要适当降低准入门槛，让公民有更多的机会利用这种载体实现自我管理和参与社会管理；促进各类社会组织深化自身改革，完善内部治理结构、规范行为、增强活力；完善法制监督、政府监督、社会监督、自我监督相结合的制度体系，促进社会组织健康发展；支持工会、共青团、妇联等人民团体和组织依照法律和各自章程开展工作，参与社会管理和公共服务，维护群众合法权益。

第三，强化各类企事业单位社会管理的责任。在做好社会协同工作过程中，要鼓励和支持各类所有制企业承担社会责任，合理处理企业内部的劳资关系，加强人文关怀，改善用工环境，保持职工队伍稳定。积极发挥好各种所有制企业单位在社区建设、环境保护、安全生产、劳资关系、慈善事业等方面的作用。

公民参与，就是要充分发挥人民国家人民管理的作用，引导公民依法、理性、有序参与社会管理。充分依靠人民管理国家和社会，是我国国家性质的必然要求，也是我们党一切为了群众、一切依靠群众的群众路线的生动体现。社会公众本身就是社会管理的对象，让公众参与到社会管理中来，成为社会管理的主体，不仅能够更好地把自身利益诉求和对公共物品、公共服务的需要反映到社会管理体系中来，还可以对政府的社会管理职能履行情况进行监督。发挥公众的主人翁作用，使其以适当的方式参与社会管理，特别是在公共政策制定过程中保证公众的充分参与，才能使公共政策更加符合民意和公众利益，进而实现社会公正。因此，要注重培养公民的公民意识，督促其自觉履行公民义务；积极开展志愿服务活动，健全社会志愿服务长效机制；探索公民参与社会管理的机制和途径，为公民参与创造条件，努力形成社会管理人人参与、人人共享的良好局面。

---

① 参见李章军：《习近平在省部级主要领导干部专题研讨班结业式上强调：群众工作是社会管理基础性经常性根本性工作》，载《人民日报》，2011-02-24。

3. 社会管理的内容和范畴

根据我国当前社会发展的具体情势，为实现社会管理的根本目的，现阶段社会管理的基本内容应包括：协调社会关系、规范社会行为、解决社会问题、化解社会矛盾、促进社会公正、应对社会风险、保持社会稳定等。①

社会管理既不是事无巨细、无所不包，也不是与其他方面截然分割、孤立实施，而是与经济建设、政治建设、文化建设相对应而又融会贯通的社会公共关系管理，既包括协调社会活动中人与人之间的关系，也包括协调人与自然之间的关系，调节优化各种社会资源配置，创造最佳的经济社会效益。因此，社会管理体制改革创新的内容不可避免地要涉及经济、政治、文化、社会等众多领域的问题，但重点应该放在社会治安、文化教育、医疗卫生、社会保障、环境保护、道德风尚、社会服务及其他社会公益事业方面。② 在社会管理的过程中，既要注重社会、政治、经济、文化等领域管理工作的互动和调整，同时还要注重各领域之间的相互渗透；既要注意社会管理与政治、经济、文化等领域管理的区别，又要认识到社会管理必须是与政治、经济、文化各项工作联动的，其他方面如果出现了问题必然会给社会领域的管理工作造成冲击，还要清楚不能将社会管理中涉及政治、经济等方面的事项与纯粹政治、经济领域的工作相混淆，不然政府"错位"、"越位"的现象依然会出现③。

4. 社会管理的职能和任务④

社会管理是国家管理的一部分，其任务的确定、职能的划分、权责的分配都应与国家的管理体制相适应。根据我国社会管理的现状，科学划分社会管理职能总的趋势是：转变政府职能；改进管理方式；将重点由行政管理转向公共服务；能由社会组织管理的事务，应转交给社会组织，政府不要包揽；能由下级政府承担的职能，由下级政府负责。在确立社会管理职能时，应解决好财政投入问题，坚持事权与财权相统一。

5. 社会管理体制改革创新的目标和方向⑤

传统社会管理体制的弊端在整个经济社会的快速变化中日益凸显，已不能适应经济和社会转型后多元化、复杂化的社会要求，甚至阻碍了社会发展。因此，"加强社会建设和管理，推进社会管理体制创新"，才能激发社会生机与活力，更好地协调现阶段各方面的利益关系，有效维护社会的有序发展。推进社会管理体制创新的目标和方向主要有以下几个：一是突出为民的宗旨、利民的原则、便民的需要，坚持立党为公、执政为民，充分体现"权为民所用、情为民所系、利为民所谋"的要求。二是强化法治意识，完善社会管理的法律法规体系，真正实现通过法律法规调节规范各种社会关系和行为，在社会管理领域落实依法治国方略。三是强化服务意识，政府及其各种社会管理机构和部门应牢固树立公共服务的观念，在协调社会关系、处理社会事务时，按照服务的要求调整自身角色，服务市场、服务群众、服务社会，重构政府、市场和社会的关系，在社会管理体制上充分体现

---

① 参见李章军：《扎扎实实提高社会管理科学化水平 建设中国特色社会主义社会管理体系》，载《人民日报》，2011-02-20。

②④⑤ 参见王天玺、方建文、邹川宁主编：《构建和谐社会理论研究与执政方略》，下册，1194～1195页，北京，中国言实出版社，2006。

③ 邓伟志主编：《创新社会管理体制》，17～19页，上海，上海社会科学院出版社，2008。

公共服务型政府的特征和要求。

6. 社会管理的基本方式

社会管理的基本方式应当是民主参与，协商协调，寓管理于服务之中的管理方式。在计划经济时代，社会管理主要是以政府行政管理方式为主，这种管理更多显示的是人治式、强制式、刚性的方式。在新世纪、新形势、新阶段下，社会管理方式要从“命令—服从”的单向度的，以“堵、防、控”为主的传统管理方式，转向各个主体之间的民主协商决策、合作，透明化、法制化的，以“疏、导、解”为主的良性互动的管理方式。社会管理中政府管控的成分正在日益减少，而多元主体间的民主参与、协商协调的比重则日益增多。社会治理的权威是公民的认同和共识，它建立在自律、互助、自主、自愿的基础上，通过参与、协商、确立认同和共同的目标等方式对社会公共事务实施管理。

由于当前我国城乡二元结构特征仍较明显，城乡生产生活方式的不同特点在短期内不会消失，这就决定了城乡基层群众自治组织的机构、职责及其与上级管理组织关系的不同，所以社会管理的形式和方法也不相同，必须根据城乡社会管理的不同形式和特点，从实际出发，分类指导，确立相应的社会管理模式。①

5.2 社会管理的基本原则

遵循社会管理规律，加强和创新社会管理必须正确把握社会管理的基本原则，只有这样，才能明确改革社会管理体制的基本取向。社会管理的原则问题是社会管理的出发点，也是加强和创新社会管理的基本前提。完善社会管理必须坚持以下五项基本原则②：

5.2.1 坚持以人为本、服务优先

以人为本是科学发展观的本质和核心，也是社会管理必须坚持的根本原则。社会管理，说到底是对人的管理和服务，涉及广大人民群众切身利益，必须始终坚持以人为本、执政为民，切实贯彻党的全心全意为人民服务的根本宗旨，不断实现好、维护好、发展好最广大人民群众的根本利益。坚持以人为本，就是须坚持贯彻党的群众路线，坚持人民群众的主体地位，发挥人民群众的首创精神，紧紧依靠人民群众开创新形势下社会管理的新局面。为此，要坚持思想上尊重群众、感情上贴近群众、工作上依靠群众，把群众满意不满意作为加强和创新社会管理的出发点和落脚点；要以人民群众利益为重、以人民群众期盼为念，着力解决好人民最关心最直接最现实的利益问题，始终保持党同人民群众的血肉联系。③ 社会管理还要寓管理于服务之中，权为民所用、情为民所系、利为民所谋，实现依法管理、科学管理、人性化管理，使人民群众在社会生活中切实感受到权益得到保障、

---

① 参见王天玺、方建文、邹川宁主编：《构建和谐社会理论研究与执政方略》，下册，1195页，北京，中国言实出版社，2006。

② 参见马凯：《努力加强和创新社会管理》，载《求是》，2011（20）。

③ 参见李章军：《扎扎实实提高社会管理科学化水平 建设中国特色社会主义社会管理体系》，载《人民日报》，2011-02-20。

秩序安全有序、心情更加舒畅。

管理与服务是紧密相连、相辅相成、有机统一的。在社会管理实践中容易出现的倾向是用管理代替服务，或者说管理意识强于服务意识，导致服务跟不上，管理也受到影响。过去，在长期的社会管理中，一些人着重强调人民群众的工具理性，过多地强调对“人”的管理而忽视对“人”的服务；一些领域或者地区偏重经济发展而忽视人民的具体需求，过多强调人对社会的责任和贡献，简单地把整个人民群众当作社会发展所依靠的力量，而忽视了人民群众的价值实现，忽视了人民群众的根本利益是社会发展最根本的价值目标。因此，坚持以人为本，服务为先，就要把“依人”和“为人”有机结合，充分尊重人、理解人、关心人，寓管理于服务之中，努力实现管理与服务的有机统一，既看到管理的主体和对象是人，需要依靠人来管理，又要强调社会管理“依人”，看到人民群众是立党之本、发展之源、执政之基；同时也注重社会管理必须以满足人民的需求为目的，强调社会管理“为人”，看到执政的首要目的是为人民服务，让人民群众在共建和谐社会的同时共享发展成果。[①] 为此，各级政府、部门要全面梳理社会管理工作中存在的问题，采取有针对性的措施加以解决，努力向服务型管理转变。

5.2.2 坚持多方参与、共同治理

多方参与、共同治理是适应多元社会管理格局的必然要求。在当今社会发展多元化的趋势下，以往政府大包大揽的思路和单向命令式的“单一治理”模式，难以整合各方资源，实现有效社会治理。因此，在管理主体上要从重政府作用、轻多方参与向政府主导型的社会共同治理转变，同时充分发挥多元主体在社会管理中的协同、自治、自律、互律作用，充分调动人民群众的积极性、主动性和创造性，使各种社会力量形成推动社会和谐发展、保障社会安定有序的合力。[②]

坚持多方参与原则，应建立和完善党委领导、政府主导、社会协同、多方参与的社会管理格局和多元共生的社会综合治理机制，充分发挥社团、行业、中介等组织在社会管理和服务中的组织引领、协调整合、示范带动和排忧解难的作用，充分发挥其反映利益诉求、规范社会行为、化解社会矛盾、扩大公众参与、提供公共服务、增强社会活力、促进社会发展的积极作用。

共同治理就是发挥人民团体、基层自治组织、各类社会组织和企业事业单位的协同作用，推进社会管理的规范化、专业化、社会化和法制化。社会事务，千头万绪，政府包打天下的做法，既做不到，也行不通。大量社会性、公益性、事务性的社会管理，如果全部由党和政府来管成本太高，在社会协同中，需要大力发展和引导各类社会组织。政府要从过去“不该管、管不了、管不好”的领域逐渐退出，把该市场做的事还给市场，把该社会做的事交给社会。随着社会主义市场经济的发展，政府公共服务供给职能将不断强化，但政府职能的履行方式需要不断创新，政府直接提供的公共服务比重将逐步缩小，政府转移

① 参见《总书记为何强调“社会管理说到底是对人的管理和服务”》，见新华网，2011-02-24。

② 参见颜晓峰、王军旗主编：《加强和创新社会管理党员干部学习读本》，71～75 页，北京，人民日报出版社，2011。

职能和购买服务将逐步扩大，从而真正发挥出社会管理多方参与的优势，实现共同治理的目的。

5.2.3 坚持统筹兼顾、动态协调

当前，在社会管理中面临的主要社会矛盾和问题大多属于群众的利益诉求，这就要求我们必须按照统筹兼顾的要求，正确反映和协调各个方面、各个层次、各个阶段的利益诉求，兼顾好各方面群众关切的问题，既要“左顾右盼”，又要“瞻前顾后”，使社会管理能够体现维护公平正义的“刚性”、协调各方利益的“柔性”、应对新情况新问题的“弹性”，促进社会动态平衡，保障国家长治久安。

社会管理是一项十分复杂庞大的系统工程，因而必须统筹规划、全面考虑、整体推进。法规的制定、政策的出台、办法的实施、手段的运用，都要考虑到与之相联系的其他方面的适应能力、具备条件、制约因素以及可能带来的其他影响。党委和政府各职能部门都要明确责任、加强协调、相互配合、共同推进，确保社会管理各项工作落到实处；要引领各类社会组织加强自身建设、增强服务社会能力，尤其要整合社会力量，实施共同治理，发挥社会力量在社会管理中的协调、自治、自律、他律、互律作用。同时，在体制机制方面要相互衔接，法规政策方面要相互配套，具体实施过程要权衡利弊，绝不能片面化、简单化和急于求成，以免造成不适应而形成新的社会矛盾。

深入推进社会矛盾化解，进一步形成依法有序表达诉求、及时有效解决问题的社会环境。信访和群体性事件等问题背后反映的大多是因利益诉求而引起的人民内部矛盾，应更多地用教育疏导、解决实际问题的方法来加以化解。为此，有效及时化解社会矛盾必须做好以下三个方面的工作：

第一，关口前移、源头治理。当前的中国是一个处于快速发展时期的发展中大国，也正处于改革发展的关键时期，思想观念多元，利益诉求多样，发生一些社会矛盾和问题是难以避免的。要解决社会矛盾，关键是要及时发现矛盾问题，弄清其产生的原因、发展的规律，从源头上主动解决问题、减少矛盾，把社会管理的关口前移，不断增强工作的前瞻性、主动性、有效性。许多社会矛盾是在改革发展过程中产生的，也要靠改革发展去解决。要坚持以人为本，让人民群众共享发展成果，把发展成果更多地落实到保障和改善民生上，决不能侵犯人民群众的合法权益，从源头上预防和减少社会矛盾的发生。重大政策制定、重大项目审批、重大工程立项、重大举措出台前，不仅要进行经济效益评估，看要不要干，更要进行社会稳定风险评估，采取公示、听证等方式广泛听取意见，充分考虑可能出现的不稳定因素，看能不能干，确保决策的合法性、合理性、可行性、安全性。对符合社会公共利益、人民群众长远利益的好事要办，但不能草率决策、简单蛮干。特别要积极构建源头治理、动态协调、应急处置相互衔接、相互支撑的新机制，最大限度地使社会矛盾不积累、不激化。

第二，建立健全社会利益矛盾协调机制。社会问题和矛盾的根本由来在于利益的失衡。为此，要健全党和政府主导的维护群众权益机制，深入开展社会矛盾“大排查”，完善人民调解、行政调解、司法调解三位一体的“大调解”工作体系，把劳动争议、医疗纠纷、环境保护、食品药品安全等领域的调解队伍建设好，把工会、共青团、妇联等各方面

力量调动好，形成依靠基层党政组织、行业管理组织、群众自治组织，共同及时有效化解社会矛盾的机制，做到哪里有人群，哪里就有调解组织；哪里有矛盾，哪里就有调解工作。各级政法机关要树立调解也是执法的观念，从政策机制上把调解优先原则贯穿于执法办案中，努力做到“案结事了”。

第三，加强基层组织建设。社会矛盾化解工作的重心在基层。乡镇（街道）要由党（工）委副书记牵头，把政法、综治、维稳、信访等方面力量整合起来，形成综合治理的大平台，努力做到“小事不出村、大事不出乡（镇）、矛盾不上交”。各级基层组织按照早发现、早报告、早处置的要求，建立有效的预警和应急处置机制，确保第一时间把矛盾和问题化解在第一现场。

社会管理不是也不可能消灭所有社会矛盾，抓好源头治理可以尽可能地减少社会问题，但不可能解决所有问题，旧的矛盾和问题解决了，又会出现新的矛盾和问题。为此，必须构建动态调节和化解机制，以使社会矛盾和问题不断得到及时化解和向好的方面转化，尽最大可能做到不积累、不激化、不蔓延、不升级、不向坏的方面转化，使社会处于动态平衡、动态优化、井然有序、健康运行的状态，其具体措施如下：

第一，要建立和完善诉求表达机制。建立方式多样、规范有序、畅通高效的诉求表达渠道，这是及时解决社会问题和社会矛盾、提高社会动态平衡能力的重要条件。要完善政务公开制度、民主决策制度，提高公众参与程度。加强和改进信访制度，用群众工作统揽信访工作，把来访群众当家人，把群众来信当家书，把群众反映的问题当家事，让群众话有处说、冤有处诉、问题有处反映。教育和引导诉求方依法有序理性表达诉求。

第二，要建立和完善矛盾纠纷滚动排查和预警机制。这是有效预防社会问题、社会矛盾积累和激化、促进社会运行动态优化的重要措施。各级政府要针对所在地区社会管理中的热点、重点和难点问题，进行经常性的分析排查，建立矛盾纠纷滚动排查机制。加强对重点地区、重点工程、特殊群体、敏感时期的监控和排查，建立矛盾纠纷情报信息预警机制。对排查出来的问题，要按照“见微知著、抢得先机、争取主动、防止激化”的要求，及时予以解决。

第三，要建立和完善社会治安防控体系。社会治安防控体系是维护社会秩序、保障社会健康运行的重要支撑。在防控主体上，要充分发挥公安机关警务力量的主导作用，同时要发挥保安和志愿者的作用；在防控范围上，要建立健全街区防控网、社区防控网、单位内部防控网、视频防控网、虚拟社会防控网组成的治安防控体系，做到社会全覆盖；在防控对象上，要特别加强对重点人群的管理与服务；在防控组织建设上，要加强群防群治组织、110 系统以及区域警务协作建设；在防控手段上，要充分利用现代科技手段，实现人防、物防与技防的有效结合。

5.2.4　坚持既有秩序、又有活力

既要有秩序，又要有活力，是社会管理的双重目标，两者不可偏废。维系社会秩序是社会管理的主要目标，没有秩序，就没有人类社会的存在和发展。要让秩序融入活力中，把活力建立在秩序之上。把维系社会秩序和激发社会活力有机结合起来，既要保证社会的安定有序、规范运行、调控有力，又要有利于激发全社会的创造活力，降低社会运行成本，

提高社会运行效率，从而在有序的基础上，最广泛、最充分地调动一切积极因素，最大限度激发社会活力，最大限度增加和谐因素、减少不和谐因素，促进社会进步和人的全面发展。

良好社会秩序的维系，关键在于建立健全社会规范体系。社会规范体系是通过制定法律和道德规范等确定共同行为准则来指导和约束人们行为、维护社会秩序的基本手段。社会规范体系不健全，或不遵守共同行为准则，是产生社会矛盾、引发社会冲突、危害正常社会生活的重要根源。为此，要在各个领域加快建立和完善行为规范体系，通过自律、互律、他律，把人们的行为尽可能地纳入共同行为准则的轨道，形成既要维护社会公共权益、又要尊重个人合法权益，既有统一意志、个人又心情舒畅的社会环境。要加快公民个人基本信息制度、个人信用管理制度等社会基础制度建设，对违反社会共同行为准则的，要有相应的惩戒制度。

5.2.5 坚持立足国情、改革创新

从我国实际出发，充分发挥社会主义制度的优越性和政治优势，充分发挥优秀传统文化的作用。人民代表大会制度、中国共产党领导的多党合作和政治协商制度、民族区域自治制度、基层群众自治制度，这四大政治制度在过去长期的社会主义建设和改革事业中，发挥了强大的合力，在当今构建社会主义和谐社会的进程中，依然是加强和创新社会管理的重要制度保证。

树立世界眼光，积极借鉴国外先进经验和做法。西方许多发达国家在20世纪70年代末以来出现的政府改革运动，即“新公共管理”运动中，提出诸如：由“划桨”政府向“掌舵”政府转变，由权力政府向责任政府转变，由无限政府向有限政府转变等，以加强政府与社会组织在公共服务领域的友好合作，实现政府、市场、社会的良性互动；1994年南非非国大执政后，实施《增长、就业与重新分配》战略，努力做大经济“蛋糕”，缓解高失业率压力，纠正社会财富分配不均；瑞典社民党坚持把追求平等和公正作为其基本价值取向和制定各项政策的指导思想，通过累进税制和二次分配等手段进行收入调节，有效地缩小了贫富差距，形成了和谐稳定的“橄榄型”社会等等。借鉴这些国外社会管理的有益经验，对提高我国社会管理的科学化水平是十分必要的。①

社会管理要勇于变革、勇于创新，把改革贯穿在整个社会管理过程之中，为推进和谐社会建设提供不竭动力。创新社会管理是一场改革，唯有继承才能发扬传统，唯有创新才能激发活力和动力。我们不能全盘否定过去，对一些管用的办法还要继承和沿用。同时，在继承中创新，在创新中发展，不断创造出社会管理的新路径。社会管理创新要从下列方面实现：第一，要创新社会管理的思维方式，善于运用发散思维、辩证思维、逆向思维研究工作、思考问题，以开阔的眼界、开阔的思路、开阔的胸怀，积极探索推进社会管理工作的新思路、新办法；第二，要创新社会管理理念，树立以人为本、服务为先的理念，树立多方参与、共同治理的理念，树立关口前移、源头治理的理念，树立统筹兼顾、协商协调的理念，树立依法管理、综合施策的理念；第三，要创新社会管理主体，从单纯重视政

---

① 参见颜晓峰、王军旗主编：《加强和创新社会管理党员干部学习读本》，102～107页，北京，人民日报出版社，2011。

府作用向社会共同治理转变，加快由传统社会管理向现代社会治理转变；第四，要创新社会管理方式，从偏重管制控制向更加重视服务、重视协商协调转变，坚持更多地运用群众路线的方式、民主的方式、服务的方式，教育、协商、疏导的方式，化解社会矛盾，解决社会问题；第五，要创新社会管理环节，从偏重事后处置向更加重视源头治理转变，把工作重心从治标转向治本、从事后救急转向源头治理，使社会管理关口前移；第六，要创新社会管理手段，从偏重行政手段向多种手段综合运用转变，在运用行政手段进行社会管理的同时，更多地运用法制规范、经济调节、道德约束、心理疏导、舆论引导等手段，并加强道德建设和思想政治工作；第七，要创新管理体制，加强源头治理体系建设、动态协调机制建设、应急管理制度建设，构建相互联系、相互支持的制度体系。①

案例思考

社会矛盾协调机制创新

海南省儋州市在社会矛盾协调化解工作方面，积极探索建立新的管理体制和运行机制，提供了较好的成功经验：

狠抓社会矛盾化解，在创新体制机制上有新举措。化解社会矛盾是社会管理创新工作的基础，儋州市始终坚持“五个一”的工作理念，加强机制建设，力争在体制机制上有创新有突破，突出了“三个创新”。第一，创新调解组织网络机制。在推广两个“矛盾纠纷排查调处中心、站”建设的基础上，今年儋州把调解组织延伸到学校、企事业单位，成立了医患纠纷、劳资纠纷调解委员会等15个企事业调委会、43个学校调委会，配备调解人员406人，切实把调解网络延伸到社会各行各业。第二，创新信访化解机制。为畅通群众诉求表达渠道，有效解决社会矛盾，我市在完善领导干部接访、下访等制度的基础上，今年建立市、镇信访服务中心，集中国土、交通、教育、人社、民政、法院等职能部门联合办公，推行“一站式接待、一条龙办理、一揽子解决”的联合接访机制，有效整合社会资源，全力化解信访案件，促进社会和谐稳定。第三，创新调解方式。在继续推行人民调解、行政调解、司法调解的基础上，把调解工作向下延伸，利用社会力量，挖掘本地资源，推广了“三老调解”经验，即组织村里的老革命、老干部、老党员调解村里的矛盾纠纷。

狠抓重点群体的服务管理，在体现人文关怀上有新突破。儋州市坚持以人为本、服务为先的理念，认真做好流动人口服务管理、刑释解教人员的安置、帮教工作，最大限度预防和减少违法犯罪，构建和谐社会，实现了“三个注重”：注重流动人口底数摸排，减少了社会管理盲区；注重“人性化管理、亲情化服务”，为流动人口解决生活、工作难题；注重以人为本，积极做好刑释解教人员安置帮教工作。

资料来源：郑甜：《与会代表畅谈交流社会管理创新工作经验》，载《法制时报》，2011-09-28。

---

① 参见魏礼群：《社会建设与社会管理》，297页，北京，人民出版社，2011。

5.3 社会管理的程式

5.3.1 社会管理的认知与预测

社会管理系统各部分既分工又合作，共同发挥管理功能，实现对社会系统的有效管理，所有这些都以对社会系统的现实运行状态和未来发展趋势的正确把握为前提条件。因此，认知和预测虽然并非社会管理的职能，却在社会管理程式中排在了第一位。

1. 社会管理的认知

全面客观认识人们的活动、社会的活动以及社会规律，从而把握社会运动的本质联系和发展的必然趋势，就是社会认知。社会认知的关键在于认识社会的规律性，社会规律本身所具有的结构的非纯粹性、稳定的相对性、综合性、统计性、近似性的特征，使得社会认知具有以下特征：

（1）既是困难的又是可能的。

由于每一个人都有独一无二的个体性和能动性，历史的事件都有不可重复性，社会的规律都有非纯粹性和统计性，这就给认知带来了特殊的困难：难以揭示社会发展规律，难以在社会规律的基础上解释人们的动机和活动的复杂性，难以解释历史事件的独特性，也难以说明主观因素本身在历史发展中的作用。但是在社会生活中不仅存在着个别和特殊，还存在着一般的、重复的、有规律的现象，尽管这些规律有不同于自然规律的特点，但用自然科学的一些研究方法来认识、研究社会，又是可能的。

（2）既有全面性又有反复性。

社会是矛盾的统一体，因此必须既看到正面，又看到反面；既要把握复杂矛盾系统的整体，又要分析系统中的各个方面；既要统领社会运动的全过程，又要关照全过程中的各个阶段，因此必须全面认知社会。由于社会规律的稳定具有相对性，当人们认识了社会规律并运用它改造社会，就会引起一系列客观条件的变化，原有的社会规律会相应地发生变化，因此对社会规律的认知不可能一劳永逸，需要不断地反复进行。

（3）既有实证性又有抽象性。

在社会认知的过程中，哲学的研究方法和实证性的社会调查研究方法都发挥着重要作用，纯粹的思维或者排除哲学抽象的实证主义，都是在社会认知中应当注意克服的。

2. 社会管理的预测

在社会认知的基础上，根据社会规律预料社会的发展趋势和各项社会活动的效果，就是社会预测。人的活动不同于动物的本能，具有目的性、计划性，而从事着有目的、有计划的活动的人，就必须超前地预测活动对象的变化以及自身活动的后果。人们在改造自然的同时也在改造着社会，物质资料再生产的同时也有社会关系再生产。因此，人们的预测活动从一开始就包含了社会预测。

（1）社会预测的特点。

社会预测作为人类对社会的一种特殊认识，具有以下特征：

一是既具有历史感和现实感，又具有超前性。预测是在研究历史和现状的基础上，根据事物的客观规律对未来做出的科学推测；而对未来的推测，又服务于现在的实践斗争。预测不是对事物历史及现状的描述和解释，而是对事物未来的预先认识、超前反映。它必须突破客观事物的现实规定以及社会实践的历史界限，合乎逻辑地推测社会的未来。预测越超前越大胆，预测的量级就越高。

二是属于对事物未来状态的概率判断，具有试探性。预测的试探性来源于预测的主体和客体。任何预测主体都生活在一定社会条件下，受现实社会实践水平的限制。而预测的客体是未来，未来不仅取决于目前的无数条件，而且取决于将来才会形成的条件；不仅取决于事物发展的必然趋势，而且取决于发展过程中的偶然事变。

三是可检验性。预测的可检验性包含着两个方面的内容：其一，预测的结果必须是明确无误的，不能是模糊的或者模棱两可的。其二，预测的结果必须是可解释的。

四是不精确性。预测的任务在于以某种概率预料事物发展的趋势，指出一个发展的大方向，为未来勾画出一个大致的轮廓，而不可能确切地描绘出每一个细节，具体规定未来活动的精确形式和实现日期。即使预测的结果是正确的，也不可能是完全精确的。

（2）预测的种类。

根据不同的标准，可以把预测分为不同的种类。

根据预测的目的，可以分为探索性的和规范性的两类。探索性预测旨在确定对象在未来的可能状态；规范性预测旨在确定作为目标的现象达到可能状态的途径和期限。

根据预测的内容，可以分为目标性的、计划性的、设计性的和组织性的。目标性预测是对期望状态本身的预测；计划性预测是对计划完成或不完成的过程进行预测；设计性预测是对所预测对象达到令人满意状态的可能途径、措施和条件进行具体设计的预测；组织性预测是为达到规定的目标计划、实施最佳的方案设计，对社会活动组织进行的预测。

根据预测的时间梯度，可以分为即期的、短期的、中期的、长期的和超长期的几大类。

根据预测对象的空间范围，可以分为全球性预测、全国性预测、地区性预测、部门性预测以及具有不同空间跨度的各种专题预测。

3. 认知与预测在社会管理中的作用

（1）认知与预测为社会管理指明方向。

社会管理是协调人们的努力达到某一社会共同目标的一种活动，也是人们适应不断变化的条件的一个过程。社会管理的目的就是要使人们的活动符合客观的社会规律的要求，顺应社会发展的趋势，从而充分发挥人的积极性，组织和动员人力、物力、财力资源去解决所面临的任务，创造更高的物质文明和精神文明。因此，旨在揭示社会规律和发展趋势的认知和预测理所当然地成为了实现社会管理的前提条件。社会管理的各领域都要求管理主体凭借对事物实际情况和本质的充分了解，运用科学预见的能力，事先预测到事物发展的趋势，并据此自觉地调整、控制自身的活动和所属部门的工作，使之与事物发展的趋势相一致，从而掌握主动权。

（2）认知和预测为发挥社会管理的职能提供了保证。

认知和预测为发挥社会管理的各项职能——决策、计划、控制等，提供了不可或缺的重要保证。

首先，认知和预测是决策的基础。认知和预测对决策的作用具体表现在：第一，认知可以帮助决策者充分了解事物的发展状况和本质特征；第二，预测可以帮助决策者扩大眼界，从而确定正确的决策目标；第三，在认知基础上的预测可以揭示事物发展中的有利和不利因素；第四，认知和预测可以为决策提供多种备选方案，促进决策的优化。

其次，认知和预测是计划的前提。认知和预测所提供的事物发展现状和趋势是计划的依据，科学的计划必须依据科学的认知和预测结果来进行。

再次，认知和预测是提高控制效能的保证。全球化时代下，社会环境和社会活动的变化越来越迅速和频繁，社会实践活动对现实物质世界的变革能力也逐步增强，为了应对这种情况，"反馈—前馈"耦合型的控制机制产生了，既要把管理对象接受管理主体指令后所采取的行为及其后果及时反馈给管理者，又要求在事件发生之前预先把可能的后果反馈给管理者，使管理者可以依据反馈的信息重新调整自己的控制指令，确保管理的控制职能的实施。

4. 认知与预测的过程

认知和预测包括确定认知和预测对象、选择认知和预测方法、收集处理信息和编制认知预测报告四个阶段。

（1）确定认知和预测对象。

一般来说，认知和预测对象同当前的决策对象密切相关，而认知和预测对象、决策对象又都同管理对象相一致。确定认知和预测对象通常可以分为两个小阶段：一是提出认知和预测的课题和期限。根据决策对象来确定所要认知和预测的对象，明确指标变量或参数。二是大量收集与认知和预测课题有关的背景材料，包括经济、政治、社会、科技、文化等各方面的材料，了解国内外同类研究的进展状况和最新成果。

（2）选择认知和预测方法。

方法的选择取决于第一阶段所确定的课题和期限，同时需参考认知和预测者本人的专业知识结构和所具备的客观条件。

（3）收集处理信息。

认知和预测所具有的特性决定了所需要的信息既有现在的信息，又有过去的信息；既有个别的信息，又有普遍的信息；此外，由于认知和预测对象都受环境的影响，其中有些影响又大到足以使对象发生突变的程度，因此，收集和分析同对象相关的环境信息也是不可缺少的。在收集处理过程中，必须采用多种方法提高信息的准确性程度，使所收集的资料、数据的误差不超过预测研究所允许的范围。

（4）编制认知和预测方案。

这是整个认知和预测研究的核心，一般又分为设计模型、进行计算、发布结果等几个阶段。

5.3.2 社会管理的决策与计划

在社会管理中，决策在先，计划在后，决策是计划的灵魂，计划是决策的展开和具体化。计划要根据决策而制定，决策要通过计划来实施。如果决策和计划合理，执行起来就顺利，社会管理效果也就令人满意；反之，执行起来就难免碰壁或出现反复，社会管理效率必然低下。

1. 社会管理的决策

(1) 含义。

决策就是对组织未来实践的方向、目标、原则和方法作决定的过程，包括认识现状、识别问题、分析问题、拟订方案、选择方案、使方案生效等一系列环节。社会管理的决策就是社会管理主体在管理活动中做出意义重大的决定，即“决定对策”，它在社会管理中发挥着十分重要的作用，社会管理各种职能的发挥，都离不开决策。

(2) 社会管理中决策的分类。

根据决策问题的性质，可以分为战略决策和策略决策。战略决策是指与确定社会发展方向和远景有关的重大安排，它往往与长期规划有关，较多注意社会的整体。策略决策则是为实现战略目标所采取的手段，比战略决策更具体，考虑的时期也短一些。

根据决策者在社会管理系统中的地位，可以分为高层决策、中层决策和基层决策。基层决策主要是解决社会各领域、各单位作业任务中的问题；中层决策所涉及的问题多半属于安排一定时期的任务，或解决社会各领域、各单位存在的某些缺点；高层决策所要解决的是全局性的重大问题。

根据决策问题能否用数量表示来看，可以分为数量决策和非数量决策。数量决策比较容易采用数学方法作出最优方案。但是还有许多决策难以用数学方法来解决，主要依靠决策者基于管理经验之上的分析判断，这类属于非数量决策。

根据决策问题是否反复出现，可以分为重复性决策和一次性决策。重复性决策所要解决的是社会管理中经常出现的问题，又称常规决策；一次性决策则是用来解决以往没有经验可依据的新问题，以后也往往不会重复出现，通常被称为非程序化决策或低结构决策。

根据决策问题所处的条件不同，可以分为确定型决策、风险型决策和不定型决策。确定型决策是指一个方案只有一种确定的结果；风险型决策是在存在着不可控制的因素的前提下对各种可能的结果出现的概率有了认识以后作出的决定；不定型决策同样也是在存在着不可控制的因素的前提下，在根本不存在或者尚未认识风险型决策中所涉及的概率的情况下作出的决定。

根据决策要求获得答案的数目多少及其相互关系，可以分为单项决策和序贯决策。单项决策也称静态决策，它所处理的问题是某个时点的状态或某个时期总的结果，它所要求的行动方案只有一个。序贯决策也称动态决策，它要作出一系列相互关联的决策，从而具有两个特点：一是它作出的决策不是一个而是一串；二是这一串决策并非彼此无关，而是前一项决策直接影响后一项决策。

(3) 社会管理的决策的过程。

一个完整的决策过程大致包括四个步骤：问题分析—方案设计—方案抉择—方案生效。

1) 问题分析。

决策是由问题对决策者产生刺激所引起的。所谓问题，就是应有现象和实际现象的偏差。在社会管理中经常会发现这种偏差的存在，“无论你面对的是问题还是机会，你都在区别当今的实际情况和将来期望的情况。你需要做的决策是如何改进——怎样将现在的状态转化成期望的状态。这就是诊断的工作——分析潜在因素”。问题是一种客观存在，其本身虽然不是决策活动，但它构成决策活动的发端和动力来源，也是系统分析的出发点。问题分析包括以下几个环节：

环节一：识别问题，探究问题产生的根源。决策应从识别问题、探究问题产生的根源和确定问题性质开始，认识问题是解决问题的一半。

环节二：明确问题层次，形成决策问题。明确问题层次就是要确定谁负责解决问题，作决定的人应该同谁商量，应该将决定告诉谁，只有明确了问题层次，才能看出什么人应当做什么事。而一个问题是否形成决策问题，取决于管理者的判断，一是管理者是否感受到了不得不采取行动以解决问题的压力；二是管理者决策有采取行动的资源。

环节三：明确信息缺失，判断风险程度。要作出一个完善的决定，并不一定要掌握全部事实，但是必须知道缺了一些什么材料，这样才能判断作出的决定有多大的风险，决定中提供的解决问题的方针有多大的准确性。

环节四：明确目标和准则。决策目标就是解决问题所要达到的结果，它是在分析问题的过程中逐步确立起来的，它规范着决策制定和决策执行工作。决策准则就是保证决策目标实现的价值准则，是从目标中延伸出来的、用于评价和规范决策的后续环节。

2）方案设计。

在对问题进行了详尽、全面、系统的分析基础之上，管理者应尽可能多地设计可供选择的行动方案，但管理者由于自身专业知识和经验的限制，或者因未掌握与决策相关的全部事实的缘故，常常会感到“脑力”不足，为了克服这样的障碍，管理者应充分利用“外脑”使各种方案涌现出来。

一是头脑风暴法。头脑风暴法是一种集体发挥创造性，以抑制群体对新主意吹毛求疵的方案创制方法。它使人们在集体中相互启发、独立思考，产生连锁反应，引导出更多的创造性意见。

二是德尔菲技术法。德尔菲技术法是一种采用信函方式经过数轮征求专家意见的决策预测方法。一般会经过3～4轮，多数方案能够取得较为一致的意见。

三是名义群体法。名义群体法是一种把个人想法和群体想法相互启发结合起来、吸取两者长处的方案创制方法。

四是电子会议方法。电子会议方法是一种专家与计算机技术相结合的现代决策方法，也可以说是头脑风暴法、名义群体法与现代科技相结合的产物。

方案设计、拟定之后，决策者应该批判性地分析每个方案，并用现代评估技术对每个备择方案进行定量分析和定性研究，确定各个方案的约束条件，研究这些条件对实现决策目标的制约程度，同时分析各种备择方案在政治、经济、社会和技术方面的现实可行性及在实施时可能存在的潜在问题和风险程度，制定应变措施。

在评估方案的过程中，决策者通常要采用一些评估分析的方法来研究方案的某个方面，常用的评估分析方法有：边际分析、成本—效益分析、可行性分析、潜在问题分析等等。

3）方案抉择。

一般而言，在正规化程度高的组织中，重大事情的抉择权通常由群体共同行使，以使决策能代表组织各方的利益和意志；而执行中的抉择权通常由行政长官行使，以便提高执行工作的效率。无论哪种抉择形式，决策者都应对自己的决策负责，组织应该对个人决策责任和群体决策责任作出明文规定，以保证决策的质量。

在抉择环节中，决策者一般会遵守经济准则、风险准则、时间准则和资源准则，采用经验方法、逻辑方法、试验方法以及直觉方法这四种抉择方法。

4）方案生效。

与个人决策不同，管理决策的决策者与执行者不一定是同一个人，而且通常是分离的，管理者只能推动、促使执行者行动起来使决策产生实际效果，而执行者则应当具备对决策的认知和认同以及相应的责任心、工作热情、理解力和创造力等。

传统管理将决策指令传达给执行者，强制其实施，由于一体化程度不高，导致决策执行结果并不理想：或者是将决策束之高阁，难以发挥作用；或者是决定实施半途而废；或者是执行偏离决策目标；或者是严重浪费各种资源。而现代管理是在民主管理思想的指导下，让执行者参与决策，特别是要参与确定问题层次、明确风险、拟定目标、创制方案、方案评估等环节，使他们有机会充分发表意见，表达利益诉求，了解决策的整个过程，这种模式提高了决策的个人内在化程度，有利于决策和执行的结合，发挥其实际的作用。

2. 社会管理的计划

社会管理的计划，就是为了实现确定的某一社会目标、开展某项社会管理活动而事先制定的一些详细的程序和方法，从而在我们所处的现状和决策所规定的去处这两者之间"铺路搭桥"。计划一般包括制定行动方针和制定作业程序两项内容。

（1）制定行动方针。

在决策阶段，决策者对问题进行分析和研究，在计划阶段，则要求确定解决问题的基本方式，即确定行动方针。不同的问题需要用不同的方式来加以解决，问题的最终解决方式不外乎三种：一方克服另一方；双方"同归于尽"；双方"融合"为某一新的事物。此外，人们大量地、广泛地采用的一种行动方式，是调整问题各方的力量对比关系，使其处于最适宜于事物发展的状态，即建立合理平衡的方针。

（2）制定作业程序。

确定行动方针，只是解决了决策实施的总路径问题，而决策实施又是非常具体的，明确了总的途径并不等于能具体地去做。为了能实际地去实施决策，还必须有具体的行动方案。如果把决策实施称作"作业"的话，那么制定具体的行动方案就是制定"作业程序"。

制定作业程序的关键是计算工序和时间。完成任何一项社会管理工作，都有多道工序；完成任何一道工序，又必然需要一定的时间。由于有的工序是可以同时进行的，因此总时间不一定等于每道工序时间的总和。基于此，在制定作业程序时，人们需要分出先后的工序，预计出每道工序所需的时间，然后再据此安排人力、物力，使工序之间能紧密地衔接，整个作业过程能如同流水一般有条理、有秩序地进行。

为了使作业程序科学化、条理化，人们通常采用网络计划技术（又称计划评审技术，program evaluation and review technology，PERT），这是一项在各行各业的计划管理中应用十分广泛的技术。它的步骤包括：绘制网络图—计算网络时间值—确定关键线路和最短工期。

5.3.3 社会管理的组织与协调

在社会管理中，为了保证各项社会决策得以贯彻实施，完成相应的计划任务，必须把人和物的因素用一定的形式组织起来，并协调其中的各种利益关系和矛盾。

1. 社会管理的组织

(1) 含义。

“组织”一词，既可以用作名词，又可以用作动词，两种意义上的“组织”都属于管理学的研究对象。泰罗的“科学管理四原则”中，有三条是关于组织工作的；西蒙认为，“所谓管理，就是建立组织，管理组织”。作为名词的“组织”，是指人们为了实现一定的社会目标，依照各种方式结合而成的联合体，它是社会管理的客体之一；而作为动词的“组织”，是指人们对社会组织系统进行设计、设置、调节和控制，使之保持合理的结构和有序状态的活动及过程，它是社会管理的程式之一，也是社会管理的一项职能。

作为程式和职能的社会管理中的“组织”源于何处呢？归根结底，它来源于人类在社会分工的前提下对协作的主客观要求。分工越精细化，就越要求协作的密切，只有这样，才能使各种功能相互协调，相互配合。随着社会分工的发展，组织的客观必然性也逐渐增大，为了顺应这种趋势，各种组织结构形式应运而生，以便发挥社会管理中客观需要的组织职能。组织结构和组织职能二者对立统一，组织职能的发挥离不开一定的结构，而组织结构又由组织职能来决定，组织结构是依据职能的需要而设计的。当二者统一时，组织结构合理，运转通畅，组织所发挥出来的职能就是社会客观需要的组织职能；当二者对立或者不相符时，组织职能的发挥就会受到阻碍。

(2) 内容。

根据管理学的一般原理和社会管理中的具体实践，社会管理中的“组织”包含以下内容：

第一，根据需要和可能，把总目标分解成为多个项目以及为此而进行的各种活动。按照完成任务的要求，建立与之相应的各个部门，给各个部门分配任务，确定其职责范围，并按照所负的责任给予各个部门以相应的权力。

第二，配备、选拔、考核和培训人员，确定对人员进行激励的方式、方法。

第三，明确上下级之间的从属关系和同一层次中各部门之间的协作关系，建立信息的渠道，以保证组织活动的连贯性和秩序性。

第四，在组织活动的过程中，不断进行局部的调整，随时解决可能出现的各种冲突、矛盾，确保组织的各部门、各层次以及活动过程中各环节的相互协调、衔接和统一，并同外部环境保持动态平衡。

(3) 作用。

组织是社会管理的关键环节，和决策、计划、协调、控制等职能有着密不可分的联系。从组织和决策、计划的关系来看，决策、计划为组织提供目的和要求，组织为决策、计划的实现提供保证。如果没有正确的决策和计划，组织管理就失去了方向；但是如果没有合理有效的组织，正确的决策和计划也会成为一纸空文。因为决策和计划的实施依赖于精心地设置组织结构、建立领导体制、规定各部门的责权利、选配适当的人员。从组织与协调、控制的关系来看，组织是协调、控制的前提，协调、控制又是组织正常运转的必要条件。因为协调、控制以信息反馈为前提，控制指令要逐级传递，这些都需要相应的组织结构以及职能的发挥来加以保障。如果没有协调、控制，也很难顺利发挥组织职能。

2. 社会管理的协调

在社会管理的组织过程中，不可避免地会受到一些外部环境的干扰，而内部各组成部分之间也始终存在各种各样的矛盾和冲突，因此，在社会管理中，协调也是一个必不可少的程式和职能。社会管理的协调，是指采用各种方式调节在社会管理各个系统的关系，使各个部分稳定有序，以实现管理目标的活动和过程。根据协调的核心要素，可以将协调分为目标协调、规范协调和信息沟通；根据协调的形式不同，可以将协调分为纵向协调和横向协调。

（1）目标协调、规范协调和信息沟通。

1）目标协调。

目标是社会管理所期望达成的最后结果，是对整个社会系统行为的规划，是对整个社会系统提出的要求，是整个社会系统的行为目的。目标不但规定了社会管理活动的方向和任务指标，而且规划了一个系统完成自身功能的分工合作方式。目标是有层次的，通过多次分解形成目标体系，即行为和任务的分工网络，以目标体系为依据产生了承担和实现目标任务的部门体系。由于目标的整体一致性，系统内各部门的活动都是一个朝着目标趋同的过程。因此，目标是形成和维系社会系统的灵魂，可以协调活动，引导、整合、考评和调节行为，而且目标也是社会系统成员奋斗的方向，可以激发内部各成员的奋斗精神和协作意识。

2）规范协调。

规范协调指用组织的规章制度、纪律、程序、行为的标准化等方式来协调。社会系统的规章制度和纪律可以用来规范和稳定系统结构、权责关系，以及结构中的分工和合作的方式。标准化是系统用事前规定的各项工作的标准（例如该做什么、不该做什么、做到什么程度）来协调系统内各部门的工作。标准化包括：过程的标准化——内容和过程的标准化、产出的标准化——结果的标准化、技能的标准化，甚至还包括价值观和社会文化的标准化。实现标准化的过程就是社会系统合理化、一体化的过程。程序是对各部门行为在空间和时间排列方式以及优先顺序方面的规定，它确定了部门行为的步骤、方式、顺序和时限，对于消除活动和行为的随意性有重要的作用。

3）信息沟通。

信息沟通是指管理信息在系统内各部门之间的传递和交流。信息是系统联系的血液和灵魂，信息不但是管理的前提和内容，而且是活动一体化的保证。信息沟通的过程就是管理和协调的过程。如果一个部门不了解整个系统的信息，只是盲目地推进本部门的工作，那么对系统的整体目标和效能并不能起到促进作用。只有了解信息，才能了解其他部门的状况、协作需求以及社会作为一个系统的整体状况和要求，才能进一步做好本部门的各项工作并用最佳的方式与其他部门协作，实现系统的整体效益。管理者只有了解和掌握了信息，才能作出适宜的决策，调节和整合整个系统的工作。

(2) 纵向协调和横向协调。

1) 纵向协调。

纵向协调又称层级协调，是指管理者利用领导职权在上下级的组织层级中，以指挥、监督、视察、报告等方式进行协调。依靠权力在上下级之间进行整合，是系统内各部门及其成员进行协作的最直接有效的途径。在进行组织设计时必须建立上下级关系的指挥与服从的权力链条。在各层级中，指挥与服从关系必须十分清晰明确，上级指挥下级，下级服从上级，逐层指挥和报告，指挥和报告都不能越级。管理理论和实践表明，在纵向协调中，坚持统一领导和统一指挥尤为关键。统一领导是指对于具有共同目的的一组活动或一项计划只能由一个领导人来负责完成；而统一指挥指的是一个下属只能接受一个上级的指挥并向其负责和报告工作。统一领导强调的是整个系统工作的统一性，而统一指挥强调的是权力链中上级的唯一性。做到统一领导和统一指挥，可以协调控制系统活动，克服“多头领导”和“多重指挥”带来的混乱现象。总之，在社会管理中，实施领导和指挥，并对下级进行监督和指导，可以集中社会成员的意志和行动，并使之得以协调和扩大。

2) 横向协调。

横向协调是指在平行的部门之间进行的协调。由于平行的部门互不统属，因此其相互之间的协调难度较大。横向协调主要有以下方式：相互调整、会议协商、设立联络员或联络机构、建立综合部门、联合办公和现场调度等。其中相互调整是双方或者多方直接协商协调以达成一致的最简便的协调方式。会议协商包括委员会协商和临时会议协商，是最常见的协调方式。设立联络员或联络机构是以设立中间人（调查员、联络员、协调人、计划员等）的方式来协调。建立综合部门是以将需要协调的各专项工作归并到一个综合部门的方法来达到协调的目的。联合办公和现场调度是在处理一些需要多个部门合作、协商一致、采取共同行动的非常态事件（或称危机事件）时的较为省时高效的协调方式。

5.3.4 社会管理的控制与整合

1. 社会管理的控制

(1) 含义。

控制是为实现组织的既定目标，检查并调整组织的一切活动，将这些活动维持在允许的限度内，使之按既定的计划来进行的过程。而作为社会管理的一项程式和功能的控制，则是指借助于反馈机制，及时而准确地发现社会系统的各种内外扰动，采取一系列手段，纠正社会系统在运行过程中对预期目标的偏离，保证整个社会系统按照科学的轨道稳定有效地运行。

社会管理中的控制的基本内容还是在于社会对各种组织、各个领域、各个方面的控制。这是因为：社会的各种组织在其内部都有一定的凝聚力和自治性，社会的各个领域如政治、经济、文化领域都分别受行政管理、经济管理、文化管理的支配，社会的各个方面也同样应受社会管理的支配；此外，众多的组织、领域、个人在社会系统内部相互影响、相互作用，存在各种矛盾和冲突，这就需要管理主体对它们进行调节控制，消除矛盾和冲突，整合利益关系。

将控制看作是一个系统的话，它又包括司控、受控和监控这三个子系统。其中司控系统居于主动地位，起领导或支配的作用，但也受制于受控系统的反作用；受控系统居于被动地位，起被领导或被支配的作用，但也能动地反作用于司控系统；监控系统居于辅助地位，它是监测和调整司控系统和受控系统相互作用的中间环节。

（2）控制的种类。

就目标指向而言，控制分为消极禁止和积极提倡。前者是事前预防、事后惩罚；后者是事前提倡、事后表彰。

就时间序列而言，控制分事后控制、现时控制和预先控制。事后控制是司控系统根据目标实施所获得的实际结构，与预期的目标进行比较来进行控制。现时控制是司控系统指挥和监督现场正在进行的具体操作活动，以保证目标实现的一种控制活动。预先控制是指司控系统为了使未来的实施结果与预期目标相符合，而在事先所采取的控制活动。

就方法而言，控制分强制的制度化控制和非强制的非制度化控制。前者是靠政权、法律、规章、神权、宗教等的强制，不服从则会受到制裁；后者靠礼节、声望、禁忌、闲谈、谣言、舆论、道德、风俗等制约，不服从则会受到谴责。

就控制主体与客体是否分离而言，控制分为外部控制和内部控制。外部控制是指社会对其成员的行为实施控制，控制的主体与客体相分离。内部控制则是指个人通过社会化的、继续社会化的和再社会化的过程，将社会规范内化为自己的个体意识，从而对自身行为实施内部的自我控制，控制的主体与客体合一。教育是实现内部控制的主要途径。

（3）控制的手段。

法律手段。法律是社会系统内部各个部分产生的依据，又为它们提供了行为准则；法律可以约束和限制人们在社会中的行为；法律为正确处理内部的各种关系提供依据。法律手段的特点在于：法律的制定和修改要经过严格的程序，具有最大的严肃性和连续性；它以国家权力为后盾，具有最高的权威性和最大的强制力。

行政手段。行政手段是指依靠国家各级领导机关及其领导者的权威，运用命令、指示、指令性计划等形式，通过自上而下的行政层次贯彻执行，直接对社会各领域、各方面实施控制。它的特点在于：针对一定的情况作出意义明确和内容具体的决定，传达给执行者；这种决定对执行者具有强制力，通过权威和服从的关系，直接对被控制对象发生影响。

道德手段。道德手段具有前两者不可替代的独特作用：它可以通过思想教育、社会舆论等方式，使人们从内心形成某种观念，自觉地约束自身行为；道德对人的思想和行为的影响和支配范围要比法律和行政手段更为广泛；道德对人们所提出的要求和标准，高于法律和行政的手段。

经济手段。经济手段，即将人们的经济利益同其行为相关联，对一切有益于社会的行为进行物质奖励，而对一切有害于社会的行为加以物质上的惩罚。

（4）控制的方式。

在社会管理中，控制的对象系统本身就是一个动态系统，它处于不断的变化、转换中，由于受控系统变化、转换的方式不同，控制的方式也有很大的差异，常见的方式有五种。

1）源面控制。

社会系统中的许多变化都是从某一点开始的，“辐射式转换”是指在社会空间中以一点为源，一层层向四周辐射、扩散。在对辐射式转换的控制中，包含着对点和面，即对辐射源以及辐射面的控制，这种控制方式称为“源面控制”。

控制辐射源要求选择合适的试点，一般来说必须考虑这样几个因素：其一是典型性；其二是辐射力；其三是成功率。在试点方式上，除了通常采用的单独试点外，还可以采取多重试点、分类试点、对比试点、多级试点的方式。

控制辐射面要求控制好辐射的内容、辐射的半径以及辐射的时差。

2）线路控制。

社会系统的变化常常是一环套一环，环环相扣，以“连锁转换”的方式进行。这是由系统元素间的连锁反应关系所引起的。连锁转换的运行过程通常被看作是若干个节点所联结成的线路，因而把对这一转换的控制称为“线路控制”。在线路控制中必须抓紧几个环节：一是控制线路的起点，选准突破口；二是控制线路的主相关链；三是控制线路节点间的时间差拍；四是控制线路中传递的能量流和效应流。

3）振动控制。

在系统转换的主相关链上，必然会发生回循现象，即“回循式转换”。回循式转换的特性曲线相当于一条沿着时间轴方向延伸的振动曲线，因此对回循式转换的控制，可以看成是对这一振动波的控制，称为“振动控制”。

振动控制中需特别注意对振动频率、振幅的控制，以及对振动中自激现象的控制。

4）并联控制。

当连锁转换的一个节点上出现多个分叉时，就出现了需要同时推进几方面转换的情况，这就是“多向推进式转换”。对这种方式转换的控制就是“并联控制”，各向转换的并联支路上都有一定的控制分系统，分别对各向转换进行控制，还有一个中心控制系统对各支路上的控制分系统进行协调。

并联控制中最主要的要求是同步协调。要使各向转换形成最大的正向合力，产生最佳效益，就要求它们之间同步、协调、合拍。

5）串联控制。

当连锁转换中的一串连锁节上，进行的不是依次改变对象的转换，而是在同一对象上不断深化的转换，这就是“多级推进式转换”。对这种方式转换的控制，称为“串联控制”，控制活动分别加在串联线路的每一段分路上，为了保证串联线路各分段上的紧密衔接，需要把计划控制和随动控制结合起来。对各个分段上的转换进程进行“随动控制”，保持各级转换在时间上的紧密性；对各个分段的转换目标则要进行“计划控制”，保持各级转换目标的同轴性和在方向上的紧密衔接。

（5）控制的模式。

从控制结构的分化角度来考察社会管理中控制的不同模式，可以将其分为两大类。

第一类是分散控制模式。它的特点是没有单个集中的控制器，整个大系统目标的实现是由一些分散的控制器来完成的。在它们之间可以有相互的信息联系，但没有统一的协调机构，所以这是一种非集中的控制。典型的例子是城市里的交通管理。

第二类是集中控制模式。它通常又可以分为三种控制结构：

一是多级控制结构。这种结构一般与直线式、直线职能式组织结构相一致，使用起来最方便。

二是多层控制结构。它与职能式组织结构较为一致，是一种按照任务分层的控制结构，在各控制层之间存在着不同的分工。一般来说，分为四个控制层：自组织层、自适应层、最优化层、直接控制层。

三是多段控制结构。这是按照受控对象的时间序列或空间序列进行分段控制的结构。

实际上，较大规模的控制模式往往是多级、多层、多段并存，它们既分工又协作，共同承担着控制的任务。对社会系统的最优控制模式往往既非单一的分散控制，也非单一的集中控制，而是适当处理好集中与分散关系的控制模式。

2. 社会管理的整合

T. 帕森斯把整合与适应、目标获取、模式维护相并列，称为社会功能体系的四种功能。这四种功能即是整个社会系统生存的形式，也是其中每一个子系统不可缺少的要素。

所谓"整合"，即协调系统内各部分之间的关系，使系统达到均衡状态，避免变迁，或使系统内各部分之间的力量关系得以维持以对抗外来的压力。帕森斯认为，一个社会如果要达到整合，必须具备两个条件：一是有足够的行动者受到适当的鼓励，依照角色期待而行动；二是社会行动必须避免那些不能维持最基本的秩序和对成员过分要求，以致形成差异或冲突的文化模式。帕森斯的总倾向是强调社会体系的协调一致与社会体系的和谐本性。

整合的必要性来源于社会系统所受到的内外压力，这些压力包括四大类：偏需求压力，弱关系压力，低效率压力，强抑制压力。

在内外压力的作用下，社会系统会出现三种结果：一是以适度变化来增强适应能力；二是以十分稳定的态势承受压力；三是不持续与消失。第一种最为普遍，也最为理想，要达到第一种结果，就必须经过整合。

整合的途径包括：第一，文化整合，即处理好不同的规范模式之间的关系。一个社会如果存在两个或两个以上的相互矛盾的规范模式，就会使人们不知所措，使社会结构或个人品行互相抵触，这就是"社会失范"。当一个社会系统处于失范状态时，就不再有人理解或接受共同的价值和共同的意向。文化整合的第一步就是要减少和消除由不同文化模式带来的价值规范的冲突，保持整个社会共同的价值规范。为此要求我们正确对待传统文化和外来文化，取长补短，把中华民族传统文化中的精华与世界各国先进的文化成果相结合。第二，规范整合，即协调好社会公认的规范模式与各个个人动机过程之间的关系。在社会失范状态之外，还存在着个人"失范"现象，这种现象在无法用公认的手段实现其选定的目标的人当中最为普遍，也最为严重。当社会规范所许可的手段无法实现其目标时，他们就可能使用非法的手段，过多地强调结果而不择手段，最终使正常的社会结构产生破裂。为了减少个人失范，要求我们强化规范意识，完善测评体系，惩戒越轨行为。第三，意见整合，即让社会成员分享与传递社会共同的规范模式。运用各种大众传播媒介和习俗形式，采取各种行之有效的方法，广为宣传和普及法律、规章、道德等社会共同的行为规范，使之家喻户晓、人人皆知。第四，功能整合，即通过教育、熏陶和潜移默化，让社会规范模式内化为每个社会成员的信念、习惯和思维、行动的定式，做到个人的追求与社会对他的期待相吻合，个人的内心世界与他的外在行为相一致。

5.3.5 社会管理的预警与保障

社会系统的运行会出现种种不安定的因素、对目标值的偏离、不协调乃至矛盾冲突等状况。及时发现这些问题，发出预警信号并采取应急的保障措施，是提高社会管理质量的重要保证。

1. 社会管理的预警

(1) 社会不满意指数、社会风险和社会承受力。

1) 社会不满意指数。

在社会系统中，标志人们不满意程度的概念是不满意指数，它主要包括三种类型：

第一，理想失落指数。理想与现实的比率，即为理想失落指数，计算公式为：

$$理想失落指数=理想/现实\times 100\%$$

第二，相对剥夺指数。他人或他群体获益与本人或本群体获益的比率，即为相对剥夺指数，计算公式为：

$$相对剥夺指数=他人或他群体获益/本人或本群体获益\times 100\%$$

第三，不公正指数。义务与权利、贡献与报酬、成就与承认、惩处与越轨的相互比率就是社会不公正指数，计算公式为：

$$社会不公正指数=\frac{义务(或贡献、成就、惩处等)}{权利(或报酬、承认、越轨等)}\times 100\%$$

以上指数都可以通过社会调查和统计的方法获得，社会管理的任务之一，就是要控制和降低不满意指数。

2) 社会风险。

社会的不满意指数增长到一定的程度，就会出现社会风险。所谓社会风险，就是指社会系统运行过程中出现了管理者所不希望出现或社会遭受损失的可能性。

社会风险的主要表现有以下五种：

第一，实施决策所带来的损失。这表明决策本身是错误的。

第二，实施决策的失败。在这种情况下，决策本身是正确的，但是因为条件或时候未到，而不得不停止实施决策。

第三，决策执行主体与作用对象的消极或反抗。

第四，偏离既定目标的可能性。

第五，不良因素与偶然因素所造成的损失。

风险在社会系统中的影响力，通常表现为两种形式：第一种形式是社会不安，这是社会各阶层、各集团的不满情绪及其相关行为的总和；第二种形式是社会震荡，这是管理者不希望出现的结果或遭受的损失及其社会影响的总和。

社会风险可以分为最小限度内风险、合理界限内风险、超荷临界点风险三个等级。

3）社会承受力。

最小限度内风险、合理界限内风险、超荷临界点风险这三个等级的社会风险，以及这三个等级的社会风险由小到大的过渡过程中经历的六个阶段，其划分客观依据在于社会系统对风险的不同承受力，即社会承受风险的不同能力。社会承受力的大小，不仅受社会震荡与社会不安的程度制约，还与社会物质实力、社会心理因素等密切相关。为了提高社会对震荡和不安的承受能力，就必须高度重视对社会心理的利用和控制：

首先，在社会管理中需正视和重视社会承受力。应愿意了解并采取实际行动去了解社会心理对风险的承受能力，运用各种民意调查机构开展民意调查、测验和咨询服务活动，认真研究社会承受力；应主动适应社会心理对风险的承受能力，以免超越它而失去大多数群众的有力支持；积极运用各种方式和手段提高社会心理对风险的承受能力。

其次，要适当降低社会心理对社会运行状况的预期值。针对不切实际的高预期值，应提倡艰苦奋斗的精神，抑制"超前的消费意识"等现象，营造相互理解、同舟共济的和谐气氛，将社会风险控制在合理界限之内。

（2）社会风险早期预报系统。

1）社会风险承受力重叠原理和"少数人闹事"。

在社会系统中，各社会集团对社会风险的敏感度不同，而社会承受力与敏感度成反比。只有这些不同的社会集团承受力的适度界限相重叠的范围，才是整个社会承受力的适度界限。因此，整个社会的承受力一般要小于某些社会集团的承受力，如小于农民阶层的承受力，也要大于另一些社会集团的承受力，如大于领导阶层、知识阶层的承受力。这就是社会风险承受力的重叠原理。

在社会风险承受力重叠原理的作用下，社会上就出现了"少数人闹事"的现象，这种现象就是社会风险尚处于整个社会承受力的适度界限之内，但已经超出了某些敏感度强烈的社会集团所具有的承受力界限，这些社会集团就采取了"闹事"这一极端形式对社会风险作出反应。

"少数人闹事"的作用是：第一，预报社会风险。以这种形式发出的警告，比起任何政治家的预言、任何学者的警告，都更具有客观性、权威性，管理者不得不重视和正视，防止进一步增加和扩大。第二，影响政府行为。第三，破坏社会稳定。"少数人闹事"必然破坏包括法纪在内的社会规范体系，冲击正常的经济生产和社会生活秩序，并为极少数敌对分子的破坏捣乱提供了可乘之机。

2）社会风险早期警报系统。

以"少数人闹事"的形式来预报社会风险，代价太大。其实，社会风险是一种可以测定的不确定因素，具有客观性，不一定都要等到"少数人闹事"或社会危机发生以后才能被管理者所认识，可以通过前瞻性的认识，预先发出警报。20 世纪 60 年代末，美国的 F. T. 汉厄教授设计出第一个综合反映政治经济社会风险的评价指数系统，即"富兰德指数"，其中包括评估一国外汇收入、外债数量、外汇储蓄、政府融资能力等定量评级体系，评估经济管理能力、外债结构、外汇管理状态、政府贪污渎职程度、政府应付外债困难的措施等定性评级体系，评估政治风险、商业环境与社会政治环境的环境评级体系。我国在这方面的步伐远远落后于西方国家，直到 20 世纪 90 年代末期，南京大学社会学系的课题组才提议设置“社会风险早期警报系统”（SREWS），这一系统包括了四个指数体系：痛苦指数体系、腐败指数体系、贫富指数体系、不安指数体系。

2. 社会管理的保障

既然社会系统的运行存在着各种各样的风险，那么社会管理系统就有必要事先作好充分的准备，确保即使社会风险出现，社会也能够保证稳定和安全，社会保障问题由此而生。社会保障是社会系统运行的“保护器”。

（1）含义。

所谓社会保障，一般是指社会为保障其全体成员能靠国民收入的再分配来维持其基本生活条件的制度，它通常包括社会保险、社会救助与社会福利等内容。社会保险指由国家立法加以规定，强制纳税人纳税，以保险的形式出现，或者由投保人自愿投保，由保险公司出面经营，从而保证以劳动为生的人在暂时或永久丧失劳动能力或劳动机会时，能使本人和家属得到物质帮助的权利。社会救助也称社会救济，指由国家支持，以慈善事业的形式出现，或者由慈善机构出面，对没有工作的社会成员、生活在贫困线以下的家庭、残疾人或遭受自然灾害袭击的人等进行救援、接济。社会福利指国家出钱兴办福利事业，支付福利补贴等。

（2）社会保障的特征。

社会保障是社会成员应该享受的基本权利，也是国家应该履行的一项社会责任，是现代国家社会政策的重要组成部分，它具有如下特征：

1）普遍性。

社会保障是现代化生产的产物，是典型的社会化行为。社会保障覆盖的对象是全体社会成员；社会成员之间只存在保障基金筹集方式、保障项目、给付标准及支付方式等方面的差异，而不应存在社会保障的有无问题。社会保障的覆盖面越全面，社会系统抵御风险的能力就越强。

2）强制性。

社会保障是通过国家立法来强制实施的，在法律上规定了国家、用人单位以及个人的权利和义务。其强制性集中体现在强制参加与强制缴纳两个方面，即每一个社会成员只要符合社会保障的法律规定，都必须参加社会保障；凡符合有关社会保障法令、法规缴纳条件的个人及组织，都必须按要求纳税或缴费，否则将追究其法律责任，从而使社会保障制度化、规范化。

3）共济性。

由于每个社会成员的情况不同，退出劳动领域之后的生存期也存在差异，对社会保障的需要程度不同，因而社会成员之间在社会保障基金的缴纳、储存、分配和使用方式上并不一定相同。社会保障主要是通过社会成员互助共济的调剂方式实现对少数遭遇风险成员的收入损失进行补偿。

4）不可逆性。

社会保障的项目和给付水平带有强烈的不可逆性。社会保障项目一旦被确定并付诸实施之后，要将其撤销几乎是不可能的；同时，一旦将社会保障的给付水平确定在一个较高的水准之上，要将其降低也是十分困难的。

(3) 社会保障的功能。

社会保障渗透于社会经济生活的方方面面，是各国社会经济制度的有机组成部分，推动着社会健康、稳定地向前发展。社会保障与现代社会的这种高度融合，在于其特有的功能可以较好地弥补市场经济的一些不足，同时，又在劳动力和资本两大生产要素上，为市场经济的发展增添动力。社会保障的功能在于为整个社会经济的正常运行创造良好的环境，增强社会经济发展的有序性，使国民经济和整个社会得以持续、稳定、协调地发展。

从整个社会经济系统来看，社会保障系统是一个位于社会系统与经济系统联结区域的具有特殊功能的子系统，是其他社会经济系统所不能替代的。从公平与效率的角度来看，社会系统和经济系统的相互联结和关联区域正好是公平与效率相对统一的区域，位于这一区域上的社会保障子系统则正好体现公平与效率的相对统一，也正因为如此，它既是社会的稳定器、减震器，也是经济运行的“助推器”和“安全阀”。社会保障系统的存在，一方面能够给予全体社会成员必要的生活保障，从而消除社会系统运行过程中存在的不安定因素和其他突发性事件导致的社会震荡，或通过其自身的功能减轻震荡的幅度；另一方面它顺应了市场经济和社会化大生产的要求，保证了企业和劳动力要素平等竞争的条件。因此，社会保障的功能主要体现在社会性功能和经济性功能两个方面。

1) 社会保障的社会性功能。

其一是社会稳定功能。社会是一个组织系统，是由许多要素按一定结构组成的具有特定功能的有机整体，既有动力机制又有稳定机制，从整个社会运行来看，两者之间是互为条件、互为因果、相互作用、相互促进的。没有稳定，难有持久的动力，而没有动力，则稳定就失去基础。中国古代早就有“民贫则奸邪生”、“饥寒至身，不顾廉耻”等思想。国际劳工组织在总结各国社会保障制度时也指出：“没有社会的安定，就没有社会的发展；而没有社会保障，就没有社会的安定。”在现代社会，动力主要来源于市场，而稳定则主要来源于社会保障，主要表现为社会环境的和谐和政治局面的安定。社会保障作为一种社会安全体系，能够消除由于基本生活得不到保障而产生的社会不稳定因素，从而维护社会的稳定。正因为如此，西方国家把社会保障称为“社会的安全网”、“社会的减震器”。

其二是社会补偿功能。社会保障能使社会成员因各种风险暂时或永久丧失劳动能力而失去收入来源时，在一定程度上获得经济补偿或物质帮助，这是社会保障的基本功能。社会保障之补偿功能主要体现在社会救助和社会保险两个方面。社会救助的目的在于保障社会成员的最低生活水平，属于最低限度的社会保障济贫的功能，可以说是社会保障的源头，它使被救助的个人或家庭及社会弱势群体，在国家和社会的帮助下，享有最低生活水平；社会保险就是对劳动者在其全部生命周期遇到各种失去收入的风险时，进行一定的补偿，以保证其基本生活需要。

其三是社会公平功能。社会公平作为人类追求的最高目标和社会文明进步的重要标志，体现为三个方面：起点公平、过程公平和结果公平。首先，社会保障强调社会成员参与机会的公平性，在社会保障的实施中，不存在任何特殊阶层，只有建立在权利平等基础上的机会平等，任何社会成员只要符合法律规定的条件，都被强制地纳入社会保障范围。其次，社会保障在一定程度上维持着社会成员发展起点公平与过程公平。社会保障对全体社会成员基本生活提供保障，使其能参与社会的公平竞争，不致因先天不足或生活无保障而陷入生存困境，从而在一定程度上维系着社会发展的起点公平。同时，社会保障能够在一定程度上消除社会发展过程中因意外灾害、竞争失败及疾病等因素导致的社会不公平，起到维持社会成员发展过程公平的作用。最后，社会保障在一定程度上降低了社会成员发展结果的不公平。在市场经济条件下，由于社会成员拥有的资本有大有小，劳动技能有高有低，身体素质有强有弱，家庭人口有多有少，从而导致社会成员之间收益分配上的差异，甚至引发贫富差距悬殊的社会问题。而社会保障本身所具有的收入再分配机制，在客观上能起到缩小贫富差距的作用，使社会成员在社会发展中的结果不公平现象在一定程度上得到减少。

2）社会保障的经济性功能。

其一，经济调节功能：一方面，社会保障有助于调节收入差距。社会保障可以通过国家的法律手段，强制征集保障基金分配给收入低下或丧失收入来源的劳动者，帮助他们渡过难关，以弥补初次分配事实上的不平等带来的差异，满足人们对社会分配公平的普遍要求。社会保障可以在发生与未发生受保事件的受保人之间（如社会保险）、高收入者和低收入者之间（如社会救助）进行“横向”和“纵向”的收入再分配，从而改变社会成员之间的最终收入分配状况，使整个社会的收入趋于公平，为保持较高的经济效率创造条件。另一方面，社会保障有助于调节国民经济运行。社会保障基金强制征缴，收和支有一定的时间间隔，并可形成沉淀基金，可在较长时间内投资于基础设施和重点项目的建设，成为国民经济在年度间、产业间和地区间的平衡因素，促进经济的健康持续增长；同时，社会保障基金的筹集、支付及投资活动，本身就是一种国民收入分配和再分配活动，尤其当经济不景气、企业投资减少、职工收入和消费水平下降、失业和贫困人数增加时，需要社会保障更多的支出，这对刺激消费、增加社会需求、缓和经济衰退有较大作用。它能自动调节社会总供给与总需求的平衡，从而对国民经济的运行产生调节作用，促进经济的发展。

其二，投融资功能。社会保障的资金主要来源于各种保险费、财政补贴以及资金运营收入，具有较高的稳定性，特别是经过较长时间的积累，社会保障基金在许多国家的财政运用中的作用已不可忽视。如庞大的养老保险基金正在被广泛地运用，在财政投融资上发挥着重要的作用，这虽然是从增值保障基金上考虑的行动，但客观上已成为国家调节投资的一大支柱。每个国家经济的增长都离不开资本积累这一巨大的推动力量。因此，相当规模的社会保障储备基金的注入，对于高速增长的经济来说，是十分重要的。社会保障所具有的调节投融资的作用，即使在发展中国家也表现得十分明显。这些国家的社会保障基金往往通过向国家基础设施和重点项目投融资，不仅支持了国家的经济建设，缓解了资金短缺的问题，而且能使社会保障基金不断增值。同时，一些发展中国家还利用社会保障基金向社会成员个人投资，既有效地利用了基金，又解决了社会成员个人资金不足的困难。社会保障正是通过基金式的筹资模式与国家的经济发展战略、经济增长目标实现了有机的结合。

其三，保护和配置劳动力功能。在市场经济条件下，社会保障是保护劳动力再生产和促进劳动力合理流动及有效配置的重要制度之一。一方面，在市场竞争中，受优胜劣汰规律支配，必然造成部分劳动者失去工作岗位，这部分劳动者及其家属因失去收入来源而陷入生存危机，社会保障通过提供各种帮助使这一部分社会成员维持基本生活需要，从而保护劳动力的生产和再生产。另一方面，通过建立统一的社会保障网络，打破原有仅限于家庭保障的格局，并突破单位保障的局限，使劳动者在转换工作岗位、单位、地区时无后顾之忧，从而促进劳动力的合理流动，实现劳动要素的有效配置。

（4）中国社会保障管理的现状。

中国现行的社会保障管理体制是在原有的管理体制的基础之上发展起来的，既有传统管理体制的痕迹，又有适应新时期形势变化的改革成果体现。总体上来说，中国现行的社会保障管理体制的现状可以概括为如下几个方面：

1）在社会保障管理机构方面，中国已建立了相对完善的社会保障行政主管机构，但社会保障业务经办机构、社会保障基金运营机构以及社会保障监督机构等，尚处于建立或改革调整的过程当中。现有的行政主管机构——人力资源和社会保障部、民政部作为社会保障的两个主要行政主管机构，分工管理不同的保障项目，人力资源和社会保障部负责城镇和农村的社会保险事务，而民政部主要负责城乡社会救助、社会福利和社会优抚安置事务。此外，社会保障方面的财政支出预算，以及社会保障基金财政专户管理和监督则由财政部负责。

2）在管理内容上，由于初步实现了社会保障行政主管机构的相对集中、统一，因而社会保障行政管理有所加强；在社会保障的基金管理方面，基本上是维持原有体制，还没有建立起适应行政管理机构相对统一的基金管理体制，这是进一步改革的重点；在社会保障对象的管理方面，仍大体上是维持旧体制，基本上是由单位自我管理，离社会化管理的要求还有相当大的差距。

3）在管理方式上，中国社会保障管理方式是一种政府直接管理的方式。政府直接介入社会保障管理的各个环节，并对社会保障负有最后的责任，是一种以中央政府集权为主、地方政府适当分权的体制。

（5）中国社会保障管理中存在的问题。

随着社会主义经济建设的不断发展和改革的不断深化，中国社会保障体系中的许多深层次的问题和矛盾逐渐凸显，具体表现为：

1）社会保障与经济发展之间的关系需要协调。社会保障制度在任何条件下都不可能超越经济发展阶段和发展水平。只有经济持续发展，社会保障才能够健康发展。但反过来讲，如果社会保障搞不好，也会在一定程度上影响经济的发展。

2）社会保障与劳动就业之间的关系需要理顺。对于我国这样一个人口多、就业压力大的国家来讲，实现充分就业永远是一个难题。就业是社会保障的基础，是个人通过劳动获取收入实现自我保障的手段，是保证社会保障基金来源稳定和健康发展的关键。与此同时，社会保障能够为失业人员提供基本生活保障，帮助他们解除后顾之忧，失业保险还能提供培训和教育资金，提高失业人员的素质和技术，进一步促进他们再就业。所以理顺社会保障与劳动就业之间的关系，实现社会保障和劳动就业两大政策体系之间的相互促进、协调联动，对于经济发展和社会稳定具有十分重要的作用。

3）当前利益与长远利益之间的关系需要权衡。随着我国工业化、城镇化进程加快，人口老龄化、城乡“二元”化相伴而生，人们的社会保障需求与社会保障体制改革滞后的矛盾越来越突出。解决当前各种社会矛盾和问题，必须从社会保障制度长远发展角度来考虑，从长计议。

4）政府主导与广泛参与之间的关系需要明确。计划经济体制下，政府的责任是无限的，几乎包揽了社会事务的全部。虽然我们目前实现了由计划经济向市场经济的转变，但计划经济的传统对我们的影响却一直延续至今。特别是在社会保障领域，政府承担了很多本应是社会或市场来做的工作，如社会保险经办机构直到今天还没有完全实现“管办分离”。现代意义上的社会保障制度，既明确了政府的主导责任，又需要社会的广泛参与。政府的主导作用，体现在制度设计、规则制定、监督实施以及搭建服务平台上，其他的事情留给社会和市场来做。同时，政府也有责任调动社会资源以引导和鼓励社会各方面参与社会保障的监督管理。只有这样，才能够较好地发挥政府、企业、个人以及社会和市场的作用，共同把社会保障体系建设好。

5）政策制定与贯彻执行之间的关系需要调整。改革开放以来，随着社会保障体制改革的不断深入，涉及社会保障的法律法规和政策措施的出台进入了一个“密集期”。立法数量之大，立法效率之高，堪称“史无前例”。但由于社会保障模式长时间不能定型，改革中的不确定性使制度经常处于变动之中，这些都直接导致了一些相关法律法规和政策措施衔接不够。

本章小结

社会管理与社会建设已经纳入中国特色社会主义建设的总体布局，成为构建社会主义和谐社会的重要战略部署。但是，加强和创新社会管理，必须立足国情，深化对社会管理规律的认识，不断完善“党委领导、政府负责、社会协同、公众参与”的社会管理格局，坚持社会管理的基本原则，遵循科学的社会管理程式，最大限度激发社会活力，更好地促进社会进步和人的全面发展。

关键术语

社会管理规律　社会管理格局　以人为本　社会管理原则　社会管理程式
认知与预测决策与计划　组织与协调　控制与整合　预警与保障

复习思考题

1. 社会管理规律是什么？包含哪些内容？
2. 社会管理必须坚持哪些基本原则？

推荐读物

1. 陈华. 吸纳与合作：非政府组织与中国社会管理. 北京：社会科学文献出版社，2011

2. 邓伟志，张钟汝，范明林主编．社会管理与社会政策．上海：上海人民出版社，2007

3. 邓伟志主编．创新社会管理体制．上海：上海社会科学院出版社，2008

4. 风笑天，张小山，周清平．社会管理学概论．武汉：华中科技大学出版社，1999

5.《加强和创新社会管理干部学习读本》编写组．加强和创新社会管理党员干部学习读本．北京：中共中央党校出版社，2011

6. 陆学艺主编．中国社会建设与社会管理：探索·发现．北京：社会科学文献出版社，2011

7. 史本林．社会管理创新研究．哈尔滨：黑龙江人民出版社，2011

8. 童星．社会管理学新论．南京：南京大学出版社，2003

9. 童星．社会转型与社会保障．北京：中国劳动保障出版社，2007

10. 魏礼群，何家成．加强和创新社会管理讲座。北京：学习出版社，2011

11. 魏礼群．社会建设与社会管理．北京：人民出版社，2011

12. 杨红娟，尹小俊，张春华．社会管理创新25题——社会学与社会管理．北京：中共中央党校出版社，2011

13.《怎样加强和创新社会管理》编写组．怎样加强和创新社会管理．北京：中共中央党校出版社，2011

14. 郑功成．社会保障学——理念、制度、实践与思辨．北京：商务印书馆，2000

15. 中国行政管理学会课题组．中国群体性突发事件成因及对策．北京：国家行政学院出版社，2009

16. 中共中央党校党建部社会管理与创新课题组．中外社会管理案例选编．广州：广东人民出版社，2011

第 6 章

社会管理的机制

内容结构图

- 社会管理的机制
  - 社会管理机制的含义与功能
    - 社会管理体制的含义
    - 社会管理机制的界定
    - 社会管理机制的功能
  - 社会管理机制的转变
    - 从控制型社会管理到引导型社会管理
    - 从管制型社会管理到服务型社会管理
    - 从结果型社会管理到目标型社会管理
  - 社会管理有效机制的构建
    - 诉求表达机制
    - 利益协调机制
    - 矛盾调处机制
    - 权益保障机制

内容提要

本章主要介绍了社会管理机制的含义与功能、我国社会管理机制转变的基本表现以及当前构建社会管理有效机制的基本构想。社会管理机制是社会管理体制的构成要素之一，包括社会管理的运行机制、动力机制和约束机制等一系列子机制。当代社会管理机制的转变包括从控制型社会管理转向引导型社会管理、从管制型社会管理转向服务型社会管理、从结果型社会管理转向目标型社会管理。当前社会管理有效机制的构建，重点表现在诉求表达机制、利益协调机制、矛盾调处机制和权益保障机制四个方面。

引导案例　山西晋中社会管理服务“一网清”

晋中市榆次区城市社区以 300 户左右、行政村以 150 户左右为单位，把全区划分为 1 200 余个网格，并将三维地图以及网格内公共服务、社会事务、社情民意、应急管理、党组建设、依法行政、安全稳定等 7 大类 61 项信息录入信息库，使社会管理服务的触角伸到社会每一个角落，做到了“区域设施清、社会组织清、隐患矛盾清、服务资源清、人员类别清、社情民意清”，确保了对全区 56 万群众管理服务“耳聪目明”。

晋中市通过将居村民自治、社会管理、安全生产三网合一，并融合知责、履责、问责教育，基本实现了社会管理在“网”上提速，公共服务在“格”中提效。新建东社区居民因取暖费问题争执越来越火爆，网格长当即用手机上报了“网格”，有关人员当即来现场调解才使一场群体事件消弭于萌芽。纺配社区南侧马路上 4 个窨井盖不翼而飞，造成很大安全隐患。社区网格长及时上报“网格”，当天隐患就被排除。居民感慨地说：“过去个把月都不定能解决的问题，如今当天就办妥了。”

在建立网格化管理服务工作中，晋中根据“地理布局、区域属性、人员相熟、便于管理”的网格划分原则，充分发挥网格长、网格信息员的作用，并号召辖区党员、居民和各类积极分子认领公益岗位，共同承担网格管理服务责任。一年来，全市已基本实现了“身边事不出格、小事不出社区、大事不出街道、矛盾不上交”。

“小网格关系着大民生，我们就是要像抓经济建设一样抓社会管理服务。”晋中市委书记张璞介绍，截至目前，晋中各县区已累计投入网格建设资金近 1 亿元，通过网格有效处置各类事件、隐患 4 600 余件。今年前 11 个月，全市群体性事件同比下降 94.7%，治安案件同比下降 9.9%，全市网格化管理已实现了“情况全掌握、责任全覆盖、服务无遗漏、管理无缝隙”，城乡居民的幸福感、安全感得到很大提升。

资料来源：刘亮明、冀业：《山西晋中社会管理服务“一网清”》，载《人民日报》，2012-01-03。

6.1 社会管理机制的含义与功能

6.1.1 社会管理体制的含义

社会管理机制是社会管理体制的重要内容，因此，研究社会管理机制必须首先了解社会管理体制。社会管理体制是国家就各种社会管理主体在社会生活、社会事务和社会关系中的地位作用、相互关系及运行方式而制定的一系列富有约束力的规则和程序性安排，其目的在于整合社会资源协同解决社会问题，规范社会运行维护社会秩序。它是社会管理模式或格局的制度化体现，因而服从和服务于社会管理的总体模式或格局。①

构成社会管理体制的要素主要包括社会管理主体、社会管理制度、社会管理组织和社会管理机制四个方面，它们依照一定方式组合起来，形成有固定行为方式的模式，发挥特定的管理功能。

社会管理主体是社会管理的承担者，包括负责和参与社会管理的组织和个人。从组织层面来说，承担社会管理的包括政府部门、企业和社会组织。在当前中国，由于政府是社会管理的主导性主体，社会管理体制也可以等同于政府社会管理体制。但企业也承接了一部分社会管理职能，社会组织在社会管理中扮演的角色越来越重要。从个人层面来说，承担社会管理的包括职业社会管理者和普通公民。职业社会管理者是指在社会管理行动中担任一定角色、负有明确责任和义务的人，他们既是社会管理制度的制定者，又是这个制度的皈依者和执行者，在体制中担当着社会决策者、社会计划者、社会工作者、中央管理者和地方管理者等各种管理角色。随着公民意识的觉醒，公民个人参与社会管理的愿望越来越强烈，越来越多地加入到社会管理者的行列。

社会管理制度是指对管理职权划分和职能配置的规定、管理对象及其领域的设定、作为管理基本依据的法律法规及政策的制定等规则。社会管理体制的制度要素包括八个方面：社团管理体制、社会保障体制、社会治安体制、社会应急体制、社会服务体制、社区管理体制、社会工作体制和社会政策决策体制。② 构建新型社会管理制度体系，是加强和创新社会管理的关键，必须着力从源头治理、动态协调和应急处置三个层面构建相互联系、相互支持的一整套规范、机制和制度体系。③

社会管理组织是联结社会管理者与决策对象的纽带，是各种按照一定的管理功能组建的管理机构的总称。社会管理者在一定的组织中才能发挥作用，严密的社会管理组织系统是保证社会管理行动顺利展开的前提条件之一，同时也是一系列社会活动开展的载体。分散的社会活动常常被某种形式的组织所规范，并通过这种组织形式得到有效管理。按照不同情况，社会管理组织分成各种形式，如政府组织与非政府组织、中央政府组织与地方政府组织、综合组织与专门组织、宏观组织（如国家）与微观组织（如社区），其中起主导

①② 参见何增科：《论改革完善我国社会管理体制的必要性和意义——中国社会管理体制改革与社会工作发展研究之一》，载《毛泽东邓小平理论研究》，2007（8）。

③ 参见马凯：《改革和创新社会管理制度体系》，载《学习与研究》，2010（10）。

作用的是政府组织（中央政府组织与地方政府组织），其他组织在社会管理活动中一般起辅助作用。

社会管理机制是社会管理系统模式化运行的过程、程序和方式，也是社会管理系统各子系统或要素之间模式化的相互作用方式，包括社会管理的决策机制和调控机制等。所谓社会管理决策，是对各种社会管理的行动方案所作的选择和抉择，它是社会管理体制的核心。各个社会组织和成员都具有决策候选人的资格，而按照社会管理决策主体的管理层次划分，宏观决策者应当是政府，微观决策者应当是社会事业单位和个人，同时参与不同层次的决策的还应当包括非政府组织和个人。社会管理调控是实现社会管理目标及其决策的重要方式，是对所管理的活动对象按照一定要求而采取的行动的总称。社会管理调控可以分成各种对称形式，如社会计划调控与社会政策调控、社会预测与社会监督、常规调控与随机调控等。①

实际的社会管理体制是上述四个要素密切互动的有机整体。其中，管理主体是社会管理体制中发挥作用的能动力量；制度规则体系所规划的是社会管理体制的框架基础和运行空间；组织体系是社会管理职能的履行者和能动载体；社会管理机制是在制度和组织基础上社会管理体制具体运行的机理、模式和工作方式，它是体制之中最活跃、运动性最强的部分。②

6.1.2　社会管理机制的界定

1. 社会管理机制的含义

从一般的意义来说，机制是指一个系统内的组织或部分相互作用的过程或方式。社会管理机制是指保证社会管理目标得以实现的基本要素及这些要素之间的相互关系。它是社会管理主体为促进社会系统的良性运行，对社会系统进行组织、协调、服务、监督和控制的过程以及社会系统各组成部分之间相互作用的方式。

社会管理机制与社会管理体制是不同的两个概念，它们各有不同的内涵。社会管理体制强调社会系统运行的组织制度及其隶属关系。社会管理体制的完善，重在合理划分权责范围，明确政府职能，解决政府职能缺位、错位等问题。社会管理机制是指社会系统的组成部分之间相互作用的过程和方式，强调系统运行的具体方式、方法，主要关注的是利益协调是否合理、社会流动是否顺畅、社会控制是否有效、社会预警是否准确、社会保障是否安全。社会管理体制强调的是管理活动的控制方式，重在从宏观上建设一个有利于加强和创新社会管理的制度，具有相对的稳定性。社会管理机制强调的是管理活动的运行方式，重在制定一套能够使社会管理体制得以实施的可操作性手段，具有一定的灵活性。

2. 社会管理机制的结构

社会管理机制本质上是社会管理系统的内在联系、功能及运行原理，它反映的是一个管理系统内各子系统及要素之间的各种必然联系，由这种联系决定的相应功能，以及功能实现和系统运行的原理。机制不是具体的管理办法，也不是具体的管理行为，而是管理办

---

① 参见刘瑞、武少俊、王玉清：《社会发展中的宏观管理》，119～120 页，北京，中国人民大学出版社，2005。

② 参见靳江好、王郅强：《和谐社会建设与社会矛盾调节机制研究》，194～195 页，北京，人民出版社，2008。

法的内在机理，是管理行为的内驱力。社会管理机制的这种内在联系、功能和运作原理，通过运行机制、动力机制和约束机制等一系列子机制表现出来。

社会管理运行机制是指社会系统的组成要素或部分之间相互作用的过程和方式，主要指社会系统运行的方式和方法。创新社会管理运行机制，有利于健全社会管理体系，有利于提高社会管理效率。创新社会管理运行机制，需要建立和完善四个机制：社会发展综合决策和执行机制、社会影响评估机制、社会安全网机制和社会风险管理机制。其中，社会发展综合决策和执行机制主要解决决策主体多元化以及决策民主化和科学化的问题；社会影响评估机制主要为重大工程、重大项目、重大政策和重大问题建立社会尺度，从源头上杜绝社会问题的产生；社会安全网机制是为全体社会成员，特别是处于边缘、弱势和不利地位的群体提供基本的社会保障和社会服务，为社会安全运行“兜底”；社会风险管理机制是对重大社会危机事件进行事前预警和事后管理，保证社会发展不因重大危机陷人停顿和紊乱状态。[①]

社会管理动力机制是指管理系统动力的产生与运作的机理，它是为管理系统运行提供动力的机制。社会管理的动力指向越明确，其绩效水平就越高。我国社会管理的动力机制主要表现为：一是政府主导机制。作为一种政治性机制，政府主导下的社会管理是一种高效、制度化与理性的治理模式：“高效”源于政府高度的资源动员能力，可以集中力量重点解决社会管理中的特定问题；“制度化”则源于政府的公共政策治理途径，在社会管理的不同领域做出权威性的规制，既保护人权和自由公正，又对权力边界做出规范；“理性”治理则源于政府公共行政的规划职能，主动应对社会管理可能出现的问题等。政府主导下的社会管理具有普惠性的特征，能够最大限度地保障公平与公正。二是社会性的参与机制。社会管理领域的社会性参与，是将政府职能通过向社会转移或委托代理等方式转移出政府，以达到提高行政效率，推动政府管理现代化的目的。非政府组织、社区居民的参与，无疑给社会管理带来活力和动力。[②] 当然，对于社会性参与来说，还需要有激励机制。通过建立包括物质奖励和精神激励在内的多种激励方式，来调动公民参与社会管理的积极性、主动性和创造性。

社会管理约束机制是指对管理系统行为进行限定与修正的功能与机理，其功能是保证管理系统正确运行以实现管理目标。我国社会管理约束机制主要包括：一是政府信息公开机制，它是一种刚性的约束机制。通过认真贯彻《中华人民共和国政府信息公开条例》，建设更为刚性的工作约束机制，使这个民意信息平台向社会公开，明晰各个有反映社情民意义务的组织和个人的职责，使他们在这个平台上得到权利义务的规范约束。二是利益约束机制，它主要是通过法律和道德进行约束。法律和道德是利益需求和利益行为的调节器和控制器。通过加强法制建设，强化对利益主体的法律约束，创造一个公平正义、合法合理的社会环境，引导人们以合法的手段和方式获取利益，防止在利益取得过程中的权钱交易等非法行为，减少社会利益的矛盾和冲突。通过加强道德建设，约束和规范人们的利益

① 参见张小明：《公务员创新能力建设与开发》，115～116页，北京，中国人事出版社，2009。

② 参见吴新叶：《农村社会管理的动力机制与实现路径》，载《河南师范大学学报》（哲学社会科学版），2010（2）。

动机和利益行为，引导人们合理选择利益目标，自觉调整利益需求，科学选择利益行为，正确处理利益关系。

3. 社会管理机制的类型

社会管理的目的是促进社会的和谐，而社会的和谐是建立在社会成员之间互助合作基础上的。因此，政府社会管理的任务就是为适应人类合作需求和降低合作成本而创设不同合作的制度条件，设计或选择不同的制度安排。根据人们合作的目的和形式的不同，可以将社会管理机制分为“共处共生”、“互惠互利”和“共创共享”三种类型。

“共处共生”型合作的前提是防止成员之间相互侵犯及防范来自外部的侵害，以实现对每个成员私有财产的保护。如何降低这类排他成本或防范成本，建立成员共处共生的公共秩序，是这类合作事务管理的主要内容，其相应的社会管理机制包括认同与共识机制、公共秩序维护机制、社会预警机制和应急处理机制等。

“互惠互利”型合作的本质是在保护私有财权的前提下实现产权的交换与运用，而其实现的前提则是交换成本（交易费用）的降低。如何降低这类交易成本，是这类合作事务管理的主要内容，其相应的社会管理机制主要是政府的宏观规制。

“共创共享”型合作的实现与持续，与生产的组织成本和分配的协调成本相关。如何实现共创性收益在成员之间的合理分配与共享，是这类合作事务管理的主要内容，其相应的政府社会管理机制包括公众参与机制、诉求表达机制、利益协调与分配机制和权益保障机制等。政府社会管理的任务就是通过公共政策，整合和调节各类社会管理机制。①

在以上社会管理机制的三种类型中，“共创共享”型社会管理机制最为社会所关注，因而也是本书所重点揭示的内容。

6.1.3　社会管理机制的功能

社会管理机制的建立，是为了实现社会管理的功能和目标。不同的社会管理机制具有不同的功能。由于社会管理系统的性质不同、构成要素不同或构成要素的组合方式不同、运行规则不同，因而社会管理机制所表现的功能也就不同。社会管理机制的存在必然对社会管理系统功能产生影响，理想的社会管理机制的功能必须以社会管理系统功能的实现为依据。社会管理机制制约并决定着社会管理系统功能的发挥，没有良好的社会管理机制，社会管理系统的功能就不能存在或不能更好地发挥。因此，创新社会管理机制，就是为了更好地发挥社会管理的功能。

一般而言，任何公共事务管理机制的基本功能都是调节、控制和平衡某种类型的社会矛盾，如政治管理机制是通过规范社会政治关系来调控社会矛盾，特别是政治性的矛盾。现代社会管理机制是调控社会矛盾的基础构件，具有日趋重要的独特价值。这是由于：

第一，社会管理机制调控社会矛盾的广泛性。作为与政治性公共事务管理、经济性公共事务管理相对独立的社会管理，内容涉及社会治安、文化教育、医疗卫生、社会保障、环境保护、道德风尚、社会服务及其他社会公益事业方面，对这些领域产生的广泛的社会矛盾进行调控是社会管理机制的基本职能。

---

① 参见席恒、雷晓康：《合作收益与公共管理：一个分析框架及其应用》，载《中国行政管理》，2009 (1)。

第二，社会管理机制调控社会矛盾的独特性。市场机制能够有效解决一个社会能不能做大蛋糕的问题，而良好的社会管理机制可以解决如何公平合理地分蛋糕的问题、没有分到蛋糕的人怎么办的问题。市场机制在调控因市场经济发展所带来的失业、环境污染、各种生产事故及工业化导致的危害等社会矛盾方面存在着失灵现象，只有借助社会管理机制才能有效解决。因此，社会管理机制对防止社会动荡，保持社会稳定，保障社会公正，消除社会过分的两极分化等具有独特的价值。

第三，社会管理机制调控社会矛盾的具体性。社会管理机制所调控的往往是关系到社会成员切身利益的具体的社会矛盾，如失业补助、养老金、退伍军人安置、残疾人救助、流浪人员收容、灾民难民救济等。以社会保障为例，它旨在保证无收入、低收入以及遭受各种意外灾害的公民能够维持生存，保障劳动者在年老、失业、患病、工伤、生育时的基本生活不受影响。显然，能否提供社会保障，涉及绝大多数的社会成员正常生活这一根本性的切身利益。这方面的管理不到位，矛盾处理不好，会直接影响到社会稳定。通过建立权益保障机制，可以使社会成员特别是弱势群体都能过上正常生活。

第四，社会管理机制对解决经济性、政治性社会矛盾的重要性。社会管理虽然不能产生直接的经济的效益，但它作为政府和其他社会公共组织提供的一种“公共物品”，具有公共性与公益性、消费的非竞争性和非排他性等特征，与社会成员的生活质量密切相关；它不仅关系到经济发展过程中的交易成本，更关系到能否正常、稳定地组织社会生产、消费、交换和创新活动，也就是说，社会管理与社会成员生产生活的连续性、便捷性直接紧密地联系在一起，具有极强的外溢效应。它通过解决社会问题、维护公平正义、保持社会稳定和提升社会福利，为经济社会发展提供共同条件，促进社会总体经济效率的提高及社会福利的增加，从而为社会矛盾的有效解决提供重要条件。因此，社会管理机制所创造出的条件对促进经济发展、缓和社会矛盾和实现政治统治具有重要的价值。[①]

6.2 社会管理机制的转变

6.2.1 从控制型社会管理到引导型社会管理

社会管理模式总体上可以分为两类：控制型社会管理和引导型社会管理。

控制型社会管理又称制度化社会管理，属于“硬”管理。它在新中国成立初期形成，在目前仍有一定的影响。这一模式表现为政府是集各种职能于一身的、超越任何社会组织的总体性组织；政府主要运用行政手段，通过强制力来实现社会管理的目标。

控制型社会管理模式具有以下特征：第一，强调整个社会管理系统必须以党及政府为中心，它是社会的决策中心、资源的分配中心，社会中的一切组织、党派、团体和个人都必须围绕它运转，接受它的有关资源的权威性分配。第二，社会中的一切资源、一切活动都必须听从党及政府的指挥，按其设计的理想目标进行安排，把整个社会强行纳入预设的

① 参见靳江好、王郅强：《和谐社会建设与社会矛盾调节机制研究》，195～196页，北京，人民出版社，2008。

计划体系。第三，整个管理系统无论是机构的设置，还是程序的安排，抑或手段的选择，都是以便于控制为原则进行组织，不考虑管理对象的便利。公民无须进行任何自主性思考和选择，一切只需依政府之令行事即可。第四，指示、指令、命令、强制是党及政府实施管理最常见的手段。

在新中国成立初期，我国采取的是一套全能控制型社会管理模式。这种社会管理模式的制度框架主要有三个方面：一是用壁垒森严的户籍制度把农民严格地束缚在土地上，把城镇居民束缚在“单位”。在农村，建立人民公社，实行“议行合一制”；在城市逐步建立了以“单位制为主、街居制为辅”的管理体制。二是具体繁琐且严重滞后的计划制度。政府借助编制全面、明确、具体甚至繁琐的计划，并要求得到严格遵守和执行，从而把整个社会的发展纳入到计划轨道。三是事无巨细的行政审批制度。为了使整个社会完全按政府所预定的轨道运行，政府不让企业和公民自行其是，而必须由政府来决定。政府的行政审批几乎涉及所有行业，大到国计民生，小到生活琐事。

新中国成立初期实行的这种全能控制型社会管理模式，是与我国确立的计划经济体制相适应的，对于促进我国经济和社会的发展起到了积极的作用。因为当时生产力相对落后、各种社会资源极为有限，只有通过中央政府的高度集中，实现中央与地方以及地方各级政府之间、各民族以及社会各阶层之间的利益均衡，实现国家的高度团结统一，才能从根本上增强国家的凝聚力，从根本上保证国家对社会的整合功能，抵御外敌入侵、捍卫国家主权，真正实现国家的安定、发展和公平，最大限度地调动全社会资源，为社会主义工业化的发展提供坚强的政治保障。但是，随着我国经济的发展和社会的转型，这种管理模式已与社会发展不相适应。因为它强调政府对资源配置的作用，忽视市场机制自身的调节功能，压抑了市场自身的发展和人民群众的积极性及创造力的发挥。同时，仅仅依靠单一的行政手段解决经济发展中的一切问题已经不适应日益灵活高效的市场发展，最终影响预期目标的实现。[①]

改革开放以来，我国逐渐对计划体制下形成的全能控制型社会管理模式进行调整，但迄今为止，仍然没有摆脱控制型社会管理模式的阴影。当前我国控制型社会管理模式的主要特点是：

第一，以政府为唯一的管理主体，缺乏其他组织和个人的参与。我国传统的社会管理是以政府为唯一中心，政府直接全面管理和经营一切社会事务，并未体现出相应的从属性和服务性。在社会矛盾的处理中，政府习惯于采用行政手段解决问题，而不习惯于通过群众参与，协商式地处理问题。这种手段单一、方式简单的社会管理，导致人治大于法治，服从大于参与。由于缺乏对行政权的有效制约，官僚体制易滋生官僚主义，从而损害行政效率。随着社会的发展，管制行政已成为不受欢迎的一种管理形式而常常受到抨击。

第二，管理者对上级负责，而不是替被管理者考虑。上级一旦下达某项任务，管理者就会采取一切措施确保完成。而上级下达的任务多是对被管理者进行整顿，以达到诸如维护当地社会治安、改善当地卫生环境等目的。管理者往往将被管理者视为造成当地社会治

---

① 参见闫岩峰：《当代中国复合社会管理模式研究》，广西师范大学硕士论文，2010。

安、环境卫生等问题的罪魁祸首，因而将他们作为对立面加以整治，态度生、冷、硬，而被管理者的生存困境和生活出路则不是他们考虑的对象，以至于经过一番整治之后，被管理者的生存更加艰难。

第三，以国家的暴力工具作为后盾，通过强制力来实现管理目标。管理者主要运用行政手段、法律手段等进行管理，故这种管理方式通常又被称为制度化社会管理。制度化管理主要是对"事"和"行"的控制，更多地采取管、控、压、罚等强制性方式来对待被管理者。如对无证者或违规者，平时就罚款了事，遇到社会管理的敏感时期就想方设法把他们"清理"、"过滤"了之。由此造成管理者与被管理者之间时常发生冲突，乃至爆发暴力流血事件。

引导型社会管理又称为柔性社会管理，属于"软"管理，包括通过社会舆论导向、思想政治教育、典型示范、沟通协商等办法对公众进行引导来解决社会问题，化解社会矛盾。引导型社会管理主要有以下途径：

第一，政府通过制定有关行政法规和政策进行引导。政府运用行政立法的职能，制定适合的行政法规，出台相应的政策，引导社会各界群众自觉朝着基层政府所希望的方向行动。通过这种方法能使社会管理行为法制化，使政府的要求变为群众的自觉行动，从而更能体现出政府社会管理的合法性。

第二，政府通过舆论宣传进行导向性引导。在信息传播迅速发展的今天，政府完全可以凭借掌握部分舆论手段的绝对优势，通过广泛的舆论宣传工作，宣传政府的主张，批评和制止社会陋习，旗帜鲜明地宣传主张什么、倡导什么、反对什么，并讲清其中的深刻道理，使广大百姓能深切理解政府的意图，自觉地服从其社会管理。

第三，政府通过典型示范的方法进行引导。任何一项政府所倡导的工作中，都会涌现许多先进或落后的典型政府。要时刻注意掌握这些典型，及时地进行有力的宣传或者批判，树立榜样、表扬先进、批判落后，从而让人们自觉地学习先进、鄙视落后，通过典型的作用达到管理的目的。

第四，政府通过培养和提高干部素质的方法进行引导。干部是群众工作中的旗帜，政府进行社会管理，关键是管好自己的干部，培养和提高他们的素质，让他们在群众中起良好的模范带头作用，真正做到吃苦在前，享受在后，全心全意地为人民服务。焦裕禄、孔繁森、任长霞式的优秀官员多了，群众就会自然而然跟着学、跟着走，政府的社会管理目的就自然实现了。①

第五，政府通过群众工作方法进行引导。胡锦涛曾指出："各级党政机关和干部要坚持工作重心下移，经常深入实际、深入基层、深入群众，做到知民情、解民忧、暖民心。要把基层一线作为培养锻炼干部的基础阵地，引导干部在同群众朝夕相处中增进对群众的思想感情、增强服务群众本领。"群众工作是社会管理基础性、经常性、根本性工作，必须把群众工作贯穿到社会管理各个方面、各个环节，从源头上化解社会矛盾、促进社会和谐。同时，必须善于运用文明的方式、服务的方式，通过与群众进行平等的对话、沟通、协商、协调等面对面、心贴心的办法来解决社会问题、化解社会矛盾。

---

① 参见朱毅强：《论基层政府的社会管理职能》，湖南大学硕士论文，2006。

第六，政府通过思想政治教育方法进行引导。思想政治教育方法靠的是非强制性的沟通和引导，反映了当前的社会政治要求，通过将社会主义核心价值观植入社会成员的思想中，不仅能培养共同的社会认同感，给人们以行动指导，而且能提升人们对社会精神价值的认知和觉悟水平，发挥社会文化与精神资本的统摄力与约束力，达到更加理想的社会管理效果。[①]

控制型社会管理是我国传统的社会管理方式，引导型社会管理体现了我国社会管理的新趋向。我们必须改变主要依靠政府的行政手段和法律手段，通过管、控、压、罚实施社会管理的方式，更加善于运用群众路线的方式、民主的方式、服务的方式，发挥思想政治教育的作用，尽可能通过协商、协调等办法来解决社会问题，化解社会矛盾。

6.2.2　从管制型社会管理到服务型社会管理

社会管理模式还可以分为管制型社会管理模式和服务型社会管理模式两种类型。

管制型社会管理模式又称为政府管制模式，是在改革开放的背景下政府或其他公共机构凭借其法定的权力，制定一定的法律、法规和政策等权威性的规则，将其付诸实施，对社会主体的行为进行约束限制和规范的一种管理行为模式。[②] 管制型社会管理模式的特点主要表现为：

第一，在管理理念上强调国家意志统领社会意志。国家意志反映的是统治阶级的意志；社会意志既可以指每一个社会成员的意志，也可以指全体人民的意志。国家意志通常要通过国家机关的权力来体现，而国家机关也有自己的意志，如果国家机关将自己的意志等同于国家意志，就有可能与社会意志、人民意志相冲突。因此，从我国的国家意志统领社会意志的实际效果来看，总体上体现了国家意志与人民意志的一致性，但也存在着某些国家机关将自己的意志充当国家意志而偏离人民意志的现象。

第二，在目标追求上强调高度组织化的社会秩序。在计划经济时期，“组织化”是通过“单位化”来表现的，国家通过控制单位以及单位组织的自我控制来实现社会秩序的稳定。改革开放之后的一段时期，“组织化”是通过各种社会组织（主要是政府和企业）来体现，政府和企业共同构成了社会控制的主体，民间力量还没有得到很好的调动和发挥。从国家的角度来看，社会秩序既是实施社会管理的唯一目的，也是自身履行现代化建设使命的基本保障，因此任何对社会秩序的挑战同时也是对国家权威的挑战，社会秩序与政治秩序是紧密融合在一起的。

第三，在主体结构上存在政府权威和社会依赖的互补。政府权威是指政府在社会管理和公共服务过程中形成的得到人民认同的威望和公信力。在计划体制下，政府权威是通过代表国家和人民拥有并支配生产和生活资源来体现的，因而人民对政府和国家的依赖是不可避免的。改革开放以后的一段时期，政府仍控制着大部分资源，企业在市场经营过程中仍然难以摆脱对政府的依赖，社会管理更是离不开政府的主导。于是政府权威与社会依赖在社会管理中就形成了一种互补关系。

---

① 参见孟艳：《转型期思政教育在社会管理中的应用》，载《人民论坛》，2011（29）。

② 参见赵城根：《新公共管理视角的政府管制模式转型分析》，载《学海》，2006（3）。

第四，在操作方式上由政府承担全能责任。改革开放以来，党和政府就已意识到“全能政府”的弊端，而且在改革中不断探索建立有限政府、责任政府和服务型政府的路子，但是迄今仍未摆脱“全能政府”的影子。

在改革开放时期，我国政府管理由控制型向管制型转化，适应了经济社会发展的需要，取得了较为明显的成效。这主要表现在：一是促进了中国经济持续的高速增长，综合国力得到了大幅度提高；二是人民生活水平大幅提高；三是社会发展水平稳步提高。正是在国家的有效控制下，经济领域卓有成效的渐进式改革才能得以有序进行。

但是，管制型社会管理在市场化、社会化的进程中存在着不少弊端：一是过于强调效率而忽视公平；二是政府管制成本过大；三是不能充分整合社会资源；四是权力寻租的产生。① 同时，管制型社会管理可能造成一定风险：一是因为过分强调社会秩序而成为维护既得利益的借口，从而阻碍改革的继续深化；二是在控制社会矛盾中积累社会矛盾，从而激发更多的非理性情绪和行为；三是缺乏原则性和规范性，从而误导公众的是非观和道德观，加速社会价值体系的瓦解。②

在管理支点上，管制型社会管理模式表现出“重管制、轻服务”的倾向。有的地方分不清社会服务水平低是目前政府社会管理中的主要矛盾或者是矛盾的主要方面，不适当地将主要精力放在提升“政府社会管理能力”上，而政府的公共服务水平与能力不仅没有提升反而降低和削弱。这种“头重脚轻”式的社会管理创新，不仅得不到人民群众的拥护与支持，而且也背离了社会管理创新是政府更好地为人民服务、为社会服务的宗旨。因此，必须实现由防范、控制型管理向疏导、服务型管理的转变。

服务型社会管理模式是指将管理与服务有机地结合起来，在服务中实施管理，在管理中体现服务。这一管理模式与构建服务型政府的要求是一致的。

服务型政府或服务型社会管理模式是市场经济条件下的政府模式，服务是在市场失灵领域社会对政府的公共需求。这种管理模式的特点表现为：其一，注重服务而辅之以必要管制；其二，通过便捷的服务进行管理而且重在提高公民的便利程度；其三，根据社会需求调整政策，提供服务，实行双向回应型管理。

现代服务型政府的社会管理职能主要有：其一，建立法制基础。建立法律和制度基础，是政府最基本的职责之一。法制化的公共政策和公共制度供给永远是第一位的，而这是除立法机关和授权的政府组织外，任何社会组织所无法提供的纯公共产品。其二，投资于公共基础设施。投资于公共基础设施建设，是优化环境的重要方面，因而是服务型政府的基本责任。虽然也可以部分地实现投资主体的多元化，但即使由非政府组织投资，也必须由政府负责规划和界定产权。其三，保护社会弱势群体。关注社会弱势群体的生活状态，保护弱势者和贫困者的基本权利不受剥夺和侵害，通过公共政策倾向、司法援助、社会救济、财政转移支付、社会保障制度以及扶贫开发等多项措施，为社会弱势群体和贫困阶层提供多方面的帮助和救援，从而保持政治稳定和社会公正，实现共同富裕和全面协调发展。其四，保护和优化环境。社会全面进步的一个重要标志是人的生活环境的不断改

① 参见闫岩峰：《当代中国复合社会管理模式研究》，广西师范大学硕士论文，2010。

② 参见马西恒：《通过发展型社会管理应对体制性风险》，载《探索与争鸣》，2011（2）。

善。保护并改善自然生态环境，保持自然资源的合理开发和利用，是全球治理对一国政府提出的治理要求。保护并改善社会生态环境，协调各种社会资源的合理配置和有效开发利用，不断优化包括政治生态、经济生态、文化生态在内的各种社会生态环境，是实现全面建设小康社会目标对中国政府提出的治理要求。[①]

6.2.3　从结果型社会管理到目标型社会管理

因关注点的不同，可以将社会管理分为结果型社会管理和目标型社会管理两种类型。

结果型社会管理是指以维护社会稳定为核心来设计和制定社会管理的计划、手段。胡锦涛同志将“维护社会稳定”作为我国社会管理的一项基本任务，并指出要：“最大限度激发社会活力、最大限度增加和谐因素、最大限度减少不和谐因素，以解决影响社会和谐稳定突出问题为突破口，加强和创新社会管理，提高社会管理科学化水平，确保社会既充满活力又和谐稳定。”[②] 这说明，“维护社会稳定”在社会管理中确实非常重要。

结果型社会管理的缺陷不在于重视维护社会稳定，而在于“为维稳而维稳”，即把“维稳”作为社会管理的最终目的，于是“维稳”就变成了“唯稳”。这种管理模式产生的弊端是：

第一，重维稳而轻改革。中国 30 多年的发展，改革是主旋律。维稳是改革前提下的维稳，没有变化的稳定是没有价值的。而改革必然导致社会变化，因此改革的社会必然是一个动态的社会。一般而言，变革有可能在短期内带来一定利益冲突，造成一定社会波动，但从长远看，有利于理顺社会中的利益关系。遗憾的是，在“稳定压倒一切”的巨大压力之下，一些政府部门把“稳定”理解为“无事”，因怕出事而宁愿固守现状，对重要改革不敢涉足。由于片面地理解维稳，使变革失去了动力。一些必要的改革措施因此错失时机，导致不均衡的利益格局迟迟得不到有效调整，既得利益集团不断扩张，社会逐渐失去了对其应有的制约。

第二，重高压而轻疏导。从总体上讲，我国政局稳定，社会管理中存在的矛盾绝大多数都属于人民内部矛盾，是利益诉求与抗争。但是有些地方政府为了遏制信访和群体性事件的上升态势，上级往往对下级采取维稳“问责制”。下级机关于是千方百计寻求应对之策，如对上访群众强行拦截，对维权群众采用暴力手段等。现有稳定思维的最大误区之一，是将民众的利益表达与社会稳定对立起来，将公民正当的利益诉求与表达视为“不稳定因素”。要实现真正的社会和谐与稳定，就必须彻底转变思路，形成维护社会稳定的新思维，把利益表达和社会稳定作为同等重要的双重目标，以法治为核心，推进市场经济条件下利益均衡与利益表达的制度化建设，形成社会长治久安的坚实基础。[③] 利益矛盾可以用疏导的方式，通过谈判、妥协、讨价还价等手段来解决。

第三，重维稳而轻根本。不少地方将维护社会稳定作为社会管理创新的“中心工作”和“重中之重”，以“维稳”责任制和“一票否决制”来考核评价领导社会管理的成效。

① 参见朱毅强：《论基层政府的社会管理职能》，湖南大学硕士论文，2006。
② 《扎扎实实提高社会管理科学化水平》，载《党建》，2011（3）。
③ 参见清华大学社会发展研究课题组：《以利益表达制度化实现社会的长治久安》，载《领导者》，2010（4）。

为此，一些地方不惜血本，开支浩大。过多投入维稳资源，会造成政府职能的偏离和社会资源的浪费。其实，社会管理的“中心工作”不是“维稳”，而是“民生”。如果不能有效保护各个群体的合法利益，不能打破既有利益格局，不能做到促进民生，而把维稳变成“唯稳”，其结果会对社会公正造成严重损害，并为下一轮的不稳定埋下隐患。政府转变职能，加强和创新社会管理之根本在于更加注重民生，只有从民生的源头上解决诸多矛盾，社会才能长治久安。“维稳”仅是加强和创新社会管理工作中的部分内容，不能以偏概全，更不能本末倒置。

目标型社会管理是以改善民生，促进社会和谐为目标来设计和创新社会管理。

胡锦涛同志指出：“社会管理要搞好，必须加快推进以保障和改善民生为重点的社会建设。”① 目标型社会管理，贵在重民生、顺民意、解民忧。

重民生，就是要坚持把改善民生与促进发展摆在同等重要的地位，主要是体现在党和政府的执政理念上，扎根在广大党员干部的心坎中，反映在为民谋利的行动上。要把保障和改善民生作为加快转变经济发展方式的根本出发点和落脚点，坚定不移走共同富裕道路，完善保障和改善民生的制度安排，加快发展各项社会事业，坚持优先发展教育，着力抓好就业这个民生之本，合理调整收入分配关系，加快推进覆盖城乡居民的社会保障体系建设，加快医疗卫生事业改革发展，加快推进住房保障体系建设，继续推进扶贫开发，发展妇女儿童事业，培育壮大老龄服务事业和产业，健全残疾人服务体系，使发展成果更好地惠及全体人民。

顺民意，就是我们在谋划社会发展、各项事业等高层设计中，要时刻以民声、民意为基础和方向标，着眼于人民群众的现实和长远需求，顺应时代发展，相信群众的首创精神和群众智慧。顺民意，就要广泛征求群众意见，听取群众的利益诉求，把决策部署考虑得更周全些，把困难问题想得更严重些；统筹兼顾，照顾各方，协调一致；实现社会管理的科学化，建立健全重大决策听证、质询、公示、论证以及责任追究等制度，公平管理，科学决策，切实把群众想办、愿办的事情办好，集中力量把一些难事办成。

解民忧，就是要在解决群众具体困难中出实招、使实劲、见实效，把主要精力、全部心思都用在为民办实事上，用在主动联系、沟通群众感情上，下大力气解决群众反映强烈、社会关注度高、解决难度大、老百姓最关心最直接最现实的利益问题，以诚挚之心、真诚之举、给力之措赢得百姓实心实意的满意，以实际成效取信于民、服务于民，从而为消除各类社会矛盾、解决各种社会问题提供最基本的物质基础和信心源泉。②

不断推进社会管理体制创新，是构建社会主义和谐社会的一项重要任务。胡锦涛同志指出：“我们加强和创新社会管理，根本目的是维护社会秩序、促进社会和谐、保障人民安居乐业，为党和国家事业发展营造良好社会环境。”③ 推进社会管理体制创新，应从统筹协调社会群体的利益、构造和谐的收入分配格局、积极扩大就业和努力完善社会保障体系、进一步健全解决人民内部矛盾和社会纠纷的机制等方面进行努力。加强政府应急管理

---

① 《扎扎实实提高社会管理科学化水平》，载《党建》，2011（3）。

② 参见崔宏：《创新社会管理——贵在重民生谋在顺民意成在解民忧》，载《中国劳动保障报》，2011-04-27。

③ 《扎扎实实提高社会管理科学化水平》，载《党建》，2011（3）。

能力建设，有效应对各类突发公共事件，维护社会稳定与和谐，是各级政府一项重要的社会管理职能。应建立健全应急体制、预警机制、协调机制和应急保障机制；加强对应急预案和应急救灾知识的宣传和教育，构建社会应对网络。创新社区管理，构建和谐社区，是推进社会管理体制创新的重要环节。我们应针对新的形势和问题，建立与社会主义市场经济相适应的社区管理体制、运行机制和服务体系。

6.3　社会管理有效机制的构建

社会和谐是中国特色社会主义的本质属性，构建社会主义和谐社会必须完善社会机制，建立有效的诉求表达机制、利益协调机制、矛盾调处机制、权益保障机制。

6.3.1　诉求表达机制

1. 诉求表达机制的含义

利益诉求是社会利益主体向外界表明自己的利益愿望，维护自己的利益权利，以实现自己利益要求的全部行为。诉求表达机制是有关利益诉求表达的各项制度和办法的总称，是社会各阶层通过一定的渠道和方式向执政党、政府和各级组织表达自身的利益要求，以获得社会各界了解认同的沟通体系。建立诉求表达机制，可以引导各个社会阶层、群体和成员以理性、合法的形式表达自己的利益诉求，从而化解人民内部矛盾。

2. 利益诉求的运行规律

从系统视角分析，诉求表达机制包含诉求主体、诉求对象、沟通渠道、决策程序、技术手段、法律制度、道德规范等诸要素。按照运行的时空顺序，诉求表达机制包括诉求的发生机制、沟通机制、实现机制和保障机制等若干子机制。利益差别的存在，特别是贫富差距的扩大，导致大量民众的心态产生波动，这就为发生机制运行提供了条件；而沟通机制的运行，离不开设置原则、沟通渠道及诉求对象、工作流程和技术手段等几个要素；实现机制的运行，则包括了理念培育、决策制定、指挥传达、具体实施、监督检查等几个主要环节；保障机制的运转，又依靠法律制度、道德规范和社会舆论等力量来支撑。

诉求发生机制、沟通机制、实现机制三者联动，构成了相对闭合的环路。围绕着利益需要，在内因驱动和外因刺激下引起了诉求发生机制的运行，这是诉求机制整体运行的起点。诉求沟通机制则是一个连接点，完成舆情信息承接和初级收集工作。随后，舆情信息经整理、筛选和分析，被输送到各决策部门作为制定相关政策的依据，民众的愿望和主张得到一次性解决或初步实现。民众的诉求得到暂时或阶段性实现后，还要通过保障机制的运行，修正和弥补发生机制、沟通机制和实现机制运行中存在的矛盾和不足，以保证整个诉求机制的良性运行。诉求保障机制作为长效机制，发挥着全程管理功能，即通过相关法律制度、道德规范的制衡及全方位、多层次的社会监督系统的监督，形成制度化、规范化和程序化的治理模式。由于保障机制的监督与控制是动态的、连续的和循环的过程，于是，就形成了诉求机制运行的完整链条。诉求表达机制始于诉求的发生，终于诉求的实现，诉求的沟通是中心环节，诉求的保障是关键环节。[1]

3. 建立诉求表达机制的必要性

随着社会主义市场经济的发展，出现了不少新的社会阶层和利益群体，人们的利益需求逐渐多元化，而且不同利益群体之间往往存在着矛盾。如果各利益主体的利益表达渠道不通畅，沟通、反馈不及时，往往会使小摩擦、小矛盾发展成为对社会的不满、对党和政府的不满，甚至于产生对抗性与冲突性矛盾，从而导致整个社会的不稳定。科学有效的诉求表达机制恰恰能为这种不满情绪提供宣泄途径，将抱怨、不满限制在法律允许的范围之内，不至于破坏社会的稳定发展。

构建社会主义和谐社会是一个不断化解社会矛盾的持续过程。建立健全畅通有序的利益诉求表达机制，不仅可以沟通政府与不同阶层及其成员之间的联系，还能够使各阶层之间的利益关系得到协调和规范，避免具有破坏性的利益表达方式和行为规范，以利于党和政府更好地代表广大群众的根本利益，营造宽松的社会环境，为和谐社会建设奠定良好的群众基础。畅通无阻的诉求表达机制正是更加积极主动地化解矛盾，最大限度地增加和谐因素，最大限度地减少不和谐因素，不断促进社会和谐的有力保证。因此，群众诉求表达，是社会问题的风向标，也是社会管理的动力源；群众诉求表达机制是社会矛盾的平衡器，也是社会和谐的减压阀。

4. 建立诉求表达机制的基本要求

建立诉求表达机制，拓宽社情民意表达渠道，建立党和政府主导的维护群众权益机制，把群众利益诉求纳入制度化、规范化、法制化的轨道，具体要求如下：

第一，积极引导利益群体理性合法地表达利益诉求。一是立法规范利益表达。在立法过程中，各利益群体通过沟通、交涉、妥协等程序，可以在一定程度上减少分歧，进而达成为大多数人接受的协调方案，从而化解冲突、协调利益要求，减少各利益群体之间的矛盾。二是加强正确引导。建立诉求表达机制，要形成正确的舆论导向，培养群众以理性合法的形式表达利益诉求的意识；要培育核心价值观念，引导群众理性客观地认识各种利益关系，处理好个人利益与集体利益、局部利益与整体利益、当前利益与长远利益的关系，提出合理的、符合实际的利益要求；要树立法律至上权威，引导群众在宪法和法律允许的范围内活动，在不损害公共秩序、公共利益和他人正当利益的情况下表达利益要求，增强以理性合法的形式反映问题的意识和自觉性。三是贯彻平等参与原则。平等参与意味着权力部门与社会公众、管理者与被管理者、劳方与资方之间，各个阶层、各个群体之间应有平等参与的权利。应当防止将经济上的贫富差距转换成为一种政治参与权的差别；要尊重群众主体地位，坚持由民做主而不是替民做主，创造条件让不同的利益相关者有序地参与到决策过程中来，表达意见和愿望；要进一步完善和扩展决策听证制度和政务公开制度，使各利益群体能够获得对称性信息，平等地参与政府决策；要建立健全社会协商对话制度，发挥其表达民意、解释政策、提供决策帮助等方面的作用，并把它作为不同群体和个人利益要求表达的一种基本形式加以规范化和普遍化，增进上下左右的沟通，增强透明度，减少不同利益群体之间的摩擦与冲突，实现全社会的利益共识。四是关注弱势群体和

① 参见毕宏音：《试论诉求表达机制的完善路径》，载《天津社会科学》，2009（4）。

特殊人群的利益诉求。支持和帮助社会弱势群体和边缘群体建立正常、规范的利益表达机制。针对一些弱势群体对有关诉求表达的制度缺乏信任，容易形成集体上访的情况，可以通过建设学习型机关、学习型企业、学习型社区等，确保舆论、道德、制度、法律等有效联动，实现有效引导群众有序表达。五是加强利益表达渠道建设，包括增加表达渠道的数量、种类和延长其开放时间等内容。这五个方面的结合，有利于提高诉求表达机制的运作效率，使得利益群体及其成员可以采用合法有效的渠道来谋求利益的表达及实现。

第二，疏通和拓宽多元的诉求表达渠道。一是充分发挥人大和政协的利益表达功能，有效反映人民群众的意见和要求。加强和完善人民代表大会制度，使之成为各利益群体的利益表达主渠道。人大代表候选人的产生除了按地域划分外，还应更多考虑行业、职业和产业特点，特别是按各利益阶层的特点来划分，使人民代表大会制度充分发挥表达利益群体要求、协调各利益群体关系的巨大作用。同时，充分发挥人民政协的政治协商、民主监督职能。要发扬政协的民主团结精神，拓宽弱势群体的利益表达渠道。注重政协广泛联系和团结各界人士和各人民团体的特点，进一步发挥上下沟通、左右协调的桥梁作用。二是加强社会团体、行业协会和社会中介组织的利益表达能力。充分发挥工、青、妇和行业协会等社会团体的利益代表作用，通过更多、更广的渠道表达人民群众的利益要求，从而使政府的决策能够体现大多数人的利益。加强领导，在各利益群体中建立健全党团组织、工会等，为群体成员的利益表达提供条件，使之通过制度化途径传送到政治体系中，以减少社会冲突、维持社会稳定。三是发挥大众传媒的利益表达窗口作用。进一步建立健全大众传媒的组织机构和体制，建立反映群众意见和诉求的正规渠道。充分发挥媒体在信息收集方面的独特优势，通过媒体获取大量真实可靠的信息，为政府决策做出参考依据。充分发挥互联网等新媒体的作用，表达群众诉求，反映群众心声。当前一些地方建立“民心网”，开设“市民心声”、“行风热线”、“在线投诉”等栏目，收到良好效果。

第三，搭建灵活多样的诉求表达平台。完善公民诉求表达的制度和机制，为社会各阶层提供诉求表达的制度性平台，使多样化的合理诉求通过正当、规范的渠道输入公共决策过程中，供决策者调控、汲取，从而作出社会普遍认可的公共政策。如民意调查制度、信息公开制度、听证会制度、协商谈判制度、公民投票制度等，都是公众诉求的基本制度化平台，应该结合实际尽快建立和完善起来。政府涉及民生的决策必须建立听证制度，涉及群众诉求关注的要建立信息公开、事项公示制度。企业要尊重职工当家作主的诉求，充分发挥职代会、工会的作用。社区要围绕居民诉求改进服务，满足群众合理需求，让社区真正成为居民温馨、和谐的家园。①

第四，迅速回应群众的利益诉求。一是有诉必应。群众诉求表达，是群众的愿望、需求期望达到响应的行为。群众的情感需要宣泄、要求期盼满足。对于群众的意见、愿望和呼声要主动听取，对于群众反映强烈的突出问题要主动解决，对于群众提出的合理要求要主动办理。为快速响应，可以实行首问责任制，对群众诉求“一口受理、分头办理、会商处理”。二是认真办理。针对群众诉求的高发性，要建立主动倾听诉求的制度，把能够及时解决的群众合理诉求，解决在群众开口之前；针对群众诉求的多样性，要建立群众参与

① 参见梁忠明、李金才：《推进和谐社会建设应着力完善社会机制》，载《学习论坛》，2010 (8)。

决策、执行、监督、反馈的制度，把群众诉求解决在初始状态；针对群众诉求的层次性，要建立政府、企业、社会组织、社区等各方面倾听和解决群众诉求的制度，把群众诉求解决在自己身边；针对群众诉求的复杂性，要从基层民主做起，建立各个领域的民主协商制度，要整合办理群众诉求的各类资源，建立矛盾化解制度；针对群众诉求的冲突性，要发挥舆论导向作用，并建立利益协调制度。三是落实责任。满足群众合理诉求，是全社会的责任。要建立一个有责任的社会，包括党组织责任、政府责任、企业责任、社区责任、社会组织责任、个人责任，在党委领导、政府主导下，各自承担应尽的社会责任。坚持分级负责，谁主管、谁负责，谁监办、谁落实的原则，切实解决好群众正当利益的诉求。群众诉求表达机制是一项与群众生活、学习、工作密切相关的工作，必须以群众满意不满意、高兴不高兴作为衡量工作好坏的标准。应当建立和完善责任主体内部考核、突出矛盾问责即责任追究、群众评判工作的制度。总之，群众诉求合理的要解决到位，诉求无理的要稳控到位，诉求违法的要依法处理到位，困难诉求的要帮扶救助到位，做到事事响应，件件回应。①

案例思考

把握社会转型期群众利益的诉求点

2011年9月以来，广东陆丰乌坎村部分村民因对村干部处置土地、财务及换届等问题感到不满而频频上访，访民打砸村委会、派出所。12月21日，以广东省委副书记朱明国为组长、包括数名厅级干部的省工作组进驻陆丰，倾听民众诉求。省委书记“必须直面和解决好这些矛盾和问题”的重要批示，工作组“民意为重、群众为先、以人为本、阳光透明、法律为上”的真诚表态，让一度情绪激烈的当地村民趋于平和。在乌坎事件中，基层政府最初失误正在于没有正视村民合理的利益诉求，让理性的上访升级为过激的行动。省工作组以“最大决心、最大诚意、最大努力”解决群众合理诉求的坚定承诺，化解了激烈的情绪，为问题的彻底解决，为当地的稳定和谐，创造了基本条件。这种有错即纠的政治勇气，体现了我们党一以贯之的宗旨：对群众利益负责，就是对党的事业负责。

从乌坎事件来看，村民的诉求点在利益，转折点也在利益。如果能及时抓住利益诉求点，事发前认真倾听、公正评判、果断解决，就不会小事拖大、层层升级，演变成群体性冲突，乌坎事件也就会呈现不同走向。如今的峰回路转，正在于省工作组充分肯定“群众的主要诉求是合理的”。这表明，在面对具体矛盾冲突时，把握了群众利益的诉求点，也就把握了问题解决的关键点。“乌坎转机”告诉我们，要减少社会矛盾的触点、降低燃点，必须将社会管理摆在更重要的位置，解决好群众利益问题。

资料来源：张铁：《“乌坎转机”提示我们什么》，载《人民日报》，2011-12-22。有增删。

① 参见田作庆等：《着力完善群众诉求表达机制》，载《党政论坛》，2011（10）。

6.3.2　利益协调机制

利益协调机制，是指社会系统变化中协调不同利益主体间相互关系的组织、制度和发挥其功能的作用方式。在利益主体多元化和利益差别扩大化的条件下，要使阶层利益协调更规范、更科学、更持久，就必须建立、完善利益协调机制来调节和解决社会的各种利益矛盾，维护社会的稳定和谐。

马克思指出："人们奋斗所争取的一切，都同他们的利益有关。"[①] 追求利益是人类一切社会活动的动因，利益关系构成了社会矛盾产生、发展的最直接根源。改革开放 30 多年来，中国社会利益结构和社会阶层结构发生剧烈分化与组合。阶层间、行业间、地区间的利益差距逐渐扩大。社会利益差距扩大、分配不公已经成为影响我国社会稳定和发展的重大问题。社会利益多元化、社会阶层多样化，除考验执政党和政府的整合能力外，更直接的是对现存的利益协调机制提出了严峻的挑战。因此，建立健全利益协调机制，调整各利益集团之间的利益关系，调整、缩小人们之间的利益差距，对于我国经济社会的协调发展具有重要意义。

按照利益机制的作用领域，可以将利益协调机制分为经济协调机制、政治协调机制、法律协调机制和道德协调机制四种基本类型。

一是经济协调机制。利益矛盾主要是经济的、物质的利益矛盾，经济协调是协调利益矛盾的主要手段。因此，经济协调机制是利益协调的基本机制。建立健全经济协调机制的具体要求有：第一，运用经济制度调整利益关系。我国现阶段经济制度的基础是社会主义公有制，而在坚持公有制主体地位的同时，又鼓励、支持和引导多种非公有制经济发展。在收入分配制度上，坚持和完善按劳分配为主体、多种分配方式并存的分配制度，坚持各生产要素按贡献参与分配。实践证明，我国的社会主义经济制度是适合并有利于生产力发展的，因而能够协调好社会的各种利益关系，从生产资料和生活资料的分配上协调好各个方面的利益。第二，发挥市场在社会利益调节中的作用。充分利用市场机制为不同的利益主体创造公平的竞争环境，调整利益分配格局，减少不同利益群体之间的不公平感。同时，加强执法部门、社会舆论和群众的监督，保证社会主义市场经济正常健康发展。第三，加强宏观调控来克服市场失灵的弊端。政府通过宏观调控，使国民经济按比例协调发展，避免和减少由于盲目的无政府状态而带来的损失；保持经济总量的平衡，促进重大经济结构的优化，实现经济稳定增长；调整收入分配结构，初次分配突出市场效率、保证市场公平，再分配更加注重社会公平，通过"调高、提低、扩中"的途径，缩小贫富差距，最终实现共同富裕。

二是政治协调机制。政治协调主要是利用国家的职能、政治制度以及各类政治手段进行协调。国家、政府是调整社会利益格局的主体，要坚持把最广大人民的根本利益作为制定政策、开展工作的出发点和落脚点，采取多种形式听取社会意见，正确反映和兼顾不同方面群众的利益，高度重视和维护人民群众最现实、最关心、最直接的利益，坚决纠正各种损害群众利益的行为。国家通过制定一些经济、政治政策，干预国内经济和政治的发展

① 《马克思恩格斯全集》，中文 1 版，第 1 卷，82 页，北京，人民出版社，1956。

进程，通过政治制度尤其是借助国家政权，协调各利益集团的利益关系和利益矛盾，维持社会秩序，使社会得以向前发展。国家还可以通过组织建设全社会所必需的公共事业来调节社会生活，这在很大程度上也能起到协调利益关系的作用。

三是法律协调机制。法律作为一种社会规范，可以超出政治的范围，协调人们在社会生活各领域的利益关系。法律通过规定人们的权利和义务来协调人们的利益关系，维持一定的社会秩序，避免利益纷争造成的混乱。国家通过制定法律及相关制度、政策，为不同所有制、地区、行业的社会成员参与平等竞争创造良好的环境。法律协调社会利益关系的基本功能表现在：确认和协调统治阶级和被统治阶级的利益关系；确认和协调统治阶级与其同盟者之间的利益关系；确认和协调统治阶级内部的利益关系；监督社会公共事务的实施，维护社会成员的基本权益。在经济转型期间，因体制弊端、制度不配套等原因，一部分人通过以权谋私、贪污腐败获取超额利润，还有人利用垄断获取利益。因此，要加强法律、制度建设，堵塞各种漏洞，保证分配领域的正常秩序。

四是道德协调机制。道德对利益的协调主要是靠社会舆论、人们的信念、习惯、传统和教育的力量来实现的。社会通过善与恶、正义与非正义、公正与偏私、诚实与虚伪等道德观念，评价人们的行为，引导人们自觉自愿地去这样做或那样做，以此来协调人们之间的利益关系。共同的道德规范构成了人类公共生活中道德利益协调的基本准则。①

6.3.3 矛盾调处机制

有效化解社会矛盾，还需要建立矛盾调处机制，以实现社会阶层和谐共处。矛盾调处机制，是为了利益协调而成立一系列专门的机构来行使利益冲突仲裁的权力，并逐步健全研究重点矛盾纠纷、限期解决信访问题、重点矛盾纠纷挂账督办和结案验收，以及责任追究等工作内容和制度规定。

1. 建立多元的矛盾纠纷化解机制

现阶段，我国人民内部矛盾主要是人民内部不同个体之间、群体之间因利益关系引起的矛盾。由于各种主客观原因，人们在经济活动中追求到的利益必然有多有少，人与人之间的利益矛盾不可避免，关键问题是正视矛盾，找到化解矛盾的正确途径和有效方法，形成妥善处理矛盾的体制机制，绝不能让矛盾积累和发展起来，以致影响国家改革发展稳定的大局。

矛盾调处机制的建立和运行，主要依赖于已经比较成型的矛盾调解制度，用常态化、规范化的机制解决矛盾。我国现已建立了多元的矛盾纠纷化解机制，它主要包括诉讼化解机制与非诉讼化解机制两个构成部分。诉讼化解机制就是通过诉讼方式，由法院对各类矛盾纠纷进行审理和判决，最终形成解决方案和结论性意见。非诉讼化解机制是指通过当事人自身的力量或者社会力量而不是借助司法力量等国家公力来解决矛盾纠纷，主要有和解、仲裁和调解等方式。要建立有效的矛盾调处机制，实现人民调解、行政调解、司法调解有机结合，更多采用调解方法，综合运用法律、政策、经济、行政等手段和教育、协

---

① 参见官景辉主编：《以科学发展观统领经济社会发展全局》（下），1022～1024 页，北京，新华出版社，2006。

商、疏导等办法，把矛盾化解在基层，解决在萌芽状态。[①]

人民调解又称为民间调解，是在人民调解委员会的主持下，以国家法律、法规、规章、政策和社会公德为依据，对民间纠纷当事人进行说服教育、规劝疏导，促使纠纷各方互谅互让，平等协商，自愿达成协议，消除纷争的一种群众性自治活动。人民调解是群众自我管理、自我教育、自我服务的自治行为，是解决社会矛盾纠纷的一个重要途径和有效方法，是社会治安综合治理、维护社会稳定的一支重要力量，是进行利益协调、促进社会和谐的一种重要方式。

行政调解包括行政裁决和行政仲裁，是指在具有调解纠纷职能的国家行政机关主持下，根据自愿合法的原则，在分清责任、明辨是非的基础上，通过说服教育、调停、劝导等方法，促使双方当事人互谅互让、友好协商，从而达成协议解决纠纷的活动。它包括：基层人民政府或派出机构对一般民间纠纷的调解；国家合同管理机关（如工商行政管理机关）对法人之间和个体工商户、公民和法人之间经济纠纷的调解；公安机关依法对因民间纠纷引起的违反治安管理行为的调解处理；婚姻登记机关对婚姻双方当事人进行调解。

仲裁调解是指在仲裁员主持下，由双方当事人自愿协商，互谅互让达成协议以解决争议。平等主体的公民、法人和其他组织之间发生的合同纠纷和其他财产权益纠纷，可以仲裁。先行调解是劳动仲裁的原则之一，即对能够调解的案件尽量通过调解的方式解决。一旦调解不成，则应及时进入裁决程序。

司法调解有广义和狭义之分。广义的司法调解是指司法机关对有关民事纠纷进行调停、处理，使双方当事人达成协议，包括公安机关、司法机关所进行的调解活动。狭义的司法调解，又称法院调解、诉讼调解，是指在人民法院审判人员的主持下，以我国的法律、法规为依据促使双方当事人自愿协商、互谅互让，达成调解协议，以解决纠纷和争议的活动和结案方式。这种司法调解达成的协议在生效后具有法律效力，可以申请强制执行。

包括人民调解、行政调解、司法调解在内的各种调解需要相互协同、相互配合。要建立一套有效的、衔接的纠纷解决大协调制度，使不同性质的纠纷都能够沿着不同的路径得以解决，在发生交叉时，能够相互协调、相互支持、相互补充。这有利于纠纷的及时有效解决，也有利于降低成本和提高效率。有关调解机构的相互协同，还需要进行资源的整合，包括在调解原则与程序、调解协议效力的确认等方面进行统一协调并制定规则。[②]

2. 积极预防和妥善处置群体性事件

群体性事件，是指某些利益诉求相同或相近的群体，或个别团体、组织，在其相同或相近的利益受到损害或不能得到满足时，为达到解决自身问题的目的并引发某种治安后果的群体性活动。现阶段的群体性事件多数属于人民内部矛盾。群体性事件的发生，是我国经济变革和社会转型过程中各种矛盾和问题的综合反映。社会转型期既是经济社会结构、利益关系的调整期，也是人们生产、生活方式的调整期。这一时期经济容易失调、社会容

① 参见《中国共产党第十六届中央委员会第六次全体会议文件汇编》，28 页，北京，人民出版社，2006。

② 参见白志刚：《利益公平与社会和谐》，63～64 页，北京，中国社会出版社，2008。

易失序、心理容易失衡、行为容易失范，处理不当就会激化矛盾，引发社会不稳定。尤其是近年，由于人民内部矛盾引发的群体性事件已成为影响社会和谐的突出问题，必须高度重视并妥善处置，以维护群众利益和社会稳定。

高度重视并妥善处置群体性事件，要落实责任制，发挥专门机关的职能，畅通反映渠道，完善矛盾纠纷排查调处工作制度，建立社会舆情汇集和分析机制，建立健全社会预警体系和应急机制，当人民内部矛盾没有得到及时疏导而激化时，要能够迅速、果断地作出反应，妥善、有效地加以处理。具体应从以下四个方面着手：一是构建预防机制。按照预防与应急并重、常态与非常态结合的原则，建立统一高效的应急信息平台，平时加强信息沟通，对可能发生的群体性事件进行及时准确预报，力争做到早发现、早控制、早解决，把矛盾化解在基层、解决在萌芽状态。二是构建应急预警机制。事前应建立健全一个纵向到底、横向到边的社会矛盾监测、控制、预警系统，及时有效地处理各种突发事件。三是构建控制机制。事中有效控制局势、平息事态，坚决防止其由小变大、形成气候。四是构建处置机制。事后切实做好善后工作，坚决防止群体性事件出现反复。[①]

不同质的矛盾需要用不同质的方法解决。人民内部的得失矛盾主要用经济的方法解决，人民内部的是非矛盾主要用民主的方法解决，人民内部的各类矛盾采取综合的方法解决。要正确区分矛盾的性质，理性应对群体性事件，将群众事件中的组织者与普通参与者区别开来，将幕后指挥与现场响应者区别开来，将骨干分子与普通群众区别开来，避免因处理矛盾的方式、方法不当而使一些本是人民内部的矛盾转化为敌我矛盾。

案例思考

杭州构建多元化社会矛盾化解机制

近年来，杭州加强和创新社会管理，积极构建多元化、多渠道、多层次社会矛盾化解机制，为经济发展营造了平安的社会环境。

杭州正视矛盾，立足基层，坚持“调解优先”，建立“和事佬”协会，实行基层调“和”；完善人民调解组织，实行群众维“和”；健全综治中心，实行联合导“和”；对接政法部门与人民调解，实行依法促“和”；建立行业性专业性调委会，实行专业调“和”，使大量社会矛盾得到就地化解。

社区是各类社会群体的集聚点和多种社会矛盾的集中点。在杭州 2 924 个社区中，活跃着一支 2 万多名的“和事佬”队伍。他们将纠纷调解、普法宣传、居民联络工作拓展到社区，有效促进了基层民主自治，维护了基层社会和谐稳定。

杭州市不断发展完善人民调解工作，健全组织网络。目前，杭州已建立调委会 5 517个，共有人民调解员 21 116 人，形成了横向到边、纵向到底的调解网络体系。2010 年调处各类矛盾纠纷 6 万余件，成功率 98%，防止群体性事件、民转刑案件和非正常死亡事件 1 000 起以上。

① 参见梁忠明、李金才：《推进和谐社会建设应着力完善社会机制》，载《学习论坛》，2010（8）。

杭州市在全国较早建立了由党委政府统一领导、综治办牵头协调、有关职能部门共同参与的乡镇（街道）综治工作中心，对排查中发现及当事人要求调处的矛盾纠纷，由综治工作中心实行“统一受理、集中梳理、归口管理、分级处理、限期办理”。

近年来，杭州大力推进法院、检察院、司法行政机关与人民调解组织和综治工作中心的对接，重点解决进入司法途径的民事纠纷、轻微刑事案件，把人民调解这一维护社会稳定的“第一道防线”与司法裁判这一确保社会公正的“最后一道防线”有机结合起来，通过落实“诉调衔接”、“检调衔接”和“刑事和解”等举措，实现柔性化、高效率地化解矛盾纠纷。2010年，杭州在全市497个社区推广“律师进社区”活动，律师解答法律咨询9 263次。杭州大力推进专业性行业性调委会建设。目前，杭州全市共有物业纠纷、劳资纠纷等区域性行业性专业调委会172个，一批热点、难点社会矛盾得到有效化解。

资料来源：王慧敏、廖文根、裴智勇：《杭州构建多元化社会矛盾化解机制》，载《人民日报》，2011-06-09。

6.3.4　权益保障机制

权益保障机制是指用健全的制度、体制和机制来维护、保障和实现人民群众的合法权益。主要内容有健全科学有效的就业权保障机制、健康权保障机制、受教育权保障机制、社会保障权保障机制、基本公共服务权保障机制、政治参与权保障机制。

如果粗略地划分，公民的权益可以分为经济权益、政治权益、文化权益和社会权益四类。就目前的发展形势而言，经济权益中的就业权、收入权、财产权，政治权益中的知情权、参与权、表达权、监督权，文化权益中的受教育权、文化生活权，社会权益中的社会保障权、基本公共服务权、资源环境权、公共安全权等，是最为重要的公民权益。

随着公民权益保护意识的提高，人们越来越关注自己拥有哪些权益，通过什么方式、哪些渠道来保护权益，以及国家和政府应该对公民的权益保障承担何种责任。党的十六届六中全会首次提出构建“权益保障机制”，把公民的权益保障工作提高到机制建设的层面进行总体规划。党的十七大强调要“更好保障人民权益”，依法逐步建立以权利公平、机会公平、规则公平、分配公平为主要内容的社会公平保障体系，从而切实保障人民在经济、政治、文化、社会等方面的权益。切实保障和实现人民群众的基本权益，是构建社会主义和谐社会的重中之重。

1. 建立健全就业权保障机制

保障公民的就业权益不仅是应对就业压力的需要，同时也是从根本上缓解收入差距拉大趋势的措施之一。促进就业必然是系统工程，因此当务之急是“实施扩大就业的发展战略，促进以创业带动就业”，要将扩大就业作为经济社会发展和调整经济结构的重要目标，使就业政策成为一个综合的政策体系。今后的重点是真正将促进就业的财税金融政策落到实处，特别要积极支持自主创业和自谋职业，在全社会形成浓厚的创业氛围。健全面向全体劳动者的职业技能培训制度，提高劳动者的就业能力。逐步形成城乡统一的人才市场和劳动力市场，加快制定面向全体城乡创业者的优惠政策，健全再就业援助制度，着力帮助零就业家庭和就业困难人员就业。

2. 建立健全健康权保障机制

健康权是人民群众的基本权益之一。切实保障人民群众的健康权是以人为本的重要体现，也是构建社会主义和谐社会的重要落脚点。这就要求我们必须坚持公共医疗卫生的公益性质，深化医疗卫生体制改革，强化政府责任，严格监督管理，建设覆盖城乡居民的基本卫生保健制度，为群众提供安全、有效、方便、价廉的公共卫生和基本医疗服务。当前，尤其要以解决群众看病难、看病贵问题为重点，大力发展公共医疗卫生事业。加强食品、药品、餐饮卫生监管，保障人民群众的健康安全。

3. 建立健全受教育权保障机制

在知识经济时代，公民的受教育水平将成为一个国家的核心竞争力，受教育权益的保障水平将直接影响到一个国家未来的发展后劲和发展质量。我国宪法明文规定，中华人民共和国公民有受教育的权利和义务。保证人民享有接受教育的机会，是党和政府义不容辞的责任。当前首先须明确各级政府提供教育公共服务的职责，逐步促使财政性教育经费在国内生产总值中的比重达到4%。应着力于促进教育公平，坚持公共教育资源向农村、中西部地区、贫困地区、边疆地区、民族地区倾斜，逐步缩小城乡和区域教育发展差距，推动实现基本公共教育服务均等化。

4. 建立健全社会保障权保障机制

获得社会救助是公民应享受的权利，为公民提供社会救助是国家和社会应尽的义务。在仍处于社会主义初级阶段的当代中国，社会保障这一社会发展的“安全网”、“缓冲器”的作用更显突出。十七大报告提出，要以社会保险、社会救助、社会福利为基础，以基本养老、基本医疗、最低生活保障制度为重点，以慈善事业、商业保险为补充，加快完善社会保障体系。在现阶段，尤其要建立以大病统筹为主的城镇居民医疗保险，加快推进新型农村合作医疗。建立农村低保制度，加快建立适应农民工特点的社保制度。完善社会救助制度，加快廉租住房建设，规范经济适用房建设，逐步解决城镇低收入家庭住房困难，免除人民最迫切的后顾之忧。

5. 建立健全基本公共服务权保障机制

在我国，全体公民都应平等地享受基本公共服务。这就要求我们健全公共财政体制，调整财政收支结构，把更多财政资金投向公共服务领域，加大财政在教育、卫生、文化、就业再就业服务、社会保障、生态环境、公共基础设施、社会治安等方面的投入，逐步实现基本公共服务均等化。在当前，尤其要把基础设施建设和社会事业发展的重点转向农村，国家财政新增事业经费和固定资产投资增量主要用于农村，逐步加大政府土地出让金用于农村的比重，中央财政的转移支付资金要重点用于中西部地区，尽可能缩小城乡和地区间基本公共服务的差距。[①]

---

① 参见闫志民：《利益关系和谐是社会关系和谐的基础》，载《人民日报》，2007-07-20；吴忠民：《和谐社会建设的关键：协调和理顺利益关系》，载《人民日报》，2007-07-20；洪大用：《利益协调应避免若干认识误区》，载《人民日报》，2007-07-20；青连斌：《健全科学有效的权益保障机制》，载《人民日报》，2007-07-20。

6. 建立健全政治参与权保障机制

要从各个层次、各个领域扩大公民有序政治参与，最广泛地动员和组织人民依法管理国家事务和社会事务、管理经济和文化事业。保障公民有序的政治参与权，实际上体现了人民当家作主的民主权利。近年来政务公开、党务公开和各种形式的听证会等，都是在落实公民的政治参与权方面作出的尝试和努力。要保障公民拥有良好有效的政治参与权利，还须注意其在各领域的民主权利的发挥。比如发展民主协商，协调各方利益；加强民主监督，维护社会的公平正义；增强社会主义法治，规范公权力的运行范围和使用方向；推进基层民主，保障公民的参与权。①

本章小结

社会管理体制包括社会管理主体、社会管理制度、社会管理组织和社会管理机制四个方面，社会管理机制是社会管理体制的构成要素之一。社会管理机制包括社会管理的运行机制、动力机制和约束机制等一系列子机制，它是调控社会矛盾的基础构件。当代社会管理机制必须实现从控制型社会管理到引导型社会管理、从管制型社会管理到服务型社会管理、从结果型社会管理到目标型社会管理的转变。构建社会主义和谐社会必须完善社会管理机制，重点是要建立有效的利益协调机制、诉求表达机制、矛盾调处机制和权益保障机制。

关键术语

社会管理机制　　控制型社会管理　　引导型社会管理　　管制型社会管理　　服务型社会管理　　结果型社会管理　　目标型社会管理　　诉求表达机制　　利益协调机制　　矛盾调处机制　　权益保障机制

复习思考题

1. 如何理解社会管理机制与社会管理体制的关系？
2. 社会管理机制对于调控社会矛盾有何独特价值？
3. 如何理解控制型社会管理与引导型社会管理的区别？
4. 服务型社会管理模式的特点是什么？
5. 结果型社会管理的弊端在哪里？
6. 简述建立诉求表达机制的基本要求。
7. 利益协调机制有哪些主要类型？
8. 矛盾调处机制主要有哪些形式？
9. 当前权益保障机制主要表现在哪些方面？

① 参见《建立健全权益保障机制》，见新华网，2007-11-14。

案例分析

社会治理机制的设计

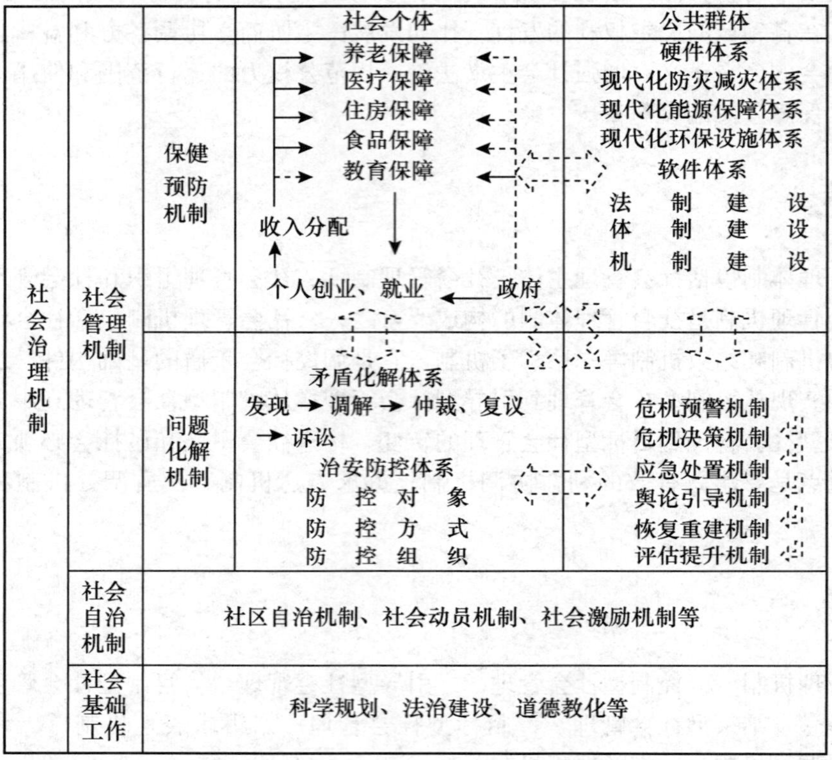

人的健康，一靠无病预防，二靠有病治疗。社会管理也是如此，只不过社会还要从个体和群体这两个不同的层面去分析。如上图所示，创新社会管理机制的主要任务是着力从社会个体和公共群体两个层面以及和谐保健、矛盾化解两个环节，构建相互支持的有机体系，防范化解社会问题，科学处置公共危机。创新社会管理机制包括社会保健预防机制和社会问题化解机制。社会管理机制主要在于解决矛盾纠纷、处置公共危机、保障社会正常运转，而要进一步激发社会活力、创造力，增强社会凝聚力、亲和力，还需要创新社会自治机制。社会自治是人民当家作主、保障民权、发展民主、实现“自由人联合体”的需求，也是提高公民社会责任感、调动公民积极性、激发社会活力的需求。完善社会自治机制包括完善社区自治机制、社会动员机制和社会互信机制等。夯实社会基础工作包括科学规划、法治建设和道德教化等。

资料来源：殷昭举：《社会治理如何“转型升级”?》，见求是理论网，2011-09-02。

思考题

1. 结合本案例谈谈社会治理机制与社会管理机制的关系。

2. 你对本案例将社会管理机制分为保健预防机制和问题化解机制有何看法?

推荐读物

1. 傅思明. 加强和创新社会管理：建设中国特色社会主义社会管理体系. 北京：人民日报出版社，2011

2. 靳江好，王郅强. 和谐社会建设与社会矛盾调节机制研究. 北京：人民出版社，2008

3. 白志刚. 利益公平与社会和谐. 北京：中国社会出版社，2008

4. 胡锦涛. 在庆祝中国共产党成立 90 周年大会上的讲话. 求是，2011 (13)

5. 何增科. 论改革完善我国社会管理体制的必要性和意义——中国社会管理体制改革与社会工作发展研究之一. 毛泽东邓小平理论研究，2007 (8)

6. 清华大学社会发展研究课题组. 以利益表达制度化实现社会的长治久安. 领导者，2010 (4)

7. 席恒，雷晓康. 合作收益与公共管理：一个分析框架及其应用. 中国行政管理，2009 (1)

8. 崔宏. 创新社会管理——贵在重民生诛在顺民意成在解民忧. 中国劳动保障报，2011-04-27

9. 李景鹏. 政府职能与人民利益表达. 中共中央党校学报，2006 (3)

10. 梁忠明，李金才. 推进和谐社会建设应着力完善社会机制. 学习论坛，2010 (8)

第7章

社会管理的资源、途径与方法

内容结构图

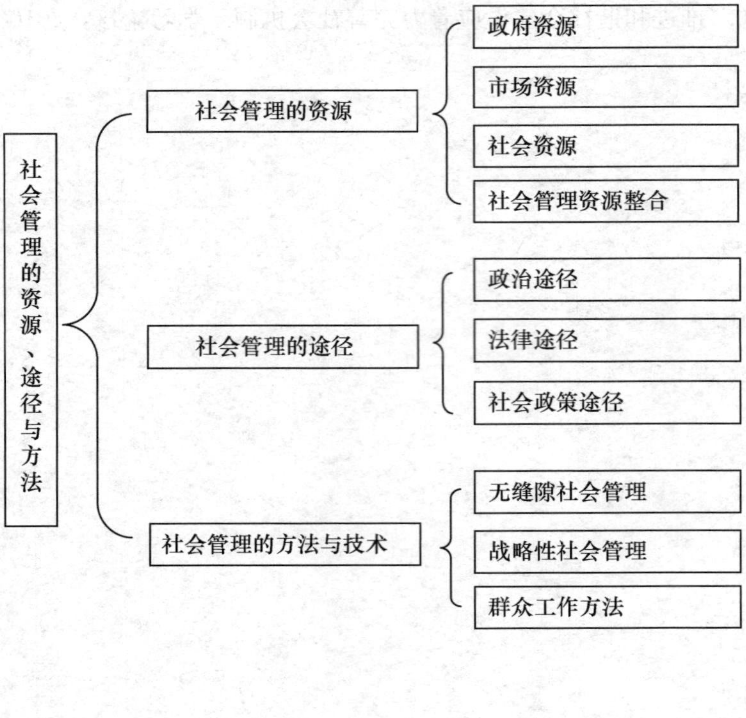

内容提要

社会管理仅仅依靠政府部门是远远不够的，必须实行政府主导、部门主抓、群众参与的管理模式。政府主导、部门主抓依靠行政手段容易做到，但重要的是如何实现民间的自觉管理及群众的广泛参与。社会管理既要实现管理主体的多元化，充分发挥政府、市场、社会组织、公民的各自优势，有效地整合社会各方面的资源，从而营造良好的社会管理工作格局，又要实现社会管理手段的复合化，在管理方式上充分发挥政治、法律、社会政策等多种手段的联动优势，同时还要运用科学的管理方法回应社会管理专业化和职业化的发展趋势，最终形成社会管理的长效机制。

引导案例　幸福周坨子镇：农民只动嘴 干部多跑腿

今年以来，新民市周坨子镇按照“管理格局网络化、管理信息动态化、管理主体多元化”的工作思路，以“争创辽宁省创新社会管理示范单位”为目标，以“打造幸福周坨子”为主线，整合了人民调解、行政调解、司法调解三大资源，成立了周坨子镇综治信访维稳中心。

四级管理网络

镇综治信访维稳中心（以下简称中心）由综治、司法、信访、纪检监察、派出所、消防巡逻、环境整治、平安协会等11个部门和单位组成，下设9个村级工作站，41个责任区，每个责任区设信息员一人，负责区域内各户的信息搜集上报以及矛盾纠纷初始调解工作，形成了“镇—村—组—户”四级管理网络。

成效：共处理各类矛盾纠纷275起，排查隐患11起，成功调解人民内部矛盾3例，信息员上报有价值的信息300余条。

24小时防控

成效：遇到突发性紧急事件，信息员在第一时间报告，中心能及时采取应对措施。

中心在全镇的主要街道安装了电子摄像头，进行实时监控；成立了消防巡逻队，购置了消防车，进行24小时不间断的巡逻防控，确保地区平安；中心内建立了电子信息数据库，工作站为每户建立了家庭档案，信息员每周将责任区内排查的矛盾纠纷、不稳定隐患、突发事件等情况上报到村工作站，村工作站将信息分类汇总后上报到镇工作中心，镇、村两级及时更新数据，实行动态管理。

平安协会

组建了以新民市人大代表、政协委员、老党员、退休老支书等具有一定社会影响力的人员为成员的“平安协会”，各村工作站也由本村的辈分老、威望高、群众关系好、热心社会公益事业的人员组成“说和团”和“调解组”，义务调解民间纠纷和邻里矛盾；并由退伍复员军人、民兵骨干组成了治安巡逻队，负责辖区内的治安巡逻。

当前社会事务纷繁复杂，社会问题各式各样，社会需求千差万别，利益关系错综复杂，政府需要多元化的治理主体。平安协会的成立构建起“政府、社会组织、基层群众”三方面齐抓共管的社会管理新格局，多元化促进社会和谐。

放手让人民群众成为社会建设的主体，不但激发了广大群众参与社会管理的活力，同时由于这些群众组织扎根于民间，架起了群众和政府之间沟通的桥梁。“加强和创新社会管理，是科学发展的重要内容，我们要始终坚持‘让农民只动嘴，让干部多跑腿’，走加强和创新社会管理之路，努力打造‘幸福周坨子’。”新民市周坨子镇党委书记徐占海这样讲。

资料来源：辽宁法制网，2012-02-20。

7.1 社会管理的资源

7.1.1 政府资源

政府的职能和性质决定了政府是社会资源的最大拥有者和管理者，它本身占有和控制着大量的资源。政府改革不仅意味着政府要更高效地开发和利用自身需要的资源，而且意味着通过促进这些资源的流动和社会共享推动国家经济和社会的发展。

1. 公共部门人力资源

(1) 人力资源。

人力资源是一个国家和地区在一定时间内的劳动力的总和。在这些劳动力总和中，凝聚着作为竞争力重要来源的人力资本，即体现在劳动者身上的知识、技能和表现出来的能力。[①] 人力资源管理作为一种新的管理理念，兴起于20世纪六七十年代，它是影响组织成员的行为、态度和绩效的一系列政策、行动和制度。

(2) 公共部门人力资源。

公共部门人力资源是整个国家人力资源中的一部分，除了具有人力资源的一般特性（特点）之外，还具有由国家政权组织自身的性质所决定的特殊性质：一是公共部门人力资源的政治性。公共部门人力资源必须拥有较高的理论水平、政策水平、法制观念和政治水准。二是公共部门人力资源的道德品质性。国家公职人员要有高尚的职业道德、热情的工作态度和良好的工作作风。

当前，“立党为公，执政为民”是我国各级党委、政府的执政理念，“权为民所用、情为民所系、利为民所谋”是我国全体公务员服务于民的宗旨。如何把握公务员的本质属性，如何看待、如何定位公务员的社会地位以及公务员手中的权力和职责义务，是我们各级党和政府以及所有公务员一切工作和行动的方向问题。

首先，科学管理好社会，各级党委、政府责无旁贷。当前，我国既处于发展的重要战略机遇期，又处于社会矛盾凸显期，社会管理领域面临的挑战还不少，要最大限度激发社会活力、最大限度增加和谐因素、最大限度减少不和谐因素。

其次，科学管理好社会，要正确处理人民内部矛盾。当前的许多矛盾往往都是通过干

① 参见马斌：《西方劳动经济学概论》，101页，北京，中央编译出版社，1997。

群矛盾集中表现出来，这些矛盾能否得到妥善处理，干部处于主导地位，起决定性的作用。如果带着感情去做工作，站在群众的立场去思考问题，再复杂的矛盾也会得到有效解决。反之，漠视群众，对群众的合理诉求置若罔闻，再简单的矛盾也会变得很复杂。

再次，科学管理好社会，要加强与群众的联系。社会管理要紧紧依靠人民群众，发挥他们的创造性。要从保持党同人民群众的血肉联系的高度，来看待和处理这一问题。一定要坚持党的群众路线，尊重、相信、依靠人民群众。

公共部门的工作人员是政府与公众直接接触的媒介。他们是老百姓传达信息的接受者，也是政府方针政策的诠释者，还是国家政府组织或地方政府组织各项政策与决定的最终执行者。他们不仅要采取措施落实特定施政目标，更要将该施政内容详细地向民众加以诠释，以期得到广大民众的认同、理解和支持。

2. 公共财政资源

一般而言，社会存在政府、企业和家庭三类资源的配置主体。财政是政府经济行为，财务是企业理财行为，家计则是家庭收支行为。其中，以政府为主体进行征收与支配的社会资源属于财政资源。财政的任务主要是“收、支、平、调、管”，即管理政府的收入与支出，平衡社会总需求，调节社会分配，监督管理社会财务、经济活动秩序和国有资产。[①]公共财政资源主要来源于以下几个方面：

（1）税收。税收是国家为实现社会经济目标，按预定的标准进行的非惩罚性、强制性的从私人部门向公共部门的资源转移。税收与国家的存在直接相关，它既是政府赖以存在和实现职能的物质基础，又是政府与企业、私人（纳税人）之间的征纳、分配关系的体现。

（2）政府收费。政府收费是指有执收、执罚权力的公共部门，根据国家有关法律法规规定，对相关组织和个人征收费用。在政府的收入体系中，税收属于主角、是基本的财源，收费扮演配角、起补充作用。

（3）国有资产收益。广义的国有资产包括归国家所有的全部资产，从以投资形式形成的经营性国有资产，到行政事业单位拨款形成的非经营性资产，以及依法拥有的土地、森林、河流、矿产等资源性资产。狭义的国有资产是指国家作为出资人在国有、其他企事业经营单位依法拥有的资本及其收益。[②]

（4）政府债务收入。政府债务收入是现代信用社会中的重要现象，是政府作为举债人而获得的收益。政府债务包括中央和地方债务，中央的债务是国债、地方的债务是公债。

在社会管理过程中，财政的资源配置功能主要体现为：

一是财政可通过采取转移支付制度和区域性的税收优惠政策、加强制度建设、消除地方封锁和地方保护、完善基础设施、提供信息服务等方法，促进要素市场的建设和发展，推动生产要素在区域间的合理流动，实现资源配置的优化。

二是财政通过调整投资结构，形成新的生产能力，实现优化产业结构的目标。如交通、能源等基础产业项目的资金和技术“门槛”高，政府就可通过产业政策指导和集中性

① 参见高培勇：《公共财政：经济学界如是说》，203 页，北京，经济科学出版社，2000。

② 参见陈共：《财政学》，186 页，北京，中国人民大学出版社，2000。

资金支持，防止规模不经济的产生。除了政府直接投资外，还可利用财政税收政策引导企业投资方向，以及通过补贴等方式调节资源在国民经济各部门之间的配置，形成合理的产业结构。

三是市场无法有效提供公共产品，提供公共产品是政府的基本职责。政府一般以税收等形式筹措资金，以不损害市场机制和秩序为原则，提供公共产品。

3. 公共信息资源

公共信息资源是指社会管理活动中收集、加工、处理有序化并大量积累后的有用信息的集合。[①] 狭义的公共信息资源是指社会管理活动中经过加工处理、达到有序化并大量积累后的有用信息的集合；其广义含义是指社会管理信息及其生产者以及信息技术的集合。

由于公共部门信息的权威性、导向性、广泛性影响，信息收集的及时性、准确性与全面性，信息发布的透明度与明确解释，以及对于信息的快速反应已经成为公共信息管理的起码要求，也是衡量一个国家行政管理能力的重要标准。[②] 实现这些要求，需要公共部门对信息在国家行政管理和决策支持方面的重要性和紧迫性有充分的认识，在法律和政策层面上对信息的搜集和发布建立制度保障，在文化层面对信息的准确性、信息发布的透明度和及时性，以及信息共享有高度认同，在组织层面要有高效协同的机构来具体负责信息的采集、处理、分析和传播，同时具备良好的信息基础设施来支持信息的搜集与传输。

4. 公共舆论资源

舆论在社会管理中发挥着独特的作用和功能。媒体作为一种具有特殊性质的社会公器，是一个舆论场，而公民社会中的公众则是民间的舆论场，两者共存于社会中，形成了特殊的公共领域。

报刊、广播、电视和互联网等大众传播媒介借助传播工具对各类事态发表意见形成媒介舆论。在中国，大众媒介是党和政府的喉舌，是联系党和政府与人民群众的桥梁和纽带，是社会主义建设的舆论工具，也是集中反映人民群众意愿的场所，社会管理者可以依据它们的各自优势来获取媒介舆论。

(1) 报刊。报刊是媒介舆论的重要载体，自诞生之日起就担负起了反映舆论、引导舆论的职责。马克思说：报刊“是无处不在的耳目，是热情维护自己自由的人民精神的千呼万应的喉舌”。报刊可以将重要的舆论放在版面显著的位置，实现吸引阅读者的目光的目的，从而大力宣传媒介的意见。同时，它方便携带和保存，方便社会管理者查找、比较，进而获取正确的舆论资源。

(2) 广播、电视。作为电子媒介，广播、电视具有传播速度快、兼容性大、受众面广以及感染力强的特点。广播、电视传播可以在时间和空间上极大缩短新闻事件与受众的距离，在最短的时间内将新闻事件以及媒介舆论传达给受众，尤其是社会管理者，使他们能够及时获得信息和意见，对问题做出恰当的判断和处理。

(3) 国际互联网。国际互联网被国际新闻界称为是继报纸、广播、电视三大传统媒介之后的又一新兴传媒——“第四大传媒”。网络媒体以其自身的优势和特性彰显出传统大

---

① 参见朱晓峰、王忠军：《政府信息资源基本理论研究》，载《情报理论与实践》，2005 (1)。

② 参见董小英、彭泗清：《“非典”拷问国家信息管理能力》，载《计算机世界》，2003 (5)。

众传媒所无法比拟的优越性，影响着人们的政治、经济和文化生活，成为当前我国舆论宣传的一块重要阵地。正是由于网络传播的及时性、交互性、丰富性和开放性，使得网络与舆论一拍即合，成为一种新型的舆论形态——网络舆论，即公众在互联网上传播的、对某一焦点问题所发表的有一定影响力的意见或言论，简单地说就是网上民意的表达。

案例思考

微博打拐验证民众智慧理性

2011 兔年春节，全国亿万人沉浸在喜庆气氛中，彭高峰或许是其中最幸福的人。他的幸福，是经历跌宕的悲极而喜。找到被拐走 3 年的孩子，这个男人从此告别肝肠寸断的失子之痛。重要的是，是社会力量帮他找到了孩子。这个心酸又感动的故事，就发生在最近网络微博“随手拍照解救乞讨儿童”行动的大背景下，彭高峰正是靠微博网友的帮助找回了被拐的儿子。

“随手拍照解救乞讨儿童”是网络时代典型的公民行动。在知名学者于建嵘的带动下，这次行动通过微博激荡起一波一波的浪潮。不仅有大量社会名人参与街拍，还有多个慈善基金参与进来，以求建立数据库和培训志愿者，各地警方也接连出警调查核实，公安部以及许多地方公安机关都明确表态支持这样的民间行动，部分全国人大代表还表示准备在今年两会上就此提案。这一系列连锁反应，验证了社会力量的强大与智慧，也体现了政府部门对群众力量的认同与支持。无疑，充分重视社会力量在更多的领域内发挥良性作用，将助推社会建设的进程。

“小政府、大社会”的社会治理格局，这些年越来越成为一种共识。以民间力量参与社会管理，是社会建设不容忽视的力量。随着现代公民的公共意识不断生长，很多公共事务正是因为充分吸纳大众参与，才避免了走向某种偏失。从这个意义讲，充分呵护社会力量的生长与壮大，让社会呈现更大的希望与活力，本身就是现代政府的责任。

当然，对于社会力量参与解决社会问题，也应该重视其边界。事实上，对此次“微博打拐”行动，大众除了热情参与，同时也并不缺乏反思与警示的声音。比如，强调“随手拍”必须注重对隐私权的保护，强调这种行动本身可能存在的专业性不足，特别是看到这种民间参与与现实规章之间可能发生的碰撞，进而诉求于通过制度完善来保证公众参与的理性与正当。

可以说，此次“微博打拐”是民间力量参与社会建设的一块试金石，证明了社会力量可以帮助政府作为，民间行动可以助推制度完善。当大众力量通过与专业机构协作，通过与政府部门进行良性互动，可以发展成为一种社会润滑剂，以其智慧与理性来形成强大合力，对社会建设起到重要作用。

资料来源：胡谋、姜赟、苗苗：《微博＋警方，织密打拐网》，载《人民日报》，2011-02-10。

公安部积极回应微博打拐

对于网民的打拐热情，公安部打拐办主任陈士渠通过微博回应："我会通过微博和大家保持沟通，欢迎提供拐卖犯罪线索。对每一条线索，公安部打拐办都会部署核查。"春节以来，陈士渠每天都会在微博上关注最新的消息，并发布实时动态。目前，他已经把一些地方乞讨儿童的消息和当地警方沟通并督促处理。

各地公安部门也对网民们的打拐热情予以积极回应。广东中山公安局在其官方微博上称，中山警方将马上联合城管、民政等部门对全市乞讨儿童进行清查。常州公安的官方微博"平安常州"说："您一旦发现被拐儿童、妇女线索，立即拨打110报警。常州警方将加大打击力度。"

2月7日下午，微博上出现一则珠海街头被拐儿童乞讨的照片，很快，有陕西榆林的一位网友表示，图片上的孩子很像自己2年前失踪的孩子。当晚，参与"随手拍照解救乞讨儿童"活动的广州网友高军即前往珠海，并向当地警方报警。珠海市公安局在接到求助后，通宵加班进行排查，安排近500警力进行搜索行动。8日，每位珠海上街的民警都手持孩子的照片。尽管最终寻获的儿童经DNA检验后并非榆林网民的孩子，但网友普遍认为珠海警方此次反应迅速，行动高效。

资料来源：人民网舆情监测室：《微博政民互动典型案例分析报告》，2011-08-20。

7.1.2 市场资源

社会管理并非要由政府全部包揽已成为共识，并且国际经验证明，由政府包揽容易产生财政危机和导致社会服务效率低下。20世纪后期西方公共服务改革给我们带来的启示是：包括公共服务领域在内的社会管理体系必须打破政府垄断，发挥市场的作用。①

公共部门和私人部门尽管在管理理念和组织目标中有差异，但这并没有妨碍两者在管理方法上互通有无。结合自身特点，社会管理者应有针对性地借鉴市场工具，整合市场资源。

1. 民营化

（1）民营化的含义。

民营化是指在政府角色转变的基础上，公共部门将部分职能转由民营部门经营，利用市场化机制从事公共服务的生产和经营。民营化不仅是指公共企业的私有化，更强调资产经营方式的变化，"只要是打破传统的国有国营模式就是'民营'，包括国有承包经营、国有租赁经营、国有委托经营、国有控股经营，以及其他非国有企业所采取的多种经营方式"②。

---

① 参见邓伟志主编：《创新社会管理体制》，46页，上海，上海社会科学院出版社，2008。

② 陈振明：《竞争型政府》，157页，北京，中国人民大学出版社，2006。

（2）民营化的分类。

民营化可分为三类，一是委托授权。它要求政府在公共服务的提供上依然承担全部责任，只不过把实际生产活动委托给私人部门或社会其他机构。委托授权一般通过合同外包、特许、补助或凭单、法令授权等形式来实现。二是撤资。政府通过直接的一次性行动放弃某些公共企业或公共资产的产权，转由民营部门拥有和经营。为此，政府可以采取拍卖出售、清算关闭、无偿赠予等方式。三是政府淡出。政府淡出主要是指政府某些职能和部门逐渐被民营部门取代。

（3）民营化的优点。

民营化的优点主要表现在三个方面：一是缓解政府的财政压力。民营化中的政府撤资，使政府不再背负填充公共企业亏损的“无底洞”这一沉重的财政负担，而且还可以通过资产出售和拍卖获得一定的置换效益，增加政府的财政收入。另外，民营化也可以通过吸纳多元公共投资主体打破由政府单方面投资公共企业和事业的财政窘迫局面。二是减少政府人事压力。民营化把大量公共产品和服务的生产职能交由民营部门去完成，公共部门就没有必要再保留和雇用相应的从事生产活动的公务人员，政府势必会削减人员数量，即使有些人员仍是公务员身份，但针对他们的管理方式和管理制度也发生了变化，如废除终身任职改用合同聘任制或临时雇用，采用更灵活的管理手段等。三是改善政府绩效，提高服务质量。民营化在公共部门、民营部门间形成竞争性伙伴关系，公私之间的竞争与合作会使政府感受到前所未有的市场压力，面对压力，公共部门会迅速调整自己去适应市场机制的需要，通过改善绩效、提高服务质量来寻求继续存在的机会。四是增加公众的选择权。民营化打破了政府对公共服务生产和经营的垄断，使公共部门、私人企业、社会组织以至个人都可以利用某种方式加入进来，形成了多元供给渠道，公众可以根据自己的偏好选择不同的供给主体和更具个性化的产品与服务。

公共部门民营化是社会管理改革中诞生的新事物，它的成长需要国家和政府积极发挥作用，政府不仅要给予政策激励和支持，为民营化提供规范有序的外部环境，而且要采取措施排除和矫正民营化产生的各种负面效应。为了在实现民营化的同时维护公共利益，政府有必要通过控股、立法控制、绩效监督、管理调查与评估等方式对民营化及民营化部门保持一定的控制力，这就要求政府部门必须了解相关知识并能够灵活运用于实践。

2. 放松管制

（1）管制的含义。

管制又叫政府管制，是具有法律地位和权力的、相对独立的政府机构（作为管制者），依照一定的制度规则要求，允许或禁止个人或组织（作为被管制者）做出某些行为与活动的持续行政管理过程。

（2）管制的分类。

管制一般分为经济性管制和社会性管制两大类，其目的在于预防与解决市场经济特别是自然垄断行业中由于信息不对称导致的资源配置低效和资源利用的负效应，保障劳动者和消费者的安全、健康、卫生，保护环境、防止灾害等。它涉及领域广泛、强制性程度较高，加之具有预测性强、成本低、反应快速、易见成效等优势，因而成为政府部门首选和频繁使用的一种社会管理工具。

随着政府管制的不断扩张，其缺陷与弊端日益显著地表现出来，给社会和政府带来了一系列现实性问题。罗森布鲁姆和克拉夫丘克在《公共行政学：管理、政治和法律的途径》一书中将这些问题总结为：管制的服从和实施成本高；抑制经济绩效；政府行动迟缓造成延误和繁文缛节；公务人员缺乏专业技能而不胜任；腐败；管制范围过度扩大；管制程序失去控制；缺乏管制绩效标准。[①] 这些问题在多数政府管制机构中普遍存在，成为众矢之的。

（3）放松管制。

放松管制，简单地说就是对管制的放松性改革，它是针对政府管制行为采取的逆向行动，政府通过这种行为，重塑政府与企业、政府与公民之间的关系，还原市场和社会的效率与活力，同时减轻政府面临的物质与精神压力。

放松管制运动集中于经济领域，在实践上对内表现为重新评估原有的经济性管制项目、减少新的经济管制项目和法规的通过，削减管制机构的数量、规模和权力，简化管制程序等，对外表现为对交通运输、电信电力、煤气、自来水等自然垄断行业进行重大改革，在市场机制可以发挥作用的行业部门完全或部分取消对价值和市场进入的管制，积极引进和强化市场竞争机制的力量。放松管制的实质是引入竞争和自由。正如汤普森所说："如果不是出于竞争环境中，大型垄断企业的民营化毫无疑义，甚至可能是有害的。对可能实现的经济效果没有丝毫裨益。"[②] 欧文·E·休斯认为："引入竞争的可行办法就是放松对行业的管制，而不是出售公共企业，除非与此同时放松管制。"[③]

新中国成立以来直到20世纪90年代，中国一直是一个管制型社会，管制几乎是政府管理经济和社会的唯一手段。改革开放特别是90年代以后，中国政府在管制改革上取得了进展。在社会领域，政府一方面不再对个人、家庭过度管制和干预，把资源和空间归还给社会，同时大力培育社会自治能力；另一方面针对社会转型过程中集中出现的社会问题加强管制，比较与借鉴国外经验探索现代化的管制途径与手段。

3. 流程再造

（1）流程再造的含义。

美国学者迈克尔·哈默、詹姆斯·钱皮提出了企业流程再造的概念和基本理论，指出企业最大的危机来自于传统过时的业务流程，应该"针对业务流程的基本问题进行反思，并对它进行彻底的重新设计，以便在成本、质量、服务、速度等当前衡量企业业绩的这些重要尺度上取得显著进展"[④]。由于公共部门的组织与业务流程面临着和企业相同的困境，政府管理面临着与工商管理相似的危机，社会管理的基本主张与流程再造的理论一致，流程再造从私人部门进入公共部门，政府流程再造随之成为政府改革的核心。

（2）流程再造的原则。

迈克·哈默认为，流程再造的原则主要包括：围绕结果而不是工序进行组织；让那些利用生产结果的人进行这些工序；在真正能产生信息的实际工作中处理信息；地域上分散

① 参见［美］戴维·H·罗森布鲁姆、罗伯特·S·克拉夫丘克：《公共行政学：管理、政治和法律的途径》（第二版），326页，北京，中国人民大学出版社，2002。

② Kay and Thompson, "A policy in search of a Rationle", *The Economic Journal*, 1996 (2).

③ ［澳］欧文·E·休斯：《公共管理导论》（第二版），102页，北京，中国人民大学出版社，2001。

④ Michael Hammer, James Champy, *Reengineering the Corporation*, Harper Collins press, 1993.

的资源当作集中资源对待；把类似活动的过程联系起来，而不要等各项活动完成后再把所结果拼凑起来；在工作中决策，让工作过程实现自我控制；从信息源一次性捕捉信息。

美国学者拉塞尔·M·林登则认为，公共部门再造的原则是：围绕结果（顾客、产品、过程）而不是职能进行组织；几个过程并举代替按顺序操作；把后阶段的信息反馈到前阶段；在源头处一次捕捉信息；如果一有可能就为消费者和供应商提供单独的接触；确保“主要序列”（那些能为顾客带来直接价值的活动）的持续流动性；不必为田间小径铺路，首先再造，然后自动化。①

政府流程再造是一场革命。从程度上讲，它不是对流程进行简单的修补和改善，而是彻底地、激烈地破旧立新；从范围上讲，它以业务流程改造作为核心，牵一发而动全身，涉及对组织静态结构和动态管理的方方面面进行改革和重新安排；从内容与目标上看，它致力于破除传统的政府分工壁垒，打碎被分割的支离破碎的政府工作流程，利用信息技术对社会管理过程、行政执行程序和政府“服务链”进行重新设计和整合，打造直接面对顾客的、结果导向的、有序畅通的全程链式服务流程。

7.1.3 社会资源

1. 社区治理

（1）治理的含义。

治理是指在一个既定的范围内运用权威维持秩序，以增进公众的利益。治理与统治的最基本的区别就是，治理虽然需要权威，但这个权威并非一定是政府机关，而统治的权威则必定是政府。治理是政治国家与公民社会的合作、政府与非政府的合作、公共机构与私人机构的合作、强制与自愿的合作。治理是一个上下互动的管理过程，它主要通过合作、协商、伙伴关系、确立认同和共同的目标等方式实施对公共事务的管理。②

（2）社区治理的含义。

社区是指一定数量居民组成的地域性的生活共同体。社区治理就是在一定的贴近公民生活的多层次复合的地理空间内，依托于政府组织、民营组织、社会组织和民间公民组织等各种组织化的网络体系，应对社区的公共问题，共同完成和实现公共服务和社会事务管理的改革和发展过程。

1954 年 12 月，第一届全国人民代表大会常务委员会第四次会议制定并公布了《城市居民委员会组织条例》，以法律的形式对居委会的性质、任务、组织结构与有关部门和单位的关系以及工作方法、经费等作了具体的规定。1956 年，全国各城市都普遍建立了居民委员会，从此具有普遍制度意义的城市居民委员会这一城市社会基层组织形式正式而全面地形成。

但是随着高度集权的计划经济管理模式的形成，国家成为社会管理的唯一主体，并通过行政体系对经济社会生活实行全权化管理，各类全能性的“单位”组织则是实施管理的

---

① 参见［美］拉塞尔·M·林登：《无缝隙政府——公共部门再造指南》，114 页，北京，中国人民大学出版社，2002。

② 参见俞可平：《中国离“善治”有多远——“治理与善治”学术笔谈：治理和善治分析的比较优势》，载《中国行政管理》，2001（9）。

基点。作为社区组织的社区居民委员会的功能被社区内的单位所覆盖，居民委员会仅仅作为城市基层政权机关的具体执行机构而存在。1986 年民政部首次把“社区”概念引入城市管理，提出在城市中开展社区服务工作。1989 年“社区服务”的概念第一次引入法律条文，民政部门开始倡导社区建设，使社区服务工作向整个地区的社会经济协调发展工作延伸。1991 年国家提出“社区建设”的思路，强调政府减少干预，居民通过自助、互助和他助，发展社区服务，增加居民社区归属感和认同感，逐步实现社区自治。

2. 社会组织

20 世纪 80 年代以来，社会组织在全球范围内蓬勃发展，已成为现代社会管理中不可缺少的一支重要力量。在中国，社会组织发展虽然相对滞后，但随着现代化进程的加快，社会主义市场经济、民主政治的发展，20 世纪 90 年代以来，社会组织的培育发展呈加速之势。据不完全统计，截至 2010 年，全国登记注册的社会组织总量达到 43.5 万个。①

（1）社会组织的含义。

广义的社会组织是指人们从事共同活动的所有群体形式，包括氏族、家庭、秘密团体、政府、军队和学校等。狭义的社会组织是为了实现特定的目标而有意识地组合起来的社会群体，如企业、政府、学校、医院、社会团体等。

（2）社会组织的分类。

社会组织按照组织规模的大小，可分为小型、中型、大型和巨型等不同类型。按照组织成员之间关系的性质，可划分为正式组织和非正式组织。按照组织的功能和目标，可分为生产组织、政治组织和整合组织。按照组织目标和获利者的类型，社会组织分为互利组织，如工会；私有者的营利组织，如商业组织；服务组织，如医院；公益组织，如政府机构。按照组织对成员的控制类型划分为：强制性组织；功利组织，即以金钱或物质控制其成员的组织；规范组织，即通过将组织规范内化为成员的伦理观念或信仰来控制成员的组织。中国的一些学者根据人们社会结合的形式和人们之间社会关系的表现，将社会组织分为经济组织，政治组织，文化、教育、科研组织，群众组织和宗教组织等几种类型。

在计划经济体制下，我国也有工会、共青团等人民团体，但更准确地讲，这些团体都纳入了党政机关的结构之中，没有多少独立性可言，与通常意义上所说的社会组织还有着一定的差别。改革开放后，随着我国社会主义市场经济的蓬勃发展，以党政分开、政企分开、政府职能转变为重点的政治体制改革在完善公共服务方面不断深入。大量社会组织广泛参与社会管理活动，利用自身资源优势提供各种专业性服务，既满足了不同群体的需求，弥补了政府和市场功能的不足，也使社会组织在大量社会管理实践中经受了锻炼，得到了不同程度的提高，受到了全社会的广泛关注。

（3）社会组织的作用。

社会组织可以弥补“政府失灵”、纠正“市场失灵”，在政府力不从心、市场又不愿做的公共服务领域发挥拾遗补缺的重要作用。胡锦涛同志指出：要完善党委领导、政府负

① 参见杨晔：《社会组织参与社会管理的问题与对策思考》，载《社团管理研究》，2011（9）。

责、社会协同、公众参与的社会管理格局。社会组织参与社会管理是社会协同的基本要求，也是完善社会协同治理结构、推进社会管理体制创新的需要。①

3. 社会中介组织

所谓社会中介组织，是指在企业和政府、企业和市场、企业和企业之间发挥着服务、沟通、协调、公证、监督等作用的组织。其性质决定了其范围的广泛性，几乎涵盖了社会的各个领域。其类型主要包括：一是联结、沟通生产要素的供给与需求的市场中介交易机构。这类中介组织的产生与资源要素的市场化程度和范围的不断提高相联系，它为资源通过市场机制来实现优化配置提供服务、监督、沟通和调节作用，使各类生产要素在正当的渠道、合法的场所、平等的竞争以及必要的规则规范下进行流通和交易，实现交易的公正、公平、公开，是市场体系的直接组成部分。二是协调政府与企业、企业与市场、企业与企业之间关系的中介组织。它们是在社会分工高度发达的现代市场经济条件下形成的专门开展社会性交往活动的中介组织。它能协调联络各方面的关系，为服务对象创造良好的社会发展环境，是社会与政府沟通的桥梁。它能辅助政府维护社会安定，解决社会矛盾，具有一定的参政议政功能。三是为政府机构和企业提供多种服务，在市场中处于独立地位的中介组织。它往往是依据一定的法律法规，针对当事人经济往来中所涉及的大量权利、义务关系来实施社会化的服务。这类组织能够促进市场形成自律型约束体系，规范当事人的经济行为，保护其合法权益，强化对市场的社会化监督，与市场调节相辅相成。②

7.1.4 社会管理资源整合

社会管理是一项庞大的系统工程，需要大量资源投入。经过改革开放 30 多年的发展，我国在政府资源即公共资源、市场资源、社会资源等方面已经具备了一定条件。但关键的问题是建立有效的社会管理机制，并充分整合各类社会管理资源，实现资源的优化配置和利用。

1. 创新社会管理的体制和机制

(1) 更新社会管理理念。

首先，要从重经济管理、轻社会管理的理念转变为重经济管理的同时加强社会管理的理念。在以经济建设为中心的前提下，加强社会建设，妥善处理好社会问题，确保社会稳定、和谐发展。其次，要从传统的统治型社会转变为多方治理型社会。在管理主体上，要坚持政府发挥主导性作用，同时要积极鼓励社会力量参与社会管理，达成多方共同管理；在管理方式上，要采取民主协商的方式，避免一人独裁，领导说了算的现象；在管理手段上，要综合运用法律规范、经济调节、道德约束和必要的行政手段，规范社会行为，调节社会利益，化解社会矛盾。最后，要从“为民做主”转变成“为民服务”。社会管理要关注民生领域，解决民生问题，高度重视人民群众最现实、最关心、最直接的利益，实现好、维护好、发展好最广大人民群众的切实利益。尊重人民主体地位，发挥人民首创精神，保障人民各项权益，做到发展为了人民、发展依靠人民、发展成果由人民共享。

---

① 参见刘启春：《社会组织如何协同社会管理》，载《光明日报》，2011-09-19。

② 参见张吉成、刘楠：《现代化进程中的政府与市场》，载《特区经济》，2005 (5)。

(2) 创新社会管理体制。

2005 年 2 月，胡锦涛总书记在省部级主要领导干部提高构建社会主义和谐社会能力专题研讨班上强调，要深入研究社会管理规律，加强社会管理体制的建设和创新，建立健全党委领导、政府负责、社会协同、公众参与的社会管理格局。我国要构建新型的社会管理格局，就应该由集权型管理模式转向分权型管理模式。

首先，中央向地方放权。让地方拥有更多管理权限，自由灵活地采用合适的方法处理各种特殊的社会问题，达到管理效果最优。其次，上级向下级放权。我国实行领导负责制，但是并不意味着一切事情由领导包办，领导可以通过向各个部门合理地放权，充分发挥各个部门的优势，共同管理社会事务。最后，政府向市场、社会分权。我国社会管理应该由单中心转向多中心，创建政府、市场、社会三维框架下的多中心治理体制，实现扁平化、协商式的管理模式。在这种模式下，政府组织及非政府组织基于一定规则既相互独立，又相互合作，对社会公共事务实现同治共管。只有创新社会管理体制，激发各个管理主体的积极性，实行全方位的联动互补，才能保证社会管理的顺利进行。

(3) 健全社会管理运行机制。

要提高社会管理能力，不仅要转变社会管理理念、完善社会管理体制，还要建立健全社会管理运行机制。建立健全党和政府主导的维护群众权益机制，形成科学有效的利益协调机制、诉求表达机制、矛盾调处机制、权益保障机制，统筹协调各方面利益关系，认真解决群众反映强烈的教育、医疗卫生、环境保护、安全生产、食品药品安全、征地拆迁等方面的突出问题，切实维护群众合法权益；建立健全资源配置机制，把人力、物力、财力更多投到基层，努力夯实基层组织、壮大基层力量、整合基层资源、强化基础工作，强化城乡社区自治功能；建立健全对公共信息、公共资源有效管理的机制，建立一个覆盖全国的综合管理信息库，加强对信息、人力、物力、财力的统一管理，实现管理的信息化；建立健全社会管理监管机制，积极引导社会力量参与社会监管活动，加强对市场的监管，确保市场有序健康发展，确保人民生命健康。

2. 深入挖掘社会管理的各类潜在资源

(1) 优化公共资源的配置。

优化公共资源的配置主要有以下三方面的内容：一是进一步加大社会建设和社会管理的投入。改革开放以来，国家投入社会建设和社会管理领域的公共资源一直呈增长趋势，但从社会建设和社会管理的需求来看，我国公共资源的投入仍然不足，公共财政社会净支出占国民总收入的比重仍然偏低。二是构建财权与事权相匹配的社会事务公共资源配置体制。进一步完善 1994 年以来以分税制为基础的分级财政体制，为社会政策提供资金配套支持，减少只给政策不给钱的做法。三是推动公共资源社会投入配置重心向下。注重充实基层财政，有效提高基层政府提供管理和服务的能力，并把基层政府的工作重心转移到社会管理和公共服务上来。

(2) 充分挖掘社会资源。

充分挖掘社会资源包括：一是各种机构的内部社会管理投入。如现代企业社会责任方面的社会投入。二是各种民间非营利组织的社会投入。这些组织在启动以后也部分地通过非营利的有偿服务来实现自我维持和发展。三是各种形式的社会捐赠。我国社会建设和社会管理方面的资源投入主要还是国家财政投入，社会资源投入比较有限。例如，2009年我国慈善捐助总额为509亿元，相当于当年GDP总量的0.17%、财政总收入的0.75%。而同期美国社会慈善捐款总额达到3 000亿美元，相当于美国当年GDP总量的2%、财政总收入的10%。因此，完善有利于慈善捐助健康发展的税收制度和慈善组织制度，推动企业的社会责任建设，广泛动员社会资源投入社会管理，形成参与社会管理的庞大志愿者队伍，是我国创新社会管理迫切需要研究的重要课题。

(3) 合理利用市场资源。

现代社会管理实质上是以政府为首的公共部门提供公共产品和服务的活动与过程。公共部门有必要针对具体情况选择最佳的提供途径、方式和手段，即具体的社会管理工具。长期以来，人们把官僚制视为公共产品和服务的唯一提供机制，公共官僚部门既是公共产品和服务的安排者又是生产者。为此，政府创设了大量的社会管理部门和公共企业，造成了政府机构臃肿、官僚主义等弊端。政府逐渐意识到公共产品和服务的安排者与生产者两相分离的可能性，逐渐打破官僚制这种单一提供机制，从市场机制和社会自治机制中汲取支持性资源，并通过安排渠道与生产渠道的多重搭配，创造出大量丰富的、更具灵活性的社会管理工具。

(4) 大力培育职业化、社会化、专业化社会管理人力资源。

职业化社会管理人力资源，是指就业于社会管理各职业领域的人才队伍，主要来自政府相关部门、公办社会事业服务机构、社会团体和群众组织、基层社区自治组织以及非营利民间社会组织。社会化社会管理人力资源，则是指以各种非职业方式参与社会管理的人员，具有代表性的是各种志愿者队伍。专业化社会管理人力资源，主要是指专业社会工作人才队伍建设，也包括职业社会管理人才队伍的专业化。

3. 精心构建社会管理网状治理格局

实现从政府单极社会管理向网状社会管理的转变就必须改变过去简单的“政府—市场”、“政府—社会”二分法，重新界定政府、市场与公民社会的治理功能与范围，从而作出多中心的制度安排，实现社会不同权力主体和自治主体的相互合作与共同治理。塑造“政府—市场—公民社会”三位一体的多中心、网状治理模式。

市场失灵的存在是政府行为得以合理化的理由之一。政府必须为竞争的市场提供法律上的保护；必须有效解决外部性问题；必须在关注效率目标时关注就业、公平和民主；必须修复或保护环境；必须保持一个未被破坏的政策环境，保持宏观经济稳定；必须对财产权、合同的履行、专利、版权等予以确认和保护；必须直接或间接提供国防、救助、防洪、道路桥梁等公共商品和服务；必须维护社会的正义、秩序和稳定，协调与解决团体冲突；必须保护弱势群体，保护自然资源；等等。在这些问题上，个人或市场无法进行有效治理，只能靠公共权力的强制发挥作用。

政府失灵是充分发挥市场功能的内在要求。政府作为公共产品和公共服务的垄断供给者，其服务质量难以保证，并有许多政府无暇顾及的公共服务缺失领域。① 由于政府在干预市场的过程中无法把握适度问题，因此出现了腐败、权力滥用、通货膨胀等政府失灵问

① 参见杨晓慧、唐爱芳：《社会治理：社会转型的途径和目标》，载《湖北社会科学》，2004 (2)。

题。因此，政府有必要将市场机制引入部分公共产品和公共服务领域：在必须由政府承担，且不宜由私营部门经营的基础设施和公共设施领域引入市场机制，打破政府垄断；把能够进行经营性投资、开展市场竞争的公共服务项目，通过推行公共服务市场化，交给私营企业经营。[①] 在这些领域充分发挥市场功能一方面可以减轻政府财政负担，另一方面可以有效弥补政府服务的缺失领域，更好地满足不断变化的公众需求。通过民营化、促进竞争和放松管制等方式，使公共企业和私营部门建立有效的合作与联系，进一步缩减政府规模，达到“最小国家的治理”。

公民社会（civil society）是国家和市场之外的所有民间组织和民间关系的总和，其组成要素是各种非国家或非政府所属的公民组织，包括公益慈善组织、公民志愿性社团、行业协会、社区组织、利益团体和公民自发组织等[②]，其特点有：非官方性、独立性、自愿性、自治性、非营利性。

公民社会是公民与国家之间的平衡器。公民的各种要求、主张在公民社会里集中，并通过公民社会中特有的组织向国家表达，而国家也通过公民社会对公民的行为进行引导。公民社会与国家的对话机制则以法律为基本框架，避免了公民与国家直接对抗下可能出现的暴力，以及由此带来的对秩序的破坏。我们要加快培养公民的参与精神，鼓励公民对政治生活的参与，发挥民间组织的主动性，使他们承担更多的适合的职能，参与政府的有关决策。[③] 在促使政府民主化改革的同时，更应该增进国民的民主意识、民主观念，使他们意识到自己的权利并通过行动维护自身的切实利益。公民组织之间、公民社会与国家之间通过相互交换资源以及对共同目的予以协商从而促使网络成员之间的持续互动。公民只有把自己真正塑造成“积极公民”（active citizen），才能把公民社会看作是一份责任感和自豪感。否则，公民社会“好像能工巧匠创造的一件只能使发明人成名发财，而落到他人之手就变成一无用处的美丽艺术品”[④]。

政府要赋予治理网络中的公共组织——政府的、非政府的、营利的、非营利的、国家的、超国家的组织以充分的权力，使得在这一治理网络中，控制是松散的，权力是分散的，决策中心是多元的。美国学者戴蒙德（Diamond）认为公民社会可以通过以下途径加强民主的作用：通过公众监督控制国家权力；鼓励公民参与政治；形成民主规范，如宽容和互让；建立表达、收集和代表政党以外利益的方式，尤其是在地方层次上；通过利益交叉或重合缓解冲突；质疑和改革现成的民主制度和程序；传播信息。[⑤]

网状治理的成功关键在于持续不断的对话。必须建立有效的社会回应机制，使各治理主体——政府及政府组织、非政府组织、公民志愿性社团、协会、社区组织、利益集团等在多中心网状治理中通过权力分享或部分权力分享形成有效互动模式，实现行政绩效和社

---

① 参见汪玉凯：《西方公共管理社会化给我们的启示》，载《陕西行政学院·陕西省经济管理干部学院学报》，1999（3）。

② 参见俞可平：《治理和善治引论》，载《马克思主义与现实》，1999（5）。

③ 参见张荣昌、孙琼欢：《用开放的、实事求是的态度研究社会发展规律——西方“第三条道路”的社会治理模式及其启示》，载《浙江万里学院学报》，2003（4）。

④ ［法］托克维尔：《论美国的民主》，上卷，215页，北京，商务印书馆，1997。

⑤ 参见［美］戈登·海登：《公民社会、社会资本和发展：对一种复杂话语的剖析》，载《国际比较发展研究》，1997年春季号。

会绩效的有机统一。社会回应机制的总体功能在于：促进民主化与制度化进程，提供公共服务型政府建立的社会条件（场域）和人文环境（习惯）、协调政府与大众的互动关系与角色，增强互动的有效性，提供传达、疏导和实现公众意愿，增强社会认同的重要条件与基础[①]，克服市场化、民主化和社会管理权力分化导致的权力界限的模糊和责任的不清。

4. 加快政府职能转变

政府的职能转变是社会资源多元整合的基础。任何国家的政府都具有社会管理的重要职能，这是国家和政府存在的重要前提。然而社会制度不同以及所处社会发展阶段的不同，使社会管理在整个政府职能体系中所占的地位不同，所管理的内容也不同。当前科学、经济、社会的发展加速了社会的复杂化，社会结构、社会心理和社会生活方式等都发生了巨大变化，政府面临着复杂、动态、多元的环境，必须与民众、企业、非政府组织等各方进行资源合作，共同治理和管理社会公共事务。正如前面所提到的，从市场经济的发展趋势来看，大量社会事务必须由社会自行来管理，某些特定的事务由政府来管理，从而由多元社会主体来承接政府转移出来的职能，即社会管理主体的多元化趋势是目前社会发展阶段的产物。政府对社会各项事务的管理，并不是管得越多越具体就越好，而是要充分考虑管理的正当性、有效性，不断将一些可由社会自我管理的事项和权力返还给社会，发挥其他管理主体的作用。[②]

总之，整合政府资源、市场资源、社会资源的本质就是要充分发挥其各自的功能，合理界定其职能范围。在网状治理中政府公共权力的限制和缩小并不必然导致公共权力的消失，只是把公共权力建立在与多中心权力相互合作的基础上。因此，政府公共权威不应该无原则地退出某些领域，否则就会造成政府新的“缺位”、“失位”。公民社会尽管力量较大，也处于政治舞台上，但其发展进程是一个由不成熟到成熟、理性的过程，因此，在某些特定条件下，公民社会对于政治参与的作用会有局限性。而经济领域中的组织不但利益表达意识强，也更可能对政府施加压力，实现政治参与的可能性较大。[③] 在社会管理中，应平衡政府与市场的作用，促进有效治理的实现。国家中心主义和市场中心主义都极为片面，政府与市场是有机的协调和配合问题而不是谁取代谁的问题。实现社会的网状治理取决于公民社会中的人民、组织和社会自发性解决问题的责任感及行动力。问题是政府是否能够给社会提供这样的机会，政府能否改变自己传统的优势感、自我中心意识。[④]

7.2 社会管理的途径

7.2.1 社会管理的政治途径

任何社会管理都必须建立在民主宪政与民主政治的基础之上，换句话说，社会管理的

---

① 参见戚攻：《论“共同治理”中的“社会回应”》，载《探索》，2004（4）。
② 参见邓伟志主编：《创新社会管理体制》，53页，上海，上海社会科学院出版社，2008。
③ 参见李景鹏：《关于非政府组织若干问题的探索》，载《新视野》，2003（1）。
④ 参见张成福：《公共管理：现时代的挑战》，载《中国行政管理》，2000（5）。

管理权限必须构建在宪政框架之内才具有合法性与合理性。

1. 社会管理的宪政价值

社会管理应倡导公正性、代表性、回应性、责任性、合法性等宪政价值，从而构成社会管理的政治价值基础。

（1）公正性。

公正的社会管理来自这样一些基本理念：首先，保持有正当的法律程序，即保护个人免于受到政府恶意的、武断的、错误的或反复无常的违法剥夺个人本应享有的平等权利和机会的必要程序。其次，对个人应享有的机会的平等保护，即每个人都有平等的生存、发展的权利与机会，这些权利和机会不因个人的出身、性别、种族、血缘、财富等的差异而受到损害，不能被特权或权力所剥夺，也不能拿来与其他人的经济利益交换。机会均等要求政府在社会管理的过程中平等地、公正地对待当事人，抑强扶弱，尽量减少或排除可能造成不平等或偏见的因素，防止或减少实际的不平等。否则，机会平等便失去了实际意义。

（2）代表性。

代表性是指社会管理能够充分地反映公众意志，积极地回应公众要求，以社会普遍利益为目标取向。社会管理的代表性，一方面要求选拔那些在政治上和社会上能够代表一般民众的社会管理者，另一方面要求公共组织与政府机构应该是多元的。也就是说，它们应当是社会中不同政治、社会和经济团体的代表。公共机构应该为这些利益集团提供代表机会，而公共政策应该通过机构间的政治竞争来制定。

（3）回应性。

回应性的核心是驱动社会管理机构根据以民为本、以服务为本的宗旨，按照社会需求及时提供高效的公共产品和公共服务。为确保回应性而采取的最突出做法是：在公务员的录用、选拔与晋升上，广泛运用恩惠制，而恩惠制的主要功能在于维系政党政治；由人民选举官员，再由政治官员任命那些同情政党政策的社会管理者，以促进行政对民选官员的政治回应性，进而促进对民众的回应性。

（4）责任性。

社会管理的政治性强调责任的观点要求社会管理人员应该对议会或民选的官员，特别是应该对立法者负责。因为工作中的许多因素都可以导致对公共利益的曲解、引发腐败与颠覆破坏行为。社会管理的价值追求是公平、正义和善，其责任性首先来自于法律规范的要求，同时也来自于公众对社会管理的合理期待。前者是刚性的要求，后者是柔性的约束。但从本质上说，二者都要求社会管理行为以是否符合广大群众的意愿、要求与利益为标准来衡量其责任性。社会管理的责任性还来自于社会管理者的价值观、信念与良知，是职业伦理和道德良知的一种具体体现和要求。

（5）合法性。

宪政意义上的合法性包含着合法律性和政治学意义上的合法性。政治学意义上的合法性意味着某种政治秩序被认可的价值。社会管理的合法性是社会管理的目标、措施、行为得到公众基于内心的认同和支持，现实的社会秩序和社会管理得到认可与服从的良好状态。在合法律性的前提下，为公共利益而进行的社会管理还可能面临如何代表与实现公众要求和愿望的合法性，社会管理只有最大限度地实现公共利益，不断满足公众合法的利益需求和意愿才能获得合法性基础。

2. 社会管理的政治控制

为了保证社会管理的公正性、代表性、回应性、责任性与合法性等宪政价值，避免因公共权力的滥用而侵犯人民主权，必须对社会管理施予必要的政治控制。

（1）一般立法控制。

一般立法控制主要是指立法部门的成员，以及其他具有立法职能的机构对社会管理机关及其工作人员的控制。这种控制是提升社会管理人员回应性与责任性的强力手段。

（2）预算控制。

从历史的经验看，财政约束通常被认为是制衡社会管理机关的一个重要的工具，包括举行听证会等方式。有时也可能直接涉入机构决策的过程中，进行所谓的“微观管理”。

（3）职位轮换。

社会管理的政治性非常注重对社会管理人员在机关内部不同岗位之间，或者在政府内外之间进行轮换的必要性。这是预防社会管理人员在同一机构或职务中任职过久可能形成的对公共利益的误解的重要举措。

（4）公民参与。

社会管理的政治性要求社会管理应为公众提供参与社会管理的途径。公民参与有助于强化社会管理者理解公民并回应公民需要的能力，公民参与被视为公民完全融合于社会治理之中的一个途径。

（5）公开化。

社会管理的政治性认为，社会管理人员及时向公众公开政府组织中对公共利益的违反或对民众行为的误导是适当的和合乎公务伦理的要求的。社会管理人员被期待用其声音来对抗那些被视为是不合法、不道德的行政事务。

（6）阳光措施。

社会管理的政治性认为，促进政府行政公开，让公众获得更多的政府行政资料是确保行政责任实现与维系行政伦理水平的重要途径。

7.2.2　社会管理的法律途径

社会管理的过程是公共权力的行使与运用过程。公共权力是一把“双刃剑”，一方面公共权力在维护社会秩序，增进公共利益，保护公民、法人或者其他组织的合法权益方面具有积极的能动作用，离开公共权力的积极作用，社会就会出现无序、混乱；另一方面由于执掌权力者主客观情况的复杂性，加之公共权力又是一种支配力量，是一种可以不顾及对方是否情愿而强制对方服从的力量，公共权力有被滥用的可能性。在对公共权力的诸多控制方式中，法律控制是最基本、最重要的方式。依法管理，已经成为发达国家政府普遍奉行的基本行为准则，成为衡量社会管理文明进步与否的主要标志。

1. 社会管理的法制化

社会管理的法制化，是指社会管理要通过法律加以稳定和巩固，使整个社会管理工作真正做到有法可依，有法必依，执法必严，违法必究，用法律手段，即以立法的形式，来保证和维持行政管理的权威性与行政效能，做到在社会管理中真正靠法治，而不是靠人治。社会管理的法制化主要表现为法律化、规范化、程序化。法律化就是要求在实施社会管理中，一方面把公共事务的内容纳入法律之中，明确其作用的范围和程序；另一方面要对社会管理的过程以及管理主体的权限作出明确的规定，即依法行政。规范化就是要求社会管理机构必须依据社会管理的总体目标和具体要求，提出和确定具有系统性、协调性和超前性的社会公共事务的发展标准和指标。程序化就是要求在社会管理中，按照法律法规所规定的行政程序，对社会管理的内容作出科学合理的安排，以保证社会管理的合法性、公正性和有序性。所有这些都是实现社会管理法制化的基本条件和重要基础。

2. 社会管理法制化的内容

一般地，社会管理的法制化主要包括社会管理意识的法制化、社会管理职权的法制化、社会管理程序的法制化、社会管理执法的法制化、社会管理责任的法制化等几方面的基本内容。

（1）社会管理意识的法制化。

社会管理意识的法制化是要求建立与依法管理模式相适应的社会管理文化环境与公共组织风气。社会管理活动是要通过具体的管理行为来加以实施的。行为主体是否具有法治意识，尤其是具有法律至上与法律面前人人平等的思想与行为意识，是依法管理得以实现的文化与思想前提。而社会管理主体的思想与行为意识是在公共文化的社会化过程中形成的，并要受其所在部门组织风气的制约与影响。因此，依法管理的首要内容就是要促成和培养与依法管理模式相适应的公共文化环境和公共组织风气。

（2）社会管理职权的法制化。

社会管理职权的法制化就是指社会管理机关及其工作人员的职能范围、权限大小与关系都要有法律规范的明确授予与规定。一方面，社会管理主体的职能要有明确的规范。这包括该主体管什么、管辖范围、与其他主体之间的分工关系及界限等内容。另一方面，还要遵循事权一致原则，通过法律规范形式赋予社会管理机关及其人员以相应的管理权力。其中，权限大小与管辖范围以及各种权力关系都应该有明确的规定。

（3）社会管理程序的法制化。

社会管理程序是社会管理主体及其工作人员在行使公共权力、履行社会管理职能过程中所遵循的一系列具有时间上的衔接性的行为步骤、方式与过程的集合。为确保社会管理行为的公开性与透明度，避免公共权力的滥用，同时促成社会管理行为的科学化、合理化，需要对社会管理程序予以规范化、制度化，这是依法管理的又一项基本内容和要求。

（4）社会管理执法的法制化。

规范执法是社会管理的重要内容，关系到社会的公平正义。作为执法一线的行政机关，承担着大多数社会矛盾和纠纷的化解和处理任务，是社会管理的重要主体，行政权力行使的好坏直接关系着社会管理的成败。行政机关要更加注重行政执法，严格依照法定权限和程序行使权力、履行职责，推进政府管理方式创新，加强行政决策程序建设，切实把政府职能转变到经济调节、市场监管、社会管理、公共服务上来，着力保障和改善民生；要更加注重行政监督和问责，完善监督体制机制，全面推进政务公开，切实为人民掌好权、用好权；要避免社会管理“运动化”、“一哄而上”的状况发生，根据地方实际建立社会管理的常态化、规范化机制；要改变社会管理的信息和资源不够公开透明的局面，综合运用行政、经济、法律、政策、道德、科技等多种手段进行社会管理。

(5) 社会管理责任的法制化。

权责一致是现代管理学的基本原则和要求。现代社会管理也不允许只行使权力并享受相关权利而不承担相应的行政与法律责任的现象发生。依法管理模式要求在法律规范上明确体现这一原则，即通过各种行政法律规范的形式对社会管理主体及其工作人员由于没有履行法定职责和义务所应该承担的行政与法律责任作出明确、具体的规定，这就是所谓的管理责任法制化。管理责任法制化的实质是要建立起责任行政机制，实行问责制，即对没有履行法定责任的社会管理主体或工作人员追究法定责任，包括要求他们辞职，给予纪律处分，直至追究刑事责任。这既是依法管理模式的基本要求，也是这一模式得以实现的根本保障机制。

3. 社会管理法制建设

(1) 社会管理法制建设的必要性。

2010 年 10 月，中国共产党第十七届中央委员会第五次全体会议提出，我国要按照健全党委领导、政府负责、社会协同、公众参与的社会管理格局的要求，加强社会管理法制建设，完善法律法规和政策，建立健全社会管理法律法规体系。法制建设与社会管理有着不可分割的内在联系：其一，法制建设能够确保社会管理始终坚持正确的方向。通过法律明确社会管理的发展方向，形成社会管理的长效机制，从而使社会管理不因领导人及领导人注意力的改变而改变。其二，法制建设是社会管理的基本依据，社会管理主体需要在法制框架内进行社会管理活动。法制对管理行为有规范作用，社会管理主体要依据法律规定来协调社会关系、规范社会行为、化解社会矛盾，真正维护人民群众权益，促进社会公平正义，保持社会良好秩序，保障社会管理的有序进行。其三，社会管理包含有法制建设的内容。社会管理的过程实质就是法制建设的过程，法制是社会管理行为的根据，社会管理要做到法制先行。建立健全法制是进行社会管理的根本前提，若法制建设不完善，则社会管理难以顺利开展。

(2) 社会管理法制建设的进程。

1954 年 9 月，我国第一届全国人民代表大会第一次会议通过了《中华人民共和国宪法》，这是我国的第一部宪法，同时也是我国进行社会管理的法律依据。在遵循宪法的前提下，我国各个领域的社会管理加快了立法步伐：在教育领域有《中华人民共和国义务教育法》(1986)、《中华人民共和国教育法》(1995)、《中华人民共和国高等教育法》(1998) 等；在就业领域有《中华人民共和国劳动法》(1994)、《中华人民共和国就业促进法》(2007) 等；在社会保障领域有《中华人民共和国社会保险法》(2010) 等；在医疗卫生领域有《中华人民共和国食品卫生法》(1995) 等。此外，关于社会组织、社团管理方面的法律、法规也不断出现并逐步完善。目前，我国社会管理法制建设还有待进一步加强，特别是民生领域的社会管理法制建设较为落后，在住房保障、就业、医疗卫生等方面缺乏权威的立法保障，严重影响了这些领域社会管理的成效。社会管理立法不足是一方面，有法不依、执法不严、违法不究是另一方面。立法的意义在于执法，有法不用不如无法。社会管理法律法规还没有充分加以实施，原因可能是社会管理立法过于抽象，缺乏操作性；执法者法律意识不强，惯于凭经验办事，不屑于依法行事；执法者碍于情面、收人好处，有意无视法律等，这些特别情况极大地影响了社会管理法律的实施效果。此外，我国社会管理缺乏广泛的普法活动，导致人们的法律观念不强，守法、用法、执法意识淡薄，这从思想上阻碍了社会管理工作的进一步开展。

4. 社会管理法制建设的途径

（1）加强社会管理立法。

社会管理法律是规范社会管理活动的依据，要把人民群众最根本的利益作为社会管理法律建设的立足点和归宿点，解决群众最急、最难、最受益的问题，真正做到为人民服务，筑牢社会管理法制建设的群众基础。第一，要对已有的社会管理法律法规进行修订和完善，将一些原则性的、宏观的法律法规进一步具体化、细化，增强社会管理领域法律法规的现实操作性。第二，要加强对社会管理空白领域的立法。随着社会经济形势的发展和变化，在社会管理工作中出现了很多新情况、新问题，如民生领域中的农民工问题、高校毕业生的就业问题、街头流浪者的救济问题等，这些领域仍存在立法空白却又与人民的切身利益息息相关，我们要尽快从法律层面对这些问题加以规定，保证社会管理的顺利进行。第三，地方也应重视社会管理法律制度建设。地方要围绕国家社会管理的基础性法律法规和政策措施，实事求是，深入开展调查研究，及时提出适宜本地方的法律、政策、制度建议，积极推动有关法律法规和政策措施的出台，不断完善社会管理地方法规、规章，将社会管理纳入法治轨道。

（2）严格社会管理执法。

法律的生命力在于实施，完善的法律制度是进行社会管理的必要前提和基本准备，采取积极的措施，切实保证社会管理法律的有效实施，达到依法治国、依法管理的目的，是进行社会管理的关键。政府的各项社会管理决策都要遵循法定程序要求，严格按照法律有关规定有所为、有所不为，坚持权为民所用、情为民所系、利为民所谋，积极履行法定职责，在保护人民群众合法权益不受侵犯的同时严格惩处违法行为，为社会发展提供良好的秩序。此外，还要实行干部问责制度，对违法决策、执法不严、行政不作为或乱作为，损害国家利益、公共利益和公民合法权益的行为，要依法追究相关责任人的行政责任。

（3）普及社会管理法律知识。

党的十七大报告明确指出，“深入开展法制宣传教育，弘扬法治精神，形成自觉学法守法用法的社会范围”。政府要重视法律普及工作，充分发挥报纸、广播、电视等传统媒体在普法中的作用，用心办好专栏、专刊和各类法制宣传教育专题节目；要积极利用互联网、手机等新兴媒体来宣传法制知识，加强普法网站建设，加大法制宣传力度，提高不同领域、不同层次的人民群众的法制观念，使人们遵纪守法的自觉性和运用法律维护自身合法权益的能力日益提升，为社会管理工作提供思想保证。

7.2.3 社会管理的社会政策途径

社会政策，是通过国家立法和政府行政干预，解决社会问题，促进社会安全，改善社会环境，增进社会福利的一系列政策、行动准则和规定的总称。

1. 社会政策的内容与模式

(1) 社会政策的内容。

作为一门应用性学科，社会政策的研究内容主要涉及政策产生过程的理论和方法，以及政策在各个相关领域中的应用这两个方面。在后一个方面，社会政策又可分为狭义和广义两类。狭义的社会政策范围仅仅涉及劳工及贫民生活，而广义的社会政策则包括国民福利、就业、住房、健康、文化、教育、人口、婚姻与家庭生活、社区及社会公共环境以及宗教等方面。显然，狭义的界定所对应的只是狭义的社会福利政策，而广义的界定则对应于各种社会问题的研究。

(2) 社会政策的模式。

社会政策的模式主要有两种：一是自由主义社会政策模式，又称“社会政策的剩余福利模式”。这种模式认为，为了满足社会需要，政府的干预应保持在最小的限度内，自由市场是“自然的”因而也是首要的满足个人需要的渠道。国家的干预只能在市场这只看不见的手不能满足个人的需要时才能介入，自由主义者把个人自由权看作高于其他一切的权利，把保障个人自由权视为满足个人需要的前提条件。二是制度性的再分配模式。社会政策的作用在于对社会弱势群体采取某种形式的补偿，目的是满足社会需要和改善公共利益，它要求实行资源的制度性的再分配，以保证全体公民生活的安全，提高生活质量，促进社会公平。

2. 社会政策制定的价值基础

社会政策从一开始就将自己的核心价值定位于“公平”与“权利”。它是对社会不平等现象的政府干预和社会治理。我国政府曾多次倡导“统筹兼顾，实现包容性增长”。包容性增长的核心要义就是强调社会弱势群体、低收入人口有相对平等的发展机会，强调和谐发展、科学发展、可持续发展。对现代政府而言，政府实施有效社会管理的一个主要职能目标，就是要让发展成果惠及所有人群，消除社会的不平等。

3. 嵌入社会管理过程的社会政策①

(1) 通过制定社会政策，满足社会成员的基本需要。

社会政策是当代社会满足人们基本需要的主流方式，是对个人、群体和社区的各种基本需要的制度性回应。如果国家制定的社会政策不能满足社会成员的基本需要，就会出现严重的贫富差距、两极分化，导致社会不满情绪的累积和增长，从而引发灾难性的社会冲突和社会矛盾，导致社会联结的断裂，影响社会的安全运行，使政府的社会管理效能难以充分发挥。因此，社会成员的基本需要成为社会政策行动的基础和先导。

(2) 通过制定社会政策，保持社会的稳定有序。

政府通过实施社会政策，干预资源的分配与再分配，调节社会成员之间的利害关系，使人民的安全和福利得到合法的保障，缩小不同利益群体和地区之间的差别，使社会成员之间的社会距离由于社会政策的实施不断缩小，使社会的紧张状态由于社会公正和人权的实现而得以消除，从而有效地规范社会成员的社会行动，有效维护社会的稳定与秩序。此外，通过规划和落实社会政策，可以有效地调节经济发展和社会发展之间的不平衡问题，

① 参见朱子娟：《论社会政策在政府社会管理中的作用及实现途径》，载《学理论》，2010 (12)。

使社会发展和经济发展保持同步、协调，使人类社会日益接近既追求效率又追求公平的社会管理目标。

(3) 通过制定社会政策，促使社会管理目标的实现。

任何一个国家或社会的统治阶级都有一个特定的管理目标体系，包括政治、经济、科技、教育、文化、医疗卫生、环境、人口等各个层面，这些目标体现着国家和社会发展的趋势和方向，体现着一定社会运行的社会理想。社会政策体系是以激励机制为主的规范体系，它与以惩戒为主要特点的法律体系不同，也与以自律自省为主的道德规范相区别。如何制定和实施社会政策是关系政局稳定、关系社会经济发展、关系国家前途命运的重大问题。

4. 创新社会政策，强化社会管理

社会管理重在治本，即解决社会问题、化解社会矛盾。当前，广大人民群众最关心的是涉及切身利益、公民权益和公平正义的问题。只要能及时公正地解决社会问题，就能提高党和政府的公信力、凝聚力和号召力。[①] 解决普遍性的社会问题要靠合理的社会政策：

首先，在政策制定上兼顾效率和公平，兼顾各方利益。提出化解矛盾的总体思路、配套政策和具体措施，尽可能制定出解决问题的路线图和时刻表，这样可以增强人民群众的信心，坚定对党和政府的信任。

其次，社会政策应集中在政府关注的公共福利活动方面。同时强化经济政策和经济机制的自发作用，构建政府、企业与社会部门之间合作互动的良性关系，以缓解社会矛盾。

再次，建构和实施以权利为导向的社会政策体系，消除社会不平等，实施有效的社会管理。社会关系的平等，涉及性别、儿童与青少年、老年人、残障人士、少数民族、外来人口等不同族群的关系调整，包括社会救助、就业与培训、教育、医疗、公共卫生、计划生育、住房保障，以及对妇女儿童保护、对老年人的优惠和权益保护等政策的调整。

7.3 社会管理的方法与技术

社会管理是一个系统工程，全面提高社会管理的科学化水平不仅需要积极推进理念和途径创新，还需要不断创新方法与技术。随着全球化进程加快、互联网技术的应用和大众需求的日益多样化，社会管理环境也在不断变化，原先的一些社会管理方法和技术已难以适应。面对这些新问题和新挑战，必须切实创新社会管理方法与技术，形成与动态、开放、信息化社会环境相适应的社会管理方法和技术。

7.3.1 无缝隙社会管理

1. 无缝隙政府的内涵

(1) 无缝隙政府的概念。

20 世纪 90 年代，顾客社会的兴起和新科学技术的发展推动了私营部门的组织变革，

① 参见蓝蔚青：《社会管理应注重观念和政策创新》，载《学习时报》，2011-06-07。

也促进了政府和其他公共部门的再造。私营部门的商业流程再造被运用于公共部门，于是官僚机构被再造成一种新型的组织形式——无缝隙组织。无缝隙政府（seamless government）理论正是美国公共管理学家拉塞尔·M·林登在研究总结20世纪90年代美国公共管理部门改革经验之后提出的，是适应顾客社会、信息时代要求的新的政府再造理论。

无缝隙政府理论的核心概念是"无缝隙组织"，也叫"无缝隙政府"，是指通过打破传统的部门界限和公共服务功能分割局面，充分整合行政管理资源，将各个部门及职能进行无缝隙衔接，然后集中于统一的对外办事窗口，最大限度地方便公众，为公众提供优质高效的信息和服务。无缝隙政府目的是要突破传统的部门界线和功能分割的局面，所以也称"无界线政府"，因为传统的政府组织是"科层制政府"，分工细、等级严，到后来往往各自为政、人浮于事，百姓办事很不方便。

（2）无缝隙政府理论的内容。

无缝隙政府理论要求对政府官僚机构进行政府再造，创建面向顾客服务的创新性组织以满足顾客无缝隙服务的需求，在政府改造过程中，要满足三大导向，即顾客导向、竞争导向和结果导向[①]。

一是顾客导向。公众作为政府服务的对象，同时也是政府的顾客。他们不仅是公共产品与服务的最终使用者，而且也是公共产品与服务供给过程中的参与者。顾客导向的政府把顾客作为最宝贵的资源。因此，政府必须像管理其他资源一样对顾客进行管理，做到顾客至上、民众优先，了解顾客，了解顾客的变化，针对顾客的需求生产和提供公共产品和服务，以顾客价值作为行政措施的产品和服务，为顾客创造利益和价值。

二是竞争导向。在市场经济的大背景下，政府部门应引进公共服务的竞争机制，改变对公共服务的垄断甚至独占的做法，允许和鼓励民间参与和提供服务，政府利用竞争和顾客选择来淘汰质次价高的服务提供者，壮大以合理的价格提供优质服务者。另外，政府可以采取分权化的组织结构，同时将企业管理技术与方法应用于该组织结构当中，如市场测试的进行、与社区参与结合、与非政府组织合作等。同时，要在充分竞争的基础上不断地进行创新，强化核心能力，不断提升顾客需求，为其创造更大更多的选择空间，大幅度提升顾客满意度。竞争导向是振兴公共机构的一种重要手段，已成为今日高绩效无缝隙政府的共同特征。

三是结果导向。结果导向是通过顾客和过程，强调积极的目标、具体的结果与产出，强调工作的实际结果、预算和绩效并重。全面质量管理、绩效管理、自我管理团队等方法是实现结果导向的重要手段。在选择实现目标的方法时要先制定出能够实现的、可以衡量的目标，之后，重新组织管理结构，建立扁平化结构的组织，从而超越局部利益，面向整个过程与整体利益，直接接触顾客，同时展开工作，按时完成预定的阶段性结果，及时控制、导向阶段性结果，最终形成以结果为导向的管理体制。[②]

2. 无缝隙政府与社会管理

社会管理的发展趋势是主体的多元化。在社会管理格局中，党委领导是根本，政府负

---

① 参见汪大海：《顾客社会与无缝隙政府》，载《中国行政管理》，2002（3）。

② 参见张君君：《无缝隙政府理论视角下的地方政府服务能力的提升研究》，西安建设科技大学硕士论文，2011。

责是前提，社会协同是依托，公众参与是基础，通过政府与社会的良性互动来实现政府、社会、公民的共治。无缝隙政府理论为政府再造提供了一种可供选择的新思路，也为创新社会管理提供了一种新的方法。整合社会资源，创建无缝隙社会管理系统成为建立新型社会管理格局的重要途径。

所谓无缝隙社会管理，就是按照监督权与管理权、执法权相分离的原则，成立独立的监督指挥系统，及时发现和报告各类社会问题，利用信息驱动改造行政流程，促使各类责任主体提升回应性，及时提供公共服务，及时解决社会问题，及时化解社会矛盾，及时应对社会风险。①

3. 无缝隙社会管理系统的构建

当前，国内对无缝隙社会管理的理论研究较少，无缝隙社会管理系统构建的实践经验也不多。2010 年 7 月，北京市制定了《社会服务管理创新行动方案》，要求各级党委政府努力构建社会主义和谐社会首善之区，使首都社会服务管理走在全国前列。朝阳区积极响应，充分整合社会管理资源，完善社会管理体系，开始建设无缝隙社会管理系统，为无缝隙社会管理系统构建提供了一些经验。

简言之，朝阳区无缝隙社会管理系统的基本内容可概括为“2＋5＋5”，即依托两大组织系统，推进五项制度变革，实现五大功能提升。其中，两大组织系统是指部门化管理系统和监督指挥系统；五项制度变革是指监管分离、流程再造、绩效评价、合作治理和诚信管理；五大功能提升，即责任主体多元化、责任确定无缝化、运行方式精细化、绩效评价常态化、系统运行集成化。② 朝阳模式的主要经验如下：

一是实行监管分离。在传统行政管理模式下，街道办事处和各委办局分别承担社会管理和服务职能，由于信息不对称，这些责任机构即使行政不作为，也不容易被发现并启动责任追究机制。设置专门的监督指挥中心，实行执行权与监督权相分离，有利于强化监督制约职能，提升社会管理和服务功能。

二是推进流程再造。依托信息网络和监督指挥系统，以问题信息为抓手，以处置、解决问题和提升公众满意度为导向，全面推进行政流程再造，逐一核定各类社会问题的管理主体和执法主体，明确界定各类责任主体的职责范围和履责时限，并强化对关键节点的监管控制，实现业务从分散走向整合、流程从部门化走向跨部门化。

三是实施绩效评价。建立社会管理绩效评价系统，促使各类责任主体切实履行职责。绩效评价按照预先设计的评价模型和指标体系，根据信息平台自动记录的绩效数据，实时自动生成评价结果。评价对象包括各委办局、街道办事处等。监督指挥平台每天都在记录和更新数据，各类责任主体被立案的次数、问题处理率、按时结案率、尚未结案率等数据，都可进行排名。

四是拓展合作治理。在政府主导下，积极拓展合作治理，引入市场机制和社会力量，政府通过签订责任书、业务外包、购买服务、财政补助、社会动员等多种方式，引导市场主体、社会组织和社区居民参与社会管理和服务。在合作治理模式下，社会管理不再是政

①② 参见杨宏山、皮定均：《构建无缝隙社会管理系统——基于北京市朝阳区的实证研究》，载《中国行政管理》，2011 (5)。

府和居委会的事情，市场主体和社会组织也要发挥重要作用，各类主体互相嵌入并分享资源，从而形成优势互补、互相依赖的局面。

五是开发诚信系统。社会信用管理系统依靠监督员、热线电话和电子探头提供的问题信息，动态采集和记录社会诚信数据。诚信记录主要针对社区、社会单位、“门前三包”责任主体，目的在于提升社会主体的守法和诚信意识。依据系统平台积累的统计数据可以对社会单位进行信用评价，可促使社会单位和个人自觉承担社会责任。

7.3.2 战略性社会管理

1. 战略与战略性社会管理

（1）战略的概念。

战略，英语叫做 strategy，德语叫做 strategie，来自希腊语“指挥官”一词，是指挥军队的意思。战略一词在中国最早的记录来自于《孙子》一书。所谓战略，最早被认为是为了达到战争和军事作战的目的，高瞻远瞩地执行战争计划，大规模运用军事力量的方针和策略。而今，战略一词被应用于诸如政治、经济、社会管理等其他领域，有了更为深远的意义。

20 世纪 80 年代，加拿大管理学家明茨伯格（H. Mintzberg）提出了著名的战略 5P 模型，即战略由五种规范的定义阐述，分别是计划、计策、模式、定位和观念。战略是一种计划，即战略是一种有意识、有预计、有组织的行动程序；战略是一种计策，即战略不仅仅是行动之前的计划，还可以在特定的环境下成为智取竞争对手的工具；战略是一种模式，即战略可以体现为一系列的具体行动和现实结果，而不仅仅是行动前的计划或手段；战略是一种定位，即战略是一个组织在自身环境中所处的位置。

战略对组织而言，具有以下三个基本功能[①]：一是战略对组织具有方向性的指导意义。战略规定了组织在一定时期内基本的发展目标，以及实现这一目标的基本功能，它指导和激励着人们朝同一目标努力。二是战略使组织行动具有一致性。战略使人们对自己在处理所面临的新情况时的角色和活动有一个清晰的认识。三是战略具有稳定性和灵活性。战略可以使自己对已知的和预见到的形势迅速作出反应，同时又具有灵活性和弹性。

（2）战略性社会管理的定义。

社会管理的目标是协调社会关系、化解社会矛盾、促进社会公正、保持社会稳定。加强社会管理需要创新管理方法，创新管理方法应以社会管理的基本目标为导向，采取社会参与、多方合作、统筹兼顾、协同处置的方式方法，疏导社会渠道，协调利益关系。

战略性社会管理方法的提出，为协调社会关系和化解社会矛盾提供了新的思路。战略性社会管理（strategic social management）是世界银行针对发展中国家出现的许多问题而提出的管理办法，主要是集社会听证、监督、评估和文献于一体的连续过程。通过市民和弱势群体的参与，着力解决被忽视的社会问题。在这个过程中，政府扮演的角色主要是制定参与的框架、标准，提供资金支持，提供能力建设，建立对话机制，推广创新的经验、

---

① 参见陈振明：《公共部门战略管理》，北京，中国人民大学出版社，2004。

案例。[①]

2. 战略性社会管理的作用

（1）协调各方利益冲突，实现公共利益。

战略性社会管理强调协商民主，体现了社会管理主体之间的政治互动。协商民主意味着在法律和制度保障之下，社会管理参与者以公共利益为价值取向，互相提供信息，交流意见，通过有效的协调进行利益表达，达成利益实现。[②] 社会管理主体之间应是平等且相互尊重的关系，应在信息对称的情况下充分沟通以实现利益的共赢。政府应建立一种合理的机制来保证政策实行过程中利益博弈的公平，要求参与者协商讨论的结果符合公共利益。

（2）扩大公民有序参与，保护弱势群体。

公民参与公共政策是确保公共政策公共性、合法性的内在要求，但在公共政策制定与执行过程中，公民常常因缺乏公共利益表达机制而难以参与公共政策过程，政府部门也因与公民沟通不畅从而出现政策偏差。[③] 战略性社会管理强调程序的合法性和公共性，不仅要求参与者遵守一定的规则，更要求将参与主体从某些政治精英扩展至普通公众包括弱势群体，以维护社会各阶层的利益。

（3）减少利益分歧，实现社会和谐。

在多元社会中必然存在利益的分歧，因此战略性社会管理强调在程序公正的前提下，通过社会听证、监督、评估等一系列过程就利益分歧进行公开的讨论，以求达成社会成员广泛接受的共识，通过这个过程实现多元冲突和利益分歧基础上的某种妥协。

3. 战略性社会管理的实施

（1）拓展协商民主的社会生存空间。

积极发展民间组织，允许公民建立各种协会、商会等以培育公民社会，为不同群体的利益诉求和利益表达提供合法的可控渠道。同时要增强我国民间组织的自治性和民间性，改变政府在对民间组织管理过程中的过分干预和直接控制的局面，实行政府对民间组织的宏观管理和间接控制，促使我国民间组织的良好发展，为社会成员之间持续性交往合作提供载体与渠道，为构建和谐社会提供较大的发展空间。[④]

（2）加强社会听证，完善民主协商机制。

在现代社会，听证主要是指听取利害关系人的意见，这已成为公民一项不可或缺的程序性权利，成为公共政策维持公共性的民主路径之一。在社会管理中要不断完善社会听证制度，真正吸纳各方利益和意志，通过协商与对话达成妥协和共识，不断加强政府与公众的交流，在政府与公众之间形成良好的协商合作关系，把协商真正纳入决策的程序轨道。

（3）加强社会监督监管工作。

行政监督是指权力机关和人民群众对国家行政机关及其工作人员行政行为是否合法和

---

① 参见丁元竹：《加强和创新社会管理的几个着力点》，载《中国党政干部论坛》，2011（6）。

② 参见王里：《协商民主与和谐社会的构建》，载《沈阳大学学报》，2008（2）。

③ 参见王雁红：《公共政策制定中的公民参与——基于杭州开放式政府决策的经验研究》，载《公共管理学报》，2011（3）。

④ 参见王里：《协商民主与和谐社会的构建》，载《沈阳大学学报》，2008（2）。

适当所进行的监督活动。要加强社会监督，尤其是社会型监督主体即不享有公权力的各类社会主体依法对行政机关和工作人员社会管理工作的监督，除了要强化群众监督意识和充分发挥社会团体的监督职能外，还要健全制度，提高公共权力运行信息公开度，完善社会监督激励、社会监督实施、社会监督互动沟通以及社会监督奖惩等机制，让社会监督成为提高社会管理效能的有效途径。

（4）建立社会管理评估机制。

社会管理评估就是探索、了解社会管理工作的后果，它主要有两大任务：一是通过描述和估计公共政策的影响来确定一项社会管理工作的后果；二是依据一套标准或价值准则来判定社会公共政策的成功与失败。建立社会管理评估机制有利于确保社会管理工作的针对性、科学性、有效性。事先评估有利于了解社会管理问题的症结所在，有利于节约管理、服务成本；事后评估有利于扬长避短，提升管理水平。通过社会管理评估，为政府公共决策提供依据。

7.3.3　群众工作方法

1. 群众工作的重要性

群众工作，是中国共产党宣传、发动、教育和组织广大人民群众进行革命、建设和改革，共同推动中国社会发展的全局性工作；是从全心全意为人民服务的根本宗旨出发，实现、维护和发展人民群众根本利益的长期性工作。群众路线是马克思主义群众史观在领导工作中的生动体现，是党的根本工作路线，是我们党创造的一种科学领导方法和工作方法，也是加强和创新社会管理的根本方法。

（1）90多年来党的革命、建设和改革实践证明，人民群众是我们党存在和发展的根本，群众工作是我们取得革命胜利、进行社会主义建设和改革开放的力量源泉与根本保证。党和国家事业的发展进步，离不开人民的创造力量；党的全部执政活动，离不开强有力的群众工作。

（2）社会管理的主体是广大人民群众，社会管理说到底是对人的管理和服务，涉及广大人民群众的切身利益。一切社会管理部门都是为群众服务的部门，一切社会管理工作都是为群众谋利益的工作，一切社会管理过程都是做群众工作的过程。可以说群众工作是社会管理的基础性、经常性、根本性工作，对于加强和创新社会管理至关重要。

（3）在不同历史时期和不同发展阶段，群众工作会有不同的特点。当前，随着改革开放的深入和市场经济的发展，中国人的需求已经从简单的温饱需求上升到更高层次的需求，如社会公平正义、人的安全与尊严、自我价值的实现等，群众工作的对象、内容和环境变得更加多样化和复杂。面对新形势下的新特点和新情况，只有不断加强对群众工作的创新研究，改进工作方法，才能为和谐社会的创建奠定坚实的群众基础和社会基础，为经济社会的持续发展进步提供可靠保证。

2. 新时期创新群众工作方法的途径

习近平同志在2011年省部级主要领导干部社会管理及其创新专题研讨班的结业式上指出："加强和创新社会管理，要同做好群众工作紧密结合起来，深入研究形势和任务的发展变化对群众工作提出的新要求，积极探索加强和改进群众工作的新途径新办法，把群众工作贯穿到社会管理各个方面、各个环节，从源头上化解社会矛盾、维护社会稳定、促进社会和谐。”这为各级党委和政府加强和创新社会管理工作提出了新的要求和思路，加强和创新社会管理必须把夯实群众基础作为保障，大力弘扬密切联系群众的优良作风，切实维护广大人民群众的切身利益。针对当前群众工作对象多元、诉求多样、利益矛盾突出、矛盾对抗性加剧的新特点，做好新时期的群众工作，应从以下几方面入手①：

(1) 以服务群众为根本，正确处理与人民群众的关系。

正确处理与人民群众的关系，应做到以下几个方面：一是强化党的观念，正确处理党同人民群众关系。我们的党和党员干部没有超乎人民群众之上的权力，而只能是人民群众全心全意的服务者，要自觉摆正同人民群众的位置，在思想上行动上做到一切为了群众、一切依靠群众。二是强化权为民赋的观念，正确处理对上负责和对下负责的关系。深化干部人事制度改革，进一步落实人民群众对干部选拔任用的知情权、参与权、选择权和监督权，真正做到权为民所用、情为民所系、利为民所谋。三是强化服务观念，正确处理管理与服务的关系。坚持以人为本、服务为先，把服务发展、服务基层、服务群众作为机关工作的天职，寓管理于服务之中，大力推进服务型政府建设，努力为人民群众办实事、做好事、解难事。

(2) 以加强基层基础工作为重点，密切党群干群关系。

处理好党群干群关系，应做到以下几个方面：一是加强基层以党组织为核心的组织建设。适应城乡一体化和基层社会结构的新变化，加快城乡接合部、城中村、新建住宅区、流动人口聚居地党组织和居委会组建工作，扩大党组织对新经济组织、新社会组织的有效覆盖，确保基层有组织管事、有人员干事、有场所议事、有条件办事，不断提高基层组织和基层干部引领服务群众、反映群众诉求、化解社会矛盾的能力。二是做强做优社区，将社区作为服务群众的重要平台。全面推行“一委一居一站”社区管理服务模式，形成社区党组织领导、居委会自治、管理服务站承接公共服务和公益便民服务的新型社区管理体制，构建横向到边、纵向到底的社区管理服务网络。三是切实加强干部队伍作风建设。领导干部要牢固树立“管理就是服务”的理念，坚持不懈地贯彻全心全意为人民服务的宗旨，扎扎实实地为民谋发展、谋利益、谋和谐，同时要严惩渎职侵权、损害群众利益的领导干部，促使国家机关工作人员自觉做到勤政廉政、依法行政、恪尽职守、尽职尽责，维护好最广大人民的根本利益。

(3) 以完善制度为保障，健全群众工作长效机制。

健全群众工作长效机制主要包括：一是健全利益协调机制，教育和引导人民群众正确处理个人利益和集体利益、局部利益和整体利益、当前利益和长远利益的关系，调整利益分配格局，减少不同利益群体之间的不公平感。二是健全公共财政体制，加强收入分配调节，以促进农民、企业职工、中低收入者和困难家庭增收为重点，大幅度提高城乡普通群众基本收入，使广大群众都能享受到收入增长带来的实惠。三是健全联系群众机制。大力推进各项公开工作，健全信访制度，完善党政领导干部阅批群众来信、定期接待群众来访、带案下访和包案处理信访问题等制度。四是健全权益保障机制。大力推进基本公共服

① 参见刘松汉：《以做好群众工作提升社会管理水平》，载《群众》，2011 (5)。

务均等化，保障群众劳动就业、社会保障、子女上学、医疗卫生、住房等基本民生权利，加快构建以最低生活保障、五保供养、医疗救助、教育救助、司法救助、临时救助为主要内容的社会救助体系，保障各类群体的合法权益。五是健全正确处理人民内部矛盾的工作机制，完善处理矛盾纠纷的领导责任制和责任追究制，完善人民内部矛盾的预警、处置等工作机制，积极预防和妥善解决人民内部矛盾引发的群体性事件，维护群众利益和社会稳定。

（4）以创新方式方法为途径，提高群众工作的针对性和有效性。

针对新形势下群众工作的新特点、新要求，在总结运用以往成功经验和有效做法的基础上，与时俱进创新群众工作方法，有的放矢地开展群众工作。具体方法有：民主的方法，即通过“民主恳谈会”、“民主听证会”等形式，做到决策时诚恳向群众咨询请教，部署任务时主动向群众解疑释惑，落实工作时认真倾听群众意见，检验成效时虚心接受群众评判，尊重和维护群众的民主权利；平等沟通的方法，即坚持尊重群众、理解群众、关心群众，与群众平等沟通，深入浅出宣传党的方针政策，把实际情况、工作部署、困难问题实事求是地向群众讲清楚，做到以理服人、以情感人，使自己成为群众的贴心人；示范引导的方法，即更多用群众中涌现出来的先进人物教育群众，以党员干部自身的模范行动影响带动群众，增强群众工作的亲和力和感染力；现代科技的方法，即充分运用网络等新兴媒体传递迅速、覆盖面广、互动性强的特点，通过网络宣传群众、动员群众，倾听群众呼声，回应群众关切，疏导群众情绪。

本章小结

社会管理是人类社会必不可少的一项管理活动。在我们这样一个有 13 亿人口、经济社会快速发展的国家，社会管理任务更为艰巨繁重。社会管理的基本任务包括协调社会关系、规范社会行为、解决社会问题、化解社会矛盾、促进社会公正、应对社会风险、保持社会稳定等方面。要做好社会管理工作，不仅需要党和政府的领导，还需要全社会的广泛参与，充分调动政府资源、市场资源和社会资源，坚持法制化、民主化、制度化的管理方式，为促进社会和谐，全面建设小康社会打下坚实的基础。同时，社会管理的技术与方法对提升社会管理能力具有重要作用，在当前社会矛盾积累较多的情况下，只有找到实实在在化解各类矛盾的办法，才能真正推进社会管理。

关键术语

社会管理途径　　社会管理方法　　社会管理资源　　公民社会　　社会治理　　无缝隙社会管理　　战略 5P 模型

复习思考题

1. 社会管理可以利用的资源有哪些？

2. 如何整合社会管理中的各项资源？
3. 什么是公共舆论资源？它们在社会管理中起什么作用？
4. 社会管理的政治途径有哪些？
5. 社会管理的法制化内容包括哪些方面？
6. 社会政策在社会管理中的作用如何体现？
7. 无缝隙政府理论的主要内容是什么？
8. 如何实施战略性社会管理？

案例分析

群众工作方法与时俱进

“老办法不管用，软办法不顶用，硬办法不能用”，新时期群众工作应该采用哪些新方法？

记者在基层采访时，经常听到一些干部感慨：“老办法不管用，软办法不顶用，硬办法不能用，群众工作越来越难做了。”确实，随着时代的变化，群众工作出现了不少新情况，面临着不少新挑战，那么，群众工作方法也应与时俱进，有更多的创新。

新方法适应群众的需求

“以前村头大喇叭一响，上级精神一下就传达到各家各户；现在，村民各种各的地、各忙各的事，人员难组织，会议难召集，管理起来很不容易。”经常有村干部向中山市三角镇党委书记侯奕斌抱怨。

“随着形势的变化，群众民主权利意识增强，利益需求和价值取向多元化，群众工作也要有新方法。”侯奕斌说。

在给村干部开会时，他不断普及着这些新方法。“掌握法规、依法行政”是他特别强调的一条。决策不民主、不依法，表面看工作做了、事情办了，但却会留下很多后患。

矛盾纠纷调处是群众工作的一个难题，而在三年时间里，广州市白云区新市街道办副主任何小军妥善解决了600多起矛盾纠纷和突发事件。他也因此被评为广东省第三届“人民满意公务员”。

依据法律法规进行调解是其开展工作的一项法宝。劳资纠纷、医患矛盾、工伤事件……大事小事经常发生，而法院诉讼需要近一年的时间，群众尤其是低收入群体不愿打官司。给他们提供一个便捷的途径，让产生纠纷的双方握手言和，才是最大的共赢。

“具体解决问题时还需要将法律与日常生活事理结合起来。”比如，在解答务工人员关于工伤的疑问时，何小军不仅会用通俗的语言告诉他们法律是怎样规定的，还会教他们具体处理方式，防止个别老板借故解雇工人。

与过去相比，政府拥有的经济实力和财力明显提高，可以运用的科技手段也很多。运用现代科技，可以提高群众工作的针对性和实效性。

子女大量外出工作，社会上“空巢”老人逐渐增多。为使老人在遇到紧急情况时能及时得到帮助或救治，广州市荔湾区民政局与电信运营商合作，建立了覆盖全区的智能呼叫援助服务系统——长者平安钟。老人只需要按下紧急按钮，就会立即得到荔湾区社区服务中心的救援。

以民主、法制手段为主解决群众问题，同时充分运用现代科技手段，及时了解群众意见，排查矛盾，解决群众困难，成为新时期群众工作的重要方法。

网络问政“问”到实处

随着互联网的普及，网络成为群众反映民意、参政议政的重要途径。广东不少地方推出了网络问政平台，网上“拍砖”“灌水”已不是新鲜事。

但一些地方推出的网络问政平台，并不能达到人们的预期目的——有问必复，有复必办。部分网民发现自己的咨询建议很快有回复，但却是“踢皮球”式：“已转××部门处理”“请××部门调查解决”。这样的处理方式并不能让人感到满意，有网友指出：“这种没有时限、没有责任人、没有实际处理意见的批示，纯粹是官腔或‘踢皮球’。”

网络问政不能有问无答、有问无办。在接受媒体采访时，惠州市委常委、宣传部部长黄雁行并不刻意掩饰惠州存在这种现象：“回复率达94.9%，是很高。但是问题解决率却不高，一些部门还存在推诿情况。”为确保网络问政工作有效推进，惠州出台《关于开展网络问政工作的通知》，进一步完善网络问政问责机制，对部门的回复进行评分即是这项机制的内容之一。

家住惠州市惠城区的杨俊伟，感到在经常路过的一个十字路口需要建一个人行天桥，就在网络问政平台写下了建议。当天，惠州市规划局回帖“将尽快做出回复”。看到这样的回复，杨俊伟认为肯定没有下文。不曾想七天后，规划局给出了详细处理结果：已经在此规划建设人行横道，足以满足行人过街需求，暂不建人行天桥。

虽然自己的建议未被采纳，杨俊伟仍给这个处理结果打出了最高分的满意度。网友对相关部门的回复进行评分的制度是惠州市为确保网络问政工作有效推进建立的问责机制之一。

而早在去年，广东省委办公厅先后四次召开网友集中反映问题交办会。其中设定职能部门反馈时限、向网友公布办理结果、明确每年召开两次交办会等措施，有效防止了网络问政流于形式。

力量下沉基层一线

将机关工作重心下移、让干部坚守基层一线，也是新时期做好群众工作的重要经验。

记者在中山市三角镇综治信访维稳中心看到，该中心位于镇便民服务一条街福煌北路，分为接访大厅、调解室、联席会议室、办公室四大功能区，综治、信访、司法、劳动等部门工作人员统一办公。一进大门，标志便清晰地向群众传达出中心职能。在中心前台接待的，是三角镇综治办专职副主任、信访办主任和司法所所长。

“这样的设计是为了方便为群众解决困难，”三角镇党委书记侯奕斌说，“以往群众不理解如何办事，怕来办事。现在通过统一办公、统一工作流程，让群众进到中心，就有相应的部门出来解决问题，真正便民利民，拆掉群众心中的墙。”

三角镇在规划建设综治信访维稳中心时，就确定把综治、信访、维稳的资源整合到基层一线，实现“小事不出村（社区）、大事不出镇”。为此，三角镇一竿子插到底，在所有村（社区）设立综治信访维稳工作站，综合力量下沉至村，将多数问题在群众家门口解决。

深圳盐田区为方便基层党员群众反映情况、表达诉求，创新“两代表一委员”联系群众的方式。全区范围内建设22个社区民意表达工作室，将盐田区“两代表一委员”划分到各社区民意表达工作室，网格化联系户籍家庭、规模以上非公企业和组织关系在盐田区的党员，让基层党员群众更加广泛、直接、有效地行使民主权利。

资料来源：见 http://nf.nfdaily.cn/nfyk/content/2010-12/14/content_18434095.htm。

思考题

1. 结合案例分析新时期做好群众工作的重要性。
2. 根据本章内容，浅谈当前如何做好群众工作。

推荐读物

1. ［美］戴维·H·罗森布鲁姆，罗伯特·S·克拉夫丘克．公共行政学——管理、政治和法律的途径（第二版）．北京：中国人民大学出版社，2002

2. ［美］拉塞尔·M·林登．无缝隙政府——公共部门再造指南．北京：中国人民大学出版社，2002

3. 宋明哲．现代风险管理．北京：中国纺织出版社，2003

4. 潘斌主编．社会风险论．北京：中国社会科学出版社，2011

5. 谢耕耘．中国社会舆情与危机管理报告（2011）．北京：社会科学文献出版社，2011

6. 西安交通大学中国管理问题研究中心．2012 中国社会管理发展报告．北京：科学出版社，2012

7. 宋宝安．社会稳定与社会管理机制研究．北京：中国社会科学出版社，2011

8. 张成福．社会管理：现时代的挑战．中国行政管理，2000（5）

9. 杨晓慧，唐爱芳．社会治理：社会转型的途径和目标．湖北社会科学，2004（2）

10. 刘启春．社会组织如何协同社会管理．光明日报，2011-09-19

11. 夏行．新型社会管理体制的战略框架及实现路径研究．领导科学，2011（13）

12. 杨宏山，皮定均．构建无缝隙社会管理系统——基于北京市朝阳区的实证研究．中国行政管理，2011（5）

13. 刘玉安，佟光武．社会管理的和谐与合理——来自荷兰的启示．中国行政管理，2007（2）

14. 张欢，陆奇斌，王新松．社会管理创新路径研究．中国行政管理，2012（1）

第8章

主要领域的社会管理

内容结构图

- 主要领域的社会管理
  - 社会风险管理
    - 社会风险管理的含义及特征
    - 社会风险管理的风险类型
    - 社会风险管理的参与者
    - 社会风险管理机制的构建
  - 社会舆情管理
    - 社会舆情的含义与表现形式
    - 社会舆情的功能
    - 社会舆情管理的内涵和机制
  - 民生问题社会管理
    - 文化领域社会管理
    - 教育领域社会管理
    - 医疗卫生领域社会管理
    - 住房保障领域社会管理
    - 就业领域社会管理
    - 社会保障领域社会管理

内容提要

本章首先考察了社会风险管理的内涵、特征、风险类型和参与主体，从社会风险的发展阶段视角构建了社会风险管理机制。接着在理顺社会舆情相关理论的基础上，界定了社会舆情管理的概念，构建了社会舆情管理机制——社会舆情表达机制、社会舆情汇集机制和社会舆情引导机制。最后从发展历程、现实情况等方面考察了六大民生领域社会管理的基本情况，并针对各民生领域社会管理中存在的问题提出了思考与建议。

引导案例

北京市朝阳区打造社会管理“全模式”

2011 年 3 月 16 日，北京市朝阳区城市管理监督指挥中心的工作人员在收集社会管理信息中发现了各种问题。北京市朝阳区在实施数字化城市管理基础上，推出社会服务管理“全模式”。社会服务管理全模式是指借助现代信息技术，通过政府与社区、单位、市民的合作，政府与院校、企业，以及其他国内、国际机构的合作，实现社会管理责任主体的多元化，形成以全体社区居民和全体社区单位共同参与为基础的，政府主导、社会各方合作治理的新型管理模式。目前，社会服务管理全模式系统包括应急管理、城市管理、综治维稳、安全生产、社会事业、社会保障、社会服务、经济动态、法律司法、党建工作十大模块，共有 79 个大类、439 个小类、3 452 个细类，基本涵盖了社会服务管理领域的各项工作内容。所有已纳入内容均按照信息报送、受理立案、任务派遣、任务处置、处置反馈、核查结案、监督评价等步骤进行科学管理，全程监督，全程评价，是利用现代化手段和方式来解决各类问题的有效手段。

说起“全模式”管理系统在居民生活中的运用，朝阳区社工委书记汪洋表示，这一做法将“管事”的人一下子带到了居民身边，通过提供“看单点菜”式的社区服务，让居民生活的满意度和幸福感不断提升。

资料来源：《北京市朝阳区打造社会管理“全模式”》，见新华网，2011-03-25。

8.1 社会风险管理

8.1.1 社会风险管理的含义及特征

社会风险管理（social risk management，SRM）是社会管理中的一个重要命题，由世界银行在 1999 年提出，旨在拓展现有的社会保障政策的思路，巩固社会保障基础，更好地实现社会保障的政策目标，缓解由经济全球化带来的两极分化。

目前，学界对社会风险管理的概念还缺乏权威界定。日本学者龟井利明认为，社会风险管理是应对由于自然环境和社会环境的变化导致的风险社会化、多样化、巨大化及国际化的对策，即社会风险管理是合理处置社会化风险的、由众多经济主体相互协作的系统。[①]国内学者林义认为社会风险管理是在全面系统的社会风险分析基础上，强调综合运用各种风险控制手段，合理分配政府、市场、民间机构及个人的风险管理责任，强调通过系统的、动态调节的制度框架和政策思路，有效处置社会风险，实现经济、社会的平衡和协调发展的新的策略框架。[②] 学者黄松涛认为社会风险管理是指从个人和家庭的收入风险管理的角度出发，把不同社会力量提供的不同的保障机制纳入统一的社会风险管理框架之下，以便充分利用各种社会资源，发挥各种保障机制的作用，并实现优势互补，从而有效地控制贫困人口和贫困家庭的收入风险，实现缓解贫困，提高人民生活水平并最终消除贫困，达到社会和谐发展的目标。[③]

以上定义虽有不同，但都强调运用公共与私人、政府与民间、事前与事后的多种措施，系统、综合、动态地处置新形势下各国面临的日趋严峻的社会风险，实现经济社会的平衡发展和可持续发展。[④] 当前是社会转型的关键时期，社会风险管理主要是指在党和政府的领导下，以实现社会和谐与可持续发展为目标，充分利用各种社会资源，对新形势下出现的各种社会风险通过风险预防、风险预警、应急处理以及评估等手段进行有效应对的一系列措施。

目前，中国既处于“黄金发展期”，又处于“风险高发期”，全球化和社会转型加速所生成的各类社会风险给我们的改革和发展带来了巨大的挑战与考验，因此加强社会风险管理研究具有紧迫性和必要性。作为一种全新管理理念，社会风险管理与其他领域的风险管理相比有如下特征[⑤]：

第一，社会风险管理是总体的风险管理。相对于企业风险管理、家庭风险管理、学校风险管理等某一具体领域的风险管理，社会风险管理将风险管理的理念和框架运用于整个社会领域，强调综合协调政府、市场、家庭及民间机构等多主体的风险管理责任[⑥]，政府是整个社会的主要风险管理者，扮演着重要的角色。

第二，就社会风险管理策略的性质与社会风险管理的目的而言，社会风险管理不以营利为目的。在企业风险管理活动中，企业以股东利益最大化为目的，很少关注伦理或社会公平。因此“风险管理能增加公司价值”的理论不适用于社会风险管理。

第三，社会风险管理常涉及社会公平等伦理价值问题。[⑦] 就决策考虑而言，在预算范围内，政府机构风险管理的决策考虑，常涉及社会公平等伦理价值问题。社会风险管理是以谋取公民的最大社会利益为出发点，侧重总体社会利益的提升以及社会的公平正义。

第四，社会保障安全网由社会救助、社会保险、社会福利和优抚安置等内容组成，社会风险管理框架则是宽泛的，涵盖的内容也远多于反贫困政策所包含的内容。该框架主要

---

① 参见亀井利明：《ソーシャル・リスクマネジメント論》，118页，载《日本リスクマネジメント学会》，2007。

② 参见林义：《强化我国社会风险管理的政策思路》，载《经济社会体制比较》，2002（6）。

③ 参见黄松涛：《构建我国“社会风险管理框架”的设想》，西南财经大学硕士论文，2005。

④ Robert Holzmann. Steen Jorgensen. Social Risk Management：A New Conceptual Framework for Social Protection and Beyon. *Social Protection Discussion Paper Series*. No. 0006，Washington，The World Bank，2000（2）.

⑤ 参见哈斯其其格：《中国转型期农村社会风险管理机制研究》，西南财经大学硕士论文，2009。

⑥ 参见林义：《强化我国社会风险管理的政策思路》，载《经济社会体制比较》，2002（6）。

⑦ 参见宋明哲：《现代风险管理》，370页，北京，中国纺织出版社，2003。

由社会风险分析、社会风险预警、社会风险控制及补偿等内容构成，既能够防范、化解物质匮乏风险，又可以预测、预警社会结构型社会风险。在社会风险管理框架下，社会政策从一个反应和补偿型的模式转变成为一个预警、控制与补偿相结合的综合模式。

8.1.2 社会风险管理的风险类型

对于社会风险管理的风险类型，可以从狭义和广义来理解。从狭义角度看，社会风险主要指由个人或团体反叛社会的行为所引起的社会失序和社会混乱的可能性[①]，它与政治风险、经济风险、文化风险、决策风险等相并列，仅指社会领域的风险。从广义角度看，社会风险则是指由于自然灾害、经济因素、技术因素以及社会因素等方面的原因引发的社会失序或社会动荡的可能性[②]，主要包括自然灾害风险、生产事故风险、公共卫生风险、生态环境风险、经济运行风险、社会治安恶化风险和国际政治冲突与军事风险，涵盖了生态、政治、经济、社会和文化等各种领域的风险因素。

根据风险的激烈程度，可以分为灾难性风险和非灾难性风险。灾难性风险主要指发生频率不高但影响程度严重，可能造成重大损失性后果的风险，如核爆炸、地震等。非灾难性风险危害作用较为有限，在一定程度上属于人类可预防或控制的风险，如失业、通货膨胀等。

根据风险的表征形式，又可以分为显性风险和隐性风险。显性风险是指有显著的外在特征或标志，通常能够大体预测其基本走向、危害对象与程度的风险，如经济泡沫可通过物价上涨、生活成本增加、投资过热等明显可见的现象表现出来。隐性风险是指风险并无明显的外在特征，既不能预测风险发生的大致时间，也不能预言其危害程度，甚至风险存在何处、持续时间多长都无法预料。一般意义上，隐性风险的危害更大。

8.1.3 社会风险管理的参与者

社会风险管理的参与者是指参与社会风险管理的各种工具和力量。在新形势下，单纯依靠政府已无法有效应对各种社会风险，社会风险越来越需要更多层次、更为广泛的合作来整合多方力量参与。现阶段社会风险管理的参与者包括政府、市场、社会组织、个体和家庭等四大主体。

政府是社会风险管理中最重要的角色，在社会风险管理中发挥着以下重要作用[③]：提供个人和家庭管理收入风险所需的社会保障、社会救助等社会保护措施，在整个社会风险管理体系中建立起最后一道防线；为其他社会风险管理工具提供适当的、必要的引导，以便更有效地发挥它们各自的作用。

市场是社会风险管理的重要环节，是政府参与社会风险管理的重要手段，也是个人和家庭收入风险管理工具的主要提供者。政府可以利用市场提供的产品和技术来缓解社会风险，同时，在一定的政策或资金支持的前提下，市场机构也可以是有效的公共服务的提

① 参见冯必扬：《社会风险：视角、内涵与成因》，载《天津社会科学》，2004（2）。
② 参见李忠、张涤新：《转型期社会风险问题探析》，载《贵州社会科学》，2009（1）。
③ 参见黄松涛：《构建我国“社会风险管理框架”的设想》，西南财经大学硕士论文，2005。

供者。

社会组织处于社会管理体系中较为基层的环节，它包括社会团体、民间机构以及社区等。一方面，它比政府更接近个体和家庭，更了解他们的需求，便于收集私人信息，而且立场更为客观；另一方面，作为一种特殊的社会力量，社会团体和民间机构在社会事务中都发挥着重要作用，如各种社会互助组织，是有效解决社会矛盾、化解社会风险的重要力量。

个体和家庭是社会风险管理体系中最为基层的角色，虽然力量有限，但通常也是最为有效和切合实际的。一方面表现为个体和家庭是社会救助和救济体系中的主要对象，尤其是贫困个体和家庭；另一方面，个体和家庭也是掌握私人信息最多的群体，这些私人信息对于某些社会风险的预测和衡量十分重要。

此外，媒体以及互联网等新媒介也是社会风险管理的重要工具，不仅可以及时监视可能导致风险发生的各种潜在因素，而且在风险事件中作为政府和公众的代言人，完全可以沟通信息、疏导情绪，是引导社会舆论的“风向标”、保持大局稳定的“减震器”和应对社会风险的“防火墙”。①

8.1.4 社会风险管理机制的构建

社会风险管理机制是指社会风险管理各主体的内在关联机理和外在制度关系的总和。社会风险管理机制的构建是一个较为复杂的系统工程，从社会风险的发展阶段来看，主要包括以下四个机制：社会风险分析机制、社会风险预警机制、社会风险控制机制和社会风险补偿机制。②

（1）社会风险分析机制。

社会风险分析包括社会风险识别、风险衡量两个环节。通过社会风险识别收集得到的社会风险相关数据，运用概率论和数理统计的方法对潜在损害发生的频率、损害的范围与程度进行估计和衡量，为社会风险控制提供科学依据。

（2）社会风险预警机制。

社会风险预警机制，就是在社会风险发展成社会危机之前，综合运用现代数学方法、现代数理统计技术、现代信息处理技术与计算机科学进行风险预测和预防等管理机制。社会风险预警机制就是通过确切的警示信号，使人们提前了解事物发展所面临的风险状态，以便及时采取相应对策，防止或避免不利后果即风险的发生。通过构建社会预警指标体系，可以较客观、直观地反映、监测各个领域的社会风险状况，可以早期预报、预警和防止社会风险转变为社会危机。社会风险预警过程简化为设计预警指标体系和预警分析评估两个阶段。

（3）社会风险控制机制。

社会风险控制，指国家和其他社会组织通过法律、行政以及文化、道德习俗、宗教、经济等手段，合理分配政府、市场、民间机构、家庭及个人的风险管理责任，对社会风险

① 参见防远章：《转型期中国突发事件社会风险管理研究》，中南大学硕士论文，2009。

② 参见哈斯其其格：《中国转型期农村社会风险管理机制研究》，西南财经大学硕士论文，2009。

加以控制，以期防范或化解社会风险的过程。根据有无明文规定的标准，社会风险控制可分为正式控制和非正式控制。正式社会风险控制指有组织的、有明文规定的控制，亦称制度化的控制。非正式社会风险控制是没有明文规定的非组织形式的控制，亦称非制度化的控制。正式社会风险控制主要是通过国家权力机构，运用政权、法律、纪律及各种社会制度，约束或指导人们的行为，维持社会秩序，确保社会整体及其社区、群体的稳定与发展，防范和化解社会风险。非正式社会风险控制主要是通过民间机构、家庭及个人，运用文化、道德习俗、宗教等，约束或指导社会大众的行为，维持社会秩序，防范和化解社会风险。

（4）社会风险补偿机制。

社会系统是个复杂的体系，并非所有的社会风险都能够被准确识别、及时预警，相当一部分风险仍然会演变为公众的人身损害或财产损失，此时社会风险补偿将发挥重要作用。社会风险补偿是在强化现行社会保障体系的同时，拓展社会保障空间，构建政府—社会保障机制，市场—商业保险机制，社会—家庭、社区、民间救助机制三位一体的、系统的、动态调整和迅速反馈的机制①，对事故损失进行补救使受损标的达到或接近损失前的水平。

8.2 社会舆情管理

8.2.1 社会舆情的含义与表现形式

据现有文字记载，“舆情”一词最早出现在《旧唐书》（卷一七七），记载于乾宁四年（897年）唐昭宗的一封诏书中：“……朕采于群议，询彼舆情，有冀小康，遂登大用……”而在《辞海》中，“舆情”被解释为“民众的意愿”。舆情有狭义和广义之分，狭义的舆情侧重于舆情的政治属性及社会表征，强调群体的情绪、意见、态度等；广义的舆情侧重于舆情的信息属性和精神心理活动，既包含群体的情绪、态度和意见，也涵盖个体对社会现实的态度、意见等。②

社会舆情的含义与广义的舆情概念基本同义，即通常所说的社情民意，是指一定时期、一定范围的群众对社会公共事务或社会现实的主观反映，是群体性的思想、心理、情绪、意见和要求的综合表现，是社会发展状况的温度计和晴雨表，它的主体是广大民众。

社会舆情分为公开的舆情和没有公开的舆情。没有公开的舆情，可以通过民意测验或民意调查等方式获取。公开的舆情表现形式多种多样，主要有以下五种表现形式③：

一是社会舆论。社会舆论就是一定民众关于某一现象的整体性评价意见，议论纷纷是其存在形态。当前随着高科技传媒的发展，信息的传播速度之快和容量之大已是传统传媒无法比拟的，这使社会舆论呈现出空前繁荣、形成迅速、延续短促的特点。

---

① 参见林义：《强化我国社会风险管理的政策思路》，载《经济社会体制比较》，2002（6）。

② 参见谢耕耘：《中国社会舆情与危机管理报告（2011）》，1页，北京，社会科学文献出版社，2011。

③ 参见刘保位：《中国共产党社会舆情机制研究》，中共中央党校硕士论文，2006。

二是社会谣言。社会谣言是指关于社会的某个公共事务即有社会影响的社会的或自然的现象所产生的谣言，不是指某个在社会上无足轻重的人的私生活或个人事件所产生的谣言，它与谎言、传闻、流言、闲话等不同。

三是民谣。民谣大致包括民谚、民歌和顺口溜，体现着民众的社会评价。民谣往往是盛世危言，体现着深沉可贵的忧患意识，忧患意识对于社会的发展是十分需要的。

四是社会思潮。社会思潮的内容就是民众对带有普遍性的社会事件和基本问题之间价值关系的观点和态度，理论体系和体现社会心理的社会舆论、社会谣言和民谣等是其载体。

五是行为语和体态语。它们既包含了一些表现出来的行动，也包含了尚未或不完全表现出来的"社会行为的准备状态"或"社会行为反应取向"。各种各样的体态语都是舆情的重要载体，都能不同程度地反映出人们的社会政治态度，是认识社会舆情的重要的和生动具体的途径。

8.2.2　社会舆情的功能

社会舆情的功能可以分基本功能和具体功能。社会舆情的功能体现为社会民众按照自我主观意志、价值尺度改造客观世界的努力。社会舆情的具体功能以基本功能为基础，并且是基本功能的分解及具体体现。社会舆情的具体功能如下：

一是模拟与预测功能。舆情弥漫于社会各个角落，传播社会舆情的公众遍布于社会各阶层、各群体、各行各业。社会舆情就是社会的耳目和感应器，是权威的预测器。在社会体系运行过程中，哪里有问题、哪里有矛盾、哪里有不和谐的现象，哪里的社会舆情就必然给予预示和反应。

二是沟通与调节功能。社会舆情活动的本质就是人类的一种交流活动，是意见的交流活动。通过意见交流，可以增进彼此之间的了解和理解，强化人们的共存感、一体感，使整个人类社会化、和谐化。意见的交流起到一种沟通作用，使人与人之间、个人与社会之间由沟通达到认同，在沟通中消除误会和隔阂。社会舆情的调节作用不仅体现在个体之间的微观调节，而且体现在社会整体的宏观调节。通过社会舆情，可以调节社会生产力与生产关系、经济基础与上层建筑的适应关系，从而推动社会的良性运行和协调发展。

三是激励与监督功能。开放社会舆情可以解放人们的思想，促进人们智力活跃，使社会民众的个体能动性充分发挥。社会舆情监督是一种重要的社会监督，社会舆情反映了社情民意，表达了民众对党和国家方针、政策和措施的意见和态度。社会舆情的监督是民众行使民主权利的有效形式，监督政党和政府，监督国家权力是为民众服务、为国家利益负责任。

四是社会化整合功能。在社会教化中，社会舆情通过反映、评价社会生活借以传达某种社会规范和价值观念，由各种社会舆情构成的模拟环境指引和影响人们按照特有的社会规范和价值观念塑造成社会人。在个体内化中，个体在社会舆情形成过程中将民众意见及外部世界内部化，个体的内化必须要参考他人意见或吸纳民众意见中的正确合理的东西。概括地说，社会舆情的社会化整合作用体现为意见整合、心理整合以及意识形态整合。

8.2.3 社会舆情管理的内涵和机制

社会舆情管理是指对社会舆情开展全面系统的常态化管理，通过事前积极预防、事发及时预警、事中控制与引导、事后进行评估与反馈来致力于发现和化解不良舆情。改革开放后，我国进入了一个新的时期，日益宽松的经济和政治环境使人们的活动空间变得更大，生活内容更加丰富，利益诉求也更加多样化，“舆论不一”逐渐成为一种常态的社会现象。特别是近年来，社会舆情呈现出新的特点，如阶层分化明显、利益诉求暴力化、政府公信力受到质疑、网络舆情兴起等。因此，加强社会舆情管理、提高社会管理能力成为必然。

社会舆情管理机制是在党的领导下，在政府、社会团体和大众传媒的共同参与中，围绕社会舆情的表达沟通、汇集分析、引导控制形成的协调一致、灵敏高效的工作机制，主要包括社会舆情表达机制、社会舆情汇集机制和社会舆情引导机制①：

（1）社会舆情表达机制。

畅通的舆情表达是舆情汇集分析的前提和基础，是整个机制的逻辑起点。在新形势下，应该充分尊重群众的表达自由，扩大群众有序的政治参与，进一步探索和创新民情民意表达体系，通过开辟多种民意表达渠道和途径，如听证制度、选民制度、信访制度等，更多地重视群众关心的问题。

（2）社会舆情汇集机制。

舆情汇集分析是舆情正确引导的关键，是舆情引导机制的中心。我国目前舆情汇集的平台有人民代表大会、政治协商会议、政府职能部门或机构、媒体四种。当前阶段，既要收集主流社会舆情和显社会舆情，更要收集支流社会舆情和潜社会舆情，多渠道多方位开展民意调查，尽可能多地收集第一手舆情资料，为科学决策提供依据。

（3）社会舆情引导机制。

舆情引导是舆情表达和舆情汇集分析的落脚点，是舆情引导机制的重心，是整个机制的核心。根据社会舆情提供的信息，建立高效运转的协调疏导机制十分必要。首先是建立健全信息公开与发布机制，使政府信息能及时有效地传达给民众，让民众了解和理解政府的公共事务；其次是要实行依法治“舆”，国家可以通过立法限制某些新闻报道、文艺宣传和其他社会行为，打击、预防和惩罚谣言、诽谤及其他负面舆情，有效引导和调节舆情；最后是借助网络这一信息化工具，掌握舆情干预的主动权，加强与公众的互动，形成网络干预新机制。

8.3 民生问题社会管理

8.3.1 文化领域社会管理

文化是社会管理的思想基础，文化领域社会管理是社会管理的重要组成部分，它为其

① 参见刘保位：《中国共产党社会舆情机制研究》，中共中央党校硕士论文，2006。

他领域社会管理提供价值导向和精神支撑。只有加强文化领域社会管理，才能保证整个社会管理活动沿着正确的方向发展。然而，随着我国社会主义市场经济的不断完善和改革开放的不断深化，文化领域社会管理正面临着全球化、市场化和网络化等诸多挑战。在文化所赖以生存和发展的经济基础、社会环境等发生深刻变化后，要推动我国文化大发展大繁荣，就需要加强文化领域社会管理。

文化是一个非常宽泛的概念，不同学者从不同学科角度界定文化。据统计，有关文化的定义至少有二百多种。文化有广义和狭义之分，广义的文化是指人类社会历史实践过程中所创造的物质财富和精神财富的总和；狭义的文化是指社会意识形态以及与此相适应的制度和组织机构。英国文化人类学家爱德华·泰勒（Edward Tylor）认为，文化是个复合的整体，它包含知识、信仰、艺术、道德、法律、习俗和个人作为社会成员所必需的其他能力和习惯。① 鉴于我国对教育、科技、卫生等领域已进行专门分类，这里讨论的文化主要侧重于狭义的文化，即指由国家文化部系统、广播电视总局系统和新闻出版总署系统所管辖的文学艺术、新闻出版、广播影视、文物、图书馆、博物馆等事业，不包括教育、科学、卫生、体育等领域。② 文化领域社会管理是政府和社会组织为促进文化领域的协调运转，对文化领域的文化事业和文化产业等各个组成部分及各个发展环节进行指导、协调、服务和监督的过程，是宏观调控管理工作。

（1）文化领域社会管理的形成。

改革开放前，我国文化事业由国家统包统揽、直接经营、直接管理，排斥市场和社会兴办文化事业，严重阻碍了文化事业的发展。1980 年 3 月，文化部召开全国文化局长会议，提出要坚决地、有步骤地改革文化事业管理体制，改革文化经营管理制度，这标志着我国文化领域社会管理的初步形成。1989 年 2 月，中共中央在《关于进一步繁荣文艺的若干意见》中指出，文化管理体制改革首先要明确党和政府的职能分工：党重在政治领导，对文化实施宏观指导；而政府则是通过法律、行政、经济等多种手段，对文化事业进行规划、指导、协调、服务、管理和监督。《意见》厘清了党和政府在文化领域中所扮演的角色和职能分工。1996 年 10 月，中共十四届六中全会提出，改革文化体制要遵循文化发展的内在规律，发挥市场机制的积极作用。逐步形成国家保证重点、鼓励社会兴办文化事业的发展格局。这是自 1988 年国家在《关于加强文化市场管理工作的通知》中正式提出“文化市场”的概念后，对文化走向市场化和社会化的肯定。中共十五届五中全会在《关于制定国民经济和社会发展第十个五年计划的建议》中首次提出“文化产业”概念，表明文化市场的建设和管理已经成为政府文化工作的一项重要内容。党的十六大报告将文化分为文化事业和文化产业，提出要对它们采用不同的管理方式，转变政府文化管理职能势在必行。为深入贯彻落实党的十六大精神，2003 年 9 月，文化部在《关于支持和促进文化产业发展的若干意见》中强调，要转变政府文化管理职能，强化政策调节、市场监管、公共服务和社会管理等职能，实现从“办文化”向“管文化”、从管理政府文化单位向管理整个文化行业的转变。2003 年 10 月，中共十六届三中全会提出，要逐步建立党委领导、政

---

① 参见［英］爱德华·泰勒：《原始文化》，1 页，桂林，广西师范大学出版社，2005。

② 参见曹普：《20 世纪 70 年代末以来的中国文化体制改革》，载《当代中国史研究》，2007（5）。

府管理、行业自律、企事业单位依法运营的文化管理体制。党要对文化实行政治原则、政治方向的领导，即党的路线、方针和政策的领导；政府要加强文化政策研究和文化立法工作，通过经济、法律和行政等手段，对文化经济运行实施规划、指导、协调、监督和服务等宏观管理；行业组织要制定行业规范，提供知识产权代理、市场开发、市场调查、信息提供、法律咨询等专业化、社会化服务，提高文化产业的市场化程度；企事业单位要加强自身建设，依照有关法律和章程，履行市场服务、协调、维权、监督等职责。2008 年 7 月，文化部在《关于进一步深化文化系统文化体制改革的意见》中进一步提出，要在确保政府承担公共文化服务主导责任的同时，充分发挥市场和社会在公共文化服务供给中的作用，创新公共文化服务方式。至此，我国文化领域社会管理迈出了实质性的步伐，初步实现了管理主体的多元化、管理方式和手段的多样化，最大限度地调动了各种积极因素来建设文化、管理文化和发展文化，有力助推我国文化事业的全面繁荣和文化产业的快速发展。

(2) 文化领域社会管理的现状。

目前，我国设有专门的文化管理部门，中华人民共和国文化部是主管文化工作的专职部门，是国务院的组成部门之一。文化部内设办公厅、政策法规司、人事司、财务司、艺术司、文化科技司、文化市场司、社会文化司、非物质文化遗产司、对外文化联络局、机关党委、驻文化部纪检组监察局、离退休干部局、机关服务局和文化部信息中心。文化部负责起草、制定法律法规和方针政策，指导和管理全国的文化工作。新闻出版总署和国家广播电影电视总局也具有文化管理职能，如版权部分归属于新闻出版总署，电影电视的生产部分归属于国家广播电影电视总局。各省、自治区、直辖市和市、县等地方政府也都设有专门的文化管理部门负责文化管理工作。在中央和地方政府各个部门共同管理下，我国文化领域社会管理取得了显著成绩。一方面，我国制定了一系列文化管理的法律法规，如《中华人民共和国文物保护法》(1982 年实施)、《中华人民共和国档案法》(1996)、《关于深化文化体制改革的若干意见》(2005)、《国家“十一五”时期文化发展规划纲要》(2006) 等，为文化领域社会管理提供了法律政策依据；另一方面，我国已初步建立起党委领导、政府负责、行业自律、企事业单位依法运营的文化管理体制，建立了权责明晰、反应灵敏、运转有序、统一高效的宏观调控体系，完善了预报、引导、奖惩、调节、责任、监督、保障和应对等机制。然而，我国文化领域社会管理仍存在诸多不足，主要体现在：一是文化领域社会管理的法律法规尚不完善，如在鼓励社会力量参与公共文化服务建设和管理上，尚无具体的、可操作的实施细则，导致一些有重大现实意义的文化政策难以落实到位；二是城乡之间、区域之间的文化投入存在失衡现象，造成文化发展水平高低不等，难以实现公共文化服务均等化的目标；三是文化事业管理体制在一定程度上存在多头管理、条块分割问题，导致管理过程中经常出现“越位”、“缺位”和“错位”等现象，文化领域社会管理亟待进一步加强。

(3) 完善文化领域社会管理。

当前，应着重从三个方面加强文化领域社会管理：

一是树立新的文化管理观念。观念决定行动和结果，管理创新首先在于观念创新。要与时俱进，树立与社会主义市场经济相适应的文化发展观；要以人为本，坚持贴近实际、贴近生活、贴近群众的原则，以人民群众精神文化需求为出发点和落脚点，逐步满足人民群众日益增长的、多样化的文化需求；要为民服务，以农村基层和中西部地区为重点，继续实施文化惠民工程，基本建成覆盖城乡的公共文化服务体系。党要坚持文化领导原则，遵循文化自身的特点和规律，加强对文化发展重大问题的研究，制定科学的方针政策，确保文化建设的正确方向。政府要转变文化管理观念，实现从办文化为主向管文化为主、从微观管理向宏观管理、从直接管理向间接管理的转变。此外，要改进文化管理方式，创新文化管理手段，综合运用法律、经济、行政等手段进行文化管理。积极动员全社会参与文化管理，充分发挥工会、共青团、妇联、文联、作协、记协等团体在联系群众、组织群众、推动文化建设方面的重要作用，努力营造共同管理文化的良好氛围。

二是健全文化管理的法规政策体系。要制定科学的文化发展战略，使各项文化事业能够均衡协调发展，为文化发展提供必要的支持和稳定的环境。加强文化立法，通过法定程序将党的文化方针政策逐步上升为法律法规，弥补文化法律法规建设的空白，如加强网络文化管理立法，为管理网络文化领域提供法律依据；加快制定促进文化事业和文化产业发展、加强社会管理和市场监管、完善公共文化服务体系等方面的法律法规；制定和完善扶持公益性文化事业、发展文化产业、激励文化创新等方面的政策，保证文化领域各项事业做到有法可依。

三是完善文化管理机制。在文化市场管理方面，加强文化市场监管和网络文化建设，构建统一开放、竞争有序的现代文化市场体系，推进文化市场综合执法改革，努力做到依法、科学、有效地管理。在公共文化服务方面，实施文化信息资源共享工程，完善公共文化服务网络，健全公共文化服务组织体制和运行机制，形成政府主办、社会参与、功能互补、运转协调的公共文化服务组织体制和责任明确、行为规范、富有效率的运行机制。加强中西部、老少边穷地区和农村地区的文化建设，推进文化设施和重点工程建设，促进基本公共文化服务均等化。在文化援助方面，要充分发挥共青团、妇联、文联、作协等人民团体的组织引导作用，通过援赠设备器材和文化产品、共享文化资源、业务合作、人员培训、工作指导等方式，通过东部地区对西部地区、城市对农村开展“一帮一”对口支援活动，帮助农村和西部地区解决文化产品和服务相对缺乏问题，支持并支援它们的文化建设，最终实现文化大繁荣大发展的目标。

8.3.2　教育领域社会管理

教育是民生之基。教育涉及千家万户，惠及子孙后代，是发展为了人民、发展依靠人民、发展成果由人民共享的重要体现。保证人民享有接受教育的平等机会，是党和政府义不容辞的责任，也是促进社会公平正义、构建社会主义和谐社会的客观要求。要进一步推动我国教育事业的发展，则务必要加强教育领域社会管理。我国教育领域包括学前教育、义务教育、高中阶段教育、职业教育、高等教育、继续教育、民族教育、特殊教育等，不同的教育领域有不同的教育目标、教育内容和教育手段，不同教育领域要有不同的管理方式，才能取得最佳的管理效果。教育领域社会管理是政府和社会组织为促进教育领域协调运转，对教育领域各个组成部分和发展环节进行组织、协调、控制和监督的过程。

（1）教育领域社会管理的形成。

改革开放前，我国采用高度集中的方式直接管理教育事业，管得过多过细，统得过死过硬，阻碍了教育事业的快速发展。为改变这种不利局面，1985年5月，中共中央在《关于教育体制改革的决定》中提出，要加强宏观管理，实行简政放权。基础教育管理权属于地方，除大政方针和宏观规划由中央决定外，具体政策、制度、计划的制定和实施，以及对学校的领导、管理和监督，权力和责任都移交地方。《中华人民共和国义务教育法》（1986）以法律的形式明确规定：在国务院领导下，义务教育事业实行地方负责、分级管理原则。这是我国改革开放后对教育管理体制做出的重大调整，对今后的教育管理改革有着最为根本的影响。1993年2月，中共中央、国务院在《中国教育改革和发展纲要》中提出，要坚持党对教育工作的领导，把教育摆在优先发展的战略地位。改变政府包揽办学的格局，建立以政府办学为主、社会各界共同办学的体制；改变政府财政包办的财政体制，建立以财政拨款为主，多渠道筹措教育经费的体制。在中央与地方关系上，强调在中央大政方针和宏观规划指导下，充分发挥地方的积极性，放权给地方政府；在政府与学校关系上，强调要转变政府职能，综合运用立法、拨款、规划、信息服务、政策指导和必要的行政手段，进行宏观管理，改变对学校的直接管理；在学校与社会关系上，强化社会参与，支持和鼓励企业事业单位、街道或村民委员会建立社区教育，组织参与学校管理，支持学校建设。《中国教育改革和发展纲要》是我国教育事业发展的一个纲领性文件，标志着我国教育领域社会管理格局的初步形成。2007年10月，党的十七大报告明确指出，要加快推进以改善民生为重点的社会建设，把优先发展教育放在第一位，办好人民满意的教育。2010年7月，教育部颁布的《国家中长期教育改革和发展规划纲要（2010—2020年）》强调指出，各级政府要切实履行统筹规划、政策引导、监督管理和提供公共教育服务的职责，建立健全公共教育服务体系，逐步实现基本公共教育服务均等化，维护教育公平和教育秩序。2010年10月，国务院办公厅在《关于开展国家教育体制改革试点的通知》中进一步强调，要以促进教育公平为重点，推进教育体制改革。教育公平作为一个重要的教育管理目标突显出来，标志着我国教育服务管理新理念的树立。

（2）教育领域社会管理的现状。

当前我国教育领域社会管理基本确立了以人为本、重视公平的理念。国务院和地方各级人民政府根据分级管理、分工负责的原则，中等及中等以下教育在国务院领导下，由地方政府管理，高等教育由国务院和省、自治区、直辖市人民政府共同管理。政府综合运用法律、规划、拨款等手段对教育领域进行宏观管理，同时积极鼓励各种社会力量参与。目前，我国设有专门的教育行政管理部门管理教育事业。在国家层面设立教育部，是国务院组成部门之一，负责指导全国的教育工作，制定相关的教育方针、政策和规划，监督教育法律法规的实施，统筹规划和协调管理各级各类教育；各省、自治区、直辖市设有教育厅（局），根据教育管理的法律法规和方针政策，制定符合本地区实际的教育规章制度，负责本地区的教育管理工作；市、县级政府设有教育局，主要负责本地区教育事业的具体管理工作。我国基本实现了从中央到地方的纵向权限安排合理化，上下分工负责，共同发展教育事业。此外，我国制定了较为完善的教育法律法规体系，如《中华人民共和国义务教育法》（1986年实施、2006年修订）、《中华人民共和国教师法》（1993）、《中华人民共和国教育法》(1995)、《中华人民共和国职业教育法》(1996)、《中华人民共和国高等教育法》(1998) 和《中华人民共和国民办教育促进法》(2002) 等；另外，各级政府还制定了一系列教育管理的规章制度，为我国教育管理工作提供了可操作性更强的合法性依据。当然，我国教育还不能满足经济社会迅速发展的要求和人们对自身发展日益增长的需求。这就要求各级政府进一步加强教育领域社会管理，更新管理理念，坚持教育公平；要继续加大资金投入，合理分配教育资源，特别是重视贫困地区、民族地区的教育发展。有数据显示，1992—2008 年间，政府教育投入逐年增加，2008 年政府教育经费总投入为 104 496 296 万元，学前教育为 1 329 444 万元，小学为 32 984 118 万元，中学为 32 146 828 万元，中等职业教育为 6 822 714 万元，高等教育为 20 624 560 万元，特殊教育为 382 492 万元。① 但总体而言，与国际社会相比，我国教育投入水平仍然偏低。城乡免费义务教育的全面实现、职业教育的快速发展、高等教育的大众化、教育公平的实现，这些都有赖于加强教育领域社会管理。

(3) 加强教育领域社会管理。

当前应着重从三个方面加强教育领域社会管理：

一是更新理念。要树立教育为人服务的理念，把育人为本作为教育工作的根本要求，把促进人的全面发展作为教育管理工作的出发点和落脚点，培养各类人才，把人口大国变为人力资源强国。要树立教育公平的理念，把促进教育公平作为国家基本教育政策的价值取向。教育公平包括机会公平、过程公平和结果公平，要求保障公民依法平等地享有受教育权，合理分配教育资源，重视基础教育投入，增加农村地区、老少边贫地区的优惠政策，加快缩小教育区域差距，形成惠及全民的公平教育体系。要树立教育管理多样化的理念，重视多元主体、多种手段管理教育工作。现代社会是一个日益多样化的时代，教育领域社会管理也呈现出多样化的发展趋势，政府必须改变传统管理方式，努力构建多方共同治理的管理格局。

二是完善教育领域社会管理立法。整体而言，我国教育管理的法律法规体系比较健全，但关于教育领域社会管理的法律法规有待进一步完善。首先，有些教育领域还存在立法不足的现象。如随着科学技术的发展，网上教育成为一种新型的教育方式，但由于网络教育具有开放性、灵活性、非面授性、媒体性等特点，传统管理方式已经无法适应。到目前为止，网络教育的社会管理尚未纳入立法范畴，这是我国教育领域社会管理立法的一个缺口。其次，教育领域社会管理要强化立法的综合配套，出台相应的实施细则。我国教育领域已初步形成主体多元化、方式多样化的管理格局，中央向地方放权，政府向学校授权，学校向社会分权，但是各个行为主体的管理权限、管理责任等具体事项尚缺乏明确、具体的规定，导致主体多元化后出现了行为混乱现象。这就要求我们在进行立法的同时，要尽快出台相应的实施细则，将管理权责具体化，以便于更好地贯彻执行。

三是转变政府的教育管理职能。政府的教育管理职能范围在于宏观的政策领域，确定教育方向、提供教育机会、平衡教育需求、提高教育效能。② 我国要加强党和政府对教育

① 参见中华人民共和国国家统计局：《中国统计年鉴 2010》，北京，中国统计出版社，2010。

② 参见贺继明：《完善立法，建立与学习型社会相适应的教育管理体制》，载《中国教育法制评论》，2009，第 7 辑。

工作的领导，坚持国务院和地方各级人民政府分级管理、分级负责的教育管理体制。要改直接的、单一的行政管理方式为综合运用立法、拨款、规划、信息服务、政策指导和必要的行政手段进行宏观管理，切实履行统筹规划、政策引导、监督管理和提供服务的职责，建立健全公共教育服务体系，逐步实现基本公共教育服务均等化。政府要适度向学校放权，让学校合理地自主治校、自主治教、自主治学，强化教育的内部管理，提高教育的灵活性。社会是政府和学校之外一股不可忽视的力量，政府和学校必须积极鼓励、大力引导行业协会、专业学会、基金会等各类社会组织参与教育决策咨询、评估和监督等，充分发挥社会力量在教育事业发展中的作用。

8.3.3 医疗卫生领域社会管理

医疗卫生是民生之急，直接关系着人民群众的身心健康和家庭幸福。随着我国人口老龄化、疾病谱变化和生态环境变化等情况的日益复杂，积极发展医疗卫生事业，使人人享有基本医疗卫生服务，是我国医疗卫生事业发展的目标，加强和完善医疗卫生领域社会管理对我国医疗卫生事业快速发展起着至关重要的作用。医疗卫生有广义和狭义之分。广义的医疗卫生包括可以增进国民健康和提高生活质量的卫生服务、卫生医疗设施，以及具有物质帮助与照顾的卫生计划措施和方案等①；而通常所说的医疗保障则是狭义上的医疗卫生。党的十七大报告对医疗卫生领域的范畴进行了明确界定，即医疗卫生领域包括四大体系：覆盖城乡居民的公共卫生服务体系、医疗服务体系、医疗保障体系和药品供应保障体系。医疗卫生领域社会管理是指政府和社会组织为促进医疗卫生领域系统协调运转，对医疗卫生领域组成部分及发展的各个环节进行组织、协调、控制和监督的过程。

（1）医疗卫生领域社会管理的形成。

在传统计划经济体制下，我国医疗卫生领域实行政事一体化的管理模式，政府通过计划手段进行统一规划、组织、管理，投入大量财政资金，直接创办医院和提供医疗卫生服务。在此期间，虽然医疗卫生事业取得了很大成绩，但政府过度严格的计划管理在一定程度上抑制了医疗卫生服务机构及其工作人员的积极性，限制了医疗卫生管理的社会化。1985年4月，《国务院批转卫生部关于卫生工作改革若干政策问题的报告的通知》指出，“必须进行改革，放宽政策，简政放权，多方集资，开阔发展卫生事业的路子，把卫生工作搞活”。这是我国首次推行对医疗卫生管理工作实行放权让利、扩大医院自主权的改革，为医疗卫生领域管理的社会化改革拉开了序幕。1988年11月，国务院发布卫生部“三定”方案，明确了医疗卫生管理机构的基本职能，对其直属企事业单位由直接管理逐步转向间接管理。1997年1月，中共中央、国务院在《关于卫生改革与发展的决定》中提出了新时期卫生工作的基本方针：“以农村为重点，预防为主，中西医并重，依靠科技与教育，动员全社会参与，为人民健康服务，为社会主义现代化建设服务。”这一方针更加明确了我国医疗卫生领域社会管理的核心、目的、重点、手段和方式等。坚持在政府领导下，积极鼓励社会参与，既可以多渠道、多层次、多形式地筹集资金和开办医院，也可以由社会参与医疗卫生机构的后勤供应、维修服务及生活福利等项目，由此分担政府管理医疗卫生领

① 参见郭士征：《社会保障学》，182页，上海，上海财经大学出版社，2009。

域的压力。2009年3月，中共中央、国务院在《关于深化医药卫生体制改革的意见》中提出，要坚持公共医疗卫生的公益性质，坚持预防为主、以农村为重点、中西医并重的方针，实行政事分开、管办分开、医药分开、营利性和非营利性分开，实施属地化和全行业管理，强化政府的规划、筹资、服务和监管等责任，加大政府投入，鼓励社会参与，力求为群众提供安全、有效、方便、廉价的医疗卫生服务。《意见》不仅明确了医疗卫生领域社会管理的方针，还明确了管理主体、管理权限等重要问题，表明医疗卫生领域社会管理已基本成型。

（2）医疗卫生领域社会管理的现状。

我国医疗卫生领域社会管理已形成一套比较完善的管理体系。在国家层面，卫生部作为主管全国医疗卫生事业的最高行政机关，是国务院组成部门之一，主要负责起草、制定医疗卫生管理的法律法规和方针政策，对全国医疗卫生工作进行宏观指导；各省、自治区、直辖市设有卫生厅（局），贯彻党和国家关于医疗卫生事业的法律法规和方针政策，负责制定全省医疗卫生事业发展规划并组织实施；各市、县设有卫生局，主要负责本地区医疗卫生事业的具体管理工作。在我国医疗卫生领域社会管理体系中，政府发挥主导作用，通过法律法规、方针政策和发展规划，加大财政投入，加强规划、筹集、服务、监督等职责管理医疗卫生事业。此外，政府积极动员各种社会力量参与医疗卫生事业的建设与发展。仅2009年，我国医疗卫生总投入为17 204.81亿元，其中政府投入占27.2%，社会投资占34.6%，个人投资占38.2%；卫生机构设有916 571个，医疗机构设有907 249个，其中非营利性的医疗机构有552 089个，营利性的医疗机构有216 820个，有138 340个性质不详。按主办单位分，政府主办的有113 624个，社会主办的有466 498个，个人主办的有327 127个；卫生人员总数为7 781 448人，医疗机构人员数7 422 458。[①] 这不仅增强了医疗卫生领域社会管理和服务能力，还提高了人民群众的健康水平。然而，医疗卫生领域社会管理尚存在诸多不足，如医疗卫生法律法规建设不健全，医疗卫生管理体制、运行机制不完善，缺少有效的监督体系等。为此，必须进一步加强医疗卫生领域社会管理，加快医疗卫生事业发展，以满足人民群众日益增长的医疗卫生需求。

（3）完善医疗卫生领域社会管理。

当前应着重从四个方面加强医疗卫生领域社会管理：

一是转变观念。将医疗卫生事业的公益性放在首位，把医疗卫生作为公共产品向全民提供，实现人人享有基本医疗卫生服务的目标。坚持以人为本，把维护人民群众的健康权益作为医疗卫生事业发展的出发点和落脚点。

二是完善法律体系。现行医疗卫生法律法规数量虽然很多，但各个法律法规之间缺乏有效衔接。因此，要加快完善医疗卫生法律体系，明确各方的权责利关系，特别是在政府职责、医疗卫生监督、维权保利等方面加快立法步伐，推动医疗卫生领域社会管理的法制化进程，确保医疗卫生领域社会管理有法可依。

三是创新管理模式，有人曾做了一个形象的比喻：医疗卫生问题不是短时间内就能解决的，现在没有一个灵丹妙药，得像中医一样，好多味药配在一起，才能解决问题。说得

---

① 参见中华人民共和国国家统计局：《中国统计年鉴2010》，北京，中国统计出版社，2010。

更明白些，需要的是一种合力。这就要求政府发挥主导作用，动员和引导社会组织积极参与医疗卫生领域社会管理，形成以政府为核心、管理主体多元化的社会管理模式。

四是建立完善覆盖城乡居民的“四位一体”基本医疗卫生服务体系。建立分工明确、信息互通、资源共享、协调互动的公共卫生服务体系，政府要尽快完成乡镇卫生建设，提高乡镇基本卫生能力建设；建立结构合理、覆盖城乡的医疗服务体系，政府着力投入以农村三级卫生服务网络和城市社区为基础的卫生服务网络建设，深化公立医院改革；建立以基本医疗保障为主体，其他多种形式为补充，覆盖城乡居民的多层次医疗保障体系，政府要承担起基本医疗保险和医疗救助制度的责任；建立以国家基本药物制度为基础的药品供应保障体系，政府要在宏观调控下发挥市场机制的作用，同时保障人民群众的用药安全。

8.3.4 住房保障领域社会管理

住有所居是民生之需，是国家经济发展和社会安定团结的重要影响因素，是构建和谐社会的重要内容。住房保障领域涉及的最基本概念是保障性住房，即政府提供优惠，限定户型、面积、租金标准和销售价格，面向住房困难家庭，以出租或者出售方式提供的，具有保障性质的政策性住房。[①] 它包括廉租住房、保障性租赁房、经济适用住房、保障性商品房以及其他用于保障用途的住房。住房保障有广义和狭义之分，广义的住房保障是指在住房模式架构和住房产业宏观管理层面，政府通过土地、规划、财税、金融、交易管理等多种政策工具使住房供应满足国民居住需求，使住房价格与扩大国民收入水平相适应。这是相对于全体居民的住房保障；狭义的住房保障是指政府为低收入家庭提供的带有救助和扶持性质的低租金住房供应或住房租购补贴措施。[②] 住房保障领域社会管理是政府和社会组织为促进住房保障领域协调运转，对住房保障领域的各个部分及其环节进行组织、协调、调控和监督的过程。

(1) 住房保障领域社会管理的形成。

早在1980年，邓小平在关于建筑业的地位和住宅政策问题的谈话中就已明确指出，建房可以鼓励公私合营或者民建公助，也可以私人自己想办法。这一谈话精神为住房保障领域社会管理提供了思想准备。1988年2月，国务院在《关于印发在全国城镇分期分批推行住房制度改革实施方案的通知》中指出，今后国家主要从宏观上统一政策，加强宏观控制和规划指导，总结、推广成功的经验。这表明政府在住房保障领域逐步从直接管理、微观管理向间接管理、宏观管理转变，努力改变我国政府包揽住房保障的传统管理模式。1994年7月，国务院在《关于深化城镇住房制度改革的决定》中进一步提出，要把住房建设投资由国家、单位统包的体制改变为国家、单位、个人三者合理负担的体制；把各单位建设、分配、维修、管理住房的体制改变为社会化、专业化运行的体制；建立以中低收入家庭为对象、具有社会保障性质的经济适用住房供应体系和以高收入家庭为对象的商品房供应体系；建立规范化的房地产交易市场和发展社会化的房屋维修、管理市场。这是对住

① 2009年1月7日，厦门市第十三届人民代表大会常务委员会第十三次会议通过了《厦门市社会保障性住房管理条例》，这是我国首部社会保障性住房地方法规，对保障性住房进行了界定。

② 参见丛诚：《中国住房和公积金制度发展大纲》，59页，上海，上海辞书出版社，2008。

房保障领域社会管理最为鲜明的表述，也为我国住房保障领域社会管理改革的全面开展拉开了序幕。2007年8月，国务院在《关于解决城市低收入家庭住房困难的若干意见》中指出，解决低收入家庭住房困难，要坚持立足国情，满足基本住房需要；统筹规划，分步解决；政府主导，社会参与；统一政策，因地制宜；省级负总责，市县抓落实。总的来看，我国在住房保障领域已初步转变管理职能，改变管理手段，综合运用税收、信贷、土地等宏观手段来制定住房保障规划和政策，指导住房保障领域的各项管理工作。在坚持政府主导作用的前提下，充分发挥市场、社会和个人在住房房源、住房保障资金等方面的多元供给作用，为住房保障领域社会管理提供有利条件。

(2) 住房保障领域社会管理的现状。

住房和城乡建设部是国家层面主管住房保障的专门机构，是国务院组成部门之一，主要负责起草、制定住房保障的法规政策；地方各级政府设有相同的职能部门负责住房保障法规政策的贯彻执行，以及地方性住房保障政策、发展规划的制定和具体管理工作。截至目前，我国已出台了一系列住房保障的法规政策，如《经济适用住房管理办法》(2004)、《城镇最低收入家庭廉租住房管理办法》(2004) 等，以确保住房保障工作的有序进行。统计数据显示，2010年全国30个省、区、市（不含西藏和新疆生产建设兵团）住房供地计划18.47万公顷，实际完成12.54万公顷，其中保障性住房实际用地2.64万公顷，商品住房实际用地9.3万公顷。从重点城市保障房用地计划执行情况来看，2010年大都加大了土地供应力度。2008—2010年中央财政保障性安居工程支出分别为181.9亿元、550.6亿元和764.86亿元。保障性安居工程新开工量分别为231万套、485万套和590万套，商品住宅（不含经适房）新开工量分别为733万套、826万套和1 169万套。[①] 这表明我国各级政府在不断加大住房保障资金投入力度的同时，也加大了对住房公积金，住房市场准入，住房融资信贷以及土地、销售等方面的监管力度。然而，由于各种原因，我国住房保障领域还存在许多问题：一是住房保障领域缺乏一部专门法律，而只有针对保障性住房某些环节的政策性规定，其法律效力和问责机制不足，无法有效防止违法行为。二是缺乏一个专门的住房保障管理机构来统一负责规划、建设、监督等管理事务，导致在住房保障管理过程中出现行为混乱、责任缺失等现象。如何完善我国住房保障领域社会管理是一个重要的民生问题，关系到广大人民群众特别是住房困难群体的切身利益。

(3) 完善住房保障领域社会管理。

当前应着重从三个方面来加强住房保障领域社会管理：

一是加强立法。在住房保障领域，发达国家普遍建立了完备的法律体系，如英国的《住房法》和《住房与规划法》，美国的《国民住宅法》和《合众国住房法》，日本的《公营住宅法》和《日本住宅公团法》。发达国家的经验表明，只有以法律作保障，住房保障才能取得良好的效果，而我国至今仍没有制定一部专门的住房保障法。为了加强我国住房保障的规范性、制度化建设，应尽快制定一部专门的、适合我国国情的“住房保障法”及实施细则，以法律形式规定住房保障的对象、措施、资金来源、准入和退出程序等内容，使保障性住房政策的制定和实施有法可依。

---

① 参见中国指数研究院：《2011保障房白皮书》，上海，中国指数研究院，2011。

二是构建合理的管理格局。加强住房保障领域社会管理，建立党委领导、政府负责、社会协同和公众参与的住房保障社会管理格局。政府不仅要统筹住房保障规划、统一住房保障政策，还要积极引导社会力量参与住房保障领域社会管理工作，鼓励民间机构、私人发展商等多方面的社会力量积极参与住房保障政策制定和监督住房保障政策的执行，保证住房保障政策的顺利实施。

三是改变管理模式。要在坚持政府宏观调控下，重视住房管理手段的市场化，政府应由直接管理向间接管理转变，综合运用经济、法律和必要的行政手段保障住房的供给，把为低收入家庭提供的廉租房作为管理重点，通过融资信贷等市场手段调节保障性住房的合理分配。要实现住房保障管理方式的社会化。住房保障政策的制定、实施，住房保障资金的使用、管理以及保障性住房的使用、管理等，都应有社会力量的参与。要完善住房保障监管体系，对住房保障对象、保障标准、保障资金来源、保障期限等实施严格审核和监管，加大对保障性住房在用地、建设、准入、出租、出售和使用等环节违法违纪行为的惩处力度。

8.3.5 就业领域社会管理

就业是民生之本。近年来，由于高校扩招、农村劳动力转移、城镇就业困难人员增多以及经济环境变化等原因，我国就业形势严峻，政府就业管理压力很大。要解决这些问题，就必须加强就业领域社会管理，即政府和社会组织要对就业领域的各个组成部分以及各个发展环节进行组织、协调、控制和监督，促进就业领域各项工作协调运转。千方百计扩大就业，促进全社会充分就业，这是就业领域社会管理最重要的目标。

(1) 就业领域社会管理的形成。

在传统计划经济体制下，我国实行政府统包统配的就业政策，通过行政手段对就业实行统一计划、招收、分配和管制，直接控制就业岗位，直接调控就业人员。1955 年 4 月，中共中央在《关于第二次全国省市计划会议总结报告》中明确指出，一切部门的劳动调配都必须纳入计划，增加人员必须通过劳动部门统一调配，不准随便招收人员，更不准从乡村中招收人员。改革开放后，我国就业管理工作开始走向市场化、社会化。1980 年 8 月，全国劳动就业工作会议提出：要在政府统筹规划和指导下，实行劳动部门介绍就业、自愿组织起来就业和自谋职业相结合的就业方针，通过多种形式实现就业；解决就业问题必须动员各行各业以及社会上各方面的力量同心协力，才能办好。这是我国就业领域管理社会化的开始，初步形成了国有、集体和个人多主体、宽渠道的就业格局。1993 年 11 月，劳动部提出“再就业工程”计划，即充分发挥政府、市场、社会和劳动者多主体的积极性，综合运用政策、经济、服务等调节手段，实行企业安置、个人自谋和社会帮助相结合的就业方式，以实现失业者再就业的目标。“再就业工程”计划使得我国就业领域社会管理格局逐步完善，政府通过政策、法律法规等宏观手段间接管理社会就业，充分调动各种积极因素共同管理就业工作。2007 年 8 月，十届全国人大第二十九次会议通过的《中华人民共和国就业促进法》指出，国家要把扩大就业放在经济社会发展的突出位置，实施积极的就业政策，提供政策支持，坚持劳动者自主择业、市场调节就业、政府促进就业的方针，规范市场秩序、提供就业服务和援助，多渠道扩大就业；此外，工会、共青团、妇联、残联以及其他社会组织要协助政府开展促进就业工作，逐步实现社会就业比较充分的目标。这为我国就业领域社会管理提供了有力的法律保障。

(2) 就业领域社会管理的现状。

目前，我国就业领域社会管理模式已基本成型。国务院人力资源和社会保障部具体负责全国的促进就业工作。省、自治区、直辖市人民政府根据促进就业工作的需要，建立促进就业工作协调机制，协调解决本行政区域就业工作中的重大问题。县级以上人民政府有关部门按照各自的职责分工，共同做好促进就业工作；此外，还要按照目标责任制的要求，依法加强对所属有关部门和下一级人民政府的考核、检查和监督。我国就业管理工作也因此取得了突出的成绩：城乡就业规模不断扩大，就业结构逐渐优化，就业局势相对稳定；城乡公共就业服务体系逐步健全，促进就业的各种法律法规体系逐步形成，政府促进就业的责任体系和工作机制也不断完善。然而，我国人口众多，在当前和将来相当长时期里，还将面临十分严峻的就业形势：首先，劳动力供大于求的矛盾日益突出。2007—2009年间，我国劳动力总量分别为78 645万人、79 243万人和79 812万人，就业人员分别为76 990万人、77 480万人和77 995万人，而失业人员分别为1 655万人、1 763万人和1 817万人。① 由此可见，这三年来，失业人数逐年增多。原劳动和社会保障部在《关于当前劳动力市场供求状况的分析报告》中指出：在未来相当长的一个时期内，我国城乡劳动力供大于求的基本态势将长期存在。其次，高校毕业生、农村富余劳动力、退役军人等群体就业问题更加突出。自1997年以来，我国高校毕业生逐年增多，近三年来，我国高校毕业生总人数分别为447.8万人、511万人和531万人②，这就更加大了我国的就业压力。农民工、高龄人员、妇女、残疾人等特殊群体就业难，未能得到很好的优先扶持和重点帮助，就业能力还有待提高。最后，我国就业服务和就业管理相关制度还有待进一步完善。如要培育和完善统一开放、竞争有序的人力资源市场；尽快建立健全覆盖城乡的公共就业服务体系；及时制定专门的就业援助计划等。最大限度地促进就业，实现社会充分就业，这既是经济社会协调发展的必然要求，也是构建社会主义和谐社会的重要内容。

(3) 加强就业领域社会管理。

当前应着重从四个方面加强就业领域社会管理。

一是转变就业工作理念。政府要从就业管制理念转向就业服务理念，积极引进市场、引导社会力量，采用多种方式实现就业管理。政府不是就业的分配者，劳动者不能再有“等、靠、要”的就业观念，政府是就业的服务者，政府要“帮、扶、促”劳动者实现就业。在保证劳动者平等就业和用人单位自主用人的前提下，为社会充分就业提供各种就业服务。

二是转变政府职能。政府要转变就业管理职能，改变统一计划、统一招收、统一分配的管理形式，避免采用指令性、行政性手段直接管理就业工作。要在坚持劳动者自主择业、市场调节就业、政府促进就业和社会帮助就业的原则下，强化政府促进就业管理的领导责任。要成立专门的就业管理机构，负责就业管理方针政策、规章制度的制定和实施，对就业管理工作进行宏观指导和政策支持。此外，由政府协调各个管理责任主体的行为，

①② 参见中华人民共和国国家统计局：《中国统计年鉴2010》，北京，中国统计出版社，2010。

共同监督检查各项就业管理工作。市场对就业资源有基础性的配置作用，政府要充分尊重市场对就业资源的基础配置作用，综合运用法律的、经济的手段规范市场运行的秩序、调节市场运行的功能，充分发挥市场促进就业的作用。充分发挥工会、共青团、妇联、残联以及其他社会组织的作用，形成政府统一领导、各主体分工协作的长效工作机制，共同做好就业管理工作。

三是完善配套制度建设。近年来，我国先后制定了一系列有关促进就业的法规政策，如《关于进一步做好下岗失业人员再就业工作的通知》(2002)、《关于进一步加强就业再就业工作的通知》(2005)、《残疾人就业条例》(2007) 和《中华人民共和国就业促进法》(2007) 等，为我国就业领域社会管理提供了有力的法律支撑，使就业领域社会管理不断制度化、规范化。当前应抓紧进行配套制度建设，如建立健全就业财务管理规章制度，对就业专项资金的使用和管理方法做出具体要求；建立健全就业信息管理制度，对就业信息的发布和管理方法做出具体要求；建立健全就业、失业登记制度，对就业、失业人数的统计方法进行进一步优化等。只有完善就业管理相关法律法规和配套制度建设，才能更好地推进就业领域社会管理。

四是建立健全就业领域社会管理机制。首先，要培育和完善统一开放、竞争有序的人力资源市场，加强对人力资源市场的监督和管理，实现人力资源市场的规范有序发展；建立健全劳动力市场信息服务体系，完善市场信息发布制度。其次，建立健全覆盖城乡的公共就业服务体系，为劳动者和用人单位提供法规政策咨询、供求信息等就业服务；建立健全面向全体劳动者的职业技能培训制度，提高劳动者的就业能力、工作能力和创业能力；建立健全就业困难人员帮扶制度，通过落实各项就业扶持政策、提供就业岗位信息、组织技能培训等有针对性的就业服务和公益性岗位援助，对就业困难人员实施优先扶持和重点帮助；建立健全就业登记制度和失业登记制度，完善就业管理和失业管理。最后，建立健全就业资金管理制度，按照专款专用原则，加强财政管理和监督，妥善安排就业专项资金用于促进就业工作，对中西部地区和老工业基地给予重点支持，提高就业专项资金的效率和有效性。

8.3.6 社会保障领域社会管理

社会保障是民生安全网。随着我国经济持续快速发展，各种社会问题日益突出，如人口老龄化、失业、农民工问题等，这不仅影响到人们的正常生活，而且不利于我国社会的和谐发展。为了减轻个人及家庭因生、老、病、失业等情况所引起的经济或精神压力，必须加强社会保障领域社会管理，让更多人享有基本生活保障，增进公民福祉，维护社会稳定。

美国在 1935 年颁布了《社会保障法》，并首次使用“社会保障”这个词，它包括老年社会保险、失业保险、盲人救济、老年救济和未成年人救济等内容，形成了较为完整的社会保障体系。1986 年，我国在《国民经济和社会发展第七个五年计划》中首次使用了“社会保障”，它是对社会保险、社会救济、社会福利和优抚工作的一种制度安排。目前，我国已经初步形成了以社会保险、社会救助、社会福利为基础，以基本养老、基本医疗、最低生活保障制度为重点，以慈善事业、商业保险为补充的覆盖城乡居民的社会保障体系。

(1) 社会保障领域社会管理的形成。

1951 年，政务院颁布了《中华人民共和国劳动保险条例》，初步确立了我国城镇企业职工劳动保障制度，基本形成以政府为管理主体，政府和企业共同负担的社会保障制度。这种社会保障制度的范围是城乡劳动者，并未涉及全体社会成员；管理主体单一，并未调动社会力量参与管理。改革开放后，我国社会保障开始逐渐形成以政府为主导，社会各方共同参与的管理格局。1986 年，《国民经济和社会发展第七个五年计划》明确提出：社会保障工作要坚持社会化管理与单位管理相结合，以社会化管理为主的改革方向。1993 年，中共十四届三中全会提出，要建立多层次的社会保障体系，实行社会统筹和个人账户相结合，统一政策、统一制度、统一机构，实现管理的制度化。这是我国社会保障领域社会管理的最初表述。社会保障领域社会管理的正式实施是以养老保险为突破口的。1997 年，国务院在《关于建立统一的企业职工基本养老保险制度的决定》中进一步明确要实现社会保障领域社会管理：提高社会保障管理服务的社会化水平，尽快将企业发放养老金改为社会化发放，积极创造条件将离、退休人员管理服务工作逐步由企业转向社会。在机构改革方面，第九届全国人大一次会议设立劳动和社会保障部为全国社会保障事务的管理部门，并于 2008 年 7 月改设为人力资源和社会保障部，统一管理社会保障工作，结束了社会保障管理部门多头分割的混乱格局。此外，党中央、国务院设立“全国社会保障基金理事会”，负责管理运营全国社会保障基金。2010 年，中共十七届五中全会指出：要坚持广覆盖、保基本、多层次、可持续的方针，加快推进覆盖城乡居民的社会保障体系建设，大力发展慈善事业，加强社会保障信息网络建设，推进社会保障卡应用，实现精确管理。经过多年探索，我国社会保障社会管理基本实现了由政府包揽向多方共担、由单一手段向综合措施、由局部受惠向全民覆盖转变，采用多渠道筹集保障资金，实现管理服务社会化。

(2) 我国社会保障领域社会管理的现状。

中央政府管理社会保障事务的机构有人力资源和社会保障部、民政部、卫生部与财政部。人力资源和社会保障部负责管理养老保险、失业保险、城镇职工医疗保险、工伤保险、生育保险等项目；民政部负责管理社会救济、社会福利、优抚安置等项目；卫生部负责管理农村合作医疗制度；财政部负责制定社会保障的财政政策和财务会计制度，实施对社会保障资金收支的财政监督，为社会保障计划提供补助资金等。各省、市、县政府均设有相应部门承担社会保障职能。多年来，在党中央、国务院的领导下，各级人力资源和社会保障部门以“民生为本、为民服务”为工作方向，推动社会保障事业全面发展，为经济社会发展作出重大贡献。2010 年，十一届全国人大常委会第十七次会议审议通过了《中华人民共和国社会保险法》，这是我国第一部社会保障的综合性法律，各部门也相应地制定了一系列社会保障的法规制度。各级政府继续加大各种社会保障资金投入，各项社会保障覆盖面不断扩大。然而，我国社会保障领域社会管理还存在诸多问题：其一，立法不足。社会保障领域一些薄弱环节还未及时立法，如大学生就业保障、农民工医疗卫生保障等；其二，社会保障管理体制不顺，没有设立专门机构统一管理。除了人力资源和社会保障部管理社会保障工作外，还有民政部、财政部等多个部门同时管理社会保障工作，这导致我国社会保障管理工作未能完全改变多头管理的局面；其三，社会保障领域社会管理缺乏配套制度建设，在很大程度上影响了社会保障事业的快速发展。

(3) 加强社会保障领域社会管理。

当前应着重从三个方面加强社会保障领域社会管理：

一是加快立法步伐。美国早在 1935 年就制定了《社会保障法》，是世界上第一部具有现代社会保障意义的综合性社会保障法。英国、德国、日本等国家也都有各自的社会保障法。我国到目前为止仍然没有一部专门的"社会保障法"，这不利于社会保障领域社会管理工作的顺利开展。为此，应加快社会保障管理法制建设步伐，对于每一社会保障项目都应有专项立法，以更好地进行专项管理。只有在法制轨道上运行，才能保证各项社会保障工作有条不紊地推进。此外，还应根据国家法律及时出台相关的规章制度，对社会保障的实施对象、资金来源、资金征集方法、支付待遇及其支付方法和社会保障基金的管理方法等做出明确和详细的规定，实现社会保障管理工作的精细化管理。

二是建立专门机构，创新社会保障管理模式。我国要尽快建立专门的社会保障管理机构，把社会保障管理事务集中到一个机构进行统一规划、统一管理、统一监督，避免出现政出多门、各自为政的混乱局面。社会保障是一项社会事业，涉及人数多、范围广，既需要政府的专门机构负责实施，也需要广泛的社会参与。要努力构建以政府为主导、社会各方共同合作的社会保障管理模式，鼓励各种社会团体和人民群众积极参与社会保障管理工作。政府还可以把社会保障管理的一些具体业务推向社会，实行社会化管理。

三是大力发展慈善事业。慈善事业是社会保障的重要补充，它是以社会捐献为基础的民间保障事业，不仅可以弥补政府社会保障管理的不足，还可以直接对弱势群体提供社会救助。2004 年，中共十六届四中全会通过的《中共中央关于加强党的执政能力建设的决定》明确提出，要建立健全社会保险、社会救济、社会福利和慈善事业相衔接的社会保障体系。这是我国首次把慈善事业纳入社会保障体系。2007 年，党的十七大报告强调要建立以社会保险、社会救助、社会福利为基础，以基本养老、基本医疗、最低生活保障制度为重点，以慈善事业、商业保险为补充的覆盖城乡居民的社会保障体系。2008 年 12 月 5 日，胡锦涛总书记在会见中华慈善大会代表时指出：慈善事业是改善民生、促进社会和谐的崇高事业。发展慈善事业不仅可以化解诸多社会问题，还可以弥补政府社会保障管理的不足。因此，政府要积极引导和支持慈善事业的发展，通过制定相关的法律法规促进慈善事业有序开展，为慈善事业的健康发展创造良好环境。

案例思考

加强社会管理，努力惠及民生

"十一五"期间，以改善民生为重点的社会建设加快推进，老百姓得到了更多实惠。但不可否认，我国经济社会发展中不平衡、不协调性依然突出，社会事业存在不少历史欠账，涉及群众切身利益的民生领域仍有很多难题待解，特别是与实现全面小康的目标相比，与人民群众不断增长的物质文化需要相比，与我国的经济增长和综合国力相比，民生任务还很繁重，必须坚持以更大决心、下更大气力加强社会管理，更好地保障和改善民生。

加强社会管理，必须真抓实干，常抓不懈，解决百姓最关心的现实问题，把工作落到实处、细处、深处。要在政策上进一步向民生倾斜，将更多的公共资源投入民生领域，加大财政支持力度，加快发展各项社会事业，推进基本公共服务均等化，顺应人民群众在就业、教育、医疗、社保、住房等方面的新关切新期盼，努力满足人民群众合理的民生诉求，积极维护和保障人民群众权益，真正做到情为民系、权为民用、利为民谋。

加强社会管理，需要眼光放远，统筹兼顾，完善与民生相关的制度安排。民生问题涉及经济社会发展的方方面面，头绪多、难度大；民生问题往往具有阶段性特征，处于发展变化中，原有的问题解决了，会面临新的民生问题；基本的需求解决了，又会出现更高层次的民生需求。只有加快民生领域的体制机制改革，不断强化和创新社会管理，才能为解决好民生问题提供坚实有效的制度保障。

保障和改善民生是一个跟时代同步、与发展相随的渐进过程。我国仍处于并将长期处于社会主义初级阶段的基本国情没有变，解决各种社会问题的物质基础还比较薄弱，财力也有限，民生工程不可能一蹴而就。我们既要全力抓民生、惠民生，又要从实际出发，立足现阶段的发展水平、自身条件和承受能力，将眼前与长远、需要与可能有机结合起来，在改善民生中突出重点，尽力而为，量力而行，确保经济社会发展的平稳、协调、可持续。

“政之所兴，在顺民心”，坚持保障和改善民生，实现“国强民更富”，反映了全体人民的共同愿望。各级党委和政府要以高度的政治责任感和深厚的感情，把保障和改善民生作为加强社会管理的根本出发点和落脚点，把民生问题放到更加突出的位置，在“十二五”期间为人民群众创造更多福祉，努力促进社会和谐稳定，让人们的生活过得更甜更美更舒心。

资料来源：《坚持不懈惠民生》，载《人民日报》，2011-03-02。

本章小结

主要社会领域社会管理包括社会风险管理、社会舆情管理和民生领域社会管理。我国当前正处于经济社会转型的关键时期，社会风险管理主要是指在党和政府的领导下，以实现社会和谐与可持续发展为目标，充分利用各种社会资源，对新形势下出现的各种社会风险通过风险预防、风险预警、应急处理以及评估等手段进行有效应对的一系列措施。在新形势下，要有效应对各种社会风险，就需要多层次、宽领域的合作来整合各方力量共同参与社会风险管理，除政府以外，还应该有市场、社会组织、个体和家庭等主体。从社会风险的发展阶段来看，主要包括社会风险分析机制、社会风险预警机制、社会风险控制机制和社会风险补偿机制。社会舆情管理是社会管理的一个重要组成部分，它是指对社会舆情开展全面系统的常态化管理，通过事前积极预防、事发及时预警、事中控制与引导、事后进行评估与反馈来致力于发现和化解不良舆情。社会舆情管理机制主要包括社会舆情表达机制、社会舆情汇集机制和社会舆情引导机制。民生领域社会管理是我国社会管理最为重要的内容，解决最为迫切的民生问题是社会管理的关键所在。政府要高度重视与民生息息相关的几个重大领域的社会管理，如文化领域社会管理、教育领域社会管理、医疗卫生领域社会管理、住房保障领域社会管理、就业领域社会管理和社会保障领域社会管理。

关键术语

社会风险　社会风险管理　社会舆情　社会舆情管理　民生问题　民生领域社会管理

复习思考题

1. 社会风险管理的特征有哪些？从社会风险的发展阶段来看，社会风险管理的运行机制是什么？

2. 社会舆情管理的内涵是什么？采用什么样的机制进行社会舆情管理？

3. 我国民生问题社会管理包括哪些内容？

4. 我国各个民生领域的社会管理存在哪些问题？针对这些问题，应该采取什么措施加强各个民生领域的社会管理？

案例分析

“民生大单”变“民生大餐”

2011年初，省长姜大明在山东省第十一届人民代表大会第四次会议上作《政府工作报告》时，提出了明确具体的民生实事年度目标，为改善群众生活开出了26项“民生大单”。一年来，山东各级党委、政府，围绕就业、住房、社会保障、医疗卫生、文化教育等群众关注的民生工作群策群力，为群众端上了一道道“民生大餐”。

从2011年7月起，滨州市新型农村养老保险实现全覆盖。60岁以上的农村居民不用交一分钱，就能按月领取55元的基础养老金。山东省政府原计划先在11个地市开展新农保试点，使新农保覆盖面达到60%，但全省17个地市全部启动了试点工作，覆盖面达100%，提前半年完成国家下达的任务。全省企业退休人员养老金月人均增加160元，企业最低工资标准同比平均增长26%；城市低保平均标准达到每月314元；农村低保标准全部提高到1 400元，平均保障标准达1 661元。全省五保集中供养标准达到3 189元，分散供养标准达到1 986元。2011年11月26日，淄博高新区中德奥林新城小区鞭炮齐鸣。低保户张建英一家搬进了56平方米的廉租房，每月租金不到20元。

2010年4月底，山东省各级各类医疗机构基本药物月均销售额仅占67.04%，如今已上升为81.5%。这14.46%的增幅背后，是山东省实施基本药物制度、缓解群众“看病贵”问题的坚定决心。截至2011年底，全省政府办县级医院、乡镇卫生院、社区卫生服务中心和村卫生室建设达标率分别为74.66%、88.76%、100%、83.72%。94.1%的乡镇卫生院开展了巡回医疗，89.29%的县（市、区）在城市社区推行家庭签约医生服务制度。全省城乡居民健康档案建档率达 84.56%，电子健康档案建档率达 62.47%。截至 2011 年底，全省已开工兴建的幼儿园 3 072 处，累计投入资金 48.92 亿元。通过实施农村中小学校舍安全、两热一暖一改等重点工程，全省农村中小学的办学条件普遍改善。从 2011 年开始，山东省本级预算核定的省属本科高校生均经费定额平均提高了 1 200 元。普通高校国家助学金平均资助标准由每生每年 2 000 元提高到 3 000 元，惠及在校生总量的 14%。高校困难学生获得的补助标准比 2010 年提高了 50%，同时在校寄宿生生活补助提高 250 元。

虽然 2011 年承诺的 26 件实事已全部落实，但山东省并没有止步不前，而是及时顺应群众的呼声，着手描绘一幅更壮丽更宏伟的民生蓝图。根据山东省的规划，今后的 5 年时间内，山东省 GDP 的年均增长目标将下调为 9%，同时城镇居民人均可支配收入和农民人均纯收入年均要增长 10%。

资料来源：《"民生大单"变"民生大餐"》，载《人民日报》，2012-02-01。

思考题

1. 请谈谈山东"民生大单"变"民生大餐"的时代背景和现实意义。
2. 请谈谈公共财政在民生领域社会管理过程中应发挥的作用。

推荐读物

1. [苏] 阿法纳西耶夫. 社会管理中的人. 北京：知识出版社，1983
2. [德] 哈贝马斯. 公共领域的结构转型. 上海：学林出版社，1999
3. [美] 埃莉诺・奥斯特罗姆. 公共事务的治理之道. 上海：上海译文出版社，2012
4. [美] 盖伊・彼得斯. 政府未来的治理模式. 北京：中国人民大学出版社，2001
5. [英] 诺曼・巴里. 福利. 长春：吉林人民出版社，2005
6. 曹沛霖. 政府与市场. 杭州：浙江人民出版社，1998
7. 俞可平. 治理与善治. 北京：社会科学文献出版社，2000
8. 郑功成. 社会保障学：理念、制度、实践与思辨. 北京：商务印书馆，2000
9. 郭士征. 社会保障研究. 上海：上海财经大学出版社，2005
10. [英] 艾维瓦・罗恩等编. 医疗保障政策创新. 北京：中国劳动社会保障出版社，2004
11. 张抗私. 就业问题：理论与实际研究. 北京：社会科学文献出版社，2007
12. 王晓瑜等. 住房社会保障理论与实务. 北京：中国经济出版社，2006
13. 郑功成. 中华慈善事业. 广州：广东经济出版社，1999

第9章

社会管理发展趋势及展望

内容结构图

- 社会管理发展趋势及展望
  - 社会创新与创新型社会管理
    - 社会创新
    - 创新型社会管理
  - 全球社会环境的变革与复杂性社会管理
    - 社会环境变革
    - 复杂性社会管理
  - 战略管理与前瞻性社会管理
    - 战略管理
    - 前瞻性社会管理
  - 社会治理与服务型社会管理
    - 社会治理
    - 服务型社会管理
  - 社会资本与合作型社会管理
    - 社会资本
    - 合作型社会管理
  - 知识管理与学习型社会管理
    - 知识管理
    - 学习型社会管理
  - 虚拟社会与虚拟型社会管理
    - 虚拟社会
    - 虚拟型社会管理

内容提要

本章主要介绍新时期社会管理的转型和发展趋势。随着全球社会变革和信息时代的来临，社会管理主体、客体、环境、手段等都发生着重大变化，社会管理的效果也面临着巨大的不确定性，传统的社会管理方式已经不能适应当前社会需求，社会管理创新成为必然选择。本章重点分析社会管理创新面临的环境变化，并说明其发展的趋势。

引导案例

从政府创新迈向社会创新
——中国社会创新奖的设立

2010年12月27日，首届中国社会创新奖在京发布，20家入围的公益组织/项目经过现场陈述、答问以及专家评议，最终10家组织获得优胜奖，其余10家组织获得提名奖。这些入围组织/项目是从分布在22个省、市、自治区的161个项目申请中遴选而出，经过网上公示并由组委会开展了独立的调研评估，涵盖弱势群体保护、社会事业、公益支持、社区服务、扶贫济困、环保等6个领域。来自学界、公益组织和媒体的近200位代表出席并见证了整个过程，现场气氛在紧张中透着热烈。

中央编译局副局长俞可平教授在发言中强调了社会创新的价值和意义：社会创新有利于激发社会活力、改善社会治理、培育健康的公民社会；有利于提高政府执政能力、扩大基层民主；有利于改进公共服务，建设和谐社会。10年前，俞可平创立中国地方政府创新奖，以鼓励地方政府在推进法治政府、服务政府、责任政府和透明政府建设中进行创新。作为地方政府创新奖的补充和延伸，中国社会创新奖今年5月启动，反映了在当下的社会环境中，通过社会创新解决社会问题、推动社会管理和体制改革被提到前所未有的高度。

“不创新，毋宁死”，南都基金会理事长徐永光理事长在发言中以此解释公益组织和社会创新的关系。社会创新奖评选所涌现的公益组织和它们的创新模式，使徐永光对未来社会创新在中国取得突破并在世界创新中拥有一席之地保持乐观。

中国社会创新奖是中央编译局比较政治与经济研究中心、北京大学中国政府创新研究中心、北京华夏经济社会发展研究中心等机构共同发起的“中国社会创新奖励与研究计划”的一部分。中国社会创新奖组委会主任周红云表示，“中国社会创新奖励与研究计划”的设立目的，是为了发现和鼓励公民社会组织在解决社会问题、满足社会需求、创造社会价值、促进社会进步中的创新行为，总结并宣传推广中国社会创新的先进经验，促进和推动社会公平与社会善治。

资料来源：付涛：《社会创新再获鼓励——首届中国社会创新奖在京发布》，载《中国发展简报》，2010-12-28。

9.1 社会创新与创新型社会管理

9.1.1 社会创新

1. 社会创新的分类

中国社会创新奖的设立显示，社会创新已经成为当前国内学术界和实务界研究的热点话题。社会创新是当前国内外学术界最热门的话语之一，早在其形成一个较为严谨的学术概念之前，人类文明历史上就有很多可以标签为社会创新的现象出现，并且逐步占据主流社会的话语体系。① 甲骨文、古希腊城邦的公民大会制度、依巴密浓达在留克特拉战役中首创的“斜线式战术”②、行业协会、贸易合作和联盟、商业保险模式和社会保障模式、19世纪大学新模式、成熟的幼儿园形式、运动俱乐部③，还有基于“零能源”发展理念的现代循环社区，都是社会创新的重要成果。

近代以来，随着工业化和市民社会的形成与发展，社会创新也获得了较大发展。19世纪欧洲已经出现了互助行动、微型贷款、建筑行会、贸易联盟、读书俱乐部，以及具有慈善精神的商业领袖开创的示范性社区和学校；在19世纪和20世纪，英国创造了最具影响力的儿童护理模式、住房模式、社区发展（爱德华式住宅群）和社会关怀（比如英国的Rowntree基金会）。

进入20世纪后，社会创新在全球扩展，其足迹几乎遍布全球。从被称为改革先锋的盎格鲁—撒克逊国家，到具有斯堪的纳维亚传统的瑞典、芬兰；从发达的OECD国家到转型国家，从西方国家到东方国家，均掀起了一股社会创新的热潮。配合社会创新的实践，在学术研究方面，2003年《斯坦福社会创新评论》（*Stanford Social Innovation Review*）创办，以及一系列社会创新书籍的出版（比如《社会硅谷》、《从A到A+社会》、《芬兰的100个社会创新》等），对社会创新的研究也从描述观察发展到理论归纳分析，逐步深入。④

社会创新涉及范围非常广泛，其分类标准也不尽相同。加拿大学者康格从社会创新的成果入手，将社会创新现象划分为三个部分——程序方面的创新、法律方面的创新和机构组织方面的创新。⑤ 他认为代表社会创新的程序方面的例子包括：语言、文字、慈善事业、民主、罢工、审批、宣誓、检验、心理分析和培训；作为法律方面的例子有：1388年的济贫法、1601年的儿童领养法、1689年的英格兰权利法案、1717年的俄罗斯义务教育法、1789年的瑞士失业保险法，以及美国在1875年以后实行的禁止虐待儿童法；机构和组织方面的创新包括：学校、法院、下议院、工会、监狱、基督教青年会、儿童救济会、红十字会、童子军。

---

①③④ 参见［英］杰夫·摩根：《社会硅谷：社会创新的发生与发展》，载《经济社会体制比较》，2006（5）。

② V. D. Hanson, *The Soul of Battle: From Ancient Times to the Present Day, How Three Great Liberators Vanquished Tyranny*, Free Press, 1999.

⑤ 参见［加］司徒·康格、赖海榕：《社会创新》，载《马克思主义与现实》，2000（4）。

英国学者杰夫·摩根和中国学者何增科根据发起社会创新的主体行动者的特征来进行分类，将社会创新分为个人发起的社会创新、社会运动发起的社会创新和社会组织发起的社会创新。[①] 在个人发起的社会创新中，又可以区分为社会企业家驱动和社会活动家驱动，这两类个人都具有共同的人格特质，如清楚的愿景、坚定的承诺、坚韧的毅力、不畏风险的勇气、充满激情和使命感等。不同的是，社会企业家通过整合资源，直接提供社会服务，社会活动家则通过社会成员，致力于实现特定的社会目标。[②]

社会运动驱动社会创新的最著名的案例是 18 世纪晚期英国的反蓄奴运动，那次运动创造了公众会员制、游行、请愿、标语和口号等现代社会常见的大众动员形式。社会运动驱动的社会创新的重要影响因素包括意义重大、力量联合、人数众多、投入深入[③]，从其追求的特定社会目标进行区分，包括环境保护运动、女权运动、黑人民权运动、公平贸易运动等。

根据不同的划分标准，社会组织可以划分为不同的类型，如根据社会组织的功能将社会组织区分为服务类社会组织、兴趣类社会组织、联谊类社会组织、资助类社会组织、维权类社会组织、倡导类社会组织、公益类社会组织，在此基础上可以将社会创新划分为不同的类型。社会组织发起的社会创新又因驱动力量的不同而进一步划分为用户驱动或消费者驱动的社会创新、社会组织内外部利益相关者如雇员驱动的社会创新等。[④]

宗教组织在发展社会创新方面扮演着重要角色。被视为 20 世纪的社会创新标杆之一的维多利亚式住宅群（Victorian settlements）、南非反种族隔离运动、美国黑人教堂所倡导的民权运动、微型贷款、互利福利，都说明了宗教对社会创新的重要作用。

社会创新不仅仅是社会组织的专利，政府同样在社会创新中发挥作用，有时甚至是主导作用。杰夫·摩根指出，1945 年后由于"志愿失灵"问题（在这个时期，很多人发现，民间机构和慈善机构地域狭隘，有家长式作风，且效率低下，无法满足社会要求），民主政府在社会创新方面发挥主导作用，政府构建福利系统、学校教育系统，创建各种诸如为农民服务的贷款银行和成人大学学习网络这样的机构。

根据社会创新的社会领域还可以将社会创新划分为科学研究、文化、卫生保健、公共设施建设、灾害救助、扶贫济困、环境保护、弱势群体维权、社区服务、特殊人群（如老年人、残疾人、妇女、儿童、心理疾病患者、职业病患者等）服务、公益服务、政策倡导、慈善中介与志愿促进等。[⑤] 广义的社会创新发生作用的领域远远不只社会政策领域，而是拓展到了商业、公共事业、农业、零售业、金融业和媒体等各领域。例如，罗伯特·欧文尝试建立一个全新的社会和经济体，世界上负债率最高的银行 Rabobank，西班牙的 Mondragon——一个雇佣了 8 000 多人的合作社联盟，英国以信托基金方式管理的公共设

① 参见何增科：《社会创新的十大理论问题》，载《马克思主义与现实》，2010 (5)；[英] 杰夫·摩根：《社会硅谷：社会创新的发生与发展》，载《经济社会体制比较》，2006 (5)。

② R. L. Martin, S. Osberg, "Social entrepreneurship: the case for definition", *Stanford Social Innovation Review*, 2007 (2).

③⑤ 参见 [英] 杰夫·摩根：《社会硅谷：社会创新的发生与发展》，载《经济社会体制比较》，2006 (5)。

④ 参见何增科：《社会创新的十大理论问题》，载《马克思主义与现实》，2010 (5)。

施——威尔士水气站。韩国的Ohmynews这种新媒体形式（通过严格而开放的制度鼓励民众参与网络新闻采写，这也许是近十年来媒体领域最重要的商业模式创新）①，也同样凝聚着社会创新的智慧。

案例思考

循环社区

英国伦敦附近的伯丁顿社区由伦敦最大的商住集团皮保德、环境专家及生态区域发展工作组联合开发，实现了“零能源发展”，成为引领英国城市可持续发展建设的典范，具有广泛的借鉴意义。

这项计划之所以被称为“零能源发展”，是因为这里的建筑物所需的电力和热力供应都不再使用传统的能源，建筑物也不再向大气排放二氧化碳，采用的所有建筑材料均可循环使用。这里的建筑物全部南向，以最大限度地吸收太阳能量。每个阳台后是北向的办公室或居室。北向的房间能照射到的阳光较少，所以夏天不太热，减少了空调使用量；无论是住户还是办公室，均安装能耗低、效率高的电气产品；屋顶被绿化，以减少热辐射。各个方面综合节能的结果，使得这里建筑物的电力和热能需求只有普通建筑的10%。

为了减少车辆的使用，房屋设计成办公与住宅共存的模式。由于离地铁仅20分钟的路程，设计者组织了电动汽车公用俱乐部，大家可结伴而行，不必每人或每个家庭都拥有自己的汽车。此外，还向居住者出借自行车。安装在这里的建筑物上的太阳能电池板足以为40辆俱乐部的电动汽车充电。社区的垃圾在厨房里就开始分类（厨房灶台上安装有分类装置），先进的生活垃圾焚烧装置的使用，不但解决了小区内的垃圾处理问题，而且还能为小区居民提供热能（如蒸汽、热水等）。该社区由于采用了世界上最先进的太阳能技术，加上垃圾焚烧所产生的热能，使小区居民的用电基本可以做到自给自足。

伯丁顿“零能源发展”社区的发展虽然才刚刚开始（始于2000年），而且规模还不大，在发展中还有许多问题，但它却为人们展示了通过循环经济实现可持续发展的美好前景。

第一，在城市建筑规划和设计中，要充分考虑到城市各个部分功能的发挥，尽量缩减工作地和居住地之间的距离，从而最大可能地减少人流量。

第二，城市公共交通是区域可持续发展的重要内容。城市公共交通一般包括常规的公交电汽车、出租车、小公共汽车以及城市铁路（市郊铁路或城市高速铁路）、地铁和地面或高架的轻轨等快速轨道系统。发展公共交通，可以节约资源，减少交通堵塞。

---

① 参见［美］杰夫·摩根：《社会硅谷：社会创新的发生与发展》，载《经济社会体制比较》，2006（5）。

第三，循环经济强调资源再生和循环利用，通过代谢和共生关系来达到节约资源的目的。当前，人们正在倡导“四倍数革命”，即资源使用减半，人民福祉加倍，伯丁顿“零能源发展”社区为资源再生利用提供了很好的示范。

第四，把发展循环经济与市场紧密结合起来。要发展循环经济，绝不能仅仅停留在善良的愿望上，必须要考虑到市场关系，要在推动循环经济时，使参与各方都能够得到利益。

资料来源：刘学敏：《英国伯丁顿社区发展循环经济的启示》，载《中国经济时报》，2005-02-28。

2. 社会创新的含义

社会创新历史悠久，社会创新现象层出不穷，几乎覆盖了全球的每一个角落，近20年来，国内外学术界都已逐步认识到社会创新正在成为学术争论和研究中的一个重要概念[①]，但一个不容忽视的问题是：“社会创新”概念的内涵与外延并没有得到明确界定和梳理，基础理论研究的明显滞后与社会创新实践的蓬勃发展极不协调。[②] 澳大利亚学者Eduardo Pol和Simon Ville甚至提出疑问，“社会创新究竟仅仅是一个时髦的名词还是具有恒久的生命力的词汇”[③]。

在国际学术界，有两个社会创新的定义具有广泛的影响。一个是英国杨氏基金会主席杰夫·摩根的定义。他指出，社会创新是在满足社会目标方面产生效果的新想法，或者是指受满足社会需求目标所驱使并主要由以实现社会目的为主的组织所从事和扩散的创造性行动和服务；[④] 另一个是美国斯坦福大学社会创新研究中心菲尔斯（James A. Phills）等人提出的定义，即社会创新是对某个社会问题的新颖的解决办法，这个解决办法比现有的办法更有效、效益更高、更可持续或更加公正，同时它所创造的价值为整个社会带来利益而非仅仅对某些个人有利。[⑤] 此外，加拿大学者司徒·康格对社会创新的界定是：“社会创新就是创造新的程序、法律或者组织，它改变着人们相互之间发生关系的方式。它解决具体的社会问题，或使迄今为止还达不到的社会秩序或社会进步成为可能。”[⑥]

中国学者王名和朱晓红认为：“社会创新可以理解为一个涉及社会生活的基本理念、组织和制度的创新过程，是在旧的社会生活范式或体系的基础上建立新的运作模式的过程，其中既包含着对旧的生活范式或体系的否定，以及在理念、组织和制度层面突破旧有体制的大胆改革，也包含有建构新的理念、组织和制度的种种积极探索和尝试。”[⑦] 俞可平教授在2010年5月26日举行的“中国社会创新奖”启动仪式上指出，从广义上说，

---

① J. Howaldt, M. Schwarz, “Social innovation: concepts, research fields and international trends”, *Studies for Innovation in a Modern Working Environment-International Monitoring*, Eds. Klaus Henning, Frank Hees, 2010.

② 参见臧雷振：《社会创新概念：世界语境与本土话语》，载《经济社会体制比较》，2011（1）。

③ E. Pol, S. Ville, Social innovation: Buzz word or enduring term?, *Journal of Socio-Economics*, 2009 (6).

④ 参见［英］杰夫·摩根：《社会硅谷：社会创新的发生与发展》，载《经济社会体制比较》，2006（5）。

⑤ J. A. Phills, K. Deiglmeier, D. T. Miller, “Rediscovering social innovation”, *Stanford Social Innovation Review*, 2008 (4).

⑥ ［加］司徒·康格、赖海榕：《社会创新》，载《马克思主义与现实》，2000（4）。

⑦ 王名、朱晓红：《社会组织发展与社会创新》，载《经济社会体制比较》，2009（4）。

社会创新就是社会领域的各种创新活动，公民团体、社会组织和社会企业是社会创新的重要主体。①

中国学者王雅林等总结了国内外关于社会创新的概念界定，指出社会创新包括狭义和广义的定义。他们认为国外学者大体上是在两个层面上对社会创新加以使用和界定的：一是在企业组织层面，相对于技术创新，在关涉到企业内部的组织、程序等方面的变革问题时采用社会创新概念，比如美国管理学大师德鲁克正是在这个意义上阐释社会创新是企业管理者的重要任务，这可以看作是社会创新的狭义概念；二是在社会系统整体层面上，将社会创新作为社会变迁理论的一个特定概念加以使用，这可以看作是社会创新的广义概念。②

德鲁克认为创新是微风细雨，创新是革命的替代品，"无论是社会还是经济，公共服务机构还是商业机构，都需要创新与企业家精神。创新与企业家精神能让任何社会、经济、产业、公共服务机构和商业机构保持高度的灵活性与自我更新能力。这首先是因为创新与企业家精神不是对原有的一切'斩草除根'，而是以循序渐进的方式，这次推出一个新产品，下一次实施一项新政策，再下一次就是改善公共服务。其次，因为它们并没有事先规划，而是专注于每个机会和各种需求。最后，是因为它们是试验性的，如果它们没有产生预期的和所需的结果，就会很快消失；换言之，因为它们务实，而不教条，脚踏实地，而不好高骛远"。③

在社会系统层面上，德国著名社会学家沃尔夫冈·查普夫对社会创新概念作了理论梳理和界定工作，指出："社会创新是达到目标的新的途径，特别是那些改变社会变迁方向的新的组织形式、新的控制方法和新的生活方式，它们比以往的实践能更好地解决问题，因此值得模仿、值得制度化。"④

9.1.2 创新型社会管理

1. 社会管理创新综述

创新是促进和提高社会管理水平的重要途径，管理创新研究是西方公共行政领域的经典主题。20 世纪 70—80 年代，管理创新经历了从传统科层制到新公共管理的转变。这一时期，以公共服务顾客化为导向，分权与市场化是管理创新的核心内涵。公共部门通过引入市场化绩效评估、"外包"服务、建立公私协作关系（Public-Private Partnership）等提升行政效率和公共产品的提供水平。20 世纪 90 年代，以市场为基础的新公共管理弊端逐步显露，政府失灵和市场失灵导致公共产品无法有效供应⑤，政府合法性、回应性等问题无法通过市场化方式解决⑥，这促使"治理"及相关概念如多中心治理（polycentric gov-

---

① 参见何增科：《社会创新的十大理论问题》，载《马克思主义与现实》，2010。

② 参见王雅林、晚春东：《论社会创新》、载《学习与探索》，2002（1）。

③ P. F. Drucker, "Social innovation-management's new dimension", *Long Range Planning*, 1987 (6).

④ ［德］沃尔夫冈·查普夫：《现代化与社会转型》，北京，社会科学文献出版社，2000。

⑤ L. M. Salamon, H. K. Anheier, "Social origins of civil society: explaining the nonprofit sector cross-nationally", *Voluntas: International Journal of Voluntary and Nonprofit Organizations*, 1998 (3).

⑥ 参见俞可平：《论政府创新的若干基本问题》，载《文史哲》，2005（4）。

ernance)、参与式治理、协同治理、协商民主(deliberative democracy)、政策网络(policy network)等不断涌现,形成了新时期管理创新的发展方向。

国外学界创新研究始于 20 世纪 20 年代熊彼特对资本主义经济发展实质的论述,此后政府创新这一概念就区别于政策发明而被定义为对原创性政策发明的应用。① 20 世纪 80 年代"新公共管理运动"使得政府再造、政府创新的概念广为人知。从 20 世纪 90 年代开始,国外大量的实证研究关注政府创新的发生机制、可持续性和对政府绩效的影响,形成了比较系统的政府创新研究体系。政府创新的发生机制包含内生型与外压型动因分析;② 基于行动者、组织文化和外在环境的创新决策影响因素分析和创新的区域扩散机制分析。

国内学界对社会创新的研究起步相对较晚,20 世纪 90 年代后才开始出现一批专门研究政府主导社会创新的学者。但从研究主题和研究方法上看,国内学界已初步形成相对系统的研究体系。从研究主题看,俞可平、谢庆奎、燕继荣等学者论述了政府创新的内涵、领域和意义。对发生机制的研究发现政府官员尤其是领导者在创新中发挥主导作用,其行为可以归纳为问题导向和精英导向两种③,而其外部环境可以归纳为发展与危机④,两者的互动构成了不同的创新模式。与国外文献观点相似,环境和资源禀赋、行动者能力与意愿和组织结构也被认为是影响创新的重要因素。⑤ 创新扩散框架在中国的实证研究较少,但王绍光和德国学者韩博天(Heilmann)对中国政策过程中"试点"等现象的描述在一定程度上体现了中央政府同地方政府间的学习与互动行为。创新的可持续性是国内研究的热点,有学者从社会资本角度提出培养内生需求⑥,也有学者尝试构建政府创新持续力评价框架。我国台湾地区已有利用政策学习理论(policy learning)研究的先例,如垃圾处理等,内地学界尚未从这一视角开展研究。从研究方法看,案例研究是创新研究的主体,而随着数据资源的丰富,如"中国地方政府创新奖"的设立,基于案例样本的文本分析法和调查统计法也逐步得到应用。

案例思考

广东探索社会管理先行一步

正如改革开放一样,广东在探索社会管理方面也先行一步。广东这些年针对具体的社会问题进行了具有实质性的社会(制度)改革,主要包括以下几个方面:

---

① F. S. Berry, W. D. Berry, "Innovation and diffusion models in policy research", *Theories of the policy process*, 1999.

② D. P. Dolowitz, D. Marsh, "Learning from abroad: the role of policy transfer in contemporary policy-making", *Governance*, 2000 (1).

③ 参见陈雪莲、杨雪冬:《地方政府创新的驱动模式》,载《公共管理学报》,2009 (3)。

④ 参见杨雪冬:《简论中国地方政府创新研究的十个问题》,载《公共管理学报》,2008 (1)。

⑤ 参见吴建南、马亮、杨宇谦:《中国地方政府创新的动因,特征与绩效——基于"中国地方政府创新奖"的多案例文本分析》,载《管理世界》,2007 (8)。

⑥ 参见燕继荣:《社区治理与社会资本投资——中国社区治理创新的理论解释》,载《天津社会科学》,2010 (3)。

首先是“小政府、大社会”。这是20世纪80年代的改革目标。“小政府”是“大社会”的前提。从前强调的是不同政府层级之间的分权，但广东现在提出了政府向社会分权。在分权、培植社会力量等方面，广东取得了不少成绩。政府要管得少、管得好，把社会能够管理好的事情下放给社会，把那些政府能管社会也能管的事情也下放给社会，更为重要的是政府要给予社会足够的空间，这样社会力量才能生长和发展，才能学会自我管理。

在行政改革方面，广东在缩短行政层级和在“瘦腰”方面做了很多试验。前者发生在深圳，后者发生在顺德。这里应当强调的是顺德的“党政合署办公”试验的意义。党政关系是中国政治改革的核心问题，顺德的经验表明地方政府实行“党政合一”的制度所能带来的一系列积极的制度效应。

在政治方面，广东更是大胆地尝试着拆除执政党和社会、政府和人民之间的“社会墙”。一些地方尝试了人大代表工作室制度。现在，又在计划设立党代表工作室制度。所有这一切针对的是执政党和社会存在脱节的问题，意在冲出“城堡”，重新确立执政党和人民、社会之间的有机制度关联。

资料来源：郑永年：《中国社会管理的未来》，载《联合早报》，2012-01-03。

2. 社会管理发展趋势

马凯指出，社会管理是“以维系社会秩序为核心，通过政府主导、多方参与，规范社会行为、协调社会关系、促进社会认同、秉持社会公正、解决社会问题、化解社会矛盾、维护社会治安、应对社会风险，为人类社会生存和发展创造既有秩序又有活力的基础运行条件和社会环境，促进社会和谐的活动”①。社会管理变革是问题导向和精英导向双重作用的结果。②

当前，气候变化、生态破坏、环境污染、贫困、失业、老龄化、社会排斥与歧视、贫富两极分化等社会问题已经成为全球必须加以应对的重大社会和环境挑战。随着社会复杂性的不断增加，社会管理主体与对象的多元化趋势加剧，不同人群的社会需求日益分化和多样化。政府提供的统一、标准化的公共服务很难满足日益多样化、个性化的需求。

因此，新型社会管理与创新呈现新的发展趋势，复杂性、前瞻性、服务型、合作型、学习型和虚拟型管理成为满足社会需求、推动社会发展的重要内容（见图9—1）。

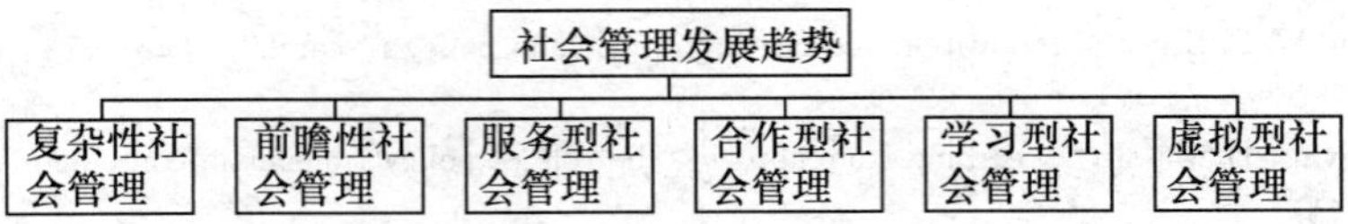

图9—1 社会管理发展趋势

① 马凯：《努力加强和创新社会管理》，载《国家行政学院学报》，2010（5）。
② 参见何增科：《社会创新的十大理论问题》，载《马克思主义与现实》，2010（5）。

9.2 全球社会环境的变革与复杂性社会管理

9.2.1 社会环境变革

中国自改革开放以来，经济飞速发展。随着经济的发展、全球一体化趋势的增强和信息技术的飞速提升，社会问题不断复杂化，中国政府对于社会的治理模式也在不断变化，很多学者也开始关注全球变革背景下中国社会管理模式的变化。其中全球公民社会的形成和国际理念的扩散是中国面临的社会环境变革的重要内容。

颜如春在《当代中国的政府与社会关系模式探析》一文中，阐述了政府与社会关系的四种模式选择，并且阐述了新中国成立以来政府与社会关系的模式及其演化。他提出，改革开放从根本上改变了政府与市场、政府与企业、政府与社会的基本关系。我们可以从中看出，改革开放加深了中国同外界的联系，西方世界的理论观念越来越多地影响了中国社会。[①]“入世”以后，在全球化的大背景下，中国社会越来越多地受到世界理念的影响，同时，中国的社会问题也开始变得复杂，这就要求政府提供与以往不同的社会管理模式。

颜如春还认为，针对越来越复杂的社会，要采取不同于以往的社会治理方式，要在打造“强政府”、“强社会”的同时，达到政府与社会的“强强联合”。由此可以看出，我国的社会管理应该不单单使用一种社会管理模式，而应该采取更复杂的社会管理方式。

新主体的出现，特别是全球公民社会网络的形成也使得中国政府面临的内外环境日益复杂。特别是熊光清在《全球公民社会的发展对国际体系变革的影响》一文中，说明了全球公民社会是公民社会在全球层面的扩展，而全球公民社会的发展使国际体系的行为主体呈现多样化趋势，使国际体系的互动关系呈现网络化、低政治化，在一定程度上改变着国际体系的结构形态，并促使国际体系的观念制度发生变化。这表明不仅仅是在中国国内，在国际范围内社会问题也随着全球国家体系的变化而出现重要的变化。在此情况下，各国政府都应根据自己国家的不同情况采纳不同的社会管理模式。[②]

公民社会的发展在我国亦有明显体现。胡善德在《对加强政府社会管理的思考》一文中，阐述了改革开放以来我国经济社会发生的重大变化，其中就包括公民社会的形成，以及传统的单位制发生重大变化和城市化进程加速。他提出，随着社会转型加快和社会结构的变化，我国传统的社会管理体制已经不能适应新形势，解决新问题。当前，我国社会关系变得复杂、利益矛盾突出、社会问题日益增多，以及收入差距、突发事件、老龄化等等问题，都需要通过加强政府社会管理来协调处理。胡善德提出了政府参与协调处理，也就是说在处理这些问题中，尚需其他组织参与到社会管理中去。[③]

---

① 参见颜如春：《当代中国的政府与社会关系模式探析》，载《探索》，2006（3）。

② 参见熊光清：《全球公民社会的发展对国际体系变革的影响》，载《当代世界与社会主义》，2010（4）。

③ 参见胡善德：《对加强政府社会管理的思考》，载《行政与法》，2008（5）。

9.2.2 复杂性社会管理

所谓复杂性社会管理指的是在全球化和信息化的时代背景下，社会管理大系统中管理主客体多元化、社会问题及社会矛盾日益复杂化、管理方式手段多样化和管理效果不确定性并存的现象。社会管理复杂化不仅仅是指所需要处理的问题的复杂化，同时也指参与社会管理的主体、客体复杂化，管理方式复杂化。公民社会的形成使得公民、社会组织、企业、非政府组织等更多地参与到社会管理当中，同时，信息化的推进也使得社会管理的方式有了更多的选择，同样也增加了管理的难度和管理效果的不确定性。可以这样说，全球变革使得社会管理日趋复杂化，而这也对当前的学者、政府、社会等提出了更高的要求。

管理主体多元化。社会管理主体多元化涉及两方面内容。一方面，社会管理的主体已经不再局限为传统的政府和公共部门，私人部门、社会组织、社区组织也都承担起社会管理的任务。诺贝尔经济学奖获得者 Ostrom 经过多年的研究发现，多中心治理已经成为现代社会管理的重要趋势，社区自治在应对公共资源危机方面较之传统的政府管理更具优势。① 另一方面，社会管理的主体已经超越了主权的范围，随着国际公约、协议的签署，越来越多的国际政府间组织、国际非政府组织对一国社会管理产生着重要影响，这一趋势在环境生态领域尤为明显。

管理客体多元化。社会管理客体多元化涉及三方面内容：第一，随着社会经济结构变化，新兴社会群体逐渐形成，边缘群体逐步占据社会管理议事日程；第二，传统管理的客体，其依托的社会基础发生变化（如中国经济改革背景下传统单位制解体、城市居委会解体、农村村委会弱化等），形成更为复杂的社会关系；第三，网络信息技术的发展使得虚拟空间成为社会管理的新领域。

日益复杂的社会管理主客体构成使得管理效果不确定性增强，不同社会问题间关联性增加，牵一发而动全身。

案例思考

“毒黄瓜”事件折射社会管理复杂性

任何人都不会反对，在面对重大病疫时，保证信息公开透明是政府的一项重要职责。然而，在肠出血性大肠杆菌疫情中，德国方面却在一定程度上忽视了硬币的另一面——信息传播的科学性。

由于片面强调信息公开透明，德国当局没有把对疫情重要信息的宣布权收归联邦政府，而是由各级政府、学术机构、专家和媒体按照需求，自行其是。这种“放羊”式机制，导致西班牙等无辜者利益受到损害，也伤害了德国防控疾病的事业以及德国消费者的权益。

① O. Elinor, N. Harini, “Tenure alone is not sufficient: monitoring is essential”, *Environmental Economics and Policy Studies*, 2007 (3); E. Ostrom, “Beyond Markets and States: Polycentric Governance of Complex Economic Systems, Nobel Prize Lecture in Economic Sciences Presented at the Royal Swedish Academy of Sciences, 2009.

5月26日，德国汉堡卫生研究所宣布，在西班牙生产的黄瓜上发现了大肠杆菌。这一发现并未得到德国联邦研究机构的认可。

5月27日上午，德国负责流行病预防研究的权威机构罗伯特·科赫研究所所长布格尔说，还不能确认到底哪些食品是大肠杆菌的载体。但是，这种澄清已经不能阻止黄瓜携毒的消息像风一样传遍世界。

在疫情的高峰期，患者的人数一天一天不断攀升，人们心中的恐惧不停地累积，官员们希望能迅速找到疫情源头。这时，宣布“毒黄瓜”为疫情元凶，人们想到的不是核对宣布者是否权威，不是努力查清事实真相，而是拉开架势，立即行动。

一时间，西班牙黄瓜在市场上全军覆没。在西班牙马拉加，鲜嫩的顶级黄瓜只能被堆成小山，作为羊的饲料，或者干脆像垃圾一样被草草埋掉。

5月31日，汉堡卫生当局宣布，西班牙黄瓜上并未发现此次疫病的致病细菌，所谓西班牙“毒黄瓜”是一起冤案。

然而，大错已经铸成。西班牙方面估计，事件造成该国菜农的损失每天高达4 600万美元。西班牙环境、农村和海洋事务大臣阿吉拉尔说，该国蔬果种植业遭受了“无可弥补且不公正的伤害”。

欧盟卫生与消费者事务委员约翰·达利说，有关当局不要急于对此类传染病的源头下定论，而应该等到有更多证据时再做结论，“以这种速度迅速播发的新闻会散播恐慌情绪，并给农民带来麻烦”。

“毒黄瓜”事件中，德国防控疫情重点发生的偏差，严重浪费了危机时稀缺的社会资源，成为德国目前控制疫情的严重障碍之一。德国联邦政府已经表示，将与地方政府“立即评估”疫情发生以来的合作情况。

纷乱嘈杂的信息也损害了德国民众的权益。汉堡医护人员乌韦·吕格说：相关方“一会儿是这样，一会儿是那样。我真不知道明天会怎么样”。

德国应对此次疫情所带来的启示是，政府在完成复杂的社会管理任务时，不能只注重措施、原则的一面，而忽视另一面，否则往往会矫枉过正，适得其反。

资料来源：张小军、刘军：《“毒黄瓜”事件折射社会管理复杂性》，见新华网，2011-06-12。

9.3 战略管理与前瞻性社会管理

案例思考

“曲突徙薪”

“5·12”四川汶川特大地震中，一个叫叶志平的校长和他所在的桑枣中学创造了奇迹。地震猝发，桑枣中学那栋“盖楼花了17万元，加固却用了40多万元”的实验教学楼，没有倒塌；2 000多名师生，仅用1分36秒就冲到操场，无一伤亡。

桑枣奇迹，看似“幸运”和偶然，实则未必。假如不是叶校长坚持张罗整修加固校舍，一次次地组织紧急疏散演练，很难想象震后的学校会是怎样的情形。

谁都不希望遭遇灾难，但人类与灾难的斗争向来贯穿社会发展的历史进程。客观来看，诸如地震等一些重大自然灾害，其是否发生、何时何地发生，人力因素还不能控制甚至难以预测，但这并非意味着人们在灾难面前就束手无策。有时候，即便我们无法阻挡灾难的发生，但仍可以选择应对灾难的态度和方式。

类似桑枣奇迹的若干实例表明，通过预先准备和超前应对，不唯自然灾害，诸如一些突发公共事件、安全生产事故乃至改革中的矛盾、发展中的挑战、人民群众关注的热点难点问题，都可以得到有效化解或纾缓。

《汉书·霍光传》里记载了一个“曲突徙薪”的典故：有人看到某户人家锅灶砌的是直烟囱，旁边还有柴堆，就劝其将烟囱改曲，搬走柴草，否则恐有火患。但建议未被采纳，后来这户人家果真因“直突、积薪”而失火。

故事里劝人“曲突徙薪”者，让人想起现实中的叶志平。其实在我们的身边，还有很多这样的人，也正是无数“曲突徙薪”者的恪责笃守和小心谨慎，才让生活更加安宁、社会更加安定。经验和教训也无不表明，有相当数量的灾害、事故，假若“曲突徙薪”，将防范治理措施落实到位，或者可以避免，或者不至给人民生命财产造成大的损失。

无远虑者，必有近忧。面对灾难和危机，“亡羊补牢”固然可慰可诚，但“曲突徙薪”更是可嘉可勉，可作榜样。事实上，做到“曲突徙薪”并不是很难。很多时候，它只需要我们多一些敬畏、少一点轻视，多一些忧患、少一点慵懒，多一些坚持、少一点放弃，多一些“较真”、少一点懈怠……难的是让“曲突徙薪”成为规则、融入意识、化为自觉、养成习惯，普遍为人们遵守奉行，主动付诸发展实践，真正贯彻到工作生活的方方面面。

“曲突徙薪”凸显的是眼光和智慧，彰显的是责任和良知。如果每个人在各自岗位上，都能如叶志平那样，把一个普通公民对自身的职责和操守、做人的良心和道德、人生的价值和意义理解得如此深刻、笃行得这样彻底，我们的身边，定然会少一些悲伤悔恨的泪水，多一些欢乐欣慰的笑容。

灾难忌惮“曲突徙薪”，发展需要“曲突徙薪”，社会呼唤更多的人来做“曲突徙薪”者。

资料来源：林璞：《想起了“曲突徙薪”》，载《人民日报》，2009-05-15。

“曲突徙薪”的案例充分反映了古代中国人民的智慧，“防患于未然”等成语也表达了同样的意思。前瞻性、战略性管理是当代社会管理的重要趋势之一。伴随着全球化、信息化和经济时代的到来，政府部门所面临的管理问题日益复杂，新公共管理范式、公共治理理论等公共管理理论层出不穷，对传统的政府管理理论提出了挑战。这些都促使政府超越自身的传统管理理念、方法和技术，综合采用战略管理等在私人领域已被广泛采用的管理理念和管理方法应对外部日益复杂的环境。

9.3.1 战略管理

战略管理思想在私人领域的历史相当悠久。自 20 世纪 60 年代以来，伴随着社会经济的迅速发展，西方战略管理思想也发生了许多变化，形成了许多不同的学派。浙江大学管理学院的倪义芳、吴晓波在其发表的论文《论企业战略管理思想的演变》中，认为战略管理理论的发展经历了计划过程——SWOT 分析——产业结构定位——企业核心能力——内外部优势资源结合——企业联盟与资源互补这样的发展过程。[①]

他们同时认为战略管理思想的未来发展趋势主要包括以下五个方面：战略影响因素分析的全面化；研究对象细化；更加强调战略构想；更加强调竞争合作；更加注重信息应用。战略管理理论在进入企业联盟与资源互补的发展阶段时，就已经不再专属于个人领域，而是具备了一定的公共性，企业通过让渡部分权力以实现利益的均衡，而这一思想恰好与公共部门的组织目标相一致，因此这种更加强调竞争合作的战略管理思想也就成为政府采用战略管理思想的基础。

中国当前的社会管理依旧属于政府部门或者说是公共部门的职责，根据新管理理论范式，如何在中国社会实现前瞻性的社会管理，即保持社会发展的可持续性，其关键就在于政府部门或者公共部门如何移植私人领域的战略管理思想，实现公共部门战略的持续性。

Barry Bozeman 和 Jeffrey D. Straussman 在他们的著作《公共管理战略》中提到公共部门战略管理的四个基本特征：关注长期；将长期目标和近期目标整合成一个连贯的层级；认识到战略管理和计划并不是自行贯彻的；采取一种外部观点，强调不是去适应环境，而是期待和塑造组织的变迁。[②] 同时他们也指出相对于企业战略管理，公共部门战略管理必须充分认识到政治权威的影响。厦门大学公共事务管理学院院长陈振明教授在其发表的《公共部门战略管理途径的特征、过程和作用》一文中较为详尽地阐述了国外公共部门战略管理研究的主要情况，他在文中提出，公共部门战略管理主要分为三个部分，即战略规划、战略实施和战略评价，同时在这三个部分中引入了许多战略管理的分析工具，例如 SWOT 分析、PEST 分析等等。[③]

除了宏观层面上的研究，目前也有部分国内外学者致力于研究微观层面的公共部门战略管理分析工具的使用。美国哈佛大学肯尼迪政府学院的 Mark H. Moore 教授在他的著作中提出了政府战略管理的三角模型。[④] 三角模型被国内学者广泛讨论。赵景华、李代民在其发表的《政府战略管理三角模型评析与创新》中指出："该模型确立了政府战略管理的核心目标——创造公共价值，分析了政府战略管理三大基本要素——使命管理、政治管理和运营管理。"[⑤] 同时赵景华等也在另一篇文章《政府战略管理的 SWOT 模型：一个概念

---

① 参见倪义芳、吴晓波：《论企业战略管理思想的演变》，载《经济管理》，2001 (6)。

② B. Bozeman，J. D. Straussman，*Public Management Strategies*：*Guidelines for Managerial Effectiveness*. Jossey-Bass San Francisco，1990.

③ 参见陈振明：《公共部门战略管理途径的特征、过程和作用》，载《厦门大学学报》(哲学社会科学版)，2004 (3)。

④ M. H. Moore，*Creating public value*：*Strategic management in government*，Harvard University Press，1995.

⑤ 赵景华、李代民：《政府战略管理三角模型评析与创新》，载《中国行政管理》，2009 (6)。

框架》中提出了类似于三角模型的政府战略管理 SWOT 分析模型。[①]

9.3.2 前瞻性社会管理

前瞻性社会管理的重点领域集中在风险性和不确定性较强，并且与公共安全密切相关的领域。有效的社会管理不仅体现于常态工作，更体现在政府对公共安全危机的应对上；不仅仅体现在突发事件的事后应对上，还体现在前置性的预警机制的设立上。目前，我国正处于经济和社会发展的转型期，社会进入公共安全危机多发时期，每年因自然灾害、事故灾害和社会安全事件等突发公共事件造成的人员伤亡、经济损失巨大。公共安全危机不仅造成重大人员伤亡和经济损失，而且给社会大众的心理造成负面影响。南京大学公共管理学院的王家峰在其文章《风险社会中的前瞻性管理——政府管理的战略设计》中独辟蹊径地从社会风险角度阐释了前瞻性社会管理的必要性。他认为，目前人类社会已经从工业社会进入风险社会，人们所面临的风险主要来自于自然灾害所带来的“自然风险”及人类社会和科技不断发展所带来的“人造风险”（例如次贷危机、克隆所带来的伦理危机等）。他认为，目前政府所采取的应急管理、危机管理措施仅仅是针对已经发生或者正在发生的风险，而无法降低潜在风险所带来的破坏性，因此政府需要建立起一套前瞻性的社会管理体系。[②]

他为前瞻性社会管理给出的定义是：政府管理依据反思性的风险意识，以建设社会信任关系为基础，通过开放性的社会对话和合作，积极主动地采取社会行动，以影响或改造社会存在，为公民和社会创造安全舒适的社会环境。

前瞻性社会管理所具备的四个特征是：反思性的风险意识；社会信任关系；开放性的社会对话和合作；积极主动。由此形成的社会管理“能动性”才是分担社会风险、降低危害的正确之道。

9.4 社会治理与服务型社会管理

9.4.1 社会治理

1. 社会治理的内涵

最近二三十年，随着全球社会、经济的不断进步和发展，一系列复杂的变化深刻影响了社会管理的结构，这些变化主要体现在以下三方面：一是公共支出的持续膨胀带来普遍的政府财政危机；二是全球化的步伐加快；三是社会公众民主诉求的增强以及社会人口构成的变化如老龄化和移民增多等。这就要求政府在整个社会管理过程中更具有回应性、更富有效率，而社会管理的复杂性又使得政府无法独立承担社会管理的任务，这就要求其他社会主体承担相应的责任，甚至有学者提出了“没有政府的治理”这一概念。[③]

---

① 参见赵景华、邢华：《政府战略管理的 SWOT 模型：一个概念框架》，2010（5）。

② 参见王家峰：《风险社会中的前瞻性管理——政府管理的战略设计》，载《“中国特色社会主义行政管理体制”研讨会暨中国行政管理学会第 20 届年会论文集》，2010。

③ 参见［美］詹姆斯·N·罗西瑙：《没有政府的治理》，南昌，江西人民出版社，2001。

在1989年世界银行首次提出了“治理危机”这一概念之后，“治理”这一术语被广泛应用，其中的“社会治理”也为我国在全球化背景下解决社会管理问题提供了新的解决路径。

学界对于治理的定义，宽泛而有弹性。比如，孙晓莉认为：“社会治理蕴含了有限政府、法治政府、公众参与、民主、社会公正等等理念，以共同治理为本，谋求政府公共部门、私营部门、公民社会等多种社会管理主体之间进行广泛沟通与交流，通过共同参与、协同解决、公共责任机制，在社会公正的基础上提高社会管理的效率和质量。”[①] 麻宝斌、任晓春认为：“治理理论强调多元的分散主体达成多边互动的合作网络；治理是各种公共或私人机构和个人管理其共同事务的诸多方式的总和；治理是使相互冲突的或不同的利益得以调和并且采取联合行动的持续的过程。”[②] 杨雪冬认为社会管理的“治理化”有两层含义，一是社会管理的主体除了政府或国家外，还包括各类社会组织以及公民个人；二是社会管理不仅包含政府利用行政法律等强制手段进行的管制、约束和规范，更包括政府与其他社会组织提供的公共服务以及社会的自我管理。[③] 综合各位学者的观点，社会治理的基本内涵可以概括为：社会管理主体多元化，不仅有政府，还有企业、社会组织、个人；这些主体相互合作，共同参与，达成共识，使冲突和不同利益得以调和的持续的过程；这些主体除了法律的约束外，还要进行相应的自我管理。

2. 社会治理中的政府：转向服务型社会管理

政府应在这种新型的社会治理体系中更加强化其服务职能。原民政部部长李学举把社会管理定义为：主要是政府和社会组织为促进社会系统协调运转，对社会系统的组成部分、社会生活的不同领域以及社会发展的各个环节进行组织、协调、服务、监督和控制的过程。但随着政府角色和职能的重新界定，社会治理促进了政府管理基本运行方式、政府与市场和公众之间关系基本定位的变化。政府公共部门与公众之间的关系由治理者与被治理者之间的关系变为了公共服务的提供者与消费者之间、公共服务和公共产品生产和提供的合作者的关系。因此，在这种背景下，政府应从“掌舵者”的角色过渡到“划桨者”，变原有的管理为社会治理，充分发挥多元主体尤其是社会组织的作用。政府和社会组织应该加强合作，起到服务社会发展的作用。社会组织的加盟，可以把政府从提供众多公共服务的职能中解放出来，使其能更好地发挥自身优势，集中政策资源，服务社会，同时社会组织也增强了自主性，自身也得到了良好的发展。

9.4.2　服务型社会管理

20世纪80年代以来，人类社会逐渐由工业社会向信息社会过渡。时代的变迁呼唤着新的公共行政模式，政府工作流程再优化成为一个世界性的潮流。在这种历史背景下，以顾客即服务对象为导向的“无缝隙政府”理论应运而生——无缝隙政府在欧美和新加坡已经成为一种重要的政府组织模式，这种强调政府服务职能和以人为本思想的政府模式一定

---

① 孙晓莉：《西方国家政府社会治理的理念及其启示》，载《社会科学研究》，2005（2）。

② 麻宝斌、任晓春：《从社会管理到社会治理：挑战与变革》，载《学习与探索》，2011（3）。

③ 参见杨雪冬：《走向社会权利导向的社会管理体制》，载《华中师范大学学报》（人文社会科学版），2010（1）。

程度代表了未来政府建设的趋势。根据拉塞尔·M·林登的著述，无缝隙政府理论的主要内容是[①]：

(1) 顾客导向。无缝隙政府把服务对象称为顾客，强调一切以顾客为导向、为中心，针对顾客（内部：其他政府机构；外部：企业、社会组织和市民）的需求生产和提供公共产品及服务，做到顾客至上、民众优先。

(2) 结果导向。无缝隙政府强调积极的目标，强调具体的结果和产出，强调工作的实际结果、预算和绩效并重，而不是工作本身或工作量的多少。

(3) 竞争导向。在市场经济的大背景下，政府必须以竞争为导向，引进公共服务的市场竞争机制，改变对公共服务的垄断甚至独占的做法，允许和鼓励民间参与和提供服务，使公共机构与民营机构之间、公共机构之间、民营机构之间彼此展开竞争，以提供更加有效的公共服务。

(4) 确保工作"主要序列"的持续流动。政府应主要关注能够直接为顾客带来效益的活动，排除、减少或分离其他活动。其方法是先完整地绘制出工作流程图，然后逐项分析每个工作环节、步骤，确认增值和无益的步骤，最后排除、减少或分离不能增值的步骤，只保留增值和有益的步骤，从而优化工作流程，压缩工作时间，提高工作效率。

(5) 通过网络在源头一次获取信息并实现共享。政府应通过推进政务办公自动化，加速公共部门内外的信息传递，使信息通过网络在源头一次获取，然后多个部门共享。

(6) 通才取代专才。在无缝隙政府中，工作人员绝不仅仅是哪一领域、哪一方面的"专才"，而应是拥有较为全面的专业知识和法律知识、较好的口头表达能力和应变能力、熟练掌握计算机操作技能的"通才"，能够满足顾客各项需求，处理各类公共问题。只有这样，才能确保政府的工作效率和服务质量。

近年来，各国政策开始转向解除规制、私有化以及自由化等方面，公共服务也因此经历了转型，如加拿大的"公共服务2000"计划、英国的"下一步行动"计划、法国的公共服务改革、澳大利亚的财政管理改革计划等。这些活动的展开也为中国在逐渐实现服务型社会管理的过程中提供诸多启示，有助于转变我国政府行为的指导理念：首先，社会管理从过去更多地强调政府的主导型角色和政府意志转为更多地强调社会公众的意志。其次，从强调政府序列中的下端对上端负责到政府、市场化组织、公民社会整体对社会公众负责，建立和发展广泛的社会公共责任机制。最后，从强调"效率优先，兼顾公平"到"公正基础上的效率，以公正促效率"。

案例思考

深圳龙岗打造"无缝隙政府"

"从总体上看，龙岗面临的挑战，是传统发展模式之危；龙岗面临的机遇，是科学

---

① R. M. Linden, *Seamless Government*: *A Practical Guide to Re-engineering in the Public Sector*, Jossey-Bass Publishers San Francisco, California, 1994.

发展之机。化危为机的根本出路在于科学发展。”昨天下午，深圳龙岗区委书记余伟良在代表区委常委会向龙岗区委四届十五次全体会议所作的报告中，态度鲜明地指出，要扎扎实实学习贯彻刚刚结束的市委四届十一次全会精神，认清形势，树立信心，化危为机，坚定不移地走科学发展之路。

龙岗区区长张备在讲话中表示，将强力推进“无缝隙政府”建设，提高服务质量和效率。要以提高效率、强化服务、控制成本为导向，加强部门之间、部门与街道之间的横向协调和纵向联系，出台“效能倍增”实施细则，并努力将实施范围由政府投资项目扩展到产业项目，为企业和公众提供优质的服务。

龙岗区提出，今年要按照省委、市委的部署要求，全力为基层、为企业解决实际困难和问题，把市委市政府提出的“服务年”的要求落到实处。着力抓好几个方面的工作，全力推动经济增长。这包括：

——强力推进固定资产投资。强力推进地铁3号线、深惠路改造、南通道、北通道、大运新城等一大批重大基础设施和坝光精细化工基地、市金融产业服务基地、下沙片区开发等一大批重大产业项目建设，力争全年完成固定资产投资总额超过500亿元。

——全力扶持服务企业。进一步抓好应对金融危机、扶持企业发展的政策措施的落实，使其能够真正惠及企业。密切关注经济形势的变化，及时研究出台更有针对性和实效性的措施。重点服务好华为、比亚迪等一批重点企业，以及新天下、五洲龙等一批成长性好的中小科技企业。鼓励和引导企业在稳定欧美等发达国家市场的同时，积极开拓拉美、中东、非洲、东南亚等新兴市场。组织龙岗企业参加和开展各种形式的推介会、展销会和交流会，推动龙岗产品扩大国内市场占有率。

——大力推进自主创新。加大对自主创新企业和公共技术平台的扶持力度。加快推进天安龙岗数码新城、星河雅宝创新园、留学生产业基地等创新园区建设。加快实施科技型企业导师计划。加大知识产权保护，引导企业积极创建自主品牌。

——加快推进产业结构优化升级。重点发展以华为为代表的通信设备制造业，以意法半导体、中芯国际、华润微电子、深爱半导体为代表的芯片产业，以比亚迪汽车为代表的汽车产业，以坝光精细化工基地为载体的精细化工产业。加快发展现代服务业。

——加快推进城市更新改造。以落实《深圳市城市更新办法》为契机，完善更新改造政策体系。加强旧改规划编制和指引。创新旧改运作机制，设立城市更新基金，探索建立政府主导的多元化运作模式。加快推进深惠路沿线、大运新城、市金融产业服务基地“一线两片”区域改造，加快推进原村民统建，加大城中村综合整治。采取政府收购合作、“穿衣戴帽”和成片旧改等方式，启动社区空置厂房再利用。

资料来源：周国和：《龙岗强力推进“无缝隙”政府建设》，载《深圳特区报》，2009-01-06。

9.5 社会资本与合作型社会管理

案例思考

尤努斯“乡村银行”的价值与启示

“如果我们把给予富人的相同或相似的机会给予穷人的话，他们是能够使自己摆脱贫困的。穷人本身能够创造一个没有贫困的世界，我们必须去做的只是解开我们加在他们身上的枷锁而已。”

10月13日，瑞典皇家科学院诺贝尔和平奖评审委员会宣布将2006年度诺贝尔和平奖授予孟加拉国的穆罕默德·尤努斯（Muhammad Yunus）及其创建的孟加拉乡村银行（也称格莱珉银行，Grameen Bank），以表彰他“自下层为建立经济和社会发展所做的努力”。

尤努斯及其创建的孟加拉乡村银行获得诺贝尔和平奖，可谓众望所归。正如该年度诺贝尔和平奖委员会在颁奖文告中所称：持久的和平，只有在大量的人口找到摆脱贫困的方法后才会成为可能。小额贷款就是这样的一种方法，从社会底层的发展看，也有利于提高民主和民权。穆罕默德·尤努斯已证明自己是一位可以将构想转变为数百万人们获益的政治行动的领导者。他的构想已经使孟加拉国和许多其他国家的数百万人受益。尤努斯和孟加拉乡村银行已证实，哪怕是最穷的穷人，也可以为自身的发展作出努力。这适用于任何文化和文明。

尤努斯，这个在美国获得经济学博士学位、在孟加拉吉大港大学任经济系主任的孟加拉上层精英人士，以满腔的激情、虔诚而强烈的道义感去关注那些处于饥饿与赤贫中的穷人，以百折不挠的精神和无比的坚韧，挑战传统的金融体系和固执的经营理念。从1974年开始，在短短的30多年中，他从27美元（贷给吉大港大学附近村庄的一名妇女）微不足道的贷款艰难起步，发展成为拥有近400万借款者（96%为妇女）、1 277个分行（分行遍及46 620个村庄）、12 546个员工、贷款总额达40多亿美元、还款率高达98.89%的庞大的银行网络。其为贫困农户提供小额贷款的成功，为亚洲、非洲和拉丁美洲的许多发展中国家和地区的农村银行信用模式提供了很好的借鉴，现在有23个国家仿效格莱珉银行模式建立了自己的农村信贷体系。就连美国这样现代金融高度发达的国家，也成功地建立了格莱珉网络并有效实施反贫困项目。

现代金融体系中，贷款需要抵押担保已经成为一种顽固的习惯。银行家用繁密的法律条款来限制客户，保证自己不受损失。在未获得任何抵押的情况下向穷人发放贷款一向被传统的银行家普遍认定为一件行不通的事，因为，在这些人看来，穷人的信用与智慧，都不足以使他们利用贷款创造合理的增值，因此向这些穷人贷款注定得不偿失。尤努斯创建的格莱珉银行正好相反，它的基本假设是：每一个借款者都是诚实的。“我们确信，建立银行的基础应该是对人类的信任，而不是毫无意义的纸上合同。”尤努斯创建的孟加拉乡村银行贷款对象仅限于穷人，额度很小，无须抵押，被人们称为“穷人的银行”。

实践证明，小额信贷是满足穷人信贷需求的一种很好的信贷方式，自创立以来，这种信贷受到了穷人的热烈欢迎，迅速推广到亚洲、非洲和拉丁美洲的许多发展中国家，成为一种非常有效的扶贫方式。诚如尤努斯在自传《穷人的银行家》中所说：“如果我们把给予富人的相同或相似的机会给予穷人的话，他们是能够使自己摆脱贫困的。穷人本身能够创造一个没有贫困的世界，我们必须去做的只是解开我们加在他们身上的枷锁而已。”

资料来源：真如：《尤努斯乡村银行的价值与启示》，载《燕赵都市报》，2006-10-16。

9.5.1 社会资本

社会资本是源自社会学的一个概念，指个体或团体之间的关联——社会网络、互惠性规范和由此产生的信任，是人们在社会结构中所处的位置给他们带来的资源。根据世界银行社会资本协会（the World Bank's Social Capital Initiative）的界定，广义的社会资本是指政府和市民社会为了一个组织的相互利益而采取的集体行动，该组织小至一个家庭，大至一个国家。

对于“社会资本”，尚无为人们普遍认同的定义，从其基本内涵看，社会资本是相对于经济资本和人力资本的概念而提出的，它是指社会主体（包括个人、群体、社会甚至国家）间紧密联系的状态及其特征，其表现形式有社会网络、规范、信任、权威、行动的共识以及社会道德等方面。社会资本存在于社会结构之中，是无形的，它通过人与人之间的合作进而提高社会的效率和社会整合度。上述案例中孟加拉乡村银行就是建立在穷人的社会资本与社会信任基础上的不需要提供物质抵押的新型社会治理工具。

微观层面和中观层面的社会资本研究，主要着眼于个体行动者的关系指向特征及其自身社会地位状况对其所能获取的社会资本的影响，或者是关注行动者所在的社会网络整体的结构性特征及网络间的互动、制约对个体社会资源获取能力的影响。由于社会资本蕴含于社会团体、社会网络之中，个人不能直接占有和运用它，只有通过成为该网络的成员或建立起网络连接，才能接近与使用该资本。在《社会资本》中，林南强调了通过社会联系与社会关系来实现目标的重要性，社会资本或者说通过社会联系与关系所获取的资源（人力资本或者说个体或组织实际所拥有的资源），促进了个体、社会群体、组织以及社区的目标的实现。①

宏观层次的社会资本研究主要从区域或国家的角度出发，研究社会资本存量对该地区经济增长的影响。社会资本是组织内部为了成员间的相互利益而普遍认同和遵守的规范。普特南在对意大利中北部地区的研究中发现这些地区弥漫着浓厚的信任与合作风气，这种

① 参见［美］林南：《社会资本：关于社会结构与行动的理论》，2 页，上海，上海人民出版社，2005。

丰富的社会资本能协调人们的行动、提高物质资本和人力资本的投资收益、推动区域经济发展。[①] 福山给社会资本下的定义是，社会资本是促进两个或更多个人之间的合作的一种非正式规范。[②] 一个组织的社会资本的多寡反映了该组织内部所共同遵守的规范的强弱和成员之间凝聚力的大小，或者说组织对成员影响力的大小。如果个人违反了该组织的规范，就会受到惩罚，其社会资本减少；相反，如果遵守规范，他的社会资本就会不断增加。

由此可以归纳出社会资本的主要内涵：首先，社会资本主要由与公民的信任、互惠和合作有关的一系列态度和价值观构成，其关键是使人们相互合作、相互信任与理解；其次，社会资本的主要特征体现在那些将朋友、家庭、社区、工作以及公私生活联系起来的人际网络中；最后，社会资本是社会结构和社会关系的有助于推动集体社会行动的特性。社会资本的内涵决定了它在实现合作型社会管理尤其是社会协同管理中起到了重要的作用。只有不断提高社会资本的存量，才能实现社会协同，最终实现合作型社会管理。

9.5.2 合作型社会管理

社会资本对新型社会管理的启示在于，社会网络、规范和信任可以有效提升管理的水平和效率——通过建立信任机制，将社会力量纳入社会管理中来。随着改革的不断深入，政府在社会管理中遇到的问题与难题越来越多。党的十六届四中全会从加强党的执政能力建设、构建社会主义和谐社会的战略高度，明确提出要“深入研究社会管理规律，完善社会管理体系和政策法规，整合社会管理资源，建立健全党委领导、政府负责、社会协同、公众参与的社会管理格局”。这一管理格局的提出，推动了社会管理体制的变革，使得众多的学者将研究重点转向了社会管理体制改革中的社会协同问题。

浙江大学的童志锋、郁建兴在《从政府本位到社会本位——社会管理体制变革的新分析框架》一文中提出了政府本位与社会本位的社会管理体制的概念。他们认为，政府本位指政府在社会管理中具有绝对权力，其他社会管理主体依附于国家，以统治的方式运行的社会管理体制；而社会本位是指社会组织在社会管理中居于主导地位，政府、社会组织和公众平等合作，以治理的方式运行的社会管理体制。他们同时认为，中国社会管理体制正在由政府本位向社会本位变革，在这期间，社团管理、城市基层社会管理都是重要的路径，而这正体现了社会本位的社会管理是以合作型的社会管理为基础的。[③]

中共江西省委党校的陶国根在《社会资本与完善社会管理的行动逻辑》一文中，阐述了社会资本的内涵，同时解释了社会资本与完善社会管理的逻辑关联性。[④] 而这一逻辑关联性与我国社会资本的现状表明，只有极大地提高社会资本的存量才能完善社会管理，实现社会的安定有序。

---

① R. D. Putnam，R. Leonardi，R. Nanetti，*Making Democracy Work*：*Civic Traditions in Modern Italy*，Princeton University Press，1994.

② F. Fukuyama，*Trust*：*The Social Virtues and the Creation of Prosperity*，Free Press，1996.

③ 参见童志锋、郁建兴：《从政府本位到社会本位：社会管理体制变革的新分析框架》，载《中共浙江省委党校学报》，2011（1）。

④ 参见陶国根：《社会资本与完善社会管理的行动逻辑》，载《党政干部学刊》，2008（4）。

陶国根在另一篇文章《社会管理体制改革中的社会协同问题研究——以社会资本理论为视角的探讨》中，阐述了社会资本与实现社会协同的逻辑关联性，认为社会资本为完善社会管理体制、实现社会协同提供了坚实的基础。① 只有在提高社会基本存量的基础上才能实现社会协同。在这其中，他重点提出培育壮大非政府组织，是推动当代中国社会资本转型并有效提升资本总量的有效渠道。

当前我国社会治理已经开始向社会协同治理转型，在社会协同治理的过程中，不光要重视党的领导，更重要的是要向社会协同、公众共同参与的合作型社会管理转变。在实现合作型社会管理的过程中，社会资本及其网络与信任起到了极其重大的作用。

9.6 知识管理与学习型社会管理

9.6.1 知识管理

1990 年，美国学者托夫勒的新作《力量的转移》横空出世，再度震惊学术界，被称为“托夫勒的又一次冲击”。在这部作品中，托夫勒深入而精辟地阐述了知识经济的作用，宣告了知识力量的崛起。② 1990 年联合国的研究机构第一次正式提出“知识经济”概念后，各国政府提出了“应将知识管理作为主要任务”的观点，可见知识管理的重要性。对于知识管理的定义，学者们各有看法。张尚仁认为：“知识管理是作为涵盖国家、政府、企业和个人的普遍管理而提出来的，包含了政府管理的重点应转向知识管理的思想。”③ 吴建西则认为，知识管理就是以知识为核心的管理，同时也是整合和利用信息和人力资源的工具。它又有广狭义之分：广义是指知识经济环境下管理思想与管理方法的总称，狭义为对知识及知识的作用进行管理。

9.6.2 学习型社会管理

21 世纪，全球进入知识经济时代，整个人类经济发展模式正在发生深刻的变革，从粗放式的经济模式逐渐向集约型、可持续发展的模式转变，而知识在其中起到了至关重要的作用，这就需要整个社会逐渐向学习型社会转变。“学习型社会”的概念最早由美国学者哈钦斯提出。为适应信息化迅猛发展的需要，罗伯特·哈钦斯的“学习化社会”理论、彼得·圣吉的“学习型组织”理论提出了“终身教育”、“终身学习”的概念。作为现代管理理论和管理模式，提出这些新概念，是为了把一个团队建设成为全体成员都能够超越自我、拥有共同愿景的团队，成为具有持续学习、持续创新、持续发展能力的团队，成为管理层次少而精，领导带头学习、成员自我管理的团队。国际 21 世纪教育委员会向联合国教科文组织提交的《教育——财富蕴藏其中》这一著名报告，则进一步提出了终身教育必

---

① 参见陶国根：《社会管理体制改革中的社会协同问题研究——以社会资本理论为视角的探讨》，载《四川行政学院学报》，2009 (1)。

② 参见［美］阿尔文·托夫勒：《力量的转移——临近 21 世纪的知识、财富和暴力》，北京，新华出版社，1996。

③ 张尚仁：《论政府管理重点向知识管理的转移》，载《云南大学学报》(社会科学版)，2003 (3)。

须建立在学会认知、学会做事、学会共同生活、学会生存四个支柱上。其核心思想就是要学会学习，也就是要学会生存、学会创业、学会创造、学会发展，以学会适应并跟上时代前进的步伐。因此，20世纪70年代，联合国教科文组织提出了“人类要向着学习化社会前进”的要求。这以后，许多国家相继开展了学习型社会创建活动。

吴建西在《学习型社会的创新意识和知识管理》一文中提到，学习型社会最显著的特点就是社会各层次教育的发展、世界经济的成长、文化及人们生活水平质量的提升和出版、通信与大众媒体的蓬勃发展，促使社会的每个成员都有终身学习的愿望，而社会也能充分满足每一个学习者的愿望。① 总而言之，学习型社会实际就是指参与社会运行与创造的各类主体，始终保持不断学习的状态，始终以学习促进创新，淘汰陈旧与落后，自始至终均保持开放与进取的学习动力。②

在向学习型社会转变的过程中，知识起到了重要作用，特别是知识创新的作用。这就需要政府能够针对目前的经济形势转变职能，在“知识经济”的时代进行知识管理。不过，这种政府管理重点的转变需要经历相当漫长的过程。张尚仁认为：政府实施知识管理的基本框架可以设定为核心、基础、产业和环境四个层次。知识管理的核心是知识创新；知识管理的基础是人力资源开发；知识价值主要通过发展知识产业来实现；实施知识管理还必须创造一个适应知识管理的社会环境。

具体来讲，首先，创新是知识管理的灵魂，决定了知识管理的有效性。对于政府的创新性知识管理而言，需要从政府自身出发，以“再造”的方式进行制度创新、理论创新、技术创新，这样才能指导未来的创新工作。其次，人是知识的主体，人凭借主观能动性能够创造知识、总结知识，所以知识管理的基础是人本管理。知识管理的“知识”包括隐性和显性两种，政府需要特别关注的是隐性知识的开发和在组织中的知识共享。政府以人力资源管理为基础实施知识管理，主要是要确立人的知识是国家社会生存和发展的决定性资源的观念。从充分实现显性知识的价值、开发隐性知识及实现知识共享等几个方面管理好知识资源。③ 再次，知识的价值要通过发展知识产业来实现。知识产业，指的是以知识的创新、传播和运用为主要内容的产业。知识管理的最终目的是为了给社会创造财富，促进社会进步，而知识产业是达到这一目的的重要途径。最后，政府要创造良好的政策环境、社会环境来保障知识管理的有效实施。

只有在以上四方面政府发挥好其应有的作用，才能保证知识管理的有效运行，从而达到构建学习型社会的目的。

9.7 虚拟社会与虚拟型社会管理

9.7.1 虚拟社会

美国未来学者托夫勒在《第三次浪潮》中描绘了一个人类社会新的发展阶段——信息

①② 参见吴建西：《学习型社会的创新意识和知识管理》，载《沈阳农业大学学报》（社会科学版），2005（1）。
③ 参见张尚仁：《论政府管理重点向知识管理的转移》，载《云南大学学报》（社会科学版），2003（3）。

社会，是继第一次浪潮的“农业文明”、第二次浪潮的“工业文明”之后的新的文明形态。[①] 他还特别强调了互联网等现代信息通信工具对人类进步、国家发展的重要作用，在接受中国媒体访问时他指出：“一万年以前，人类引发了一场农业革命。自此后的一万年以来，这个地球上大多数的人以务农为生，依赖土地过活。三四百年前，工业革命引发了第二波革命的浪潮。现在在我们生活的这个时代，一场新的足以改变世界的革命正在进行。现在我们正在向着第三次浪潮前进。每次浪潮都有其不同的信息结构。而随着工业革命，整个信息传递的体制有了彻底的变化。工业革命带来了众多的产品，同时也带来了大众传媒，这就引起了根本性的变革，而当我们迎接第三次浪潮的时候，我们通信和交流的基础设施必须有所变化，必须向前推进。事实上，这种变化业已发生，正在发生。”托夫勒所描绘的信息社会被称为网络 1.0 时代，现在建立在网络 1.0 基础上的更新的文明形态——网络 2.0 时代正被热切关注。不管是网络 1.0 还是网络 2.0 都说明虚拟社会的来临。据中国互联网络信息中心统计，截至 2011 年 6 月，中国网民规模已达 4.85 亿，手机网民规模为 3.18 亿。

虚拟社会存在于现实社会之中，是现实社会的延伸。其主要特征包括三个方面：

（1）虚拟性。虚拟社会本身超越时空的限制、打破国别种族语言的距离，使跨地域的互动、拓展的社会交往范围和空间延伸成为可能，同时虚拟社会参与者有很强的隐身功能和匿名性。

（2）开放性。虚拟社会中不同成员可以根据自己的喜好在不同的虚拟区域间自由流动。作为与现实社会的一个明显差别，虚拟社会的人际交往是通过在不同社区、论坛、聊天室内交换信息实现的，成员与社区间的每一次交流都强调互动。这种开放性促使了“地球村”在网络空间中的逐渐成形，矛盾的汇集和发酵变得更为容易，国内矛盾和国外干预因素结合得更为快捷和顺畅，原本属于极小的“星星之火”的国内偶发事件，通过网络借助于国内尤其是国外推波助澜式的“东风”之后，往往不经意之间具有了“燎原之势”。[②]

（3）去中心性。网络空间具有明显的去中心化和扁平化特征，颠覆了传统社会的层级分明的金字塔结构。与传统社会的等级制构造不同，网络社会则呈现明显的无中心性，网络参与者至少在形式上是平等的。[③] 虚拟社会的去中心性加大了社会管理的难度，政府必须直面成千上万的独立个体，这种网络监管的负担是非常巨大的。

9.7.2 虚拟型社会管理

虚拟社会的出现给社会管理创新提供了新的动力，传统的管理创新的内容与框架也需要重新定义，例如决策、沟通、协调、管理、治理等概念都将赋予新的内容。2011 年 2 月 19 日，胡锦涛同志在省部级主要领导干部社会管理及其创新专题研讨班上发表重要讲话，深刻阐述了加强和创新社会管理的重大意义，深入分析了我国社会管理领域存在的突出问题及其原因，明确提出了加强和创新社会管理的指导思想、基本任务、重点工作，并特别强调，当前和今后一个时期，要进一步加强和完善信息网络管理，提高对虚拟社会的管理

---

① 参见［美］阿尔文·托夫勒：《第三次浪潮》，北京，中信出版社，2006。

②③ 参见于志刚：《网络虚拟社会和社会管理创新》，载《第六届中国法学家论坛》，2011。

水平，健全网上舆论引导机制。

目前国内学者在研究虚拟社会管理的时候，更多地关注的是虚拟管理的“应然”部分，即政府部门应该如何对待新兴的网络力量。大部分学者认为做好虚拟社会管理应当“在运用法律法规对虚拟社会进行管理的同时，改善网络教育和网络舆论引导方式，探索以广大网民能接受的形式弘扬主旋律”①。

面对学界的上述观点，云南财经大学谢金林在其发表的《控制、引导还是对话——政府网络舆论管理理念的新思考》一文中指出：“这种建立在意识形态灌输基础之上的精英主义舆论引导方式也不适应网络传播特点，同样是收效甚微。自下而上的网络舆论议程设置、非中心的权力结构、后现代主义的网络文化使得网络舆论的引导困难重重。”② 他认为，“最好的办法是通过对话达成共识，在混沌之中寻找秩序建构的法则”。他引用《时代周刊》2006 年度人物的颁奖词称：“这（指虚拟网络社会）是一个建立新的国际理解的机遇，不是政治家对政治家、伟人对伟人，而是公民对公民、个人对个人。”即在面对虚拟社会时，社会管理层级已经彻底摆脱了科层制度，政府的定位从金字塔尖式的权力中心转化为平面式的非中心位置。

李钢、陈诺发表的《虚拟社会管理的模式创新》为探讨政府在虚拟社会管理中的作用提供了一个新的视角。他们从博弈论的观点出发，认为如果把政府这一社会管理者作为一个单独的个体放入虚拟社会中，那么他同样面对着其他个体所同样具有的消息缺失和自利心态，因此在某一次单独博弈中，必然会陷入囚徒困境，无法达到社会的帕累托最优。但是根据博弈论中的艾克斯洛德模型，经过多次博弈，囚徒困境能够在一定程度上被打破。该模型强调用互惠策略（一报还一报）促进行为人之间的合作，形成基于个体理性（自利动机）的集体理性结局（正的外部性或者利他行为），达成社会的道德共识。这与人类社会道德和价值规范的演进机制在逻辑上相一致。艾克斯洛德模型还分析了人类合作的进化过程，发现社会向合作的方向进化是不可逆转的，群体的合作性是越来越大的。

他们指出：“艾克斯洛德模型通过对多人次重复博弈的对策研究发现，在博弈中产生合作的必要条件和获胜策略的主要特征，同样出现在并适用于网络虚拟社会。简言之，虚拟社会的成员按各种策略的得分进行淘汰和进化时，他们也会以一种不可逆转的方式向合作的方向进化，而且合作程度会随虚拟社会的发展而越来越高。”③

在如何实现有效的虚拟社会管理问题上，谢金林提出构建平衡的“三角”结构的对策。他在《网络空间草根政治运动及其公共治理》中指出，目前中国虚拟社会所存在的一系列偏激问题的缘由主要在于“转型时期经济体制改革与政治体制改革步伐不相一致，市场过度扩张、政策过于偏向经济增长以及总体性精英资本联盟对社会的牵制三重原因，导致了‘国家—市场—社会’关系失衡、‘精英—政府—草根’对立与冲突，社会（弱势群体）生存空间受到来自市场和总体性精英资本联盟的双重挤压，必须通过集体行动以共同

① 李钢：《虚拟社会管理的问题与对策研究》，载《行政管理改革》，2011（4）。

② 谢金林：《控制、引导还是对话——政府网络舆论管理理念的新思考》，载《中共福建省委党校学报》，2010（9）。

③ 李钢、陈诺：《虚拟社会管理的模式创新》，载《理论视野》，2011（9）。

的力量维护其正当利益"[①]，所以解决虚拟社会的混合型社会管理问题的途径就在于构建平衡的国家—市场—社会关系，"通过有效的政治制度建构，将网络空间草根政治运动纳入到国家治理框架之中，从而加快社会力量的培育，有助于'国家—市场—社会'治理'三角'结构的形成，有助于保持政治体系张力的平衡"。

于志刚则强调对信息的管控是虚拟社会管理的核心内容。他以虚拟社会管理中的难点——网络舆论性事件为例进行分析，指出网络舆论性事件因其参与界限模糊、爆发门槛相对较低、参与群体非利益攸关、虚实互动性强的特点，已经成为对现实社会的冲击力和破坏力最强的网络现象。他同时提出虚拟社会背景下社会管理的核心工作包括两点：用好互联网和管好互联网，要做到网络自治和政府管理相结合，既要防止对网络的过度放任，也应当防止对网络的过度管制，而实现手段就是提升政府的信息投放能力和信息应急能力。[②]

案例思考

政府官方微博成为与民众沟通的新平台

刚刚过去的2010年，被称为"中国微博元年"。越来越多的政府部门开通了自己的官方微博，成为与群众沟通的一种新平台。

2010年12月29日下午3时33分，四川省人民政府新闻办公室"天府微博聚焦四川"正式开通。作为国内还不多见的省级政务信息公开微博平台，"天府微博聚焦四川"开通4小时后，"粉丝"数超过260个，这意味着，平均每分钟就有1位网民成为它的"粉丝"。

截至2月25日，四川省政府微博的"粉丝"数已经接近24万。

省委书记微博贺新年

开通"天府微博聚焦四川"后，第一条微博是来自省委书记、省人大常委会主任刘奇葆的一段话："今日四川，是历史与现实、禀赋与创造相融的现代四川，是历史文化深厚、人民智慧勤劳、经济繁荣开放、山川秀美辽阔的现代四川。"发布几分钟后，迅速引起了百名网友"围观"，超过10位网友留言力挺。

2011年元旦0时0分，刘奇葆通过"天府微博聚焦四川"，织出包含"向支持我省灾后重建、经济社会发展的全国人民和海内外朋友，表示衷心感谢！"等内容的"围脖"。网友第一时间发表热议：四川就是潮哈。许多网友用"给力"来顶此条微博。网友"青衣墨子"评论："省委书记用微博发新年问候，还真是新鲜，必须转一个。"

同时，《四川省委书记通过微博向民众恭贺新年》的文章引起媒体广泛关注。人民网、新华网、中国日报网等知名网站均在显著位置转载。

---

① 谢金林：《网络空间草根政治运动及其公共治理》，载《公共管理学报》，2011（1）。

② 参见于志刚：《网络虚拟社会和社会管理创新》，载《第六届中国法学家论坛》，2011。

政府微博群应运而生，个性凸显

据介绍，如今四川省各级政府及其部门开通经过认证的官方微博已达11个。在新浪微博，有7个四川政府机构开通了微博，其中包括2个省级政府机构官博：省政府新闻办、四川省旅游局。在腾讯微博，已有包括“微成都”在内的4个市级政务信息公开微博。此外，绵竹市城南派出所、泸县网警、成都交警等警方微博，也受到了众多网友的追捧。

微博开启新一轮网上问政

微博名人樊建川曾在一条微博中对“成都发布”评论道：“可以研究微博上的传播规律，能做到既准确又通俗最好。”对此，“成都发布”大方回应：“利用微博这种现代传播工具，发布突发公共事件的动态进展，对宣传部门来说确实是一种新的尝试……相信我们会做得越来越好、越来越专业。”

广元市互联网管理中心主任向志纯表示，微博是一种很好的网络民意沟通直通车。“微广元”开通以来，收到的信息既有对信息的回复，也有一些群众来信和求助。

四川省政府新闻办公室相关发言人称，省政府新闻办开通微博后，还将根据“粉丝”增长态势，下一步在腾讯、搜狐、网易等重点网站同步开通微博，实现对不同网站用户群的覆盖。今后，全省21个市州都将联动起来，在该政务信息公开微博平台上发布信息，不断丰富“天府微博聚焦四川”内容，提高影响力。

亲眼见证四川官方微博开通的新浪、联通相关负责人认为，互联网时代使东西部站上同一起跑线，在新一轮网络问政的竞争中，西部表现更为抢眼。

资料来源：刘裕国：《“天府微博聚焦四川”构建政府与百姓实时沟通渠道——首个省级官方微博受热捧》，载《人民日报》，2011-03-02。

本章小结

随着全球一体化和信息化的来临，社会管理面临转型的需要，社会管理创新成为政府与各社会主体的重要工作。为应对内外环境变化，传统的社会管理向复杂性社会管理、前瞻性社会管理、服务型社会管理、合作型社会管理、学习型社会管理和虚拟型社会管理转变。

关键术语

社会创新　复杂性社会管理　前瞻性社会管理　服务型社会管理　合作型社会管理　学习型社会管理　虚拟型社会管理

复习思考题

1. 什么是社会创新？

2. 社会管理创新的发展趋势是什么？
3. 复杂性社会管理的内容包括什么？
4. 什么是前瞻性社会管理？
5. 社会治理的内涵是什么？
6. 无缝隙政府理论的主要内容是什么？
7. 社会资本的含义是什么？
8. 学习型社会的特征是什么？
9. 虚拟社会的特征是什么？

案例分析

尤努斯“乡村银行”的价值与启示

（例文见本章正文部分）

思考题

1. 尤努斯建立的为穷人提供小额信贷的“乡村银行”与社会资本之间是什么关系？
2. 尤努斯“乡村银行”的成功对社会治理有何启示？

推荐读物

1. ［美］阿尔文·托夫勒. 力量的转移——临近 21 世纪的知识、财富和暴力. 北京：新华出版社，1996
2. ［德］沃尔夫冈·查普夫. 现代化与社会转型. 北京：社会科学文献出版社，2000
3. 陈雪莲，杨雪冬. 地方政府创新的驱动模式. 公共管理学报，2009（3）
4. 陈振明. 公共部门战略管理途径的特征、过程和作用. 厦门大学学报（哲学社会科学版），2004（3）
5. 何增科. 社会创新的十大理论问题. 马克思主义与现实，2010（5）
6. 胡善德. 对加强政府社会管理的思考. 行政与法，2008（5）
7. 杰夫·摩根，张晓扬. 社会硅谷：社会创新的发生与发展. 经济社会体制比较，2006（5）
8. 李钢. 虚拟社会管理的问题与对策研究. 行政管理改革，2011（4）
9. 李钢，陈诺. 虚拟社会管理的模式创新. 理论视野，2011（9）
10. ［美］林南. 社会资本：关于社会结构与行动的理论. 上海：上海人民出版社，2005
11. 马凯. 努力加强和创新社会管理. 国家行政学院学报，2010（5）
12. 倪义芳，吴晓波. 论企业战略管理思想的演变. 经济管理，2001（6）
13. ［加］司徒·康格，赖海榕. 社会创新. 马克思主义与现实，2000（4）
14. 陶国根. 社会资本与完善社会管理的行动逻辑. 党政干部学刊，2008（4）

15. 陶国根. 社会管理体制改革中的社会协同问题研究——以社会资本理论为视角的探讨. 四川行政学院学报，2009 (1)

16. 童志锋，郁建兴. 从政府本位到社会本位：社会管理体制变革的新分析框架. 中共浙江省委党校学报，2011 (1)

17. [美] 阿尔文·托夫勒. 第三次浪潮. 北京：中信出版社，2006

18. 王家峰. 风险社会中的前瞻性管理——政府管理的战略设计. 中国特色社会主义行政管理体制研讨会暨中国行政管理学会第 20 届年会论文集，2010

19. 王名，朱晓红. 社会组织发展与社会创新. 经济社会体制比较，2009 (4)

20. 王雅林，晚春东. 论社会创新. 学习与探索，2002 (1)

21. 吴建南，马亮，杨宇谦. 中国地方政府创新的动因，特征与绩效——基于"中国地方政府创新奖"的多案例文本分析. 管理世界，2007 (8)

22. 吴建西. 学习型社会的创新意识和知识管理. 沈阳农业大学学报（社会科学版），2005 (1)

23. 谢金林. 控制、引导还是对话——政府网络舆论管理理念的新思考. 中共福建省委党校学报，2010 (9)

24. 谢金林. 网络空间草根政治运动及其公共治理. 公共管理学报，2011 (1)

25. 熊光清. 全球公民社会的发展对国际体系变革的影响. 当代世界与社会主义，2010 (4)

26. 颜如春. 当代中国的政府与社会关系模式探析. 探索，2006 (3)

27. 燕继荣. 社区治理与社会资本投资——中国社区治理创新的理论解释. 天津社会科学，2010 (3)

28. 杨雪冬. 简论中国地方政府创新研究的十个问题. 公共管理学报，2008 (1)

29. 俞可平. 论政府创新的若干基本问题. 文史哲，2005 (4)

30. 于志刚. 网络虚拟社会和社会管理创新·第六届中国法学家论坛. 2011

31. 臧雷振. 社会创新概念：世界语境与本土话语. 经济社会体制比较，2011 (1)

32. 赵景华，李代民. 政府战略管理三角模型评析与创新. 中国行政管理，2009 (6)

33. 赵景华，邢华. 政府战略管理的 SWOT 模型：一个概念框架. 中国行政管理，2010 (5)

人大版公共管理类教材

公共管理类专业教材——学科基础课教材

书名	作者
现代管理学原理（第三版）（“十一五”国家级规划教材）	娄成武　魏淑艳
一般管理学原理（第四版）	张康之　周　军
管理学基础（第三版）	方振邦
管理学教程	方振邦
政治学原理（第三版）	景跃进　张小劲
现代政治学原理（第四版）	石永义　刘玉萼　张　璋
政治学教程	舒　放　刘琼莲
公共管理学（第二版）	陈振明
公共管理学——一种不同于传统行政学的研究途径（第二版）	陈振明
公共管理学（第二版）（“十二五”国家级规划教材）	蔡立辉　王乐夫
公共管理学（精编版）	王乐夫　蔡立辉
公共管理学（第二版）	张康之　郑家昊
公共管理概论（第二版）	朱立言　谢　明
公共管理学概论	曹现强　王佃利
公共管理学导引与案例（第二版）	王丛虎
公共管理案例	中国人民大学公共管理学院
公共政策导论（第五版）（数字教材版）	谢　明
公共政策概论（第二版）	谢　明
公共政策学——政策分析的理论、方法和技术（“十一五”国家级规划教材）	陈振明
公共政策学	杨宏山
政策科学——公共政策分析导论（第二版）	陈振明
公共政策学导引与案例	陈季修
公共政策案例	中国人民大学公共管理学院
公共经济学（第三版）（“十二五”国家级规划教材）	高培勇
公共经济学教程	秦立建
政府经济学（第四版）（“十一五”国家级规划教材）	郭小聪
政府经济学（第四版）	潘明星　韩丽华

公共管理类专业教材——方法课教材

书名	作者
行政学研究方法与应用案例	萧鸣政
管理定量分析：方法与技术（第二版）	刘兰剑　李　玲
公共管理的方法与技术（第二版）	魏　娜
公共管理实用分析方法	汪明生　胡象明

公共管理类专业教材——行政管理、公共事业管理专业教材

书名	作者
行政法学导论	姜晓萍
行政法学	朱新立　唐明良　李春燕
公共部门人力资源管理（第四版）	孙柏瑛　祁凡骅
公共部门人力资源开发与管理（第五版）（“十二五”国家级规划教材）	孙柏瑛　祁凡骅
公共部门人力资源开发与管理（第三版）	孙柏瑛
公共部门人力资源管理（第三版）	滕玉成　于　萍
公共部门人力资源管理	方振邦

书名	作者
公共部门人力资源管理概论	方振邦
公共部门人力资源管理案例	周均旭
公共人事制度	刘俊生
行政管理学（第五版）	郭小聪
公共行政学（第五版）	彭和平
公共行政学	张康之　张乾友
行政学导论（第三版）	齐明山
行政管理学导引与案例	陈季修
管理心理学（第二版）	范逢春
公共组织行为学（第三版）（“十一五”国家级规划教材）	孙　萍　张　平
公共组织学（第三版）	李传军
行政组织学（第二版）	张　昕　李　泉
公共组织理论	陆明远　冯　楠
公共事业管理概论（第三版）	朱仁显
公共事业管理概论（“十一五”国家级规划教材）	娄成武　李　坚
公共组织财务管理（第三版）（“十一五”国家级规划教材）	王为民
国家公务员制度（第四版）（数字教材版）（“十二五”国家级规划教材）	舒　放　王克良
国家公务员制度概论（第二版）	刘碧强　郗永勤
公务员制度概论	李如海
公务员制度导论	孙德超
行政领导学（第三版）	朱立言　李国梁
领导学（第五版）	邱霈恩
领导学	王自亮
领导学：理念、行为与艺术	祁凡骅
领导学	孙　健
现代市政学（第四版）（数字教材版）	王佃利　张莉萍　高　原
市政管理学（第四版）（“十一五”国家级规划教材）	杨宏山
市政学导引与案例（第二版）	李燕凌
社区管理（第三版）	汪大海　魏　娜　郇建立
社区管理原理与案例	魏　娜
电子政务教程（第三版）（“十一五”国家级规划教材）	赵国俊
电子政府与电子政务（第二版）（“十一五”国家级规划教材）	张锐昕
电子政府概论（第二版）	张锐昕
管理信息系统	张维明　黄金才
行政伦理学教程（第三版）（“十二五”国家级规划教材）	张康之　李传军
公共危机管理导论（“十一五”国家级规划教材）	肖鹏军
公共危机管理概论（第二版）	王宏伟
公共危机管理	唐　钧
公共危机与应急管理：原理与案例	王宏伟
行政决策学	许文惠　张成福　孙柏瑛
非营利组织管理	吴东民　等
非营利组织管理（第二版）	康晓光
非营利组织管理导引与案例	崔向华　张　婷
当代中国政府与政治	景跃进　陈明明　肖　滨
当代中国政府与行政（第三版）	魏　娜　吴爱明
当代中国政府（第二版）（“十一五”国家级规划教材）	吴爱明
地方政府学概论（第二版）	方　雷
地方政府管理（第二版）	陈瑞莲　张紧跟
管理秘书实务（第三版）	赵锁龙
行政秘书学	唐　钧
公文写作与处理	赵国俊
机关管理的原理与方法（第三版）	赵国俊　陈幽泓

书名	作者
公共部门绩效管理	方振邦
政府绩效管理	方振邦　葛蕾蕾
政府绩效评估	蔡立辉
公共关系概论（第二版）	邹正方
政府公共关系（第二版）（“十一五”国家级规划教材）	廖为建　张　宁
社会管理	汪大海
社会管理——理论、实践与案例	陈振明
西方行政学理论概要（第二版）（“十一五”国家级规划教材）	丁　煌
公共行政学史	何艳玲
公共行政学经典理论导引与案例	付小均
西方公共管理名著导读	汪大海
管理思想史教程	方振邦　葛蕾蕾
文化管理学（第三版）（“十二五”国家级规划教材）	孙　萍
文化创意产业导论	魏鹏举
卫生事业管理（第二版）（“十一五”国家级规划教材）	李　鲁
教育经济与管理（第二版）（“十一五”国家级规划教材）	娄成武　史万兵
现代公用事业管理	崔运武

公共管理类专业教材——劳动与社会保障专业教材

书名	作者
社会保障概论（第六版）（数字教材版）（教育部推荐教材）	孙光德　董克用
社会保障管理（“十一五”国家级规划教材）	邓大松　刘昌平
劳动经济学（“十一五”国家级规划教材）	董克用　刘　昕
劳动法与社会保障法	黎建飞　李　静
人力资源管理	彭剑锋
社会保险学（第三版）	孙树菡　朱丽敏
社会保障基金管理	李春根
社会保险精算原理与实务	王晓军
社会保障国际比较	仇雨临
国际社会保障制度教程	穆怀中
员工福利概论（第二版）（“十一五”国家级规划教材）	仇雨临
医疗保障	王虎峰

公共管理类专业教材——土地资源管理专业教材

书名	作者
土地经济学（第八版）（“十一五”国家级规划教材）	毕宝德
土地法学（中国人民大学“十三五”规划教材）	严金明
土地法学	王守智　吴春岐
土地科学导论	叶剑平
土地资源管理学	张正峰
国土空间规划学	张占录　张正峰
土地利用规划学	张占录　张正峰
不动产估价（第二版）（“十一五”国家级规划教材）	叶剑平　曲卫东
土地信息系统	曲卫东　韩　琼
地籍管理（第五版）（“十一五”国家级规划教材）	谭　峻　林增杰

公共管理类专业教材——城市管理专业教材

书名	作者
城市管理学（第三版）	杨宏山

书名	作者
城市管理法	王丛虎
城市总体规划原理	郤艳丽　田　莉

公共管理硕士（MPA）教材——核心课教材

书名	作者
全国公共管理硕士（MPA）核心课程教学指导纲要	全国公共管理专业学位研究生教育指导委员会
社会主义建设理论与实践（第三版）	李景治　蒲国良
公共管理英语（修订版）	顾建光
公共管理学（第三版）	张成福　党秀云
公共管理学原理（修订版）	陈振明
公共管理导论	竺乾威　朱春奎　李瑞昌
公共政策分析	陈振明
公共政策分析导论	陈振明
公共政策分析概论（修订版）	谢　明
政治学：基本理论与中国视角	任剑涛
公共部门经济学（第三版）	高培勇　崔　军
公共经济学	唐任伍
行政法学（修订版）	皮纯协　张成福
行政法学概论（第三版）	胡锦光
非营利组织管理概论（修订版）	王　名
非营利组织管理	王　名　王　超
公共管理伦理学（修订版）	张康之
社会研究方法	陈振明
定量分析方法（第三版）	谭跃进
电子政务理论与方法（第五版）	金江军
电子政务	吴爱明　何　滨
公文写作概论	高永贵
信息技术及其应用（第三版）	张维明

公共管理硕士（MPA）教材——专业方向必修课、选修课教材

书名	作者
公务员制度教程（第六版）	舒　放　王克良
比较政府与政治（修订版）	卓　越
当代中国政府与政治（第三版）	吴爱明　朱国斌　林　震
公共部门人力资源管理及案例教程（第三版）	陈天祥
领导学	祁凡骅　刘　颖
领导学教程	常　健
领导理论与实践	邱霈恩
西方公共行政管理理论精要	丁　煌
社会管理概论	唐　钧
公共部门绩效评估（修订版）	卓　越
公共危机管理（修订版）	王宏伟
公共部门危机管理（第三版）	张小明
公共部门战略管理（修订版）	陈振明
城市管理理论与实务	杨宏山
公共冲突管理	常　健
MPA 学位论文写作指南	汪大海

图书在版编目（CIP）数据

社会管理/汪大海主编. —北京：中国人民大学出版社，2013.1
21世纪公共管理系列教材
ISBN 978-7-300-15896-9

Ⅰ.①社… Ⅱ.①汪… Ⅲ.①社会管理学-高等学校-教材 Ⅳ.①C912.3

中国版本图书馆CIP数据核字（2012）第289316号

21世纪公共管理系列教材
社会管理
主　编　汪大海
副主编　程　潮
Shehui Guanli

出版发行	中国人民大学出版社		
社　　址	北京中关村大街31号	**邮政编码**	100080
电　　话	010－62511242（总编室）		010－62511770（质管部）
	010－82501766（邮购部）		010－62514148（门市部）
	010－62515195（发行公司）		010－62515275（盗版举报）
网　　址	http://www.crup.com.cn		
经　　销	新华书店		
印　　刷	北京昌联印刷有限公司		
规　　格	185 mm×260 mm　16开本	**版　　次**	2013年3月第1版
印　　张	18插页1	**印　　次**	2021年7月第5次印刷
字　　数	420 000	**定　　价**	36.00元

教学支持说明

（教学课件）

中国人民大学出版社政治与公共管理出版分社秉承“出教材学术精品，育人文社科英才”的出版宗旨，多年来，出版了大批高质量的公共管理、教育学、政治学、政治理论公共课教材和学术著作。

我们为本教材制作了相应的 PPT 教学课件，任何一位采用本书作为授课教材的教师均可免费获得该课件。为了确保该课件仅为授课教师获得，烦请您填写如下材料，并将相关信息通过 E-mail 发送给我们，我们将在收到相关信息后通过 E-mail 给您发送该课件。欢迎您加入我们的 QQ 群（全国政管教师交流群，群号为 236159213），或登录我社官方网站（www. crup. com. cn），注册并认证成为教师会员，以获得更好的服务。

我们的联系方式：
地址：（100872）北京市中关村大街甲 59 号文化大厦 1202 室
中国人民大学出版社政治与公共管理出版分社
电话：（010）82502724　62514775（传真）
E-mail：ggglcbfs@vip. 163. com
QQ 群：236159213

兹证明__________大学/学院__________院/系__________专业__________学年第__________学期开设的__________课程，采用中国人民大学出版社出版的____________________（书名、作者）作为本课程教材。授课教师为__________，授课班级共______个、学生______人。授课教师需要与本书配套的教学课件。

联 系 人：____________________
通信地址：____________________
邮　　编：____________________
电　　话：____________________
E-mail：____________________

系/院主任：__________（签字）
（系/院办公室章）
______年_____月_____日